深圳大学高水平大学二期建设项目资助成果

大学与中小学协作情境中的教师跨界学习研究

王晓芳 著

中国社会科学出版社

图书在版编目（CIP）数据

大学与中小学协作情境中的教师跨界学习研究 / 王晓芳著. —北京：中国社会科学出版社，2019.12

ISBN 978 - 7 - 5203 - 5731 - 9

Ⅰ.①大… Ⅱ.①王… Ⅲ.①中小学教育—教学研究 Ⅳ.①G63

中国版本图书馆 CIP 数据核字（2019）第 270733 号

出 版 人	赵剑英
责任编辑	周晓慧
责任校对	无 介
责任印制	戴 宽

出 版	中国社会科学出版社
社 址	北京鼓楼西大街甲 158 号
邮 编	100720
网 址	http://www.csspw.cn
发 行 部	010 - 84083685
门 市 部	010 - 84029450
经 销	新华书店及其他书店

印 刷	北京明恒达印务有限公司
装 订	廊坊市广阳区广增装订厂
版 次	2019 年 12 月第 1 版
印 次	2019 年 12 月第 1 次印刷

开 本	710×1000 1/16
印 张	23.75
插 页	2
字 数	308 千字
定 价	118.00 元

凡购买中国社会科学出版社图书，如有质量问题请与本社营销中心联系调换
电话：010 - 84083683
版权所有 侵权必究

目　录

第一章　绪论 ………………………………………（1）
　第一节　研究背景 …………………………………（1）
　第二节　研究问题的提出 …………………………（19）
　第三节　研究意义 …………………………………（23）

第二章　文献回顾 …………………………………（26）
　第一节　教师学习 …………………………………（26）
　第二节　教师知识 …………………………………（30）
　第三节　大学与中小学协作伙伴关系 ……………（36）
　第四节　理论框架：边界知识互动与组织学习
　　　　　过程的整合 ………………………………（56）

第三章　研究设计 …………………………………（79）
　第一节　研究问题 …………………………………（79）
　第二节　研究方法 …………………………………（80）
　第三节　研究可靠性与伦理 ………………………（96）
　第四节　研究的局限 ………………………………（97）

第四章　外部专家与学校教师跨界知识互动 …………… （98）
第一节　外部专家主导下的知识迁移 ………………… （98）
第二节　教师参与的知识转化 ………………………… （121）
第三节　合作探究导向的知识变革 …………………… （142）
第四节　本章小结 ……………………………………… （154）

第五章　教师跨界学习 ……………………………………… （158）
第一节　S1 学校语文教研组/校本课程开发小组的学习过程：自上而下的单向演化 ……………………… （158）
第二节　S2 学校校本课程开发小组的学习过程：自下而上的循环过程 ………………………………… （171）
第三节　S3 学校语文教研组的学习过程：以知识外部化、社会化为核心 …………………………………… （182）
第四节　S2 学校语文教研组及 S3 学校英语教研组的学习过程：以知识内化为核心 ………………………… （200）
第五节　本章小结 ……………………………………… （222）

第六章　知识互动的跨界机制 ……………………………… （226）
第一节　知识互动中边界物件的创建和运用 ………… （228）
第二节　知识互动中的跨界者 ………………………… （250）
第三节　本章小结 ……………………………………… （270）

第七章　讨论 ………………………………………………… （272）
第一节　外部专家与学校教师知识互动的影响因素 ……… （272）
第二节　重新审视个体、小组与组织学习的互动关系及其影响因素 ……………………………… （292）

第三节　教师学习机会的分配:作为跨界者的教师与

　　　　　社会资本的占有 ……………………………………（326）

第八章　总结 ………………………………………………（339）

　　第一节　研究结论 ………………………………………（339）

　　第二节　研究贡献 ………………………………………（341）

　　第三节　研究展望 ………………………………………（352）

参考文献 ……………………………………………………（354）

后　记 ………………………………………………………（374）

第一章 绪论

第一节 研究背景

一 变革社会中的教育改革

教育改革是永恒的议题。正如劳凯声所言,"'树欲静而风不止',在持续、深入的社会转型所引发的社会关系的深刻变迁面前"[①],教育领域出现新的问题和挑战,教育消费者、劳动力市场、政策制定者等利益相关人士对教育的需求和期待也发生了变化,而教育也被认为是解决各类社会问题的万灵药。因此,我们应将教育改革放置于变革社会的脉络中,以此考察学校教育所面临的挑战和机遇。教育改革所处的宏观环境大致呈现出两个相互关联的特点:

一是全球化及其与本土化的互动。受益于现代通信技术的发展,"时间与空间的压缩"为信息、知识、科技、价值观、行为规范以及人才、资本等在不同区域、国家和地区之间的传播和交换带来了便利,这是全球化的基本含义。在教育领域,全球化俨然成为形塑教育

---

① 劳凯声:《变革社会中教育权与受教育权:教育法学的基本理论问题》,教育科学出版社2003年版。

改革、学校变革不可不考虑的宏观因素。① 在教育全球化背景下，中国的教育改革难以脱离世界范围内的教育理念和实践的变化。与此同时，中国教育改革的成功经验也逐渐输出，影响着其他国家教育改革的方向和策略。随着改革开放以来经济、社会的发展，中国基础教育改革的理念和方向也深受其他国家（特别是美国、英国等发达国家）的影响；同时，也具备自身的独特性，甚至成为可供其他国家借鉴的教育改革经验。具体而言，在教师专业发展领域，中国的教育改革，特别是以现代化为目标的教育改革，将中国独特的经验与世界上其他国家的经验相联结：中国的教学改革和教师专业发展方式的变革既是全球化的一部分，也受到全球化的影响，教师专业发展模式呈现出一种既来自传统，又从国外汲取经验的多元混合模式。② 因此，探讨中国情境中大学与伙伴关系的建立如何影响教师学习的过程与结果，既有助于总结中国教师学习的独特经验，也能够丰富世界范围内围绕教师专业发展的讨论。

二是知识社会对教育改革的启发。伴随着全球化时代的到来，借由以网络、数字技术和通信技术的发展为核心的第三次工业革命的浪潮，另一个广为传播和接受的社会现象与概念工具——知识社会（knowledge society）——也在全球范围内对经济、政治、社会与学校教育及其改革带来了重要影响。知识社会的核心在于对知识所具有的价值的承认和尊重。知识社会这一概念的延伸或实践意义则是对建设学习型社会的强调；学习是知识社会的关键。在知识社会和学习型社会中，终身学习成为包括教师在内的每一个人提升专业素养的必经渠道。"知识社会意味着有能力去识别、生产、处理、

---

① J. Spring, "Research on Globalization and Education," *Review of Educational Research*, 2008, 78 (2): 330 – 363.
② L. W. Paine, & Y. Fang, "Reform as Hybrid Model of Teaching and Teacher Development in China," *International Journal of Educational Research*, 2006, 45 (4): 279 – 289.

变革、传播和运用信息,以此为人类发展构建知识、应用知识。"①知识社会成为推动社会发展的原动力。这也对教育改革、学校改进以及教师自身的专业发展提出了深刻的挑战。安迪·哈格里夫斯(Andy Hargreaves)就批评现代学校过分受制于无休无止的标准化的考试以及规范和惯例性的活动。他主张,为了培养学生应对未来知识社会挑战的能力,超越知识社会本身可能的局限性,学校应成为"知识社会型的组织"(knowledge-society organization):"知识社会型组织为成员提供机会来提升技能和再培训;打破学习和交流的障碍,让人们在混合的、灵活的小组里工作;寻找问题和错误,以此作为学习的机会而非进行指责;让每个人都理解组织的'愿景';发展社会资本网络和关系,为人们提供额外的支持和进一步的学习。"②知识社会要求学校与作为专业人士的教师改变自身角色、扩展知识基础、提升教学实践能力,这对于培养适应未来知识社会的学生,是至关重要的。

教育所处的社会和时代的特征是教育改革需要考虑的一个基本前提假设;教育改革无法脱离全球化时代与知识社会的影响。例如,在教育领域中,学生学习内容和学习方式的变化,学校如何转变为学习型组织或专业学习共同体,教师教学方式和策略的改变,并成为反思型实践者和知识生产者、探究者,将教师实践性知识和通过个体与集体探究而得来的知识作为最重要的教学知识基础,所有这些改革的理念均是教育改革所处的宏观背景的应然要求和挑战。在这一背景下,包括中国在内的各个国家和地区均发起了一系列重大的教育改革,作为对时代要求的回应。例如,美国2001年推出的以标准化考试、教育透明化、提升学区和学校的问责责任、赋予州政

---

① UNESCO, *Towards Knowledge Societies*, Paris: UNESCO, 2005.
② A. Hargreaves, *Teaching in the Knowledge Society: Education in the Age of Insecurity*, New York: Teachers College Press, 2003.

府和学区更大的职权和弹性等为内容的改革措施——"不让一个孩子掉队法案"（No Child Left behind Act），以及2009年"美国复兴和投资法案"（American Recovery and Investment Act）设立的联邦层面的教育改革基金——"力争上游计划"（Race to the top），致力于提升薄弱学校、通过评估教育工作者的效能而促进其专业发展，推动特许学校的建设等。

世界上各个国家和地区教育改革的成功推行，都必须仰赖学校和教师的持续改变，也就是在职教师的专业发展与知识更新。[①] 构建高效、可持续的教师专业发展模式也就成为政策制定者、研究者等孜孜追求的目标。

二 教师专业发展及其面临的困境

达琳—哈曼德（Darling-Hammond）与麦克劳林（McLaughlin）指出："（教育改革）的成功与否，最终取决于教师是否能够成功掌握新的实践愿景所期待的技能和视角，是否能够成功革除（Unlearn）曾经占据职业生涯的、关于学生和教学的实践和理念。"[②] 学校是教育改革的前线，教师是教育改革的实践者，这就对教师提出了更高的要求：教师的教学信念、知识和教学实践需进行"变革式"的提升。教师的专业发展被认为是实现教育改革宏伟目标的关键要素，是推行系统性教育改革的基石。由此，教师应成为终身学习者，教学也被视作一门持续学习的职业或专业。[③]

---

① L. Darling-Hammond, & N. Richardson, "Research Review/Teacher Learning: What Matters," *Educational Leadership*, 2009, 66 (5): 46-53.

② L. Darling-Hammond, & M. W. McLaughlin, "Policies That Support Professional Development in An Era of Reform," *Phi Delta Kappan*, 1995, 76 (8): 597-604.

③ G. Sykes, "Introduction: Teaching as the Learning Profession," In L. Darling-Hammond & G. Sykes (Eds.), *Teaching as the Learning Profession: Handbook of Policy and Practice* (pp. xv-xxiii), San Francisco: Jossey-Bass Publishers, 1999.

（一）教师专业发展模式的转变

关于教师学习，在最近30年里，学理上对知识、认知、实践、情境以及学习过程及结果等方面的理解发生了范式的转变。例如，教师知识不再局限于"条则性的""理论性的"等编码式的显性知识上，教师知识的实践性、个体性和社会性逐渐被认可和接纳；学习过程也从以往的知识获得转变为社会参与和知识的建构与生产。除此之外，全球化时代与知识社会的社会背景也成为教师专业发展模式转变的外部动力并提供支持条件。斯莱克尔（Schleicher）就总结了变革时代中，教师自身学习及专业发展的方式所发生的变化，"为了将教学活动变为知识密集型的专业"[①]，需要为教师学习构建有助于知识创建、传播、分享和积累的生态环境，而其中教师的合作学习、作为学习型组织的学校、研究知识的开发和运用等都被认为是必不可少的条件。

受学习理论、认识论转变与全球化、知识社会教育变革的宏观情境的影响，在理念和项目设计层面，有效教师专业发展模式也发生了相应的变化，斯泰因（Stein）与同事对比了新旧教师专业发展模式的特点（见表1-1）[②]。

传统上，教师专业发展被放置在教师培训（teacher training）领域，其逻辑前提在于，研究者和政策制定者将"教学活动视作技术活动"，基于投入—产出、过程—产品的经验和经验分析的逻辑，对教师教学行为、活动及其效能进行分析，从而总结出一套高效能的教师

[①] A. Schleicher, *Preparing Teachers and Developing School Leaders for the 21st Century: Lessons from around the World*, OECD Publishing, 2012.

[②] M. K. Stein, M. S. Smith, & E. Silver, "The Development of Professional Developers: Learning to Assist Teachers in New Settings in New Ways," *Harvard Educational Review*, 1999, 69 (3): 237–270.

行为模式，以此作为教师培训的标准。① 在这一理念的指引下，传统的教师专业发展模式往往采用工作坊、短期培训课程、一次性讲座和讨论会等活动形式。

表 1-1　　　　　　新旧教师专业发展模式的比较

	传统的教师专业发展模式	教师专业发展的新模式
发展策略	关注技术、理念和材料等活动	聚焦于理解学科内容和指导学生概念发展等相关能力的提升
	以工作坊、课程和讨论会为主	多样的活动形式，包括提供课堂上的支持，为教师实践相关的活动提供"脚手架"
	持续时间短，有限的教师承诺	持续时间长，更为开放的教师个人承诺
知识和信念	教师教育者设定活动日程	教师和专业发展者共同安排活动
	基于个体心理学的教师学习理论	学习理论包含社会和组织因素
	新知识在教室中的落实是一个需要教师解决的问题	面临的挑战在于为与教学实践迫切相关的，并且能够建立更为广泛的知识基础的学习提供脚手架
情境	情境的独特性并未成为教师发展的影响因素	情境的独特性在形塑专业发展方面发挥着重要作用
	与学校、教室和学生相隔离	发生于各类地点，其中包括学校和教室
关键议题	将教师作为个体	不仅包括教师个体，还致力于发展教学项目和共同体
	忽视领导力的训练	领导力训练是重要议题

与此不同，教师专业发展的新模式将教师专业发展理解为"教师学习"，其核心是知识的增长、建构和创新。新模式将教师专业发展的场所从大学等师资培训机构转移到学校、课堂等教师教学实践的场

---

① 王晓芳：《从共同体到伙伴关系：教师学习情境和方式的扩展与变革》，《华东师范大学学报》（教育科学版）2005 年第 3 期。

所，强调教师学习的情境性、社会性和建构性，重视教师个体经验和知识的价值及其发现、建构和总结，主张教师的集体参与、探究和反思。[①] 教师所处的日常教学实践的环境成为教师专业发展的理想情境。基于上述对教师学习的理解，围绕"何谓有效的教师专业发展模式"这一问题，博尔科（Borko）与同事从专业发展的内容、结构、过程等几个维度对有效的专业发展模式做了较为全面的总结[②]：

- 专业发展的内容应嵌套于教师实践情境中，聚焦于学生学习。
- 专业发展的过程和结构应具备以下特点：示范（modeling）好的教学实践；积极的教师学习和探究；专业学习共同体与合作学习的环境；专业发展的情境应与学校的目标相契合；是不间断和可持续的。

综上所述，随着学习理论、知识论的转变，教师专业发展模式也从以往关注知识传输转变为教学实践情境中教师个体与集体探究而来的知识建构过程；从依赖专家知识及其指导转变为尊重教师个体的经验与实践性知识；从师资培训机构等在职培训转移到以学校为本，教师的专业发展责任更多地依赖学校的主动性；从远离课堂和教师教学实践到"嵌套于"教师日常教学情境和实践之中；从关注教师个体到聚焦教师合作学习和学习型组织的培育和建设。[③]

（二）教师专业发展面临的困境与挑战

尽管在理念上对于有效的教师专业发展模式所应具备的基本要素，研究者已达成基本的共识，但是，实践中，基于相关学习理论和理念，如何设计和推行专业发展项目，以及专业发展项目如何真正改

---

① R. T. Putnam, & H. Borko, "What Do New Views of Knowledge and Thinking Have to Say about Research on Teacher learning?" *Educational Researcher*, 2000: 4–15.

② H. Borko, J. Jacobs, & K. Koellner, "Contemporary Approaches to Teacher Professional Development," International Encyclopedia of Education, 2010, 7: 548–556.

③ L. Darling-Hammond, & N. Richardson, "Research Review/Teacher Learning: What Matters," *Educational Leadership*, 2009, 66 (5): 46–53.

变教师的教学理念、实践和态度,这些问题仍须进一步研究。

第一,教师学习过程的复杂性决定了难以有绝对理想的、单一的教师专业发展模式,相反,为教师知识的增长和创建提供外部支持是需要不断探索且没有最终答案的过程。霍本(Hoban)主张,应将教师学习视作一个复杂的、嵌套的系统,这是因为教师所处的文化制度、政策背景、工作环境和学习情境等对于教师学习的内容、过程和结果都会产生重要影响,而教师个体自身的学习经历、教学实践经历等特征也会形塑教师学习过程、方式和效果。[1] 尽管研究者致力于探讨和总结有效的教师专业发展模式的共性特点,但是教师学习所呈现出来的过程是复杂多变的,无法以单一的或多个模式加以概括和总结;而且,各种影响因素之间的互动,也使得教师学习存在多重因果解释的路径。[2]

第二,教师改变的难度。教师的真正学习是一项困难的工作,教师教学信念、知识体系和教学实践的改变是十分漫长和困难的过程。一方面,教师学习意味着教师原先的教学理念和实践要经受来自自身与外界的挑战、质疑,而这种挑战和质疑也会给教师带来焦虑不安以及浓烈的威胁感,因此,教师往往反对对自身的教学实践做出根本性的改变。另一方面,教师学习往往要付出更多的精力、时间、资源等,在没有获得外部支持的情况下,教师参与专业发展或进行的自我探究就会演变为教师的工作负担。此外,教学活动的复杂性和系统性也降低了教师改变的倾向和能力。课堂教学是一个复杂的、包含多个互动元素的系统,例如课程、教学策略、评估、学生背景、资源等。尽管教师对于增进教学知识、技能抱有积极的态度,但是,受限于已

---

[1] G. F. Hoban, *Teacher Learning for Educational Change: A Systems Thinking Approach*, Buckingham & Philadelphia: Open University Press, 2002.

[2] V. D. Opfer, & D. Pedder, "Conceptualizing Teacher Professional Learning," *Review of Educational Research*, 2011, 81 (3): 376 – 407.

有的结构和组织，教师往往不情愿做出真正的改变，教师教学理念、行为和情感等方面改变的难度往往被低估。①

第三，校本专业发展模式存在许多不足。教师专业发展模式视校本教师实践情境、学习型组织、共同体为教师学习的理想场所。有许多学者指出，共同体这一论述本身并不能保证有效的教师学习，它既可以促进教师学习、推动学校变革和更新，但也可能阻碍教师学习，让教师倾向于维持现状。② 囿于学校特别是校内不同学科的区隔，教师之间的合作和交流呈现出封闭的特点，而这也使得教师的教学理念、课堂教学活动更趋于同质化。对相同的理念、行为方式的过分追求，可能会阻碍教师之间不同理念和实践的交流和碰撞，进而影响新知识的创建和教育创新的实现。③

第四，专业发展过程中教师"去专业化"（de-professionalization）的倾向。教师专业发展是教师"获得和批判性地发展对于良好的专业思维、计划和实践必不可少的知识、技能、情感能力"④的过程，而且往往是"教师作为一门专业"的基础，能够保障教师的专业地位以及作为专业人员的专业自主权。教师专业发展与教师专业主义紧密相连。如前所述，在教育改革背景下，发起和开展高效的教师专业发展项目成为教育改革和政策执行的重要手段：改革的理念、内容和具体要求，透过教师专业发展项目，成为教师学习的内容和改变的要求，进而逐渐成为教师教学实践的组成部分。这也可能对教师专业发

---

① 尹弘飚、李子建：《论课程改革中的教师改变》，《教育研究》2011年第3期。
② D. Wood, "Teachers' Learning Communities: Catalyst for Change or a New Infrastructure for the Status Quo," *Teachers College Record*, 2007, 109 (3): 699–739.
③ B. Achinstein, "Conflict amid Community: The Micropolitics of Teacher Collaboration," *The Teachers College Record*, 2002, 104 (3): 421–455.
④ C. Day, *Developing Teachers: The Challenges of Lifelong Learning*, New York: Routledge Falmer, 1999.

展特别是教师专业地位带来负面影响，会削弱教师的专业自主权。①学校教师成为教学技术人员、课程的执行者，教师缺乏对课程内容、教学方法等的自主选择权，课堂教学活动也被视作执行外部教学知识、实现外部设定的教学目标的工具和手段。同时，为了追求教学活动的科学性、专业性以及实现教师自身的专业化而获得专业地位的认可，教师的教学实践越来越依赖于外部专家——特别是大学研究者、教师教育者——所提供的先进理念、知识以及相应的技能培训，教师自身实践性知识、新知识的探究过程则可能不被重视。②

以上列明了当前学界和实务界在寻求有效的教师专业发展模式过程中所面临的困境，而这也引申出三个亟须回答的重要议题。第一，教师学习过程的复杂性、系统性和情境性决定了教师专业发展并没有简单的"一体适用"的模式。无论是传统的还是新兴的教师专业发展模式，对于教师学习和知识的增进都可能发挥积极作用，对此都应进行细致的、系统性的经验分析、个案分析以及比较分析。③第二，受限于制度、文化、组织以及个体等诸多因素，教师真正改变的困难程度是显而易见的。因此，尽管教师被视作教育改革过程中的"变革主体"（change agent），但教师学习仍然需要来自同侪、外部人员等各方面的支持。利伯曼（Lieberman）与米勒（Miller）指出："教师和学校同时也需要校外伙伴的支持，来扩展专业学习共同体和支持基础，提供更多的学习和领导力的机会，并为教师承诺的提升提供多样

---

① E. Hoyle, "Changing Conceptions of Teaching as a Profession: Personal Reflections Teaching: Professionalization," *Development and Leadership* (pp. 285 – 304), *Springer*, 2008.
② 王晓芳、黄学军：《中小学教师科研活动与教师专业性的提升——基于工具性、认识论和批判性的视角》，《基础教育》2015年第3期。
③ H. Borko, J. Jacobs, & K. Koellner, "Contemporary Approaches to Teacher Professional Development," *International Encyclopedia of Education*, 2010, 7: 548 – 556.

的途径"。① 来自师资培训机构的教师教育者、研究者应当扮演、发挥何种作用,则是需要进一步探究的问题。第三,教师专业发展离不开制度背景、文化环境和组织情境等的影响,其中宏观的政策与微观的管理均发挥着重要作用。② "去专业化"倾向作为一个学术概念和视角,表达了研究者对于教师专业发展中"教师作为专业人员"这一地位的反思乃至忧虑。如何奠定教师学习的知识论基础?如何赋予教师专业发展以合法性?如何平衡来自政策、管理、专家等外部干预与教师自身的知识基础、诠释视角和学习能力(赋权与增能)?这些都是未来需要进一步探讨的问题。

本书着重探讨伙伴关系中大学人员等外部专家与学校一线教师之间的知识互动,以此分析外部专家在教师获得、理解、掌握和运用新知识中的角色和作用;同时,以组织学习的视角看待学校教师之间如何处理外部新知识,探讨教师在学校组织内部的具体学习过程。这有助于进一步解决以上由教师专业发展所面临的困境而延伸出的问题增进我们对复杂的教师学习过程的理解。

三 中国基础教育改革与教师专业发展

本书将"大学与中小学协作情境中的教师跨界学习"这一问题放置在中国基础教育课程改革的背景下。与英美国家推行的教育改革类似,2001年启动并得以延续、巩固和深化的第八次基础教育课程改革对于中国基础教育课程、教师教学工作、学校管理以及学生学习活

---

① A. Lieberman, & L. Miller, "Transforming Professional Development: Understanding and Organizing Learning Communities," In W. Hawley (Ed.), *The Keys to Effective Schools: Educational Reform as Continuous Improvement* (pp. 99–117), Thousand Oaks, CA: Corwin Press, 2006.

② J. L. Wong, "How Does the New Emphasis on Managerialism in Education Redefine Teacher Professionalism? A Case Study in Guangdong Province of China," *Educational Review*, 2008, 60 (3): 267–282.

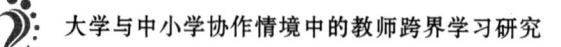

动均产生了十分深远的影响，是对教育思想和课程范式的重大转型。①

在中国教育学界和政策论述中，课程改革一直被视作教育改革的核心内容，也被历来的自上而下的教育改革所重视。根据《基础教育课程改革纲要（试行）》以及教育部基础教育司组织编写的《走进新课程：与课程实施者对话》，钟启泉等编写的《为了中华民族的复兴，为了每位学生的发展》等对新课改理念和内容的官方或半官方解读，新课改的内容可以被归纳为以下几点。一是课程目标的改变，明确提出课程的"三维目标"：知识与技能，过程与方法，情感态度与价值观；二是课程结构的调整，改变以往学科本位、知识本位的课程结构，提升课程结构的均衡性、综合性和选择性，增加经验课程、综合课程、选修课程、地方和校本课程在课程结构中的比例，增设综合实践活动课等；三是改教学大纲为课程标准，体现课程的"三维目标"，突破学科中心，从关注教师教学到聚焦课程实施等；四是教师教学过程和方式的转变，改变传统的讲授式教学，倡导活动式、探究式、互动式、体验式、合作式、问题解决式的以学生为主体的教学方式、学习方式；五是课程评价的改变，转变评价的功能和方式，淡化选拔和甄别式的评价，采用发展性评价方法，关注学生、教师、学校和课程的发展过程；六是推行国家、地方和学校的三级课程管理，变集中管理为分权管理，让地方与学校参与课程开发、决策和实施。②

起初，新课改的推行体现了强烈的领导意志，受到从中央、教育部到地方政府的大力支持，是典型的自上而下进行课程改革的模式，可以说是完全的政府行为，缺乏来自学校和一线教师的声音。当前，新课程改革已经逐步从"自上而下"的改革模式，转化为学校或地

---

① 钟启泉：《凯洛夫教育学批判——兼评"凯洛夫教育学情结"》，《全球教育展望》2008年第1期。

② 钟启泉、崔允漷、张华：《为了中华民族的复兴，为了每位学生的发展》，华东师范大学出版社2001年版。

区自发的教育改革实验。郭华认为,改革开放和新课程改革以来,各种大型、中小型和"微型"教育改革的实验遍布全国,教育工作者始终坚持着变革教学实践、改善教育现状的热情和情怀,是一线教师的实践和探索实际上推动着课程改革的前进。[①] 另外,更为重要的是,新课改的实质是一场"尚未完成的教育启蒙"。多年以来,新课程改革的政策推行和宣传,围绕新课程改革的学术论争、科学研究和社会舆论,以及地方、学校和教师的具体实践与探索等,都激发了教育专家、地方、学校和教师对于基础教育课程改革的内在动力和活力,形成了一个关于课程改革的公共话语空间。[②]

(一) 新课改面临的问题与教师面临的挑战

时至今日,新课程改革已经走过了近二十个春秋,取得了许多成就,切切实实地影响了中国基础教育的课程设置、教师的教学方式、学生的学习方式以及学校和教育行政部门的管理方式。但是,新课改在理论上和实施过程中也面临着不少问题。

其一,围绕改革理念、指导思想、实施方式等的学术争议从未停止过。引燃新课改学术辩论、至今仍有广泛影响的当属王策三与钟启泉之间围绕课改内容的论辩。纪德奎总结了 2004 年以来围绕新课改的四次较有影响力的学术对话,涉及如何认识知识、素质教育、传统的教学法(知识传授)、概念重建运动、凯洛夫教育学以及课程改革中所遇到的"穿新鞋走老路"等问题。[③] 激烈的学术论辩在推动学术创新的同时,也暗含着一个事实:作为国家范围内的、自上而下的课程改革,新课改并没有建立在坚实的理论基础之上。王策三就指出,从政策文本及其他材料来看,新课改"思想来源广泛",但是却"驳

---

① 郭华:《我国教师专业发展的实践探索——主体教育实验 18 年回顾》,《北京师范大学学报》(社会科学版) 2010 年第 5 期。
② 蔡可:《新课改:尚未完成的教育启蒙》,《北京大学教育评论》2013 年第 4 期。
③ 纪德奎:《新课改十年:争鸣与反思》,《课程·教材·教法》2011 年第 3 期。

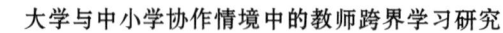

杂,零碎,含混模糊,自相矛盾"①。吴刚也直言,新课改缺乏框架性的核心理念,叙述逻辑混乱,有着过多的哲学语言表达,"进行宏大叙述,对于原本清晰的教学概念反而是一种噪音",而且其暗含着自相矛盾的乃至冲突的理论基础和指导思想。②

其二,除了学理上的论辩之外,更为重要的或许在于实践中所引发的争议甚至是抵制,新课改在实践中面临着诸多难题。新课改是否如上述官方或半官方的话语所述,取得了巨大成就,对此,民间调查似乎给出了不同的答案。查有梁总结道:"'新课程理念'的确不适合我国中小学的教育实际,没有得到我国中小学师生具体教学实践的支持。"他甚至断言课改基本上失败了。另外,"穿新鞋走老路"被用来形容新课程改革之后学校课程设置、教师课堂教学并没有真正执行课改理念和内容的现象。一些专家将此现象归因于教师自身的意愿不高、能力不足。与此不同,郭华认为,问题出在新课改的理念和举措本身,而非学校和教师身上,"穿新鞋走老路""正是广大师生对某些片面、偏激的所谓'新课改理念'的自发纠偏"。她认为,新课改所倡导的理念是学术研究人员"自上而下"强行赋予学校教师的,而非学校教师经自身探索、实践而得出的。也正因如此,新课改的实践性(即可操作性)较弱,因而受到教师的直接或变相抵制。③

此外,新课程改革代表着与以往的课程改革全然不同的新范式,它关于课程目标、课程结构、教学内容和教学方法等方面的具体改革内容也对教师日常教学活动带来了挑战。朱新卓等通过个案研究的方法,对新课改对学校教师,特别是中年教师所带来的挑战进行了分析。他们发现,中年教师往往会出现"适应不良"等问题。例如,

---

① 王策三:《"新课程理念""概念重建运动"与学习凯洛夫教育学》,《课程·教材·教法》2008年第7期。
② 吴刚:《奔走在迷津中的课程改革》,《北京大学教育评论》2013年第4期。
③ 郭华:《新课改与"穿新鞋走老路"》,《课程·教材·教法》2010年第1期。

中年教师仍然停留在以往更多地考虑教材的备课方式上，而非从学生的视角设计教学过程，其教学方法也仍然以讲授为主。实际上，新的课程、教学内容、教学方法等外部要求所带来的压力，不仅体现在中年教师身上，而是所有教师都面临的问题。① 可见，课程改革对教师的教学工作带来了巨大的影响和挑战。

总而言之，无论是所谓"课改基本失败"的论断，"专家叫好，教师叫苦，学生叫屈"的对比，还是"穿新鞋走老路"的现象，新课改在实践中面临困境是既定事实。这一结果的背后，除了新课改本身的理念和举措饱受争议，课改的经费保障不足，课程资源不够之外，教师自身的专业素养没有获得提升，教师缺少来自校内外的专业支撑，校本教研力度不够是更为关键的原因。② 新课改近二十年的历程也表明，以课程改革为核心的教育改革是否能够取得成效，关键在于教师自身的改变和专业成长，以及是否获得来自各方面的专业支持。学校和教师如何应对新课程改革所带来的挑战也是值得进一步探讨的议题。

（二）新课程改革中大学教育研究者的角色

大学、研究机构以及各级教科院所、教师培训机构在新课程改革的过程中一直扮演着十分重要的角色。在新课程改革初期，为了更好地推动课改措施在学校中的落实，来自大学等各类机构的教育专家往往奔赴学校，对学校行政人员和教师进行专题培训、指导，以此促进学校教师对课改精神和具体内容的理解和把握，提升教师的专业素养、知识和技能。③ 如果说新课改初期对于大学等外部力量的依赖促进了教师的专业发展，那么，随着新课改的发展，由地方政府教育行

---

① 朱新卓等：《新课改中的中年教师困境——基于 A 小学中、青年教师新课改适应性的比较研究》，《教育研究与实验》2015 年第 1 期。

② 马云鹏：《基础教育课程改革：实施进程、特征分析与推进策略》，《课程·教材·教法》2009 年第 4 期。

③ 朱慕菊：《走进新课程：与课程实施者对话》，北京师范大学出版社 2002 年版。

政部门、学校以及大学发起的各类教育改革和实验，也往往采取大学与中小学，大学与教育行政部门、学校等各种伙伴关系的形式进行。大学与个别学校或学区的合作被视作实现学校改进和教师专业发展的重要途径。[1]

四 大学与中小学协作伙伴关系

（一）大学与中小学协作伙伴关系：促进教师学习的重要途径

在教育领域，基于对教育改革系统性、复杂性的认识，学校或学区往往与外部组织（如兄弟学校、大学、师资培训机构、企业商业机构等）达成合作伙伴关系。巴奈特（Barnett）与同事就总结道："伙伴关系这一词汇已成为教育领域的颂歌……（人们）对伙伴关系有很强的信念，伙伴关系被视作推动地方政府、机构、组织、个体和群体之中和之间改革的手段。"[2] 在各种来自校外的支持中，大学等师资培训和教育研究机构占据着重要位置，扮演着不可替代的角色。长期以来，大学为了生产教育知识而进行的教育研究活动，受到广泛质疑和批评，认为其与学校教师的教学实践毫无关联，教师的教学实践活动并没有获得来自大学研究者的强力支持。加之受到外部压力的推动，特别是在学区和学校获得对职前教师培育、在职教师专业发展等教育改革内容更多的话语权和经费支撑的情况下，大学必须重新调整其角色定位，吸引学校教师对其研究成果、支持服务的兴趣，大学成为服务的提供者，而学校则是服务的购买者。另一方面，学校自身推动教育创新和改进、教师提升学生学习成绩等能力也受到社会舆论的

---

[1] L. Ye, "Comprehensive School Improvement in the Context of Social Transformation in China: A Case of New Basic Education Project," In J. C. -k. Lee & M. Williams (Eds.), *School Improvement: International Perspectives* (pp. 193 – 200), New York: Nova Science Publishers, 2006.

[2] B. G. Barnett, G. E. Hall, J. H. Berg, & M. M. Camarena, "A Typology of Partnerships for Promoting Innovation," *Journal of School Leadership*, 1999, 20 (1): 10 – 36.

质疑。教师的教学也没有建立在科学研究的基础之上，成为"以研究为基础的专业"，学校和教师难以独立推动教育变革和创新。① 由此，大学与中小学协作伙伴关系被视作提升教育质量、推动教育改革的重要手段。这就是为何原本处于不同制度、文化和组织背景下并具有不同使命和目的的大学与中小学会结成伙伴关系背后所蕴藏的逻辑。

大学与中小学协作伙伴关系被许多研究者认为是推动教师专业发展的有效途径。达琳—哈曼德（Darling-Hammond）与麦克劳林（McLaughlin）指出，协作伙伴关系的达成，促进了理论与实践的对话，能够为教师教学"创造更具实践性、情景化的理论，以及更有理论根基、获得广泛支持的实践"②。毫无疑问，大学与中小学之间的协作并非易事，由于彼此文化、制度、知识结构、阐释视角等的不同，合作过程中的异议乃至冲突和矛盾将是不可避免的。但是，换个角度看，大学与中小学、研究者（或教师教育者）与学校教师之间的差异也会成为促进教师学习的推动力。许多研究文献都阐明，大学与中小学协作关系是一个组织学习系统，研究者、教师教育者等外部人员与学校教师的合作和互动，为教师创造了更加多样的学习机会，提供了独特的学习资源，刺激教师的自我和集体反思等，进而促进教师知识的增进和建构。③

（二）大学与中小学协作伙伴关系面临的问题

大学与中小学协作伙伴关系在教育改革和教师专业发展领域的盛行并不能掩盖其在实践中所面临的疑惑、问题乃至两难困境。理想中的伙伴关系往往与现实的情况有所差距，大致而言，有以下几个问题

---

① 王晓芳：《从组织实体到跨界安排：理解大学与中小学协作伙伴关系的两种路径及其综合》，《教育学报》2014年第6期。

② L. Darling-Hammond, & M. W. McLaughlin, "Policies That Support Professional Development in an Era of Reform," *Phi Delta Kappan*, 1995, 76 (8): 597 – 604.

③ A. B. Tsui, & D. Y. Law, "Learning as Boundary-Crossing in School-University Partnership," *Teaching and Teacher Education*, 2007, 23 (8): 1289 – 1301.

需要研究者做出回应。

第一，大学的教育研究者、教师教育者等外部人员在伙伴关系中扮演何种角色、发挥什么作用来影响教师学习？在以知识传输为特点的传统教师专业发展模式中，大学研究者被视作知识的拥有者——专家；知识传输者和提供者是大学研究者在教师专业发展中扮演的主要角色。但是，许多经验研究已经表明，在伙伴关系中，大学研究者等外部人员所扮演的角色是复杂的、多样的和动态变化的。[1] 例如，根据戴依（Day）的总结，来自大学的研究者往往需要发挥四种功能：一是"教师"的角色，即大学人员被认为是知识的中介，向教师传递新知识，引导教师讨论等；二是"护身符"角色（talisman），在这一过程中，教师向大学人员寻求教学实践的安全感和合法性；三是"随时随地的帮助者"（shot-in-the-arm）角色，即大学人员为教师提供智力、情感等支持，甚至形成诤友关系；四是"提醒者"角色，即成为教师学习的敦促者。[2] 加之，伙伴关系本身在目的、活动、结构和组织等方面的复杂性，研究者等外部人员在促进教师学习方面的角色可能会更加多样和复杂，而不同的角色又可能会对教师学习产生迥然不同的影响。

第二，大学人员与学校教师之间的互动过程呈现出什么特点？这又如何影响教师学习？在现有的文献中，关于大学与中小学协作伙伴关系的讨论往往侧重于"规范性"的论述或介绍性的事后反思和描述，而对于伙伴关系内部的动态过程及其对教师学习影响的研究仍显薄弱。伙伴关系往往被认为是组织与组织之间的合作，结构因素（如组织目标、人员安排、资源、日程等）成为伙伴关系优先考虑的方

---

[1] 陈可儿、李文浩、黄显华：《大学与学校协作下学校发展主任的角色："专家"与"伙伴"的再探》，《教育学报》2010年第2期。

[2] C. Day, *Developing Teachers: The Challenges of Lifelong Learning*, New York: Routledge Falmer, 1999.

面，文献对如何实现成功的伙伴关系的条件更是着墨甚多，却忽视了更重要的个体层面的具体互动过程。以往研究所强调的大学与中小学之间的组织差异、文化差异、信任关系、地位不平等及冲突等问题都集中在大学人员与学校教师等个体身上以及他们之间的互动过程中；而如何处理这些问题，最终也只能依靠大学人员和学校教师在互动过程中的协商以及采取的策略。

第三，如何保障伙伴关系中教师学习与改变的可持续性？如何平衡外部支持或干预和学校与教师自身的赋权增能？鉴于教师学习和改变是一件十分漫长的事情，因此，如何保障伙伴关系的持续性，如何维持教师学习和改变的持久性，就成为伙伴关系必须面对的难题。[1]另外，伙伴关系的本质在于为教师专业发展提供来自内在与外部的双重压力和支持，从而克服局限于学校内部的学习所带来的不足。在伙伴关系的情境中，教师学习得以实现，要依赖于学校和教师自身的学习能力建设，而这又取决于教师已有的经验和知识，以及学校是否为教师学习创造支持的、合作的、反思的环境。因此，如何平衡大学人员的支持或干预和教师的"能力建设"将是伙伴关系的发起者、领导者和所有参与者需要关注的议题。

第二节 研究问题的提出

全球化时代与知识社会的浪潮，对学校教育带来了巨大的挑战，提升教育素质，实现教育改革和创新，培养适应新时代要求的未来一代是包括政策制定者、研究者、教育工作者、社会大众等在内的所有学校教育的支持者始终关心的议题，也是对学校和教师的希冀和要

---

[1] C. Day, & L. Smethem, "Partnership between Schools and Higher Education," In P. Peterson, E. Baker & B. McGaw (Eds.), *International Encyclopaedia of Education* (pp. 757–763), Oxford: Elsevier, 2010.

求。正如富兰（Fullan）所言，为了实现更深层次的、系统性的、可持续性的教育变革，学校系统范围内的深度学习是必不可少的要素之一。"深度学习意味着合作探究的文化，能够改变组织内学习的文化。"① 作为执掌学校教学工作的最重要主体，教师能否获得持续的、深度的专业发展将决定教育改革的成功与否。教师专业发展被视作教育改革理念和具体的教育改革措施与学生学习之间重要的桥梁，是教育改革密不可分的组成部分。②

课程改革始终是基础教育改革的核心，而始于2001年的第八次基础教育课程改革（即新课程改革）对于学校教育产生了广泛而深远的影响。尽管围绕新课程改革存在诸多学理和实践层面的争议，但是，地方、学校和教师对于课程改革、教学改进等内容仍充满着动力和热情，各种具体的实践和探索也层出不穷。"新课程改革"为地方和学校的教育实验和探索提供了充分的政策依据、理论来源，创造了广阔的活动空间。在这一背景下，通过构筑伙伴关系，大学人员等外部专家与学校教师如何共同推进学校改进、课程改革和教学改进？在改革进程中，教师又如何在伙伴关系的情境中改善教学理念和增进教学实践？诸如此类的问题，都亟须通过经验研究进行探究和分析。

尽管教师的专业发展和持续学习对于教育改革的重要性已成为共识，但是，教师专业发展的复杂性、系统性和情境性以及教师学习和改变的难度，都提醒我们，探究和总结在不同情境下教师学习的过程和影响因素将是永不过时的话题。大学与中小学协作伙伴关系被视作开展教育改革、实现学校改进、推动教师教育改革和提升学校教师专业素养的重要途径。以往的大量研究关注"何谓有效的大学与中小学

---

① M. Fullan, "The Future of Educational Change: System Thinkers in Action," *Journal of Educational Change*, 2006, 7 (3): 113 – 122.

② H. Borko, J. Jacobs, & K. Koellner, "Contemporary Approaches to Teacher Professional Development. ," *International Encyclopedia of Education*, 2010, 7: 548 – 556.

协作伙伴关系"这一议题，并对伙伴关系的具体开展过程进行了"自我报告式"的描述分析，对伙伴关系的组织形式和活动形式的特点、大学与中小学之间的关系、影响伙伴关系成功推进的因素等议题进行反思。尽管此类研究为我们了解和理解伙伴关系提供了十分有价值的见解，但是其缺乏稳固的研究方法的支撑和严谨的理论基础。另外，也有许多研究者通过对具体的伙伴关系项目进行细致的个案研究，深入分析了大学与中小学协作伙伴关系中教师学习的过程和特点，发现伙伴关系为教师创造了丰富的学习机会，提供了独特的学习资源，刺激教师的自我和集体反思等。

现有理论和经验研究增进了我们对于协作伙伴关系中教师学习过程的理解，但是已有的研究仍存在一些不足，值得研究者做进一步探索。

第一，近年来，不同的理论视角和框架被用来探究伙伴关系中的教师学习过程。例如，一些研究者借用社会文化理论中的活动理论来探讨大学与中小学协作伙伴关系这一情境中教师如何借助中介物与来自大学的外部人员合作而加以学习。但是，综观已有的文献，鲜有研究从组织学习的视角，具体而言是组织知识创建（organizational knowledge creation）理论与边界知识互动（knowledge interaction across boundaries）模型，来阐释发生于大学与中小学协作情景中教师个体与集体知识的获得、增长和创建。

第二，尽管已有的研究关注外在制度环境、组织环境等因素对于伙伴关系中教师学习的影响，但是仍然将学习的发生和实现局限于教师个体层面，侧重于探讨在伙伴关系中与大学人员的互动和交流，教师个体知识的获得、增长和创建，而忽视了作为小组和组织的教师群体和学校层面的知识创建。另外，许多研究都将注意力聚焦于大学人员支持教师学习的角色和作用上，但伙伴关系中的教师学习取决于教师已有的经验和知识，以及学校是否为教师学习创造支持的、合作的、反思的环境，鲜有研究关注教师群体和学校自身的学习能力，特别是从组织学习的视角看待学校和教师如何处理、应用、消化、吸收外部知识。

第三，由于大学人员与学校教师在各个方面存在着差异，两者所处的是两个意义和话语系统均十分不同的微观世界，两者在伙伴关系这一情境中的彼此理解、交流和互动会面临诸多问题，难以建立共同的规范、信念和阐释框架。在组织跨界理论中，边界物件（boundary object）与跨界者（boundary-crosser）均被视作实现不同组织之间信息、理念、知识和实践的联系和传递的中介。[1] 但是，已有的研究却很少深入探讨大学人员与学校教师如何借助某种跨界或中介机制来实现彼此的理解和合作，以及在这一过程中不同知识的迁移、流动和互动。

值得一提的是，尽管大学与中小学协作伙伴关系作为大学人员与学校教师两者互动的平台，与学校教师的交流、合作和知识的互动将会对大学人员的研究活动等产生影响；但是，本书将关注点放在学校教师的学习过程上，聚焦于伙伴关系对教师知识发展的影响，而不涉及大学人员自身的专业成长。这主要基于以下两点考虑。其一，吉本斯（Gibbons）等人提倡科学知识生产模式的转变：从大学、研究院所到实践场所[2]；这一理念对教育知识的生产产生了影响，如大卫·哈格里夫斯（David Hargreaves）所主张的"知识创建型学校"（knowledge-creating school）以及教师与研究者共同合作的知识生产模式。尽管如此，在现实中，对于大学人员特别是其中的研究者而言，学校仍然是资料收集的场所，其借由伙伴关系来增进大学研究者的知

---

[1] S. F. Akkerman, & A. Bakker, "Boundary Crossing and Boundary Objects," *Review of Educational Research*, 2011, 81（2）: 132–169.

[2] M. Gibbons, C. Limoges, H. Nowotny, S. Schwartzman, P. Scott, & M. Trow, *The New Production of Knowledge: The Dynamics of Science and Research in Contemporary Societies*, Sage, 1994.

识这一功能体现得仍然不明显。其二，尽管平等成为构建伙伴关系所追求的目标，但是权力议题一直是伙伴关系难以绕过的重要影响因素。而在大学与中小学、大学人员（专家或研究者）和学校教师之间的关系中，学校教师往往被认为是需要学习、增进知识和改变的一方，大学人员则充当着影响教师改变的外部协助者的角色。而且，在中国情境中，大学与中小学协作伙伴关系往往致力于推动课程改革、学校改进和教师专业发展，其本质在于服务和支援学校与教师。结合上述两点考虑，本书聚焦于伙伴关系对教师学习的影响，而不涉及其对大学人员的影响。

本书以中国华北某一大学与中小学协作伙伴关系项目为个案，通过质化研究方法，探讨协作关系情境中学校教师的跨界学习过程，希望增进我们对教师学习的理解，并进一步推动相关研究。对本书研究问题可做如下表述：在组织学习视角下，在大学与中小学协作情境中教师如何实现跨界学习？具体而言，本书研究问题分为两个方面：

● 在大学人员等外部专家与学校教师的交流过程中，知识如何发生转移、交流、互动和建构？在这一过程中，边界物件、跨界者发挥了什么样的作用？

● 在大学与中小学协作情境中，外部新知识如何在教师个体、小组和学校三个层面被获得？这一跨界学习过程受到哪些因素的影响？

第三节　研究意义

本书从组织学习的视角考察大学与中小学协作情境中的教师跨界学习过程，能够增进我们对教师学习、学校组织学习过程的理解；同时，总结中国教育改革背景下大学与中小学协作关系在促进教师专业发展方面的经验和教训，具有实践意义。

第一，以往的研究聚焦于大学与中小学协作关系的运作过程，而对于协作关系如何促进教师学习这一核心议题却着墨甚少①;特别是对于中国情境下大学人员等外部专家与一线教师如何推动改革和自身专业发展这一议题,系统性经验研究仍然较少。因此,本书希冀在个案研究的基础上,透过细致描述和深刻分析,展现协作关系情境中教师跨界学习过程的特点。

第二,本书将野中郁次郎和竹内弘高所提出的组织知识创建理论与卡莱尔(Carlile)的边界知识互动类型相结合,尝试提出一个初步的框架来分析伙伴关系中教师学习的过程。组织学习理论既对组织学习的过程进行拆解,形成不同的学习阶段或类型,同时也描述了培育组织学习的条件,即学习型组织的特点。另外,组织学习理论还区分并联结了个体、小组和组织三个不同层次的学习,以及彼此之间的互动;从知识管理的视角看待不同类型和层次的知识之间的互动和转化;将组织视作开发的系统,即强调其作为"自组织"(self-organization)推动着组织内部探究和学习,同时也强调组织与外部环境之间的信息、知识等方面的交流。② 因此,组织学习理论的运用将有助于我们更好地理解大学与中小学协作关系中教师学习的具体过程,并呈现出不同类型的知识、不同层面的知识之间的互动和转化的过程,将教师学习从个体学习提升至小组学习和组织学习的层次。

第三,受限于不同国家和地区的制度、文化和政策环境的不同,大学与中小学协作伙伴关系的具体组织形式、活动内容、工具、成效等也是十分多样的。同时,毫无疑问,大学与中小学协作伙伴关系的具体设计、运作过程也面临着诸多问题,特别是大学人员与学校教师

---

① G. Edwards, A. B. M. Tsui, & P. Stimpson, "Contexts for Learning in School-University Partnership," In A. B. Tsui, G. Edwards, F. Lopez-Real, T. Kwan, D. Law, P. Stimpson, R. Tang & A. Wong (Eds.), *Learning in School-university Partnership: Sociocultural Perspectives* (pp. 3 – 24), New York, 2009.

② C. Argyris, & D. Schön, "Organizational Learning: A Theory of Action Approach," *Reading*, MA: Addision Wesley, 1978.

在对彼此的角色期待、合作和交流过程、知识互动和应用等层面，可能都面临着困难。本书希望通过对研究个案的剖析，总结伙伴关系运作的得与失，分析影响教师学习的因素，从而为今后构建有效的大学与中小学协作伙伴关系提供可资借鉴的经验。

第二章 文献回顾

第一节 教师学习

学习已成为教师专业发展的应有之义。但教师知识是如何获得的、教师学习的机制是如何运转的,却是常谈常新的话题。一方面,实践中教师在不同的场所被给予了丰富的学习机会;另一方面,对于"教师学到什么""学习如何发生""学习需具备什么条件"等问题,不同的研究者提供了不同甚至相互矛盾的结论。这恰恰说明了教师学习内容、过程及其结果在实践中所呈现出的相对复杂的特点。在以往的研究中,认知学习理论与情境学习理论均提出了对教师学习过程的见解,也增进了我们对教师学习的理解,但各自也存在一定的局限性。

对于教师如何学习这一议题,20 世纪 50 年代前后出现了关注个体心理过程的认知科学这一新的研究视角;认知视角下的学习理论强调对学习者个体内部认知过程进行研究。

第一,认知视角下的学习过程往往以学习者个体为分析单位,以学习者对外部信息的处理、加工等认知过程为关键要素。[1]

第二,学习依赖学习者已有的知识、信念、经验等。认知学习理

---

[1] R. T. Putnam, & H. Borko, "What Do New Views of Knowledge and Thinking Have to Say about Research on Teacher Learning?" *Educational Researcher*, 2000: 4–15.

论强调个体已有的行动模式和知识基础等认知结构在个体学习过程中所发挥的作用；个体理解和建构知识的过程实际上是以他们已有的知识基础为前提的。[1]

第三，学习的内容或对象具有可迁移性（transferrable）。知识是否可以在不同的情境中实现迁移是区分认知学习理论和情境学习理论的重点。[2] 知识被认为是个体心智的拥有物或能力，就像物体一样，可以从一个地方迁移到另一个地方，也可以通过学习者的信息加工从教师等知者转移到学生等学习者的心理结构中。

简而言之，正如斯法德（Sfard）将认知视角下的学习理论比喻为知识获得（acquisition）一样，认知学习理论强调学习者原先拥有的知识、学习者自身建构知识的能动性，并认为学习的内容具备在不同的情境之间实现迁移的特点。尽管认知学习理论增进了我们对教师学习过程的理解，将学习从行为的变化扩展至学习者内在心理结构的变化；但是，认知视角下的教师学习仍然受到许多研究者的批评。认知学习理论忽视了影响教师行为背后更为重要的知识、信念与态度。而且，以专家为主导的"知识传输式"的教师学习被批评为"在智识上是浅层的、与课程和学习的深度议题相脱节，是碎片化的、非累积的"[3]。同时，认知学习理论将教师知识简单地理解为显性、正式的知识；教师个体的、情境的、实践性知识不被重视，教师被视作外来

---

[1] G. F. Hoban, *Teacher Learning for Educational Change: A Systems Thinking Approach*, Buckingham & Philadelphia: Open University Press, 2002.

[2] A. Sfard, "On Two Metaphors for Learning and the Dangers of Choosing just One," *Educational Researcher*, 1998, 27 (2): 4–13.

[3] D. Ball, & D. Cohen, "Developing Practice, Developing Practitioners: Toward a Practice-Based Theory of Professional Education," In L. Darling-Hammond & G. Sykes (Eds.), *Teaching as the Learning Profession: Handbook of Policy and Practice*, San Francisco: Jossey-Bass, 1999.

知识的消极的消费者、接受者和执行者。① 教师自身对教学经验的总结、教学活动的探究而获得的教育知识的价值被置于正式的、研究者的知识之后。

第四，认知学习理论忽视了教学活动的复杂性和情境性，而假定存在一个结构良好、给定的、高效的教学模式；教师学习过程并非简单的线性发展过程，而是教师与不同的教学情境互动的结果，是十分复杂和具有多重层次的过程。②

第五，认知学习理论为人诟病之处是其将教师学习局限于教师个体，特别是其内在的心理过程。

鉴于认知视角下对教师学习过程的理解存在的偏颇和不足，情境学习理论将教师学习活动与其所处的教学情境、参与的教学实践活动等相融合，而着力于探讨外部宏观环境、文化、制度和历史等在教师学习过程中的作用，以及外部环境与学习者两者的动态互动过程为教师学习所创造的条件。③ 情境学习将教师日常实践以及对实践的反思以及实践中的反思过程所积累的经验视为学习的重要基础和来源；学习过程就是教师参与教育实践的过程（learning as participation）。与信息加工与知识传输不同，在社会参与和人际互动的过程中，教师逐渐获得并改变其自身对教学、课程、学生等的理解和认识，这一改变的过程也是教师专业能力得以提升的过程。④

换言之，在情境学习视角下，教师学习过程并非仅仅是知识获得或增长的过程，更是教师在真实而具体的教学实践活动情境中，通过

---

① M. Cochran-Smith, & S. L. Lytle, "Relationships of Knowledge and Practice: Teacher Learning in Communities," *Review of Research in Education*, 1999: 249-305.

② V. D. Opfer, & D. Pedder, "Conceptualizing Teacher Professional Learning," *Review of Educational Research*, 2011, 81 (3): 376-407.

③ E. Wenger, *Communities of Practice: Learning, Meaning, and Identity*, Cambridge: Cambridge University Press, 1998.

④ 王晓芳:《从共同体到伙伴关系：教师学习情境和方式的扩展与变革》，《华东师范大学学报》（教育科学版）2015 年第 3 期。

社会参与、知识互动而实现经验的增长、理解或认识的改变；教师学习侧重于规范的习得、集体意识和活动的养成。但情境学习对于教师学习过程及其结果的解释也存在不足的地方。① 例如，情境学习理论将教师学习过程与其所在的具体教学实践的情境相融合，并将知识界定为情境式的、隐性的、实践性的知识，因此也主张知识的增长与情境难以分割。但是，许多研究却表明，教师知识具有多重特点：既可以是与特定教学情境紧密联结的隐性知识，也可以是正式的编码化的显性知识。② 因此，斯法德才主张，认知学习视角下"作为知识获得的学习"与情境学习视角下"作为参与的学习"两者应是相互补充的。另外，情境学习将教师学习情境围于其所在的学校或小组内部，将校本情境、教师实践场所等视作学习发生的不可或缺的条件，这可能会对教师知识创建和教育创新带来不利影响。③ 而且，情境学习强调教师个体从其所在的组织或共同体中获得学习机会和资源，强调的是学习情境、组织或共同体对于教师个体学习内容、过程的影响；相反，教师个体知识的创建如何推动教师集体、学校组织整体改进却没有成为情境学习的重要议题。④

简言之，不同的学习理论视角对于教师学习的内容、学习过程、学习的情境和场所以及教师在学习过程中的角色等均有不同的理解。从认知学习到情境学习，学习理论的这一演化路径并非互相排斥和对立。特别是体现在教师学习的领域，我们必须认识到教师学习的复杂性以及动

---

① S. Paavola, L. Lipponen, & K. Hakkarainen, "Models of Innovative Knowledge Communities and Three Metaphors of Learning," *Review of Educational Research*, 2004, 74 (4): 557–576.

② 王晓芳：《从共同体到伙伴关系：教师学习情境和方式的扩展与变革》，《华东师范大学学报》（教育科学版）2015 年第 3 期。

③ R. T. Putnam, & H. Borko, "What Do New Views of Knowledge and Thinking Have to Say about Research on Teacher Learning?" *Educational Researcher*, 2000: 4–15.

④ A. Fuller, H. Hodkinson, P. Hodkinson, & L. Unwin, "Learning as Peripheral Participation in Communities of Practice: A Reassessment of Key Concepts in Workplace Learning," *British Educational Research Journal*, 2005, 31 (1): 49–68.

态变化的特点，而不能简单地关注影响教师学习的因素，应以更加完整的视角看待教师学习的过程，理解并尊重教师学习经验的复杂性和多样性。认知视角与情境视角对学习的理解应该是互补的，知识的获得与实践情境中的社会参与两者对于教师学习是同等重要的。而且，关于知识的可迁移性，也应视不同的情况而定：概念化的、系统性的知识可以在不同的情境中实现迁移，而实践性的知识更加依赖于具体的经验和实践情境。① 在霍本（Hoban）提出的教师学习的系统性分析视角中，他就认为，教师学习应是各种不同情境彼此影响、相互左右的结果，并提出"关系行动中的个体"（individual in related action）来整合认知学习强调个体心理过程与情境学习强调社会情境两种不同的理念。可见，教师学习既包括知识输送而来的知识获得，也包括通过社会参与而实现的教学实践的改善。

本书以组织学习理论为视角，特别是将边界知识互动与组织知识转换模型相结合，作为分析教师学习过程的框架。这一方面将教师个体学习与小组学习、组织学习三者相联系，并试图描述三者的互动关系；另一方面，将教师知识的增长视作隐性与显性知识的相互转化和互动过程，以此理解不同类型的知识在教师学习过程中的作用。

第二节　教师知识

教师学习已成为教师教育、教师专业发展项目的核心议题；教师知识被认为是教师专业发展的基本条件，知识则是教师学习的核心要素。② 教师知识的获得和增长是学习是否发生的标志。长期以来，众

---

① J. R. Anderson, J. G. Greeno, L. M. Reder, & H. A. Simon (2000), "Perspectives on Learning, Thinking, and Activity," *Educational Researcher*, 29 (4): 11-13.

② S. M. Wilson, & J. Berne (1999), "Teacher Learning and the Acquisition of Professional Knowledge: An Examination of Research on Contemporary Professional Development," *Review of Research in Education*: 173-209.

多教育工作者始终在为教师职业、教学工作的专业化而努力,而其中最为关键的一点在于:为教学工作奠定牢固的知识基础。① 实际上,教师知识为教师学习和专业发展设定了标准和理论基础。本节将从两个维度理解教师知识:一是隐性知识与显性知识;二是教师个体知识与集体知识。

一 隐性与显性知识

将人类知识分为隐性知识与显性知识两类或两个维度这一观点来自波兰尼(Polanyi)对于科学的本质、科学知识及其生产的思考和论述。在吉本斯等人提出的知识生产的两种模式的对比中,从知识论层面看,传统的知识生产模式所追求的是"真理",也就是可靠的知识。在科学研究领域,"可靠性"意味着可复制性,是科学最珍视的知识论价值,"追求可靠知识蕴含于科学的基本信念系统之中,既是科学理念也是经验实践,而非外部强加的要求或限制"②。

换句话说,传统上现代科学活动与知识生产是建立在"高度分化和客观化知识"基础之上的。对此,波兰尼并不认同。他认为,人类知识中蕴含着个体的成分,"隐性的思想是所有知识均不可缺少的一部分""我们知道的比我们能表达的多"。在其论述中,波兰尼指出,无论是实践还是理论知识,均具备隐性的维度,他称之为"隐性的识知(knowing)"。受格式塔心理学的影响,知识的获得源自一种对事物的"整体的""综合的"理解,而我们对于作为"综合体"(comprehensive entity)事物的理解,是无法通过将其拆分为具体的特定组成部分而实现的。他说:"我们理解事物的共同意义的途径,并非注

---

① L. Shulman (1987), "Knowledge and Teaching: Foundations of the New Reform," *Harvard Educational Review*, 57 (1): 1–23.

② H. Nowotny, P. Scott, & M. Gibbons (2001), *Re-thinking Science: Knowledge and the Public in an Age of Uncertainty*, SciELO Argentina.

视它们，而是存在于其中。"在这个意义上，所有知识和思想都可追溯到身体层面所发生的变化上，也就是说，知识只有在运用过程中，才是真正的知识，知识存在于社会实践之中。①

波兰尼对知识的隐性维度的强调是知识论上的一个突破，对教师学习、组织学习领域均产生了深刻而广泛的影响。例如，对于教师知识的理解，芬斯特马赫（Fenstermacher）从知识论的视角将教师知识分为两大类：一是正式的教师知识；二是实践的教师知识。前者更接近于通过严谨的教育研究而产生的知识，往往体现为可以言说的条则性的知识，即显性知识；而后者则更多地来自教师课堂教学的实践、情境以及经验，是难以言说的隐性知识。② 在组织学习领域，库克（Cook）和布朗（Brown）对于组织学习的理解就建立在将知识理解为"识知"过程上，而知识的生产或"识知"的方式都必须基于个体、小组或组织的实践。③ 他们认为，隐性和显性是知识的两个维度，隐性知识与显性知识可以彼此协助而实现增长，"每种形式的知识可以被用来作为获得另一种知识的工具"。更重要的是，波兰尼所发现的知识的隐性维度，启发了野中郁次郎和竹内弘高对于组织知识创建过程这一理论的构建。他们将在组织学习过程中所获得、生产和传播的知识分为两大类，即隐性知识和显性知识。"在组织知识创建理论里，隐性、显性知识不应该被看作分隔的实体，而是彼此补充并建立于同一个连续体基础之上的。"④ 也就是说，隐性和显性是知识的两

---

① M. Polanyi (1966), "The Logic of Tacit Inference," *Philosophy*, 41 (155): 1–18.
② G. D. Fenstermacher (1994), "The Knower and the Known: The Nature of Knowledge in Research on Teaching," *Review of Research in Education*: 3–56.
③ S. D. Cook, & J. S. Brown (1999), "Bridging Epistemologies: The Generative Dance between Organizational Knowledge and Organizational Knowing," *Organization Science*, 10 (4): 381–400.
④ I. Nonaka, & G. Von Krogh (2009), "Tacit Knowledge and Knowledge Conversion: Controversy and Advancement in Organizational Knowledge Creation Theory," *Organization Science*, 20 (3): 635–652.

个维度，共同构成知识的连续体。

二 个体与集体知识

波兰尼、野中郁次郎和竹内弘高对知识的"隐性/显性"的分类，为我们理解知识的本质以及知识的表现形式提供了很好的视角，但是，他们并未阐明知识的主体，即谁拥有知识？具体到本书中，教师知识在多大范围内被掌握、储存、提取和运用？对于这一问题，本节主要运用组织学习理论来理解知识（特别是组织知识），并尝试进行分析。

心智模型（mental model）是彼得·圣吉（Peter Senge）组织学习理论的核心概念之一，其代表的是组织成员"根深蒂固的假设、概括，甚至是想象或意象，这些都会影响我们（组织成员）如何理解世界以及如何采取行动"[1]。简而言之，心智模型是个体内心真诚信奉的世界观、价值观，它不仅是静止的知识储存体，而且将对个体的视野和行动产生积极的影响。个体学习往往意味着个体层面的心智模型的改变。同样地，在群体和组织中，不同的成员往往拥有共同的心智模型。在教师学习领域，教师知识的个体性往往受到强调。康奈利（Connelly）与同事所提出的教师个人实践性知识，就强调将教师个人生活和专业生活紧密联结在一起，教师是完整的人，教师知识深受教师个体学习和教学经验的影响，带有强烈的个人色彩。[2] 但是，这并不能否认教师群体可能共同拥有的知识，这些教师知识的共同部分也被纳入教师教学的知识基础里。可见，教师知识不仅是指教师个体所拥有的知识，也可以存在于教师群体或组织之中。

---

[1] P. M. Senge (1990), *The Fifth Discipline*: *The Art and Practice of the Learning Organization*, New York: Currency Doubleday.

[2] F. M. Connelly, D. J. Clandinin, & M. F. He (1997), "Teachers' Personal Practical Knowledge on the Professional Knowledge Landscape," *Teaching and Teacher Education*, 13 (7): 665–674.

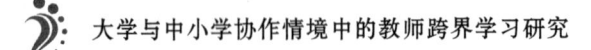

基于组织学习领域对知识的理解，以及对个体知识、群体或组织知识的划分，可将教师知识的主体分为教师个体、教师群体（小组和组织），而两者相应的知识也有不同的特点（见表2-1）。

表2-1　　　　　　　　　教师个体知识与集体知识

	教师个体	教师群体（小组和组织）
显性知识	概念性知识；有意识的知识；事实、信息和科学知识	客观化的知识；故事、隐喻和短语等；数据库、规则、系统和信息处理
隐性知识	技能；无意识的知识；直觉；"知道如何做"的知识	组织惯例；"体裁"；集体的知识

在教师个体层面，教师个体所拥有的教学知识既可以是显性知识也可以是隐性知识，前者指的是教师个体"可以显性地（explicitly）知道、学习和表达"的知识，这是教师有意识地获得和表达的知识，更多地体现为概念、规则、原则等概念性的知识；而后者指的是教师个体无意识的、自动化的、难以用语词表达的知识，往往体现为教师的直觉、如何教学的知识。在教师群体层面，"知识既可以是公开获得的，也可以是集体的（collective）、嵌套于企业（组织）的惯例、规范和文化之中"[1]。前者可以是"公开获得的"，也就是教师群体所拥有的"客观化"（objectified）的显性知识。后者则是教师所在的小组、共同体或组织所具备的惯例、文化、规范等。

在组织学习领域，传统上对组织学习的理解是将组织学习还原为个体学习，也就是组织学习只能通过个体知识的增进而实现，否定了组织作为学习主体和知识拥有者主体的地位。但是，更多的研究扩展了组织学习理论对知识的理解，将小组、组织也视作知识的创建者、

---

[1] J. C. Spender (1996), "Making Knowledge the Basis of a Dynamic Theory of the Firm," *Strategic Management Journal*, 17 (S2): 45–62.

拥有者、储存者，小组、共同体或组织被研究者视作重要的分析单位，并从知识论的视角对其进行分析。[①] 同样地，对于教师学习而言，教师知识的生产、获得、运用、储存、提取等活动也不仅局限于教师个体，还可以扩展至教师所在的小组、共同体和组织。科克伦—斯密斯（Cochran-Smith）和莱特（Lytle）推崇教师科研和教师所秉持的"探究立场"，她们认为，通过对教学实践进行系统的、有意识的探究所获得的教师知识，兼具"地方性和公共性""教师在探究共同体中的工作所产生的教学知识，既是公共的，也是地方的"[②]。换句话说，在教师共同体中，教师合作探究所获得的知识既是教师个体所掌握的，同时也是教师之间彼此合作和理解教学问题与经验的框架，甚至超脱出具体的教学情境、学校环境而扩展至更大的社会、文化和政治环境中。对于教师知识，许多研究者并不满足于将教师知识限定于教师的个体生活、实践经验，将知识局限于教师个体身上。希伯特（Hiebert）与同事引用了卡尔·波普尔（Karl Popper）对三个知识世界的划分观点：一是真实的世界；二是个体的知识和技能；三是能够作为公共物品存储和积累的共同的观念。他们认为，从实践者的视角考察教师知识，即实践者知识，并无法为教学奠定牢固的知识基础；相反，应该将教师作为实践者的知识转换为公开的、能够存储和分享的知识，也就是成为教师所在的小组、共同体和组织的知识。[③]

另外，就本书的问题和旨趣而言，笔者从主体或本体论的视角理解教师知识，将教师知识分为教师个体、教师群体（小组、共同体、

[①] S. D. Cook, & J. S. Brown (1999), "Bridging Epistemologies: The Generative Dance between Organizational Knowledge and Organizational Knowing," *Organization Science*, 10 (4): 381–400.

[②] M. Cochran-Smith, & S. L. Lytle (1999), "Relationships of Knowledge and Practice: Teacher Learning in Communities," *Review of Research in Education*: 249–305.

[③] J. Hiebert, R. Gallimore, & J. W. Stigler (2002), "A Knowledge Base for the Teaching Profession: What Would It Look Like and How Can We Get One?" *Educational Researcher*, 31 (5): 3–15.

组织）两个层面。这又引申出另一个重要问题：教师知识如何在个体、小组或共同体、组织之间实现相互转换？不同层面的知识转化意味着个体学习和组织学习之间的关系。在组织学习领域，组织知识创建理论就试图对不同层面知识的相互转换、整合和应用进行描述和阐释。

第三节　大学与中小学协作伙伴关系

大学与中小学之间及其内部成员之间就某一具体的教育议题进行合作，并非一个新生的事物。根据克拉克（Clark）的总结，最早也是最知名的大学与中小学协作伙伴关系模式是时任哈佛大学校长的查尔斯·艾略特（Charles Elliott）于1892年发起的"十人委员会"（committee of ten），该委员会号召大学学者与中等教育的一线教师通力协作，审议学科知识、学科教学法等议题。[①] 另外两个典型范例是，20世纪30年代，由于进步主义教育运动的兴起，进步主义教育倡导者同时也是教学实验的推动者——约翰·杜威（John Dewey）——所主持的芝加哥大学实验学校或称之为"杜威学校"，以及泰勒（Tyler）于1933年在美国俄亥俄州立大学发起的"八年研究"（Eight Year Study）。20世纪80年代以来，致力于"融合教师教育改革、教师专业发展、教学改进和教育研究"的专业发展学校（professional development school）则作为另一种伙伴关系模式在美国与加拿大等国家开始出现，并不断发展、延续至今。专业发展学校运动的兴起也激发了世界范围内许多国家和地区将大学与中小学协作伙伴关系视作推

[①] 王晓芳：《从组织实体到跨界安排：理解大学与中小学协作伙伴关系的两种路径及其综合》，《教育学报》2014年第6期。

动教育改革和教师专业发展的有效渠道。① 大学与中小学协作伙伴关系已成为推动教育改革、学校改进和教师专业发展的重要途径。② 本节总结大学与中小学协作伙伴关系的本质,并对伙伴关系中教师学习过程的特点以及中国情境中大学与中小学协作伙伴关系的独特性进行简要交代。

一 如何界定和理解大学与中小学协作伙伴关系

尽管大学与中小学协作伙伴关系并非新生事物,许多研究者对此也进行了深入的研究和分析,但对伙伴关系这一概念的界定仍然没有一个可以操作的定义,以区分什么样的合作和组织形式可称作伙伴关系。关于如何界定伙伴关系的标准仍然是十分模糊的,是令人难以捉摸的。③ 而且,不同的研究者基于其独特的理解和写作习惯,使用不同的术语来表达大学与中小学之间所形成的各类合作关系,例如合作、协作、联盟、联合以及网络等。本书仍然用协作/伙伴关系一词来指代大学与中小学及其内部成员即大学人员和学校教师之间就学校改进、课程开发和建设、课堂教学改革和教师专业发展等议题进行的密切合作。

(一)大学与中小学协作伙伴关系的本质特点:跨界安排与边界地带

在诸多关于大学与中小学协作伙伴关系的介绍性和理论性文献

---

① L. Teitel (1994), "Professional School and Public School Reform Can School-University Partnerships Lead to the Simultaneous Renewal of Schools and Teacher Education?" *Journal of Teacher Education*, 45 (4): 245 – 252.

② R. W. Clark (1988), "School-university Relationships: An Interpretive Review," In K. A. Sirotnik & J. I. Goodlad (Eds.), *School-university Partnerships in Action: Concepts, Cases, and Concerns* (pp. 32 – 65), New York & London: Teachers College Press.

③ K. A. Sirotnik (1988), "The Meaning and Conduct of Inquiry in School-university Partnerships," In K. A. Sirotnik & J. I. Goodlad (Eds.), *School-university Partnerships in Action: Concepts, Cases, and Concerns* (pp. 169 – 190), New York & London: Teachers College Press.

中，它们对伙伴关系的界定，实际上描述的是"何为有效或成功的伙伴关系"，并非价值中立的描述而是掺杂着叙述者自己对理想的伙伴关系的理解及其判断标准。古德莱德（Goodlad）对大学与中小学协作伙伴关系作如下界定："大学与中小学协作伙伴关系指的是一种有计划的，致力于建立正式的、互惠的组织间的关系，这一关系的特点在于即使牺牲彼此对现有利益的掌控，合作双方也致力于高效地完成彼此重叠的功能。"[①] 古德莱德认为，建立伙伴关系的终极目的就在于伙伴关系中每一个平等的参与者均可以利用其他参与者的互补优势而实现自身的利益。这就直接体现在大学与中小学协作伙伴关系中的大学人员和学校教师之间的互惠层面。在这一认识下，古德莱德提出了其理想的伙伴关系——共生性伙伴关系（symbiotic partnership），它具备三个特点：一是成员之间具有差异；二是彼此实现自身的利益；三是每个成员有足够的自我意识来确保所有成员的自我利益的实现。

　　古德莱德对伙伴关系的界定是比较有代表性的，被许多研究者所引用和认可。但是，古德莱德对伙伴关系的论述并非基于经验的客观描述，更多的是带有价值判断的、对理想的伙伴关系的想象。实际上，大部分文献中平等、互惠、尊重和信任都是在形容大学与中小学、研究者与学校教师之间理想的伙伴关系；而合作者、共同学习者、诤友等则代表大学人员和学校在伙伴关系中的理想角色。尽管对伙伴关系的规范性论述，有助于我们判断何种合作和组织形式可以被称作大学与中小学协作伙伴关系，但是，对于平等、合作、互惠、信任等特点的强调一方面缺乏经验基础，有可能陷入想当然的状态，另一方面可能忽略了实践中大学与中小学协作伙伴关系的丰富形态。这里，从以往众多的研究者对大学与中小学协作伙伴关系的分析中，总

[①] J. Goodlad (1988), "School-university Partnerships for Educational Renewal: Rationale and Concepts," In K. A. Sirotnik & J. I. Goodlad (Eds.), *School-university Partnerships in Action: Concepts, Cases, and Concerns* (pp. 3–31), New York & London: Teachers College Press.

结出大学与中小学协作伙伴关系的本质特点：跨界（boundary-crossing）安排及其形成的边界地带。[①]

将大学与中小学协作伙伴关系视作联结不同组织的跨界安排，其基本原因在于承认作为组织的大学与中小学之间，以及作为组织成员的大学研究者、教师教育者与学校一线教师之间在各个方面所存在的不同（见表2-2）。

表2-2　　　　　　　　大学人员与中小学教师的不同

	学校（一线教师）	大学（研究者、教师教育等大学人员）
组织结构	高结构、高规约性	松散的组织
工作节奏	无自由支配时间	灵活、自由的时间
关注点	知识的运用、具体问题的解决	知识的生产
奖励标准	教学活动、学生成绩	同行评议、出版物
思维方式	活动型思维	反思性思维
知识类型	程序、实用的、情境化的知识，侧重于个案的、不可推广的知识	理论、条则式知识，侧重于普遍性原则，可推广的知识

斯蒂芬斯（Stevens）[②]、布洛克哈特（Brookhart）和劳德曼（Loadman）[③]认为，大学人员与学校教师在交流过程中呈现出两者的不同，这包括几个方面：一是工作节奏：学校里的工作节奏很快并被管理人员所控制，而大学人员对自身的时间有更多的控制权；二是关注点或关心的议题：学校更关注知识的运用，而大学更关注理论对应用的贡献；三是激励和奖励体系的不同：教师从教育学生中获得内在

[①] 王晓芳：《从组织实体到跨界安排：理解大学与中小学协作伙伴关系的两种路径及其综合》，《教育学报》2014年第6期。

[②] D. D. Stevens (1999), "The Ideal, Real and Surreal in School–University Partnerships: Reflections of a Boundary Spanner," *Teaching and Teacher Education*, 15 (3): 287–299.

[③] S. M. Brookhart, & W. E. Loadman (1992), "School-University Collaboration: Across Cultures," *Teaching Education*, 4 (2): 53–68.

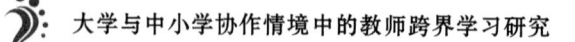

激励，而大学研究者则是撰写论文与出版。另外，在组织结构方面，学校是一种高结构性（high structure）和高规约性（high regulated）的组织，大学则与之相反。此外，学校教师与大学研究者在思维方式、知识类型和认识论等方面也有着深层的差异，这种差异往往会给合作带来阻碍，甚至引发身份和角色的冲突。从思维方式上看，奈特（Knight）与同事认为，大学和学校之间在文化价值观（cultural value）层面存在着重要差异：大学重视反思、分析和科学研究；与之相对，学校重视知识的运用、行动、基于经验的、能够马上使用的知识等。[①] 他们将这种差异归结为由两个极端组成的连续体，即"反身性—活动性"（reflectivity-activity）：作为一个极端，大学更加重视学术研究和学术标准；作为另一个极端的学校，则"关注地方化的、实践的议题和活动"。从大学人员与学校教师所掌握的知识类型的角度看，教师所掌握的是一种程序性、实用性、情境化的、个人化的知识，而研究者经过研究总结出的则更多的是一种命题式知识，是理论的和抽象的，是非个人化的知识。

鉴于此，许多研究者将大学与中小学协作伙伴关系界定为不同组织之间的合作关系，也是为来自不同组织的学校教师和大学人员提供交流、合作平台的跨界安排。作为跨界安排的伙伴关系，成员之间形成了多重联系，不同话语之间彼此对话并实现融合，以跨界互动为主要活动形式。[②] 徐碧美（Tsui）与同事就认为，无论是对于教学实习生、学校在职的一线教师还是对大学研究者、教师教育者而言，学习过程、情境和新知识的来源不应局限于"自己学科和专业的界限之

[①] S. L. Knight, D. Wiseman, & C. W. Smith (1992), "The Reflectivity-activity Dilemma in School-university Partnerships," *Journal of Teacher Education*, 43 (4): 269–277.

[②] 王晓芳：《从组织实体到跨界安排：理解大学与中小学协作伙伴关系的两种路径及其综合》，《教育学报》2014年第6期。

中"[1],而应该在不同的组织之间循环往复,以此获得多种类型的知识、丰富的学习机会和资源。

大学与中小学协作伙伴关系作为不同组织之间合作而形成的跨界安排,为教师学习所提供的学习场景被称作区别于专业学习共同体或实践共同体的边界地带。首先,大学与中小学协作伙伴关系的边界是相对模糊而开放的,边界的渗透性更高,其包容性更强,这就决定了伙伴关系中的参与者也更加多元化。[2] 鉴于学校教师、大学人员所面对的问题情境、制度环境、文化规范等的差异,学校与大学分属两个十分不同的组织。尽管如此,透过构建正式或非正式的大学与中小学协作伙伴关系,一个包含学校教师、行政管理人员、大学人员、研究生、实习教师、区教育行政人员等多元主体的、更加开放的边界地带得以形成。[3] 其次,伙伴关系并不存在绝对的权威,不同类型的知识、多元化的话语和实践在伙伴关系这一学习情境中都能够获得发声的机会、发展的空间,并相互影响。[4] 而知识的多样性、实践的丰富性以及话语的多元性让身处其中的教师获得了新知识,反思自身已有的知识基础和教学实践,并因为知识之间的互动、整合和融合而实现新知识的创建乃至教育创新。[5]

简言之,大学与中小学协作伙伴关系作为一种不同组织及其内部成员之间进行合作与知识互动的跨界安排,意味着来自不同组织的人

---

[1] A. B. Tsui, & D. Y. Law (2007), "Learning as Boundary-crossing in School-university Partnership," *Teaching and Teacher Education*, 23 (8): 1289 – 1301.

[2] S. F. Akkerman, & A. Bakker (2011), "Boundary Crossing and Boundary Objects," *Review of Educational Research*, 81 (2): 132 – 169.

[3] 王晓芳:《从共同体到伙伴关系:教师学习情境和方式的扩展与变革》,《华东师范大学学报》(教育科学版)2015年第3期。

[4] Y. Engeström (2001), "Expansive Learning at Work: Toward an Activity Theoretical Reconceptualization," *Journal of Education and Work*, 14 (1): 133 – 156.

[5] T. Fenwick (2007), "Organisational Learning in the 'Knots' Discursive Capacities Emerging in a School-university Collaboration," *Journal of Educational Administration*, 45 (2): 138 – 153.

员需要跨越原先的组织边界与知识边界，并借助某一种中介工具、跨界机制而实现知识的交流，在这一过程中实现知识增长与新知识的创建。①

（二）影响大学与中小学协作伙伴关系的因素

由于大学与中小学的文化、制度与思维定势等的影响，合作伙伴关系的建立并非简单易行，既需要合作伙伴自身内部的结构和文化的重构，也需要外部力量的支持。如何构建高效、可持续的伙伴关系成为研究者关注的焦点。许多研究均指明了伙伴关系的建立和运作过程中所面临的挑战，例如，研究者与教师之间不同的期待；时间管理的不同；伙伴的选择；权力分配的不平等；失调（disequilibrium）；交流、冲突和信任的建立等。泰特尔（Teitel）② 和彼得斯（Peters）③ 总结了三类影响大学与中小学协作伙伴关系的因素：一是个体因素，学校教师和大学人员可能在短时期内不能适应伙伴关系所带来的工作内容和方式等方面的变化。而且，教师与大学人员对彼此的期待不同也可能对伙伴关系带来不利影响。二是文化因素，如前所述，学校教师与大学人员在思维方式、知识类型等方面的差别对彼此的合作带来了阻碍，彼得斯就指出，大学人员所擅长的批判性反思可能会逼迫教师逃出其以往的"舒适的领域"，而大学人员所习惯的"隔离和竞争的文化"也可能削弱大学人员与学校教师进行交流的意愿。三是结构因素，包括资金等资源的提供、奖励机制和评价体系的建立和改革、充足时间的安排等。

---

① 王晓芳：《从共同体到伙伴关系：教师学习情境和方式的扩展与变革》，《华东师范大学学报》（教育科学版）2015年第3期。

② L. Teitel (1994), "Professional School and Public School Reform Can School-University Partnerships Lead to the Simultaneous Renewal of Schools and Teacher Education?" *Journal of Teacher Education*, 45 (4): 245–252.

③ J. Peters (2002), "University-school Collaboration: Identifying Faulty Assumptions," *Asia-Pacific Journal of Teacher Education*, 30 (3): 229–242.

这里主要对三个影响大学与中小学协作伙伴关系的因素或条件进行阐释：一是大学人员与学校教师之间的关系，特别是权力关系；二是协作关系中不同成员领导力的发挥；三是社会资本。

1. 权力关系

权力关系的特点既被用来形容何为成功、有效的伙伴关系的特点，又是影响学校教师与大学人员之间交流、合作和彼此学习的重要因素。传统上大学与中小学之间所建立的关系被认为是"不平等的"，权利关系是失衡的。[1] 具体而言，学校以及教师处于"被剥削或利用的地位"，因此在论述真正的伙伴关系时，大部分研究者都将"平等""共享权力""共享领导力"等作为建立和维持伙伴关系的首要因素。在大学与中小学协作伙伴关系中，平等或公平一直是一个目标。"合作"这一概念在教育改革中十分受欢迎，因为其蕴含着"权力的分享以及平等的关系"[2]。

然而，实际上对平等、互惠等的追求，并非意味着消除大学人员与学校教师合作过程中所存在的权力要素。特伦特（Trent）在研究伙伴关系中教师身份的形成时发现，伙伴关系往往通过决定何种知识和能力被优先对待或被边缘化，以决定参与伙伴关系的成员，并形成一种权力关系结构。[3] 所谓"平等"并非合作的灵丹妙药，而保持更多的灵活性、模糊性可能才是伙伴关系中大学学者与前线教师互动过程的真实写照。实际上，伙伴关系中大学人员的权利、地位和知识并不总是高于前线教师。布略特（Breault）通过对300篇关于伙伴关系

---

[1] E. Kamler, M. Szpara, M. Dornisch, K. Goubeaud, G. Levine, & S. Brechtel (2009), "Realities of a School-University Partnership: Focus on Leadership," *Journal of School Leadership*, 19 (1): 81–117.

[2] M. T. Hayes, & M. Kelly (2000), "Transgressed Boundaries: Reflections on the Problematics of Culture and Power in Developing a Collaborative Relationship with Teachers at an Elementary School," *Curriculum Inquiry*, 30 (4): 451–472.

[3] J. Trent (2012), "Teacher Professional Development through a School-university Partnership. What Role Does Teacher Identity Play?" *Australian Journal of Teacher Education*, 37 (7): 8.

的论文所做的批判性话语分析发现,在伙伴关系中,真正具有权力和影响力的并非大学学者,而是学校教师。布略特做出这一判断的根据在于他的三点发现:(1)伙伴关系文献中占主流的话语是学校教师的声音。(2)"学校教师被认为是伙伴关系中最有价值的贡献者,而大学人员则是需要就自身的思路和实践做出改变的人。"(3)学校教师而非大学学者"掌握着进入(entry)的钥匙",大学人员主动去掉"专家"头衔,而选择迁就或顺从教师的观念和活动。[①]

简言之,在伙伴关系中,大学人员与学校教师之间如何就具体的议题进行合作,是无法摆脱权力因素影响的,而且,权力关系的存在是否应被认定为消极因素,也是值得进一步探讨的议题。

2. 领导力

伙伴关系的各方参与者领导力的发挥对于伙伴关系的成功也至关重要。其中,变革型领导力与分布型领导力被研究者认为是推动大学与中小学协作伙伴关系发展尤为重要的因素。

根据李斯伍德(Leithwood)与同事的阐释,变革型领导者最重要的使命在于改变学校组织的规范性结构,而非直接介入教师工作。设定方向,发展人,重新设计组织被认为是变革型领导力的核心思想。[②] 在大学与中小学协作伙伴关系中,参与者特别是校长或教育行政人员的变革型领导力的发挥至关重要。对于将伙伴关系改造成为专业共同体这一使命,交易型领导力是远远不够的;相反,"发挥理想化的影响力,鼓舞人心的激励,智力支持和个性化的关怀"等变革型领导实践,有助于专业共同体的建立。[③] 此外,领导力在包括学校教师、学

---

① R. Breault (2014), "Power and Perspective: The Discourse of Professional Development School Literature," *Asia-Pacific Journal of Teacher Education*, 42 (1): 22–35.

② K. Leithwood, & D. Jantzi (2005), "A Review of Transformational School Leadership Research 1996–2005," *Leadership and Policy in Schools*, 4 (3): 177–199.

③ W. A. Firestone, & J. L. Fisler (2002), "Politics, Community, and Leadership in a School-university Partnership," *Educational Administration Quarterly*, 38 (4): 449–493.

校行政人员、教育行政人员、大学人员以及其他参与主体的分布形式里也十分重要。哈德森（Hudson）与同事的研究①就发现，在伙伴关系从发起、建立、运用到评估的全过程中，不同的参与者基于其自身所具备的专长（expertise）而发挥自身的领导力。哈德森等人认为，伙伴关系中的领导力是分布式的，同时，领导力角色往往与其他人对领导者专长的认识和期待有关。

另外，伙伴关系中扮演联络人或跨界者角色的参与者领导力的发挥也至关重要。卡姆勒（Kamler）与同事将这种领导力界定为"跨界领导力"（cross-boundary leadership）。② 他们认为，作为联络人或跨界者的校长等行政人员，必须处理有关合作、协商和决策等事务，在这个过程中如何就差异进行协商，找到双赢的解决办法都考验着联络人的领导力艺术。他们主张，伙伴关系的领导者应该具备"跨越文化或二元的经验"，给予不同的知识和能力以充分的尊重，并能够将不同的知识进行转化，推动共同理解与共同知识基础的建立。③

3. 社会资本

社会资本（social capital）在大学与中小学协作伙伴关系中的分布对于项目学校自身的整体改进与教师个体所能获得的学习机会和资源等可能会产生影响，进而形塑教师学习的过程和效果。社会资本统摄了诸如"非正式组织、信任、文化、社会支持、社会交易、社会资

---

① P. Hudson, L. D. English, L. Dawes, & J. Macri (2012), "Contextualizing a University-School STEM Education Collaboration Distributed and Self-activated Leadership for Project Outcomes," *Educational Management Administration & Leadership*, 40 (6): 772–785.

② E. Kamler, M. Szpara, M. Dornisch, K. Goubeaud, G. Levine, & S. Brechtel (2009), "Realities of a School-University Partnership: Focus on Leadership," *Journal of School Leadership*, 19 (1): 81–117.

③ 王晓芳：《从共同体到伙伴关系：教师学习情境和方式的扩展与变革》，《华东师范大学学报》（教育科学版）2015年第3期。

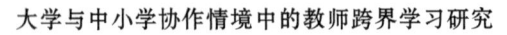

源、嵌入（embeddedness）、关系合约、社会网络和组织间网络"[1] 等概念和社会现象。社会资本的本质是社会关系和联结、组织及其个体之间的彼此信任、相互合作、交流互动等，以及这些关系与联结所带来的影响。

根据葛鲁塔特（Grootaert）等人对社会资本的分析和分类，社会资本可以分为三个不同层次[2]：一是联结式（bonding）的社会资本，指的是享有共同价值观、知识基础、愿景和地理位置的个体之间形成联结而带来的社会资本的占有，例如家庭邻里、工作伙伴等；学校内或教研组内教师同事之间的关系；二是桥接式（bridging）的社会资本，指的是没有共同或相近的价值观或地理位置，但是却有着相同的社会地位的个体之间所形成的社会网络，这被视作具有横向（horizontal）特征的社会资本，例如不同学校之间教师所形成的关系；三是联系式（linking）社会资本，它与桥接式社会资本的不同在于，结合关系的个体之间地位有高低之分，因此是具有纵向（vertical）特征的社会资本，例如伙伴关系中外部专家与学校教师所形成的关系。葛鲁塔特等人关于社会资本的分类有助于我们理解和更深入地分析社会资本的不同层次及其可能带来的不同影响。实际上，联结式的社会资本类似于阿德勒（Adler）等人对于内部社会资本或内部联结的界定，也就是组织或小组内部成员之间形成的知识交流、合作协作的关系；而桥接式社会资本与联系式社会资本则可归结为外部社会资本或外部联结，也就是组织与其他外部组织结合而成的关系。[3]

组织合作、组织之间知识互动和流动的相关研究均表明信任、互

---

[1] P. S. Adler, & S.-W. Kwon（2002），"Social Capital: Prospects for a New Concept," *Academy of Management Review*, 27（1）: 17–40.

[2] C. Grootaert, "Measuring Social Capital: An Integrated Questionnaire," *World Bank Publications*, 2004.

[3] P. S. Adler, & S.-W. Kwon（2002），"Social Capital: Prospects for a New Concept," *Academy of Management Review*, 27（1）: 17–40.

第二章 文献回顾

动规范、组织之间及其成员之间的联结强度等社会资本对于知识在不同组织之间的迁移和转化均产生了重要影响。组织间的合作关系作为跨越组织边界而形成的独特情境，由于知识来源的多样性所形成的知识边界和壁垒，需要不同组织的成员之间形成较强的联结，从而跨越边界而实现知识的分享，并提升创新的能力和可能性。[①] 同样，在大学与中小学协作伙伴关系情境中，大学研究者、教师教育者与学校一线教师之间的知识互动也受到不同参与者之间信任关系、交流规范和联结的紧密程度等的影响。信任关系是社会资本的重要维度之一。[②] 而费斯勒（Fisler）和费尔斯通（Firestone）对大学与中小学协作伙伴关系中教师学习效果的考察也发现，大学人员与学校教师、教师与学校行政人员之间以及学校教师之间的信任关系是影响教师对待外部新知识的重要因素。[③] 卡拉布雷塞（Calabrese）的个案研究也发现[④]：无论是联结式社会资本，还是桥接式社会资本，对于伙伴关系中大学人员与学校教师之间合作关系的建立和改进都有着积极影响，"随着桥接式社会资本的提升，大学与中小学协作伙伴关系的成员会构建彼此依存的关系，而这也有助于双方的变革"。简言之，对于教师个体和集体知识的获得与创建而言，大学与中小学协作伙伴关系本身就是社会资本的集合体，为学校、教师建立与其他教师、外部专家的联系

[①] M. Tortoriello, & D. Krackhardt (2010), "Activating Cross-boundary Knowledge: The Role of Simmelian Ties in the Generation of Innovations," *Academy of Management Journal*, 53 (1): 167-181.

[②] R. S. Burt (2002), "The Social Capital of Structural Holes," In M. F. Guillen, R. Collins, P. England & M. Meyer (Eds.), *The New Economic Sociology: Developments in an Emerging Field* (pp. 148-190), New York: Pussell Sage Foundation.

[③] J. Fisler, & W. Firestone (2006), "Teacher Learning in a School-university Partnership: Exploring the Role of Social Trust and Teaching Efficacy Beliefs," *The Teachers College Record*, 108 (6): 1155-1185.

[④] R. L. Calabrese (2006), "Building Social Capital through the Use of an Appreciative Inquiry Theoretical Perspective in a School and University Partnership," *International Journal of Educational Management*, 20 (3): 173-182.

提供了机会,从而促进双方的知识互动以及对新知识的合作探究。

二 大学与中小学协作伙伴关系中的教师学习

大学与中小学之间的协作并非易事,由于彼此的文化、制度、知识结构、阐释视角等的不同,合作过程中的异议乃至于冲突和矛盾将是不可避免的。[①] 但是,换个角度看,大学与中小学、研究者(或教师教育者)与学校教师之间的差异也会成为促进教师学习的推动力。

在教师学习领域,戴依(Day)就指出:"校外人士的加入对于推动学校教师的学习生活是至关重要的。而其中一个选择就是学会利用大学人员,将其纳入个人和组织发展的计划之中。"[②] 对此,戴依提出了大学人员的加入对于教师和学校发展的价值:一方面,大学人员不处于学校原先的权力结构和监督机制之中,能免于学校内部的权力关系的纠葛,对学校管理、教学工作可以提出更加客观的评论和建议;另一方面,大学人员能够提供知识和技能,包括"特定的研究技术,多样的研究和知识的视角,以及其他学校的知识"。总之,区别于大学提供的传统的学历教育和学校提供的校本工作情境中的学习机会,大学与中小学协作伙伴关系作为教师学习的新的组织方式,扩展了在职教师的学习情境,为教师学习创造了更加丰富的机会和资源,能够刺激教师的自我和集体反思等,进而促进教师知识的增进、建构以及增加新知识的生产。[③]

以往的研究聚焦于大学与中小学协作伙伴关系的运作过程,而对

[①] S. M. Brookhart, & W. E. Loadman (1992), "School-University Collaboration: Across Cultures," *Teaching Education*, 4 (2): 53 – 68.

[②] C. Day (1999), *Developing Teachers: The Challenges of Lifelong Learning*, New York: Routledge Falmer.

[③] C. Day, & L. Smethem (2010), "Partnership between Schools and Higher Education," In P. Peterson, E. Baker & B. McGaw (Eds.), *International Encyclopaedia of Education* (pp. 757 – 763), Oxford: Elsevier.

于伙伴关系如何促进教师学习这一核心议题却着墨甚少；即使有，往往也是偏向于规范性层面的学理论述或自我介绍性文章，严谨的、有严格理论基础的经验研究较少。这里基于有关大学与中小学协作伙伴关系中教师学习过程的部分经验研究，介绍伙伴关系教师学习的特点。

(一) 教师的跨界学习

如前所述，大学与中小学协作伙伴关系被视作不同组织及其成员之间进行知识互动的跨界安排以及形成的边界地带，而边界本身既可能会阻碍参与者的交流，又是知识碰撞、互动并产生新知识的地方。① 这是因为大学与中小学协作伙伴关系中的教师学习跨越了传统的以学校校本、教师组成的学科组或教研组的组织和知识边界，从而扩展了教师学习的情境，为不同类型知识之间的互动提供了契机。②

大学与中小学协作伙伴关系为教师知识的获得和创建创造了边界地带这一多样化的学习情境，"跨越组织边界的观点之间的交流是伙伴关系中专业学习的重要条件，而知识的协调和整理，有助于教育研究和教学实践目标的实现"③。徐碧美等人的个案研究就发现，在大学研究者与教师教育者、学校一线教师和实习教师共同开展的"课例研究"（lesson study）的伙伴关系中，伙伴关系的参与者通过跨越彼此的组织边界而开展共同的知识创建活动。④ 在这一过程中，成员之间在知识基础、价值取向等方面的差异成为推动知识生产的强大动

---

① E. Wenger (2000), "Communities of Practice and Social Learning Systems," *Organization*, 7 (2): 225-246.

② 王晓芳：《从共同体到伙伴关系：教师学习情境和方式的扩展与变革》，《华东师范大学学报》（教育科学版）2015年第3期。

③ J. Mitchell, D. Hayes, & M. Mills, "Crossing School and University Boundaries to Reshape Professional Learning and Research Practices," *Professional Development in Education*, 2010, 36 (3): 491-509.

④ A. B. Tsui, & D. Y. Law, "Learning as Boundary-crossing in School-university Partnership," *Teaching and Teacher Education*, 2007, 23 (8): 1289-1301.

力。而且，正是通过持续性地面对并共同解决这些差异乃至矛盾与冲突，新知识才能够不断产生并在教师之间分享、传播和再造。[1] 由此可见，在伙伴关系教师跨界学习过程中，作为专业人士的学校一线教师、大学人员等需要踏入与自己原先所处的情境迥异的新的工作环境，并通过彼此的专业对话、协商与合作探究，来重新理解并合力解决所面对的新挑战和问题。[2]

（二）大学人员与学校教师之间的知识互动

从知识类型上看，大学人员与学校教师所具备的专业技能和知识是十分不同的。前者擅长抽象反思思维，掌握理论性知识；而后者惯于使用实践思维。因此，大学人员与学校教师之间的知识交流和碰撞是教师学习得以实现的重要过程。尼尔森（Nelson）从知识互动的视角分析大学人员（但非教育学研究者）与学校教师的合作过程，通过个案之间的比较，将伙伴关系中"知识的互动"区分为三类具体的类型[3]：一是"知识协商"（negotiation）。大学人员与学校教师合作对关于学生、课程、科学和技术以及教学目标分散的知识进行裁剪，使其成为适合于教师进行具体课堂教学的工具。这实际上是从学科知识到学科教学法知识的转变，而且这种知识的协商可能会带来新的、独特的知识的出现。二是"知识咨询"（consultation）。在这一模式中，一方将另一方的知识视为外部资源，是在需要的时候，可以接触并使用的资源。在这种情况下，对话的目的倾向于彼此提供信息。三是"知识拒收"（rejection）。这实际上表明两者没有对话。也就是

---

[1] 王晓芳：《从共同体到伙伴关系：教师学习情境和方式的扩展与变革》，《华东师范大学学报》（教育科学版）2015年第3期。

[2] M. M. Cheng, & W. W. So, "Analysing Teacher Professional Development through Professional Dialogue: An Investigation into a University-School Partnership Project on Enquiry Learning," *Journal of Education for Teaching*, 2012, 38 (3): 323–341.

[3] T. H. Nelson, "Knowledge Interactions in Teacher-Scientist Partnerships Negotiation, Consultation, and Rejection," *Journal of Teacher Education*, 2005, 56 (4): 382–395.

说，"当一方提供一个观点给另一方，关于教学和科学学习的相互冲突的观念之间没有对话"，教师与大学研究者之间各有一套想法和做法，而且学校教师没有对自身教学理念和实践进行改变的意愿。

费斯勒和费尔斯通的研究发现大致也与尼尔森的总结相契合，他们将伙伴关系中教师学习的过程分成三类[①]：一是"重构者"，作为重构者的教师，对于伙伴关系中的各种学习机会表现出积极、开放的态度，也努力寻求机会和平台与大学人员和学校其他教师合作，从而实现自身知识的增长；二是"评论者"，这些教师"虽然意识到新的理念和教学策略对于课堂的价值，但是并不能完全接纳"；三是"拒绝者"，这些教师对伙伴关系传递和建构的新知识采取抵制的态度，只是维持其教学现状或者仅仅做出形式上的表层改变。

上述所列举的对伙伴关系中大学人员与学校教师在合作过程中的知识交流、互动的研究表明：伙伴关系中的教师并非简单的知识接收者、执行者，大学人员与学校教师在知识互动层面并非单向地、直接地从大学人员转移至学校教师；相反，在伙伴关系中，学校教师基于自身已有的知识基础和教学经验，会对外部知识进行筛选、修改和调整，从而生产出适合自身教学条件、学生条件和学校情境的知识。

三 中国情境中大学与中小学协作伙伴关系

在中国，大学与中小学协作伙伴关系也并非新生事物和舶来品，来自各类教育研究机构和师资培训机构的教育研究者、专家和教师教育者往往以各种身份参与学校改进、课程发展和教师学习等教育改革活动。大学与个别学校或学区的合作被视作实现学校改进和教师专业发展的非政府层面的重要途径。在新课程改革背景下，大学与中小学

---

① J. Fisler, & W. Firestone, "Teacher Learning in a School-university Partnership: Exploring the Role of Social Trust and Teaching Efficacy Beliefs," *The Teachers College Record*, 2006, 108 (6): 1155–1185.

协作伙伴关系的项目十分丰富：1992 年由北京师范大学裴娣娜主持的"主体教育实验"，1994 年由华东师范大学叶澜主持的"新基础教育实验"，2001 年首都师范大学发起建立的"教师发展学校"，2005年北京市教委实施的第五轮初中建设工程等。可见，在课程改革、学校改进、教师专业发展等方面，建立大学与中小学协作伙伴关系已成为实践探索中较为成熟的手段。结合部分政策文件，基于对实践中若干大学与中小学协作伙伴关系项目的分析，本节对中国情境中大学与中小学协作伙伴关系的特点做简要介绍和总结。

（一）政策鼓励与支持

在 2001 年的《基础教育课程改革纲要（试行）》中，对在职教师进行培训，以期改变传统的教学理念和教学方式，提升教学质量，是新课程改革的主要内容。中小学教师继续教育必须与新课改同步推进。而教师培训工作的开展则必须依赖来自大学、师范院校、研究机构的教育专家；鼓励并支持大学和师范院校建立"基础教育课程研究中心"来推进新课程改革。时任师范教育司司长的管培俊指出，大学、师范院校等机构的教育研究者应该"帮助教师解决新课程实施过程中的困惑和问题"，并鼓励大学发挥专长，对中小学校进行具体的业务指导。例如，时任教育部副部长的袁贵仁也提到，教育部组织北京师范大学等高校就新课改等问题对中小学校教师进行指导和"问题式"的培训，增进学校教师对新课改理念、内容和具体教学方式的理解与掌握。可见，从政策层面看，尽管大学与中小学协作伙伴关系等概念并没有在相关教育改革和政策文件中出现，但师范院校承担着培训在职教师、促进教师知识增长和教学实践改善的任务，大学与中小学之间就学校改进、课程改革、教学改进和教师专业发展形成合作关系获得了政策方面的鼓励和支持。

（二）地方教育行政部门作为伙伴关系中的合作第三方

除了宏观教育政策层面的鼓励与支持外，在具体操作层面，地方政府以及地方教育行政部门（如教育局）成为大学与中小学协作伙伴关系重要的"第三方"。例如，北京市 2005 年发起的"初中建设工程"，就是建立在北京市教育行政部门（北京市教委）与北京师范大学、首都师范大学两所学校之间合作基础之上的，从而建立了大学与项目学校之间的联结，帮助薄弱学校实现整体改进。该项目就将大学的参与视作实现初中学校整体改进的重要支撑力量。[①] 这样一种地方教育行政部门作为"第三方"实现搭桥联结作用的合作模式在实践中较为普遍。马云鹏、欧璐莎、金宝就将这种大学、地方教育行政部门与中小学校三方共同参与的伙伴关系总结为"UAS 模式"，即大学—教育行政部门—学校伙伴关系。在马云鹏等人所介绍的东北师范大学与鞍山市铁东区教育局的合作项目中，教育行政部门的职责和作用在于把握大方向，设定问题，给予经费和政策支持，"成为连接大学与基础教育学校的纽带"[②]。

另外，除了大学与师范院校的力量之外，基于教研体系而形成的附属于地方教育行政部门的地方教科研院所或师资培训机构也充当着推动教育改革、课程改革的重要力量。特别是其中的优秀教师、专家教师、教研员被视作落实新课改的主力，也是促进教师教学理念和实践发生变化的外部支持者。例如，上海市教育科学研究院与上海市青浦区学校合作实施的项目：行动教育。该项目以顾泠沅为首席教育专家，通过与学校教师之间的合作，以课例为载体，促进教师与研究者之间的合作、反思和学习，最终实现促进教师专业成长的目标。[③] 在这 情境中，专家教师、教研员等地方教科院所的专家或研究者，发

[①] 胡定荣：《薄弱学校的教学改进：大学与中学的合作研究》，教育科学出版社 2013 年版。

[②] 马云鹏、欧璐莎、金宝：《从双方合作到三方合作：学校改进模式新探索——以鞍山市铁东区为例》，《中国教育学刊》2011 年第 4 期。

[③] 顾泠沅、王洁：《教师在教育行动中成长——以课例为载体的教师教育模式研究》（上），《课程・教材・教法》2003 年第 1 期。

挥着类似于大学研究者的角色和作用，成为专家团队的一员。

可见，在大学与中小学协作伙伴关系中，地方教育行政部门往往扮演着不可缺少的角色，如发起者、经费和政策的支持者、大学与中小学之间的纽带等，伙伴关系的建立和运作因此也被打上了地方教育行政部门的深深烙印。

（三）大学教育学者及其团队的学术影响力并以教育科研项目为依托

除了教育行政部门发起的伙伴关系外，大学研究者自身也成为发起伙伴关系的重要主体，并发挥着其个人在教育领域的影响力和学术声誉的作用，以教育科研项目为依托，与中小学校开展合作教育改革和试验。典型的如北京师范大学裴娣娜主持的"主体教育实验"与华东师范大学叶澜主持的"新基础教育实验"。

根据郭华的介绍，"主体教育实验"起初是由北京师范大学教育系与河南省安阳市大道小学合作并实施的科研项目——"少年儿童主体性发展教育实验与研究"。该项目为裴娣娜主持的国家教委"八五"重点研究项目。在"主体教育实验"中，研究者与学校教师合作，共同研究教育问题，设定课题研究方向，并合作解决所面临的教学实践问题，极大地推动了教师的专业发展。[①] 类似地，叶澜发起并主持的"新基础教育实验"是一项大学人员与学校教师共同致力于实现学校改进的伙伴关系项目。"新基础教育实验"致力于推动学校教育变革，除了理论研究之外，聚焦于"课程和教学改进""班级建设""学校管理的改善"以及"教师专业发展"四个方面。[②] "新基础教育实验"逐步成为教育改革领域的重要实验田，成为包括大学人

---

① 郭华：《我国教师专业发展的实践探索——主体教育实验18年回顾》，《北京师范大学学报》（社会科学版）2010年第5期。

② L. Ye, "Comprehensive School Improvement in the Context of Social Transformation in China: A Case of New Basic Education Project," In J. C. -K. Lee & M. Williams (Eds.), *School Improvement: International Perspectives* (pp. 193 – 200), New York: Nova Science Publishers, 2006.

员、学校教师、教研员、教育行政人员等的"研究共同体"①。

简言之，大学与中小学协作伙伴关系的主要发起者偏向于大学人员，并且往往以具体的教育科研项目为载体，大学研究者与学校教师开展合作研究，在推动学校改进、教师专业发展的同时，教育研究也获得发展的可能性。用叶澜的话总结这一过程就是："有思想的行动和在行动中生成新的思想。"②

（四）伙伴关系被定位为服务型、支援型

以北美的"专业发展学校运动"（professional development school）为代表的大学与中小学协作伙伴关系往往致力于将职前教师培养、在职教师专业发展、学校改进和教育研究等多重目的融合起来，其中尤以职前教师培养为重点。但中国情境中的大学与中小学协作伙伴关系则往往被定位为推动教育改革、学校改进、课程改革、教学改进和教师专业发展的工具。典型的如首都师范大学教育学院与丰台区教委合作设立的"教师发展学校"。该伙伴关系项目的发起和建立受到国外"专业发展学校"的启发，但在具体运作过程中，其重点更倾向于为在职教师专业发展提供外部服务和支援。王长纯是这样论述教师发展学校要素的："服务社会，合作对话，实践生成。"③ 可见，大学作为高等教育组织，服务并支持学校和教师发展，推动教师专业发展，提高教育教学质量是其社会服务职能的应有之义。

总而言之，大学与中小学协作伙伴关系业已成为我国推行教育改革、学校改进和教师专业发展的重要渠道之一；作为研究者和专业人士的大学人员在促进教师专业发展中扮演着重要角色。但是，中国情境中的伙伴关系也呈现出自身的特点，包括政策的鼓励和支持、教育

---

① 王建军、叶澜：《"新基础教育"的内涵与追求》，《教育发展研究》2003年第3期。
② 叶澜：《大中小学合作研究中绕不过的真问题——理论与实践多重关系的体验与再认识》，《教育发展研究》2014年第20期。
③ 王长纯：《教师发展学校的构想》，《中小学教师培训》2003年第3期。

行政部门的卷入、大学人员及其团队自身的影响力以及伙伴关系所具备的支援型和服务型作用等。

四 小结

囊括教师教育改革、学校改进、教师专业发展在内的现代教育改革催生了大学与中小学协作伙伴关系。在世界范围内，大学与中小学协作伙伴关系已成为推动教育改革、提升教师专业素养的有效途径，因而被广泛应用。尽管伙伴关系作为促进教师学习、扩展教师知识基础的有效途径已在学术界和政策领域达成广泛共识，但是，针对伙伴关系情境中教师学习过程的经验研究仍然较少，特别是很少有研究从组织学习的视角，探讨伙伴关系如何为教师个体、教师小组和学校组织提供改进和学习的资源和机会。以组织学习为视角探讨大学与中小学协作伙伴关系中教师学习过程，不仅有助于探讨伙伴关系情境中教师与大学人员之间的互动和交流所产生的影响，同时也能够观照学校内部教师之间的个体与集体学习的过程。

第四节 理论框架：边界知识互动与组织学习过程的整合

在组织理论中，边界被认为具有双重属性：它不仅发挥着隔离和区分"相同"与"不同"的作用，而且，边界本身成为交流、交换、桥接和包容的前提条件。[①] 边界、边界活动、跨界活动为个体学习、组织学习甚至是新知识的产生、组织创新和变革等均提供了潜力和机

---

① T. Hernes, "Enabling and Constraining Properties of Organizational Boundaries," In N. Paulsen & T. Hernes (Eds.), *Managing Boundaries in Organizations: Multiple Perspectives* (pp. 35 - 54), New York: Springer, 2003.

会。[1] 霍夫曼（Hoffman）以组织边界为限，区分了三种不同层次的活动："由外而内"（outside-in）的跨界活动、"由内而内"（inside-in）的活动、"由内而外"（inside-out）的跨界活动。[2] 基于研究问题，笔者主要关注的是"由外而内"与"由内而内"这两种与组织边界息息相关的活动。

首先，"由外而内"的跨界活动描述的是外部的信息、知识和实践，通过一定的跨界机制而被组织及其成员所接触和识别，它可以包括浏览和筛选，"收集信息、判断外部信息的相关性并决定传播什么的过程"。其次，"由内而内"的跨界活动包括"绘图"、缓冲和传播，边界人员在外部信息和内部信息的基础上，对信息、知识和资源的位置和拥有者进行大致的了解；同时，为了防止信息超负荷而发挥缓冲的作用，并将筛选之后的信息在组织内部传播。正如霍夫曼所言，以往对组织跨界活动的研究，往往只关注由外而内或由内而外，忽视了组织内部自身对外部信息和知识的应对、处理和反馈；"由内而内"的跨界活动所指向的就是组织学习的过程。

可见，组织边界的知识互动过程与组织学习过程密切相关：一方面，组织学习离不开其与外部环境的互动，外部知识来源成为组织学习的资源、机会和刺激；[3] 另一方面，组织自身如何识别、处理、吸收和运用外部知识，并与原有知识进行整合，即知识整合（knowledge integration）过程，则是组织学习的关键。本书从组织学习理论的视角，从野中郁次郎和竹内弘高提出的组织知识创建理论（知识转化模型）与卡莱尔（Carlile）提出的跨越组织边界的知识互动模

---

[1] S. F. Akkerman, & A. Bakker, "Boundary Crossing and Boundary Objects," *Review of Educational Research*, 2011, 81 (2): 132–169.

[2] E. Hoffman, *User Integration in Sustainable Product Development: Organisational Learning through Boundary-spanning Processes*, Greenleaf Publishing, 2012.

[3] I. Nonaka, G. Von Krogh, & S. Voelpel, "Organizational Knowledge Creation Theory: Evolutionary Paths and Future advances," *Organization Studies*, 2006, 27 (8): 1179–1208.

型出发，尝试提出一个将跨界活动及其相应的边界知识互动过程与组织学习过程彼此联结和整合的概念框架（见图2-1）。

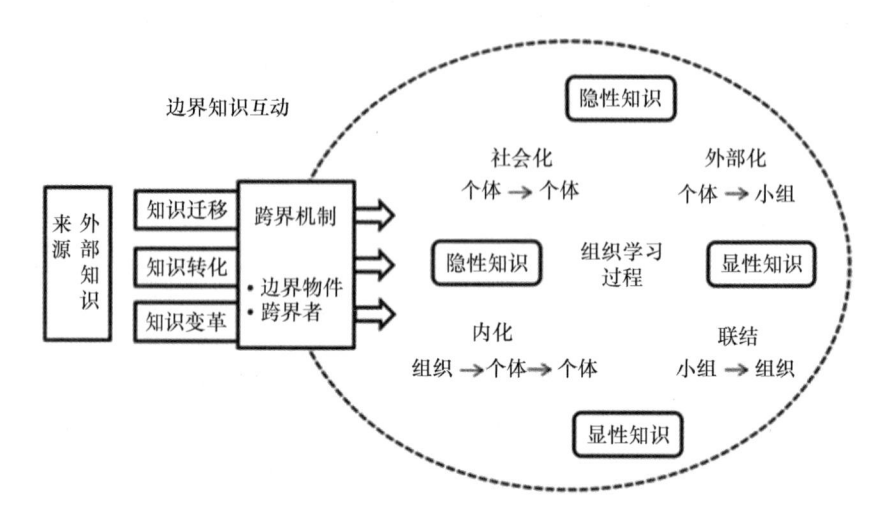

图2-1 边界知识互动与组织学习过程

其一，组织学习过程是本书的核心问题（见图2-1右侧）。阿基里斯（Argyris）和肖恩（Schön）将组织学习理解为这样一个过程："作为组织的学习主体的组织成员通过识别和纠正组织的运用中的理论（Theory-in-use），来应对组织的内部和外部环境的变化，并且将这种探究的成果融入（embedding）组织的专用模式和共享地图之中。"[①] 这反映了组织学习的两个要点。一是组织学习的发生往往开端于组织成员的个体探究，进而通过某些机制转化为组织行为模式、惯例、文化、共享心智模式等的改变。个体学习和组织学习之间的"转化机制是组织学习的核心，经由这一过程，个体学习融入组织的

---

① C. Argyris, & D. Schön, "Organizational Learning: A Theory of Action Approach," *Reading*, MA: Addision Wesley, 1978.

第二章 文献回顾

记忆和结构之中"①。与此同时，组织原有的知识、文化、结构以及制度化的学习机制也成为个体学习的资源，并为其设定了方向。二是组织学习发生的标志。知识的发展、转化、迁移和整合则被视作组织学习最本质的标志，"大部分研究者认为，组织学习是组织知识的变化，而这种变化是经验的一种功能"②。可见，探讨组织学习过程，就是发现和总结组织中知识的创建、转化、迁移和整合的过程；也是探讨个体学习与组织学习彼此互动关系的过程。而野中郁次郎和竹内弘高提出的组织知识创建理论，不仅描述了个体知识与组织知识之间的互动关系；而且将知识理解为显性与隐性知识的连续体，不同类型知识的转换过程及其结果就是知识的创建、分享、传播和运用的过程。

其二，发生于组织边界的知识互动过程（见图2-1左侧）。学术界对学习型组织和组织学习的推崇是基于将组织自身视作知识创建、问题解决、组织变革的主要力量而不依赖于外部干预的考虑。但是，组织外部人员与组织成员之间的互动过程以及外部知识却是组织学习的重要资源、刺激和机会③。也就是说，组织学习过程既包含组织成员之间的社会互动，也包含组织成员与外部行动者的互动过程。笔者运用卡莱尔（Carlile）及其同事关于跨界活动中知识互动过程的3T（Transfer，Translate，Transform）模型④作为框架，分析发生于跨越边界和边界实践中的知识互动过程；同时这也是对组织知识创建理论的一个补充：将组织视作一个开放系统，重视外部知识对组织学习的作

---

① D. H. Kim, "The Link between Individual and Organizational Learning," *Sloan Management Review*, 1993: 41-62.

② L. Argote, & E. Miron-Spektor, "Organizational Learning: From Experience to Knowledge," *Organization Science*, 2011, 22 (5): 1123-1137.

③ W. M. Cohen, & D. A. Levinthal, "Absorptive Capacity: A New Perspective on Learning and Innovation," *Administrative Science Quarterly*, 1990: 128-152.

④ P. R. Carlile, "Transferring, Translating, and Transforming: An Integrative Framework for Managing Knowledge across Boundaries," *Organization Science*, 2004, 15 (5): 555-568.

用,并阐明跨越组织边界而发生的知识互动的模式和过程。根据卡莱尔及其同事的阐释,组织内部和外部的知识整合、知识互动过程存在着三种不同的模式或途径:一是知识迁移(knowledge transfer),即从信息加工的视角,知识从发出者透过边界,被"接受者"吸收,最后被储存、检索和使用;二是知识转化(knowledge translate),强调共同意义的理解和生成,进而实现知识的互动;三是知识变革(knowledge transform),即"重新界定、协商和变革已有的知识,产生共同的问题解决方案"[1]。另外,跨越边界与边界知识互动过程往往需要借助边界物件(boundary object)和跨界者等中介机制,以此实现对知识的理解和应用与新知识的创建。

一 组织知识创建理论中的知识:隐性与显性知识的连续体

知识是组织学习的对象和结果,而如何理解知识则直接影响着如何理解组织学习的过程;以什么是知识以及知识是如何获得的这一问题为核心的知识论是知识创建理论的基础之一。[2] 根据希斯洛普(Hislop)的总结,在组织学习和知识管理领域,以往的文献对于知识的理解大致可以分成两种取向[3]:一是客观主义视角(objectivist perspective)下的知识;二是实践视角(practice-based perspective)下的知识:前者将知识视作实体或对象,更加看重显性知识的价值,而忽略隐性知识的价值;后者则认为知识是嵌套于实践中的,显性与隐性知识难以分割,知识是社会建构的、文化嵌套的。尽管野中郁次郎(Nonaka)和竹内弘高(Takeuchi)将知识分为显性知识与隐性知识

---

[1] P. R. Carlile, & E. S. Rebentisch, "Into the Black Box: The Knowledge Transformation Cycle," *Management Science*, 2003, 49(9): 1180-1195.

[2] I. Nonaka, Von G. Krogh, & S. Voelpel, "Organizational Knowledge Creation Theory: Evolutionary Paths and Future Advances," *Organization Studies*, 2006, 27(8): 1179-1208.

[3] D. Hislop, *Knowledge Management in Organizations: A Critical Introduction*, Oxford: Oxford University Press, 2009.

的观点为一些学者所质疑,但是,显性与隐性作为知识的两种维度,在分析组织学习的过程中仍然十分有用,因为它们有助于"区分即刻现有的组织行动的知识资产(asset)与需要深入阐释的组织中的知识"[①]。而且从某种程度上讲,组织知识创建理论所理解的知识融合了希斯洛普所总结的"客观主义"与"基于实践"的两种视角下的知识特点,并描述了两种知识之间的转化机制。

野中郁次郎和竹内弘高根据波兰尼对"科学知识"本质的论述所形成的独特的认识论,将知识分为两类:显性知识和隐性知识(见表2-3)。"在组织知识创建理论,隐性、显性知识不应该被看作分隔的实体,二者是彼此补充并建立于同一个连续体基础之上的",也就是说,隐性和显性是知识的两个维度,共同构成知识的连续体。

表2-3　　　　　　　　隐性知识与显性知识的对比

隐性知识(主观)	显性知识(客观)
经验性知识(身体)	理性知识(心智)
同时性知识(此时此地)	排列有序的知识(彼时彼地)
模拟知识(实践)	数字化知识(理论)

其一是显性知识,指的是能够通过"正式的、系统性的语言加以传输的"知识,也可称之为"编码化的知识"[②]。显性知识的生产和传播过程需要遵循一定的科学程序,其成果的体现较为严谨,是排列有序的、编码化或数字化(digital)的知识,而其表述和传播也是以科学的语言为媒介的。在组织知识创建理论中,"显性知识具有普遍

---

① I. Nonaka, & Von G. Krogh, "Tacit Knowledge and Knowledge Conversion: Controversy and Advancement in Organizational Knowledge Creation Theory," *Organization Science*, 2009, 20 (3): 635-652.

② I. Nonaka, & H. Takeuchi, *The Knowledge-creating Company: How Japanese Companies Create the Dynamics of Innovation*, New York & Oxford: Oxford University Press, 1995.

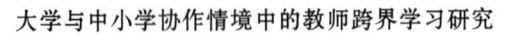

性特征,能够跨越不同的情境"①,因此也较易于实现迁移、传输和流动。在组织中,显性知识以管理文件、工作手册、活动程序、工作描述等载体来呈现,更多的是一种"知道什么"(Know-that)的知识。

其二是隐性知识,即"个人的、特殊情境的,难以正式化和交流的"知识,可具体分为认知层面和技术层面,前者指的是人们的心智模型(mental model),通过模拟、范式、视角和观点等来认识世界,代表个体对于现实和未来的理解;后者则指个体对于工艺、技术等的掌握,也就是一种程序性的知识。"隐性知识根植于行动、程序、日常工作、承诺、理想、价值和情感。"由于隐性知识往往体现为一种个人性的理念和实践或行动,它往往难以迁移和分享。沿袭波兰尼对隐性知识的理解,组织知识创建理论将隐性知识与直觉、理解、意义、实践、行动甚至身份等紧密联系在一起,并往往嵌套于实践共同体里,这也更多地体现为"知道怎么做"(know how)的知识。②

另外,尽管野中郁次郎和竹内弘高将个人隐性知识的生成视作组织知识创建过程的起点和重要来源,并将个体隐性知识的扩大、分享、概念化、具体化等一系列过程理解为组织知识创建的过程,但是,正如库克(Cook)和布朗(Brown)所说,隐性知识与显性知识对于组织学习和变革都是十分重要的,两者发挥着各自不同的功能,并且彼此依赖:显性知识可以说明组织成员活动的隐性知识,而隐性知识也是理解和提升显性知识的必要条件。③ 因此,在组织知识创建

---

① I. Nonaka, & G. Von Krogh, "Tacit Knowledge and Knowledge Conversion: Controversy and Advancement in Organizational Knowledge Creation Theory," *Organization Science*, 2009, 20 (3): 635–652.

② J. S. Brown, & P. Duguid, "Knowledge and Organization: A Social-practice Perspective," *Organization Science*, 2001, 12 (2): 198–213.

③ S. D. Cook, & J. S. Brown, "Bridging Epistemologies: The Generative Dance between Organizational Knowledge and Organizational Knowing," *Organization Science*, 1999, 10 (4): 381–400.

理论中，隐性知识与显性知识对组织学习和变革同样重要。

此外，值得注意的是，隐性知识与显性知识仅仅是从知识的表现形式这一维度区分知识，而根据知识拥有者的不同，又可以区分出不同的层次：个体知识（显性/隐性）、小组知识（显性/隐性）与组织知识（显性/隐性），甚至是组织间知识（显性/隐性），"知识的创建可以被认为是在不同的组织层次，从个体到共同体，再到更多的网络，它可以跨越部门、分区和组织的边界"。这也就是野中郁次郎和竹内弘高所说的知识创建的本体维度。

具体而言，结合本体论（个体、小组和组织）与知识论（显性与隐性）两个视角，野中郁次郎和竹内弘高进一步区分了四种不同类型的知识[①]：一是同理的（sympathized）知识或经验型知识，如共同的心智模型、技术技能等；透过知识的社会化机制，组织中的成员个体逐渐形成共同的经验，这就体现为同理的或经验型的隐性知识。二是概念性知识，表现为"产品概念、设计方案和商标的价值"；概念性知识的生成往往是借助图像、语言、比喻和符号等工具，将隐性知识转变为显性知识的过程，也就是所谓的"外部化"过程。三是操作性的知识或惯例性的知识，即显性知识通过"内化"的过程，逐渐被小组和组织成员所习得，并体现在个体成员的行动和实践中，往往表现为"日常的操作活动，组织惯例和组织文化"。四是系统性的知识，即小组层面的显性知识经过"联结化"而被"打包"（package）成为系统性的知识，其具体的表现形式有文件、数据库、操作手册等。这四类知识的创建机制和过程，体现在下面对知识转化模型的介绍之中。

---

① I. Nonaka, R. Toyama, & N. Konno, "SECI, Ba and Leadership: A Unified Model of Dynamic Knowledge Creation," *Long Range Planning*, 2000, 33 (1): 5–34.

二 组织学习过程：知识转换模型

知识在个体、小组、组织甚至由不同组织组成的网络之间的流动和转化，是组织学习研究的核心主题，甚至可以说，所有的组织学习理论都是致力于探讨和解释个人与组织之间学习和知识的转化关系。① 野中郁次郎和竹内弘高批评以往的组织学习更多的是对已有知识的获得、积累和运用，而缺少创建新知识的视角，组织学习被认为是组织对环境的被动适应而非积极的互动。鉴于此，基于对知识的理解和分类，组织知识创建理论的主要观点是：组织知识创建于隐性知识与显性知识这两类不同知识之间的互动过程中。具体被分为社会化（socialization）、外部化（externalization）、联结（combination）和内化（internalization）四个相互循环的过程，简称 SECI 过程（见图 2-1 右侧）。②

其一，社会化：从隐性知识到隐性知识的转化，指的是"通过分享经验，而创建隐性知识的过程"。隐性知识必须结合具体的实践活动、情境才能进行传播，经验的分享是个体获得隐性知识的最重要途径。因为隐性知识是极具个人化的，只有通过"共同经验"（co-experience）才能建立起共同的理解；而构建互动的场域（field）被认为是促进"社会化"的手段。这一知识转化过程所产生的是"共感（sympathized）知识"，指的是组织成员之间共享的"心智模型和技术技能"，属于隐性知识范畴。的确，组织知识创建理论中的隐性知识的社会化过程，确实需要借助共同的经验、实践、参与、意义协商等过程，才能得以实现。但是，尽管隐性知识的"黏着性"使其难以

---

① G. P. Huber, "Organizational Learning: The Contributing Processes and the Literatures," *Organization Science*, 1991, 2 (1): 88–115.

② I. Nonaka, & H. Takeuchi, *The Knowledge-creating Company: How Japanese Companies Create the Dynamics of Innovation*, New York & Oxford: Oxford University Press, 1995.

直接迁移和传播，但知识的社会化并不局限于组织或共同体内部，也可以发生在工作场所之外，跨越组织边界，"诸如世界观、心智模型和彼此的信任等隐性知识也可以被创建和分享"[1]。

其二，外部化：从隐性知识到显性知识的转化。这是"知识创建的关键，因为这一过程从隐性知识中创建了新的、显性的知识"；这也是以往的组织学习理论较少涉及的内容。显性知识一般表现为可以言说的"概念"；在知识的外部化过程中，个体需借助"暗喻、模拟、概念、假设或模型"等将隐性知识转化为可以分享的显性知识。在这一过程中，对话与反思是两个促进知识转化的关键机制；暗喻和模拟则是促进知识从隐性变为显性的具体方式。"外部化"所产生的是"概念性（conceptual）知识"，属显性知识的范畴。透过外部化过程，知识从隐性变为显性，对于个体知识的传播十分重要。实际上，知识创建理论所提出的知识从隐性变为显性的"外部化"过程就是"阐释/理解"的过程，"阐释是对某一个观点的解释，其对象既可以是个体自身也可以是其他人。这一过程是前语言形态到语言形态的转变，需要语言的发展"[2]；从隐性知识转化为显性知识，需要语言的协助：创造、精炼共同的语言，建立共同的意义和理解。

其三，联结：从显性知识到显性知识的转化。这一过程是将不同的显性知识系统化（systemizing）为系统性的知识，属显性知识的范畴。"通过对显性知识的排序、增加、结合和分类，来重新配置（reconfiguration）已有的信息，能够生成新的知识。"[3] 从边界的视角看，显性知识之间联结、形成更为复杂的系统性知识，往往是知识在

---

[1] I. Nonaka, R. Toyama, & N. Konno, "SECI, Ba and Leadership: A Unified Model of Dynamic Knowledge Creation," *Long Range Planning*, 2000, 33 (1): 5 – 34.

[2] M. M. Crossan, & I. Berdrow, "Organizational Learning and Strategic Renewal," *Strategic Management Journal*, 2003, 24 (11): 1087 – 1105.

[3] I. Nonaka, & H. Takeuchi, *The Knowledge-creating Company: How Japanese Companies Create the Dynamics of Innovation*, New York & Oxford: Oxford University Press, 1995.

不同的小组或共同体之间的转化，因此，也就是知识跨越组织内部的小组或共同体的边界，形成新的知识。另外，显性知识的来源既可以是组织内部，也可以是组织外部，"来自组织内部和外部的显性知识被收集，之后结合、编辑、加工形成新的知识。这种新的显性知识再在组织内部传播"[1]。在克洛森（Crossan）与同事构建的组织学习模型中，知识的整合与知识的制度化，其本质就是知识之间的联结。"制度化是这样一个过程，将通过个体和小组学习的成果嵌套于组织的制度当中，包括系统、结构、程序和战略。"[2] 如前所述，组织学习超越个体学习、小组学习的过程就在于组织惯例、组织记忆等的改变。通过不同的显性知识之间的联结，新的组织知识被创建，同时也被制度化，成为组织储存的"记忆知识"或者组织知识转化的"投入"和"结果"——组织的知识资产。

其四，内化：从显性知识到隐性知识的转化。内化即对学习的传统理解，并与"做中学"紧密相关，也就是可以言表的概念等显性知识转化为如何做的知识——"操作性知识"（operational knowledge），属隐性知识的范畴。知识的内化是十分个人化的过程，个体往往通过在具体情境中的行动、实践和反思来获得隐性知识。在这一过程中，档案、操作手册或口头故事等将发挥"中介"的作用，"帮助个体内化其所经验的东西"，并"协助将显性知识转移至他人，进而帮助他们获得间接经验"[3]。"从做中学"是知识内化的重要方式。另外，个体通过"内化"过程而获得的隐性知识，将进一步作为组织知识创建的来源，发起新一轮的组织知识创建过程。组织知识创建

---

[1] I. Nonaka, R. Toyama, & N. Konno, "SECI, Ba and Leadership: A Unified Model of Dynamic Knowledge Creation," *Long Range Planning*, 2000, 33 (1): 5-34.

[2] M. M. Crossan, & I. Berdrow, "Organizational Learning and Strategic Renewal," *Strategic Management Journal*, 2003, 24 (11): 1087-1105.

[3] I. Nonaka, & H. Takeuchi, *The Knowledge-creating Company: How Japanese Companies Create the Dynamics of innovation*, New York & Oxford: Oxford University Press, 1995.

理论从本体层面看是个体知识与组织知识的互动和转化,而这遵循两条不同的路径:一是从个体隐性知识到概念性的小组知识,再到更为系统性的组织知识的过程,即"扩大个体知识—分享隐性知识—概念化/具体化—验证—联结知识"的过程;二是从组织知识到小组知识,再到个体知识的个体学习的过程。那么,"内化"过程描述的就是组织中个体学习的过程:组织知识如何推动和影响个体学习。克洛森等人就认为,制度化后的组织学习过程及其知识成果,也是小组学习、个体学习的资源,会影响到个体学习内容的选择以及学习的路径,这就是回馈的过程。[①] 通过制度化过程,组织将个体知识转换为组织的各种"非人类"(non-human)要素,从而为组织成员之后的互动、交流和学习设定具体的框架和模式。

野中郁次郎和竹内弘高的知识创建理论及其所蕴含的关于学习的理念也被应用于教育领域,特别是教师学习领域。帕沃拉(Paavola)等人将知识转换模型视为区别于传统的知识获得和社会参与的模式,是理解教师学习过程的新视角:知识的创建,"不同形式的知识之间的互动以及知识与其他活动的互动,是创新与知识创建的必要条件"[②]。实际上,大卫·哈格里夫斯所提出的"创建知识的学校"(the knowledge-creating school)吸收了野中郁次郎和竹内弘高关于"创建知识的企业"的观念,也提倡将学校视作"知识创建"的场所,而非仅仅是对"已有的最好的实践"的简单运用;而且,其中关于知识创建的几种方式与野中郁次郎和竹内弘高提出的知识转换的四种模式相关。奈特(Knight)运用野中郁次郎和竹内弘高的知识二分法——隐性知识与显性知识,以及知识创建的个体与组织两个层次

[①] M. M. Crossan, H. W. Lane, & R. E. White, "An Organizational Learning Framework: From Intuition to Institution," *Academy of Management Review*, 1999, 24 (3): 522 - 537.

[②] S. Paavola, L. Lipponen, & K. Hakkarainen, "Models of Innovative Knowledge Communities and Three Metaphors of Learning," *Review of Educational Research*, 2004, 74 (4): 557 - 576.

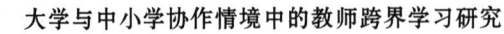

进行相关分析。[1] 黄丽锷（2015）则直接运用知识创建理论对隐性知识与显性知识之间相互转化四种模式的论述，分析中国教师校本学习的类型与效果，并强调知识在个体、小组和组织之间的双向流动。[2]

总而言之，"组织知识的创建指的是这样一个过程，让个体创造的知识可利用、可获得，并放大个体知识；同时，使其具体化，并与组织知识系统相联结。换句话说，在组织知识的创建过程中，个体在生活和工作中获悉的知识对他们的同事有所裨益，最终使整个组织获益"[3]。从个体知识到组织知识的转化是野中郁次郎组织知识创建理论的核心思想，而显性知识与隐性知识在个体、小组、组织和组织间等层次的螺旋式互动过程，则是组织知识创建的具体机制。另外，野中郁次郎和竹内弘高建构的组织知识创建理论及其知识转换模型，也包含着马奇（March）对组织学习的二分：利用性学习与探索性学习。[4] 马奇将组织学习活动分为利用性与探索性两种不同模式，其实质是论述了个体与组织之间的相互学习过程：知识从组织传递到个体，对组织已有知识的获得和运用，更多的是利用性学习；而个体通过探索新的视角、方法等可能性后，利用一些转化机制，使其成为共同的组织知识，则更多地体现为探索性学习。我们可以看到，知识转化模型（如图 2-1 右侧）中的社会化过程与内化过程，更倾向于知识从组织到个体的转化，属利用性学习过程；而外部化与联结化是个体知识转化为组织知识的过程，属探索性学习过程。

---

[1] P. Knight, "A Systemic Approach to Professional Development: Learning as Practice," *Teaching and Teacher Education*, 2002, 18 (3): 229-241.

[2] J. L. Wong, "How Do Teachers Learn through Engaging in School-Based Teacher Learning Activities? Applying a Knowledge Conversion Perspective," *The Asia-Pacific Education Researcher*, 2015, 24 (1): 45-55.

[3] I. Nonaka, G. Von Krogh, & S. Voelpel, "Organizational Knowledge Creation Theory: Evolutionary Paths and Future Advances," *Organization Studies*, 2006, 27 (8): 1179-1208.

[4] J. G. March, "Exploration and Exploitation in Organizational Learning," *Organization Science*, 1991, 2 (1): 71-87.

尽管也涉及组织与外部环境、其他组织之间互动过程中的知识迁移和流动，并在之后的理论修正和发展中将组织知识的创建放置于更为多元和复杂的生态系统之中，[1]但野中郁次郎和竹内弘高提出的"知识创建循环"与知识转换理论关注的是个体隐性知识如何通过社会化、外部化、联结化和内化这四个机制演变为组织知识这一核心过程，是个体知识如何在组织内部发展和扩展的过程。正如野中郁次郎所说的，知识转换过程存在于一个所谓的"自组织"（self-organizing）环境中，其描述的是组织内部知识的转化、迁移和流动。[2]因此，关于外部知识如何进入组织以及组织如何处理外部知识，知识转换理论不能很好地进行解释。

三　边界知识互动

（一）跨越组织边界的知识互动：知识的迁移、转化和变革

如前所述，边界跨越一直被认为是个体学习、新知识产生、知识创新和组织变革的条件或实现的机制。除了通过自身经验的学习之外，组织还从外部获取知识，即组织尝试从其外部环境中获取二手经验和信息，其典型的方式就是"从模仿中学习"。作为开放系统，组织的生存必须依赖与外部环境的互动，在这一互动过程中，信息、知识和实践等借由"跨界活动"、边界物件等中介变量而被组织及其成员所接触。这些外来知识成为组织发展、问题解决、知识运用和创新的重要来源。相应地，组织及其成员处理外来知识的能力也被界定为组织的吸收能力，足见其对于组织学习的重要性。本书运用卡莱尔关于发生于组织边界的边界知识互动过程的3T（Transfer，Translate，

---

[1] I. Nonaka, M. Kodama, A. Hirose, & F. Kohlbacher, "Dynamic Fractal Organizations for Promoting Knowledge-based Transformation—A New Paradigm for Organizational Theory," *European Management Journal*, 2014, 32 (1): 137–146.

[2] I. Nonaka, "A Dynamic Theory of Organizational Knowledge Creation," *Organization Science*, 1994, 5 (1): 14–37.

Transform)模型作为框架,对野中郁次郎等人的知识转换理论加以补充:将组织视作一个开放系统,重视外部知识对组织学习的作用,并指明跨越组织边界而发生的知识互动的过程。

在外部环境急遽变化的时代,组织与知识已密不可分,组织不仅是资源利用的机构,也是利用、阐释、传播、保存乃至生产知识的场所;而组织的知识整合能力被认为是组织核心竞争力的组成部分,这就给组织提出了挑战:"如何跨越特定的知识领域所形成的边界来整合知识。"[1] 实际上,组织学习和变革的实现往往伴随着各式各样的边界的建立和重塑。在卡莱尔看来,实践以及由此延伸而来的意义和理解是区分知识的主要标准:不同的实践和身份往往象征着不同的知识,也代表着不同的组织或共同体。另外,组织的知识具有双重属性:既可能阻碍组织创新,也是组织创新的来源;而知识是嵌套于实践和情境的,也就是知识的"黏着性"(stickness)使得知识在不同组织、小组和共同体之间的转移和传播十分困难[2],"知识边界会阻碍知识在不同的实践共同体之间转移,使其难以认识到外部信息的价值,或者难以将新的知识整合进原先的阐释框架,从而削弱协调能力"[3]。因此,知识如何在组织内部、组织之间迁移和生成成为组织学习和变革的关键。卡莱尔提出了三类知识互动的模式[4]:

一是知识迁移。不同的个体、小组或组织之间知识互动的过程可以从信息加工的视角来理解,其本质是知识在边界之间的迁移(transfer)过程,即知识迁移:知识从"发出者",透过边界,被

---

[1] P. R. Carlile, & E. S. Rebentisch, "Into the Black Box: The Knowledge Transformation Cycle," *Management Science*, 2003, 49 (9): 1180 – 1195.

[2] P. R. Carlile, "A Pragmatic View of Knowledge and Boundaries: Boundary Objects in New Product Development," *Organization Science*, 2002, 13 (4): 442 – 455.

[3] M. A. Hawkins, & M. Rezazade, "Knowledge Boundary Spanning Process: Synthesizing Four Spanning Mechanisms," *Management Decision*, 2012, 50 (10): 1800 – 1815.

[4] P. R. Carlile, "Transferring, Translating, and Transforming: An Integrative Framework for Managing Knowledge across Boundaries," *Organization Science*, 2004, 15 (5): 555 – 568.

"接受者"吸收，最后被储存、检索和使用。知识迁移往往发生在组织内部的各个部门之间、组织与组织之间、组织与外部环境之间的知识互动过程之中；而且知识迁移机制十分多样，包括正式的伙伴关系、非正式的会议等。另外，知识能够顺利实现"迁移"的条件是存在"共同词典"，也就是互相理解的共同的知识。随着各个领域知识之间的差异性、彼此的依赖性和新奇程度的提升，整合知识的复杂程度和难度也随之提升，知识边界的性质将发生变化；进而，边界的知识互动过程不再仅仅是单纯的知识的迁移能够解决和解释的。

卡莱尔对知识迁移的解释所对应的是从"知识来源"到"知识接受者"的信息加工的视角理解知识的互动过程。在教师学习领域，传统的知识传输型的教师专业发展模式，就是基于这样一种假设：学校教师与大学人员之间具有共同的经验、理念，从而能够实现"无缝对接"，实现知识的顺畅转移。尽管某些类型的知识（例如表现为教育理论、原则等的可以言说的显性知识）能够在不同的情境和领域中实现迁移，但是，对于情境性和实践性知识，则需要借助一定的中介工具，才能够实现知识流动，这也就是下面所要论述的"知识转化"。

二是知识转化。不同组织之间的知识流动，往往受限于知识的性质：隐性的、情境化的、身体化（embodied）的知识由于其"黏性"（stickiness）往往难以通过信息加工而直接迁移。[①] 在这一视角下，知识边界更多的是根据实践以及背后所蕴含的意义、身份来划分的；因为不同背景的"理解框架"往往是不同的，它对事物的理解以及意义的建构可能大相径庭。因此，在这一情况下，知识是模糊的、歧义的，而且缺少"共同词典"和共同知识来进行理解。因此，需要提

---

① J. S. Brown, & P. Duguid, "Knowledge and Organization: A Social-Practice Perspective," *Organization Science*, 2001, 12（2）: 198–213.

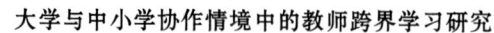

供"中介"和"翻译"(translation)机制(发挥这一功能的人就被视作"跨界者";而其对象则被称作"边界物件"),形成共同的意义理解,进而实现知识的互动,也就是知识转化。

从卡莱尔所阐释的"共同理解"在知识转化中的作用来看,边界上的"知识转化"过程与意义协商所形成的共同的阐释、理解息息相关。在情境学习视角下,学习被认为是一种社会参与,共同体中的参与涵盖了包括合作与冲突在内的所有社会关系,构成了我们丰富经验的来源,同时又是意义协商的组成部分。[①] 因此,教师个体和集体学习都不能脱离其具体的教学情境、问题情境、实践活动和工作场所。

三是知识变革。跨越不同知识领域边界的首要难题在于"各个领域的专家通常缺少共同的知识或语法(syntax),来代表和理解其他专业领域专家的知识"。另外,跨越知识边界的困难不仅在于沟通管道的问题,也在于"遭遇边界"的主体改变自身知识的意愿。因为知识是嵌入具体实践之中的,知识的改变往往需要行动者付出相应的代价或成本,也就是说,知识同样也具有"路径依赖"的特点。因此,即使边界知识的"新奇"程度很高,行动者也不可能改变自身所特有的知识和共有的知识。基于这一原因,卡莱尔主张,除了知识的迁移、转化或翻译之外,还应通过协商来实现知识的变革(transformation),即"改变原有的知识、创造新的知识,并在自己部门和各个部门之间,对其进行验证",知识的转型过程也就是共同的创新过程,是来自不同领域的专家"重新界定、协商和变革已有的知识来产生共同的问题解决方案"[②]。对照前两种知识互动模式,知识变革过程的

[①] J. Lave, & E. Wenger, *Situated Learning: Legitimate Peripheral Participation*, Cambridge: Cambridge University Press, 1991.

[②] P. R. Carlile, "A Pragmatic View of Knowledge and Boundaries: Boundary Objects in New Product Development," *Organization Science*, 2002, 13 (4): 442–455.

实质是来自不同组织的参与者在"边界地带"针对具体问题共同创造新知识的过程。因为参与者各自专业领域的知识以及共同拥有的知识,已经难以解决随着外部环境"新奇程度"的提升而带来的新问题。

卡莱尔用知识变革来代表组织成员改变自身已有知识的成本及其难度。实际上,对于教师学习而言,教师往往不情愿做出真正的改变,已有的教学经验既可能推动教师学习,也可能阻碍教师知识的发展。当已有的知识难以解决所面临的问题时,大学人员与学校教师就必须通过合作来共同解决问题,从而生产新的知识。[①]

(二)跨越组织与知识边界的中介机制:边界物件与跨界者

为了让大学人员、外部专家、学校教师顺利跨越大学与中小学之间的组织边界以及因为知识基础的不同而形成的知识边界,大学人员与学校教师之间的知识互动就需要借助所谓的跨界机制:一是边界物件;二是跨界者。卡莱尔认为,由于知识的黏性及其嵌套于实践和情境中的特点,使得跨越组织边界和知识边界而实现的知识互动、新知识的创建,往往需要不同类型的边界物件以及跨界者发挥中介和跨界的功能。

1. 边界物件

边界物件(boundary object)是由斯塔尔(Star)与格瑞史莫(Griesemer)提出的,用来形容不同组织、部门之间如何实现知识的分享、交流与合作。斯塔尔与格瑞史莫对边界物件做了如下界定:"在不同的社会世界中,边界物件本身有着不同的含义;但与此同时,边界物件又具备一般性的特点,从而能够被不同世界的人所识别,从

[①] 王晓芳:《从共同体到伙伴关系:教师学习情境和方式的扩展与变革》,《华东师范大学学报》(教育科学版)2015年第3期。

而成为翻译的工具。"① 斯塔尔与格瑞史莫对"边界物件"的定义突出了其在阐释层面的灵活性（interpretive flexibility）或模糊性的特点。正是因为边界物件的这一特点，才能够在不同社会世界的交叉处（也就是边界空间）发挥双向翻译、交流和知识转化以及知识互动的功能。②

　　斯塔尔与格瑞史莫划分了四类边界物件，这一划分被许多研究者用作分类工具③：一是知识库。作为边界物件知识库的作用主要是为不同背景的参与者在解决问题的过程中提供共有的、模式化的、标准化的"参照"。二是理想类型（ideal type）或卡莱尔所称的对象或模型（model）。④ 理想类型指的就是一种抽象的、模糊的、缺乏细节的对象，但却能够融入不同的领域。例如样品、标本、原型、概略图、装配图等。这些例子的共同特点就是其剔除特殊的成分所达到的足够的抽象程度（abstraction）。三是共同或彼此契合的边界，卡莱尔将这类边界物件等同于"边界地图"。这一概念指的是不同领域的参与者拥有各自的目标，但是共同或彼此契合的边界却为双方提供了共同的工具、资源。换句话说，共同的边界让不同领域的参与者意识到彼此之间的依赖。四是标准的形式和方法。信息、知识和实践在不同组织之间的传递过程中低效、失真和损耗现象一直是研究者十分关心的问题。作为边界物件的标准形式和方法，能够解决或至少缓解此类问题的出现。也就是

---

① S. L. Star, & J. R. Griesemer, "Institutional Ecology, Translations and Boundary Objects: Amateurs and Professionals in Berkeley's Museum of Vertebrate Zoology, 1907–39," *Social Studies of Science*, 1989, 19 (3): 387–420.

② 王晓芳：《从共同体到伙伴关系：教师学习情境和方式的扩展与变革》，《华东师范大学学报》（教育科学版）2015 年第 3 期。

③ S. L. Star, & J. R. Griesemer, "Institutional Ecology, Translations and Boundary Objects: Amateurs and Professionals in Berkeley's Museum of Vertebrate Zoology, 1907–39," *Social Studies of Science*, 1989, 19 (3): 387–420.

④ P. R. Carlile, "A Pragmatic View of Knowledge and Boundaries: Boundary Objects in New Product Development," *Organization Science*, 2002, 13 (4): 442–455.

说,借助标准的形式和手段,信息、知识、实践等能够在不同的参与者之间双向流动,而不会改变其原有含义。标准的形式和方法缓解了不同的组织、共同体或活动系统的差异所带来的交流上的困难和障碍,例如,各类表格、解决问题的标准程序等。相应地,通过对象的标准化,普通对象也可以发挥边界物件的作用。

不同的知识边界需要不同类型的边界物件,或者说,边界物件需要发挥不同的功能。① 在知识迁移的过程中,卡莱尔认为,不同的知识需要通过"知识迁移"而在边界两边互动,因此,需要边界物件发挥"指代"(represent)的功能来阐释自身特定领域的知识,而"知识库"这一边界物件就可以发挥这一功能。在知识转化过程中,卡莱尔认为,不同个体需要通过建构共同的意义和认知,才能理解彼此"特定领域"的知识,而且对于同一现象、事物或问题,来自不同组织的个体往往有不同的理解视角。因此,需要让个体学习和"翻译"或转化(translate)彼此的差异和关联性。此外,卡莱尔认为,有效的边界物件应该能让不同的个体"共同变革他们的知识"。总而言之,卡莱尔对边界物件的功能所做的总结——从迁移、转化到变革,提醒我们,边界物件既可以作为知识、实践在组织之间直接转移的载体,又可以发挥"翻译"的功能,使不同背景的参与者能够相互理解。此外,边界物件并非仅仅是一种被动的工具,要将边界所蕴含的学习、创新和新知识产生的机会变为现实,也必须依赖边界物件的变革。②

实际上,在伙伴关系中,大学人员与学校教师之间的合作以及知识的交流、互动也需要借助边界物件所发挥的知识指代、知识中介、

---

① P. R. Carlile, "A Pragmatic View of Knowledge and Boundaries: Boundary Objects in New Product Development," *Organization Science*, 2002, 13 (4): 442–455.
② 王晓芳:《从共同体到伙伴关系:教师学习情境和方式的扩展与变革》,《华东师范大学学报》(教育科学版) 2015 年第 3 期。

转化或翻译和变革等功能。而且共同构建边界物件同样被视作推动大学人员与学校教师之间交流的重要渠道，也是创建新知识的过程。[1]

2. 跨界者

与边界物件一样，位于边界的人同样被视作一种跨界机制[2]，实现不同组织之间信息、理念、知识和实践的联结、分享和传递。跨界者或中介人由于其享有在不同的组织之间进行沟通的权利或合法性，从而能够促成组织之间及其内部成员之间的联结，"也更容易推动不同组织之间在信息、知识、实践等方面的交流"[3]。

在组织与其外部环境的交流中，以及在组织间关系的开展中，作为交流能动者的跨界者的作用是不容忽视的。卡莱尔就认为，跨越组织边界的知识互动和交流往往需要中介人/跨界者发挥转化者的作用，以推动不同知识的整合。[4] 边界、跨界活动、边界物件以及跨界者这些概念，究其实质，都是用来理解和分析作为开放系统的组织与其外部环境（也包括其他组织）之间的互动，信息、知识、实践之间的交流。[5] 跨界者也发挥着类似的功能：

一是信息加工功能，主要是指身处组织和共同体边界的跨界者（或边界角色）可以获得比普通成员更多的外部环境信息，但是，在将这些信息向组织其他成员进行传递的过程中，跨界者需要对信息进行筛选、总结、阐释、简化。这一方面起到保护组织免受超负荷信息

---

[1] D. Anagnostopoulos, E. R. Smith, & K. G. Basmadjian, "Bridging the University-school Divide Horizontal Expertise and the Two-Worlds Pitfall," *Journal of Teacher Education*, 2007, 58 (2): 138 – 152.

[2] S. F. Akkerman, & A. Bakker, "Boundary Crossing and Boundary Objects," *Review of Educational Research*, 2011, 81 (2): 132 – 169.

[3] 王晓芳：《从共同体到伙伴关系：教师学习情境和方式的扩展与变革》，《华东师范大学学报》（教育科学版）2015 年第 3 期。

[4] P. R. Carlile, "A Pragmatic View of Knowledge and Boundaries: Boundary Objects in New Product Development," *Organization Science*, 2002, 13 (4): 442 – 455.

[5] E. Hoffman, "User Integration in Sustainable Product Development: Organisational Learning through Boundary-spanning Processes," *Greenleaf Publishing*, 2012.

的干扰，另一方面"使外部信息以有用的形式"[①] 进入组织。二是"对外代表"功能，指的是组织中的跨界者可以发挥资源获取和利用的功能，提升组织相对于外部环境的政治合法性，保障组织合法性和组织形象。换句话说，跨界者的"对外代表"功能是指跨界者可以代表组织与外部环境、其他主体进行沟通、协调和博弈，以此获得资源，保护组织或共同体。[②] 三是联结和转化功能。无论是组织内部的跨界者，还是组织与外部环境的跨界者，他们均"能够翻译彼此不同的编码系统……成为从外部信息领域获得的信息向组织内部交流网络迁移的中介"，充当学校组织与外部环境的桥梁。

四 小结

跨界知识互动过程与组织学习过程密切相关：一方面，组织学习离不开其与外部环境的互动，外部知识来源成为组织学习的资源、机会和刺激；另一方面，组织自身如何识别、处理、吸收和运用外部知识，并与原有知识进行整合，即知识整合过程，则是组织学习的关键。本书从组织学习理论的视角，结合野中郁次郎和竹内弘高所提出的组织知识创建理论（知识转化模型）与卡莱尔提出的跨越组织边界的知识互动模型，尝试提出一个将跨界活动及其相应的边界知识互动过程与组织学习过程彼此联结和整合的概念框架，以此分析和理解大学与中小学协作伙伴关系中教师学习的过程与结果。

大学与中小学协作伙伴关系被视作两种不同的组织及其成员重叠的区域，也因此为大学人员与学校教师之间的知识互动提供了平台、情境和丰富的机会。本书借助边界知识互动模型分析学校教师如何在

[①] H. Aldrich, & D. Herker, "Boundary Spanning Roles and Organization Structure," *Academy of Management Review*, 1977, 2（2）: 217 – 230.

[②] J. A. Marrone, "Team Boundary Spanning: A Multilevel Review of Past Research and Proposals for the Future," *Journal of Management*, 2010, 36（4）: 911 – 940.

与大学人员的交流、合作和互动过程中实现知识的获得、增长、转变乃至生产新的知识。与此同时，经由知识的迁移、转化和变革进入学校以及学校内部的教研组中的知识，如何被教师个体、小组和学校组织所吸收、转化和运用，也是本书的关注点。对于这一议题，本书以组织学习理论，即组织知识创建理论与知识转化模型为视角进行分析和探讨。

第三章 研究设计

第一节 研究问题

大学与中小学协作伙伴关系已经成为推动教育改革、学校改进和教师专业发展的有效途径。以往的许多研究对大学与中小学协作伙伴关系的构建、运作、影响因素以及对学校改进和教师学习的影响做了学理上的阐释与经验层面的分析。所有的理论和经验研究都增进了我们对于大学与中小学协作伙伴关系中教师学习过程的理解,但是已有的研究仍存在一些不足,例如,倾向于运用活动系统理论的视角进行分析;主要将教师个体的学习作为伙伴关系中的分析单位;忽略对大学人员与学校教师之间实现知识交流、互动和合作的中介机制进行研究。所有这些都值得研究者做进一步的探索,以更好地阐释教师如何在大学与中小学协作伙伴关系中实现知识的增长、建构以及专业素养的提升。

始于2001年的新课程改革对于中小学校的课程建设、教学改进有着广泛的影响力,教师专业发展是推动新课程改革得以落实的重要前提。来自大学特别是教育学院、师范学院的教育研究者、教师教育者在这一过程中扮演着重要的角色,各式各样的大学与中小学协作伙伴关系得以建立并获得发展。而伙伴关系中教师如何获得、运用、创建知识却很少有经验研究,特别是很少有研究从组织学习的视角,探讨伙伴关系如何为教师个体、教师小组和学校提供学习的资源和机会。

在文献综述的基础上，笔者从组织学习理论的视角，结合野中郁次郎和竹内弘高的组织知识创建理论与卡莱尔提出的跨界知识互动三种模型（即知识迁移、转化和变革），尝试提出一个将跨界活动及其相应的边界知识互动过程与组织学习过程彼此联结和整合的概念框架。借助这一理论分析框架，笔者以中国华北某一大学与中小学协作伙伴关系项目为个案，通过质化研究方法，探讨伙伴关系中学校教师的学习过程，增进我们对教师学习的理解，并进一步推动相关研究。本书研究问题可做如下表述：在组织学习视角下，在大学与中小学协作伙伴关系情境中教师如何学习？具体而言，又可分为两个研究子问题：

• 在大学人员等外部专家与学校教师的交流过程中，知识如何发生转移、交流、互动和建构？在这一过程中，边界物件、跨界者发挥了什么样的作用？

• 在大学与中小学协作伙伴关系情境中，外部新知识如何在教师个体、小组和学校三个层面被获得？这一学习过程受到哪些因素的影响？

第二节 研究方法

一 质性研究方法与个案研究取向

本书运用质性研究方法来收集、整理和分析资料。结合研究问题、目的和内容以及质性研究的特点，本书采用质性研究方法取向，理由有以下几点。[①]

[①] R. Bogdan, & S. K. Biklen, *Qualitative Research for Education: An Introduction to Theories and Methods*, Boston: Pearson Education Group, Inc., 2003.

第三章 研究设计

其一，质性研究范式聚焦于某一种现象发生变化的过程，而非简单地呈现相应的结果或变量之间的关系。本书关注教师学习过程，探讨伙伴关系情境中教师自身在教学理念、方法以及具体的教学实践上所发生的变化。其中教师与大学人员、教师之间的合作、交流等互动过程也是重要的研究内容。

其二，质性研究是自然主义的，"质性研究将真实的情境作为数据的直接来源，而且研究者本身就是研究工具"。本书获取资料的方式以访谈、文件资料收集以及观察为主，研究者自身通过与伙伴关系中的参与者，如学校管理人员、教师和大学人员进行交谈、询问和分享，从而对伙伴关系的来龙去脉以其对教师教学活动的影响进行整体的了解和把握。在这里，研究资料的收集脱离不开教师所处的具体情境。

其三，质性研究获得的数据主要是描述性的，通过质性研究方法获得的数据更多地体现为文字或图片，而非具体的数字及其关系。本书研究的目的在于增进我们对伙伴关系中教师学习过程的理解；但是，已有文献表明，教师学习过程十分复杂，具有多种不同的轨迹，并受多种因素的影响。聚焦于变量之间关系的量化研究难以胜任。只有通过质性研究方法获得细致的描述性资料，才能分析复杂的教师学习过程。

其四，质性研究采用归纳式思维，通过对收集到的数据进行归类、抽象，形成主题，从而形成研究结论。[①] 尽管在研究设计阶段，本书揿出了分析伙伴关系中教师学习过程的几个关键概念和初步框架，但是，本书并未将分析框架视作"研究假设"，数据分析的过程也非对假设的检验，而是以研究现象和研究所获得的资料为出发点，经过归纳获得研究结论。

---

① 陈向明：《质的研究方法与社会科学研究》，教育科学出版社 2002 年版。

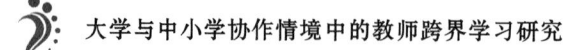

其五，借助质性研究方法，研究者的目的是理解研究对象自身的意义诠释，理解研究现象的来龙去脉及其背后的原因和意义。[①] 教师学习过程是本书研究的主要问题，但教师教学认知（cognition）和行为（behavior）变化的背后往往蕴含着教师对自身学习过程，以及对教学、学生、学校、大学人员以及对知识的理解；而教师的理解又脱离不开学校、大学与中小学协作伙伴关系等具体的情境，乃至更深层的制度和文化背景。量化研究难以将对意义诠释和建构的关注以及对具体情境和宏观背景的考量纳入其研究视野中。因此，本书有必要采用质性研究方法，在收集资料的基础上，尽可能呈现伙伴关系中教师学习过程的全貌。

总之，本书试图以中国某大学与中小学协作伙伴关系项目为个案，探讨伙伴关系中学校教师的学习过程，特别是大学人员与学校教师之间的知识迁移、转化和变革等互动过程，以及外部新知识如何在教师个体、小组和学校三个层面被习得、彼此转化和传播。结合研究问题与质性研究方法的特点，本书采用质性研究方法的取向，希望通过访谈、观察和文件收集等手段收集数据，以此描述、阐释和理解学校教师在大学与中小学协作伙伴关系情境中以及在其所在的学校和教研组等各种实践和学习活动中的学习过程、经历和体验，从而描述大学与中小学协作伙伴关系如何影响教师学习的整体脉络。

本书在采用质性研究方法取向的同时，在研究设计方面，则倾向于采用多个案研究方法。

个案研究既可以被归入质性研究方法的具体研究策略里，也是一种独特的研究范式。根据罗伯特·殷（Robert Yin）的界定，作为经验探究方法的个案研究具备如下特点[②]："在真实的情境中对某一现

[①] R. Bogdan, & S. K. Biklen (2003), *Qualitative Research for Education: An Introduction to Theories and Methods*, Boston: Pearson Education Group, Inc.

[②] R. Yin, *Case Study Research: Design and Methods*, CA: Sage Publishing, 1994.

存现象进行研究,特别是当该现象与情境或背景之间的界限难以区分时"。个案研究"致力于处理存在许多有趣的研究变量的情境,而非仅仅是数据点""依赖于多样的证据来源,但这些数据需要进行三角互证""需要前期的理论命题来指导数据收集和分析"。可见,个案研究本身可以包含多重数据收集方式;而且,个案研究可以被用来探究"如何"和"为什么"这类研究问题。根据分析单位的不同,罗伯特·殷区分了四类个案研究设计:一是单个案和单分析单位的"单个案整体研究设计",即研究的个案数目只选取一个个案,而且分析单位也是唯一的;二是"单个案嵌套式研究设计",即虽然研究个案是单一的,但是其中的分析单位是多个的,而且是嵌套的,例如以学校为个案时,其中还以班级为分析单位;三是"多个案整体研究设计",即研究的个案数目有多个,但是其分析单位只有一种;四是"多个案嵌套式研究设计",即研究包含多个研究个案,同时,分析单位也是多个且嵌套的。

对照罗伯特·殷对个案研究的理解,本书为了更好地描绘、诠释和理解大学与中小学协作伙伴关系中教师学习的过程,采用个案研究设计。具体而言,本书选择中国一个特定的大学与中小学协作伙伴关系项目为具体的研究情境,并在其中选择三所学校作为项目学校。同时,在项目学校中,分别选择语文、数学等教研组作为研究的个案,而这也构成本书的分析单位。综上所述,本书采取质性研究方法,同时采用了多个案研究设计。

二 研究个案的选择

本书的分析单位是学校中的学科教研组。尽管如此,基于研究情境、研究旨趣和具体的研究问题,笔者在进行个案选择的过程中遵循三个步骤(见表3-1)。首先,确定大学与中小学协作伙伴关系项目,这是研究的具体情境;其次,选择参与该伙伴关系项目的合作学校；最后，在所选定的学校中，基于一定标准，选定某些教研组作为研究个案。

表3-1　　　　　　　　　研究个案分布情况

伙伴关系项目	项目学校	教研组个案
TS 伙伴关系项目	S1 学校（2013—2015 年）	语文教研组/校本课程开发小组
	S2 学校（2013 年至今）	语文教研组 校本课程开发小组（临时）
	S3 学校（2013 年至今）	语文教研组 英语教研组

（一）大学与中小学协作伙伴关系项目个案的选择

笔者选择以中国某大学 EE-Hua 教授领衔的专家团队与中国华北地区某省某地区教育局开展的大学与中小学伙伴合作项目——TS 伙伴关系项目为个案。TS 伙伴关系项目始于 2013 年初，某区教育局为致力于提升当地几所区属小学的教育质量、课程改革以及学校特色建设而实施的。EE-Hua 教授所在的机构之前与区教育局已有过令双方满意的合作。在这一背景下，区教育局寻求与 EE-Hua 教授合作，对该区的几所小学的建设工作进行指导和协助。第一批有两所学校参与 TS 伙伴关系项目；第二批有三所学校加入该计划。而项目学校是在学校主动申请之后，经区教育局行政人员和大学人员等外部专家共同审核和同意之后形成的。鉴于在 TS 伙伴关系项目中，外部专家团队的构成较为复杂，既有大学人员，也有一线学科教学名师，下文论述中更多地以外部专家（external expert）来指代在 TS 伙伴关系项目中教师学习的协助者。在 TS 伙伴关系项目中，外部专家和区教育局行政人员的基本信息与在项目中的职责可总结为表 3-2 所示内容：

表 3-2　外部专家和区教育局行政人员的基本信息与职责

		基本信息与职责
外部专家团队	EE-Hua	某大学教育研究者，以教师教育为专长，2013 年开始介入，是项目的首位外部专家，几所项目学校均有涉及，但主要负责 S2 和 S3 学校
	EE-Zhan	某大学教育研究者，以教师教育为专长，2014 年初开始介入，几所项目学校均有涉及，学科课堂教学主要是英语，负责 S1 学校，2015 年 9 月开始负责 S3 学校
	EE-Xiang	某大学教育研究者，以语文教学和国学为专长，2014 年末开始介入，几所项目学校均有涉及，学科上主要是语文教学，引入了读书会活动
	EE-Lee	某大学教育研究者，以英语教学、第二外语学习为专长，是项目的特聘外部专家，对学校英语教师进行课堂教学培训和指导，开展工作坊和专题培训活动，多次开设教师示范课。2014 年至 2015 年 12 月，前后多次到学校开展工作，并进行多次远程指导
	EE-Cheung	某小学的语文名师，是项目的特聘专家，以小学语文课堂教学为专长，对语文教师进行培训和指导，多次指导教师上示范课，自身也上示范课。2013 年至 2015 年 12 月，前后多次到学校开展工作
	EE-Yang	某大学教育学研究者，进行专题讲座和培训，并指导语文教师课堂教学活动
	EE-Lian	某项目学校发展主任，进行专题讲座和培训，并指导语文教师课堂教学活动
	EE-Tang	某大学英语教学专家，擅长英语教学，在项目学校进行英语教学方面的专题讲座和培训，并指导英语教师课堂教学活动和读书会活动
	PA-Ying	项目助理，EE-Hua 的研究生，全程负责该项目的日常协调工作等
教育局	EB-Lam	区教育局领导，项目的发起者、协调者和承担主要责任的教育局行政人员
	EB-Chong	区教研室人员，项目的主要负责人之一，也是项目具体执行者和协调者

具体而言，以新课程改革为宏观背景的 TS 伙伴关系项目的主要

目标有三个：一是学校特色办学理念建设，在大学人员的帮助和指导下，学校逐步形成自身的特色办学理念，并对学校的文化、校风、学风等进行相应的改变；二是校本课程建设，与办学特色理念相契合，每所项目学校都在外部专家的协助下进行校本课程的开发，具体体现为校本教材的编写以及相应的教学工作；三是教师课堂教学改进，包括学校教师日常课堂教学的改进以及校本课程教学工作的改进。教师理念的更新、课堂教学方式的改变、对校本课程的理解以及编写教材的具体技能等都与教师个体学习、教研组内学习和学校组织学习密切相关。

（二）项目学校的选择

如表3-1所示，本书选择三所项目学校进行深入探究，选择的标准有两个。首先，无论是教师个体学习还是学校组织学习，都是一个相对长期的过程，因此，个案学校参与TS伙伴关系项目应有较长的时间，并且参与了TS伙伴关系项目的大部分活动。其次，为了进行学校之间的个案比较，考虑不同的学校情境对于教师学习、学校组织学习的影响，本书应该突出不同个案学校的独特性，以示区别，并使之存在比较的可能性。基于上述考虑和预调查，本书选择S1学校、S2学校和S3学校作为个案学校。

首先，S1学校是第二批加入TS伙伴关系项目的学校。S1学校是一所初创的学校，2009年从民办学校转为公办学校。S1学校的教学质量相对较低，办学条件也比较差，学校领导者经过几年的奋斗，将学校发展成为以"读写计划"为特色的学校，赢得了家长的好评。与S3学校和S2学校不同，S1学校在参加TS伙伴关系项目一年多之后，由于各种原因，决定退出与该计划；因此，S1学校参与的时间段是2014年初至2015年9月。其次，S2学校是首批参加TS伙伴关系项目的学校。S2学校具有悠久的历史和有特色的学校办学传统，是区属学校，直接受区教育局的管辖；S2学校在区范围内一直是教学质量的排头兵,也是其他学校的示范校。2015年7月,S2学校继续成为TS伙伴关系项目学校。最后,S3学校是在2013年TS伙伴关系项目启动之初,就作为项目学校参与该计划的。S3学校的校长和教师积极参与TS伙伴关系项目,积极与大学人员进行交流、互动和学习。S3学校是区属学校,直接受区教育局管辖;S3学校在区范围内教学质量一直名列前茅。2015年7月,在TS伙伴关系项目进行中期总结阶段,S3学校决定继续参与该计划。

(三)教研组个案的选择

中小学学科教学与研究小组是中国模仿苏联"教学法小组"建立的由各科教师组成的学科教学研究组织,它往往以语文、数学、英语、地理等不同学科为标准,分别设立。自1952年教育部颁行《中学暂行规程(草案)》和《小学暂行规程》后,教研组就成为我国中小学普遍存在的基层教学组织。在改革开放之后,教育行政与学校管理有了许多新的变化,但是,学校的组织结构和建制的基本框架并没有发生质的变化。[1]

一般而言,在学校实践中,教研组主要有以下几种活动形式:(1)共同备课;(2)听评课,一个完整的听课与评课流程包括几个部分:听课、说课、评课、议课;(3)公开课或示范课教学,基本上包含备课、上课、说课、评课的全过程,也最能体现教师集体研讨的特征;(4)教学活动的质量分析和监控。随着"教师即研究者"理念的广为传播,教研组已开始承担校本课题研究、教师行动研究的任务。[2] 教研组对于执行教学计划和大纲,研究教材和教法,指导教师教学,组织开展各项教学改革实验,总结、交流和推广先进教学经

---

[1] 胡惠闵:《教师专业发展背景下的学校教研组》,《全球教育展望》2005年第7期。
[2] 王晓芳、黄丽锷:《中小学教师科研活动中的管理主义——基于对相关官方文件与若干结题报告的分析》,《北京大学教育评论》2015年第1期。

验，根据教学需要组织编写教学参考数据等方面起到了很大的作用。由于深深植根于教师的日常教学实践，教研组对于促进教师专业发展发挥着不可替代的积极作用。从历史发展的角度对教研组职能（功能）的演变过程进行历史的梳理，发现教研组具有这一特点：既具有正式组织行政化、科层制的特征，又有建立共同愿景、超越自我、团队学习和共同发展等学习型组织的特征，还承担了其他政治性的任务。[①]

根据 TS 伙伴关系项目的要求，每所参与项目的学校均设立了"课改小组"以及"校本课程开发小组"；同时，根据学校教研体系的特点，伙伴关系活动的开展往往以学校内部的学科教研组、年级组等为具体的实施单位。这就是伙伴关系的基本组织和活动形式。在 S1 学校，本书研究选定了语文教研组作为研究个案，主要是因为语文学科教师参与 TS 伙伴关系项目的活动程度较广、卷入程度较深，语文教师同时还参与了 S1 学校"阳光读写课"校本课程开发和教材编写工作。S1 学校受访教师的基本信息如表 3-3 所示。

在 S2 学校，本书研究则选定了语文教研组、"校本课程开发小组"作为个案。这里值得注意的是，由于 S2 学校的"校本课程开发小组"并非基于学科性质划分的，更多的是基于综合性的课程，因此很难将其归入某一类学科教研组，是临时性的教师小组。S2 学校受访的学校行政人员和教师的基本信息如表 3-4 所示。

在 S3 学校选定了语文教研组和英语教研组作为研究个案。S3 学校受访的学校行政人员和教师的基本信息如表 3-5 所示。

[①] 胡艳：《新中国 17 年中小学教研组的职能与性质初探》，《教师教育研究》2011 年第 6 期。

表 3-3　　　　　　　　S1 学校受访者基本信息

学校	行政与学科	受访者	校内职位/职责	教龄（2015 年止）
S1	学校领导	S1-PL-Chao	校长、语文特级教师	—
		S1-VPL-Jiang	教学副校长	—
	教导处	S1-TO-CH-Ling	教导处主任（语文）	—
		S1-TO-MA-Huan	教导处主任（数学）	—
	语文教研组/校本课程开发	S1-CH-Chen	六年级语文教师	10 余年
		S1-CH-GL-Dong	五年级语文年级组长	19 年
		S1-CH-Fan	五年级语文教师	10 年
		S1-CH-Rui	五年级语文教师、专家助理	16 年
		S1-CH-GL-Huang	四年级语文年级组长	16 年
		S1-CH-Ying	四年级语文教师	20 余年
		S1-CH-Ning	四年级语文教师	20 余年
		S1-CH-GL-Zhong	三年级语文年级组长	6 年
		S1-CH-Liang	三年级语文教师	5 年
		S1-CH-Yue	二年级语文教师	13 年
		S1-CH-Zhang	二年级语文教师	1 年
	总结	总共 15 位受访者，其中对 5 位学校行政人员和教师访谈两次，旁听 3 位教师的课堂教学活动		

表 3－4　　　　　　　　S2 学校受访者基本信息

学校	行政与学科	受访者	校内职位/职责	教龄（2015 年止）
S2	学校领导	S2-VPL-Yun	教学副校长	—
	教导处	S2-TO-CH-TL-Gong	教导处主任（语文）（领袖教师）	—
	校本课程开发小组	S2-MA-Jiang	五年级数学教师	3 年
		S2-CH-Ju	六年级语文教师（骨干教师）	11 年
		S2-CH-Yin	六年级语文教师（潜力教师）	—
		S2-CH-Sha	五年级语文教师（潜力教师）	—
	语文教研组	S2-CH-Zhao	六年级语文教师（种子教师）	—
		S2-CH-Fan	五年级语文教师（骨干教师）	15 年
		S2-CH-Wang	五年级语文教师（种子教师）	13 年
		S2-CH-Ren	四年级语文教师（种子教师）	12 年
		S2-CH-Zhen	三年级语文教师（种子教师）	3 年
		S2-CH-Na	三年级语文教师（骨干教师）	15 年
		S2-CH-Fang	二年级语文教师（潜力教师）	20 年
		S2-CH-Shi	一年级语文教师（骨干教师）	14 年
总结	总共 14 位受访者，其中对 4 位学校行政人员和教师访谈两次；旁听 1 位教师课堂教学活动和教研活动			

表 3 – 5　　　　　　　　　S3 学校受访者基本信息

学校	行政与学科	受访者	校内职位/职责	教龄（2015 年止）
S3	学校领导	S3-PL-Xing	校长，语文学科	—
		S3-VPL-Jing	教学副校长	—
	教导处	S3-TO-CH-TL-Qiang	教导处主任（语文）（领袖教师）	—
		S3-EN-GL-Yu	英语教研组长（种子教师）	22 年
	英语教研组	S3-EN-Lin	英语教师（骨干教师）	3 年
		S3-EN-TL-Mang	英语教师（领袖教师）	10 年
	语文教研组	S3-EN-Huang	英语教师（骨干教师）	8 年
		S3-CH-Yang	五年级语文教师（潜力教师）	4 年
		S3-CH-GL-Hai	四年级语文年级组长（骨干教师）	20 年
		S3-CH-GL-Duang	三年级语文年级组长（骨干教师）	—
		S3-CH-Guan	三年级语文教师（种子教师）	3 年
		S3-CH-GL-Hao	二年级语文年级组长（潜力教师）	2 年
		S3-CH-Lu	二年级语文教师（种子教师）	15 年
		S3-CH-GL-Cheng	一年级语文年级组长（骨干教师）	17 年
	总结	总共 14 位受访者，其中对 4 位学校行政人员和教师访谈两次，旁听 3 位教师课堂教学活动，观察 1 位教师的教研活动			

值得一提的是，在 S2 学校、S3 学校，随着 TS 伙伴关系项目的顺

利开展，在外部专家的指导下，为了更好地推动教师专业发展，并针对不同类型的教师提出不同的发展规划，自 2015 年开始，S2 学校、S3 学校的语文、英语、数学三个学科的教师被归入不同的教师类型——领袖教师、骨干教师、种子教师和有潜力教师，其专业发展目标和方向、所承担的职责任务也有相应的区别。（1）领袖教师：自我学习、掌握和运用新的教学理念、教学方法；并与同学科教师进行分享，鼓励教师尝试运用，开展示范课；成为科研型教师。（2）骨干教师：读书、学习新的教学理论；开展示范课教学，共同备课，带动其他教师学习。（3）种子教师：多尝试、多运用，注重实践和反思之后的经验积累；多向经验丰富的教师学习。（4）潜力教师：多向有经验的教师学习；注重培养教学活动基本功；将读书和反思相结合，注重经验积累。

三　资料收集方法

本书的田野调查和资料收集总共可以分为两个阶段。一是 2014 年 12 月至 2015 年 1 月是研究的预调查阶段，对 S1 学校、S2 学校、S3 学校的部分行政人员、学校教师以及部分大学人员等外部专家进行访谈，并初步了解 TS 伙伴关系项目的基本情况。二是 2015 年 11 月至 12 月，这一期间是本书研究资料收集的主要时间点，对三所学校的教育局行政人员、部分学校行政人员、教师和外部专家等进行深入的访谈，同时，参与部分学科教研组的教研活动，以及部分教师学校之间的"同课异构"示范课活动，学校内教师的试讲活动等；收集了教师反思、教学论文、教案设计、校本课程教材等资料。

基于研究问题和实际情况，本书主要采用三种数据收集方法，根据其在本书研究中的主次程度，依次是半结构式深度访谈法，文件资料收集法，观察法。

半结构式深度访谈法。访谈法被视作个案研究的证据和资料的重要来源之一。罗伯特·殷还区分了三种访谈方法[①]：一是开放式访谈，"研究者既可以问被访谈者事实性的信息，也可以问其对相关信息的看法"。在开放式访谈中，访谈的问题往往是比较开放的，被访者有较大的发挥空间。二是焦点式访谈，这样的访谈持续时间往往较短，访谈者需要实现设定的访谈问题、方向和框架。三是结构式的正式访谈，这样的访谈方式类似于"问卷"，访谈过程往往严格按照访谈提纲进行。访谈方法是本书研究最重要的获取资料的方法。基于研究问题，本书主要采用的是焦点访谈，也就是半结构式的深度访谈方法。根据对伙伴关系相关活动、个案学校等背景信息的了解，事先围绕研究问题，拟订访谈提纲。借助访谈提纲，对访谈对象进行深度访谈。本书的访谈对象主要包括以下几类：地方教育局行政人员，学校行政人员（校长、副校长、教导主任），教研组长、年级组长，参与的教师，外部专家及其助手等。笔者在征求访谈对象知情并征得其同意的前提下，对访谈过程进行全程录音，同时做好笔记记录工作，以备进行资料分析。每位访谈对象的访谈时间平均为 40—60 分钟；在少数情况下，会对两个访谈对象同时进行访谈；部分访谈对象访谈了两次以上。

二是文件资料收集法。文件资料同样是质性研究和个案研究的重要资料来源。罗伯特·殷认为，文件在个案研究的资料收集阶段起着明显的作用，并列举了各式各样的文件类型，如信件、回忆录、通信录、日程表、通知、会议记录、报告等，行政义件，甚至是对同一个研究对象进行的研究报告等。在本书中，大学与中小学协作伙伴关系的创建与运作过程，外部专家的讲座、培训活动以及与学校教师的互动过程，学校教师集体备课、听课、讲课等都会形成大量的文件资料。同时，在教育局和学校层面，也会颁布各种宣传告示、宣传手

[①] R. Yin, *Case Study Research: Design and Methods*, CA: Sage Publishing, 1994.

册、政策文件、备忘录等文件材料。教师自身也会主动或被要求撰写相应的教学反思、听课体会等材料。而且,校本课程开发/校本教材的建设,是项目个案的重要活动内容,校本教材作为伙伴关系项目的成果材料,能够为教师学习提供诸多信息。所有这些都是本书的重要资料来源,有助于研究更为全面而细致地描绘大学与中小学协作伙伴关系的概貌以及教师学习的过程和效果。

三是观察法。在罗伯特·殷的阐释中,"观察法往往有助于提供与研究主题相关的额外的信息"[1]。他区分了两种不同的观察法:一是直接观察法,研究者直接进入研究场所,对研究对象及其活动进行观察;二是参与式观察法,研究者不仅是旁观者,同时也是活动的参与者。限于研究的可行性,本书主要采用直接观察法而非参与式观察法,也就是研究者本人并不参与伙伴关系的各种活动。具体而言,本书对以下场景或活动进行观察:一是外部专家的讲座、培训等;二是外部专家与学校领导者(如校长)、普通教师在各种会议上的互动过程;三是学校、教研组内部的讨论会。

四 资料分析

本书的资料分析工作大致可以分成两个部分:一是在数据资料收集的同时,对数据进行初步分析,进而调整数据收集的侧重点;二是在资料完全收集结束之后,对数据进行系统性的、全面的分析。这里主要以后者为重。

在进行资料分析、编码之前,笔者先对所收集的访谈资料进行整理和匿名处理,以英文字符代号表示相应的受访者,具体规则如下所示:

- 学校编号:S1,S2,S3。

---

[1] R. Yin, *Case Study Research: Design and Methods*, CA: Sage Publishing, 1994.

第三章 研究设计

● 学校行政人员：校长——PL（principal），副校长——VPL（vice-principal），教导处主任（语文）——TO-CH（teaching office，Chinese），教导处主任（数学）——TO-MA（teaching office，Math）。

● 学科年级组长：GL（group leader）；领袖教师——TL（teacher leader）。

● 不同学科：语文——CH（Chinese）；数学——MA（math）；英语——EN（English）。

● 外部专家：EE（external expert）；教育局人员——EB（educational bureau）

在此基础上，本书遵循一定的资料编码程序。施特劳斯（Strauss）与卡尔宾（Corbin）的扎根理论在提出一种独特的研究思路和方法论的同时，也发展出一套对质性研究资料进行分析的程序。施特劳斯与卡尔宾总结了资料编码的三个步骤[1]，其一是开放编码（open coding）：研究者基于研究问题和目的对研究资料进行初步的整理、分析、归类；其二是轴心编码（axial coding），在对资料进行初步整理的基础上，进一步形成相应的"类属、属性和维度"；其三是选择编码（selective coding），即对相应的类属进行整合和联结，形成完整的图式、主题和概念，以描述研究的现象与发现。笔者基本上采用上述三种编码方式，对访谈、观察、文件资料等所获得的材料以及田野笔记等进行分析、归类和总结，最终形成研究结论。

除了资料编码须遵循一定的程序之外，本书的资料分析也基于个案研究的思路，依照两个步骤，希望以此寻找研究个案在大学与中小学协作伙伴关系中的边界知识互动与组织学习过程中的相同点和不同点。一是个案内分析（within-case），即分别以语文、英语教研组、校

---

[1] A. L. Strauss, & J. M. Corbin, *Basics of Qualitative Research*, London：SAGE Publications, Inc., 1990.

本课程开发小组为分析单位，总结其中所表现出来的在边界知识互动、组织知识创建过程以及知识互动的中介/跨界机制三个方面的特点；二是跨个案分析（cross-case），对语文、英语教研组/校本课程开发小组的特点进行归纳和总结，从组织学习的视角分析不同学科教研组的教师学习过程的相同点与不同点。

第三节 研究可靠性与伦理

为了保证和提升研究的可靠性，笔者从以下几方面着手工作。首先，采用所谓"三角检验法"（data triangulation），将获得的同一材料，用不同的方法、在不同的情境和时间里，对不同的访谈对象（如外部专家、学校教师、教育行政人员等）进行检验，以求获得结论的最大真实度[①]，包括对采用书面资料收集方法、非参与式观察法和访谈法等多种研究方法所搜集到的材料进行相互印证。例如，在五个研究个案的收集资料阶段里，本书注意了教研组内部教师与外部专家的互动情况、教研组内教师合作学习过程和成效以及学校教师对外部专家所传递知识的评价等问题，不仅对教师和外部专家进行深度访谈，而且收集了他们所撰写的教学反思、活动反思、教案设计等书面材料，同时也对部分教师的课堂教学情况进行了观课听课，以此实现不同资料之间的相互比对和印证，尽可能保障资料的可信度。其次，尽可能保持大学人员与学校教师互动的场景、教研组活动场景的自然情境，充分尊重被访谈者的意愿，保持问题的开放性。最后，加强作为资料收集者和研究者的自我反思，分析自身的预设和偏见等是否及如何影响自己看问题的视角、看法和观念，并及时做出调整。

质性研究强调研究者与研究对象的互动，在互动过程中，收集、

---

① 陈向明：《质的研究方法与社会科学研究》，教育科学出版社 2002 年版。

分析和解释资料，并尝试理解研究对象的经历和想法。这就要求研究者必须严格遵循研究的伦理准则，保护研究对象的利益。这不仅是一个研究者的基本学术道德，同样也能促进研究工作的实施、保证研究的质量。本研究将遵循研究伦理的准则，包括自愿和公开性原则、保密原则、协商和同意原则、无害原则。

第四节 研究的局限

首先，本书最大的局限性体现在没有对大学与中小学协作伙伴关系中教师学习过程进行跟踪式的探究上。无论是教师个体学习还是教研组学习、学校组织学习，学习即改变，从教师的教学行为和理念的变化、学校氛围的变化等方面，才能判断学习是否发生。但是，受限于时间和研究的精力，作为旁观者的笔者，难以自始至终跟随伙伴关系项目的进展，也就难以对教师学习过程做出更加全面、细致的分析。其次，本书以个案设计为研究策略，并选择了TS伙伴关系项目作为项目个案进行研究，但是，大学与中小学协作伙伴关系的目的、结构、组织形式、参与者和活动内容等的丰富性决定了本书研究发现和启示的可推广性将会受到限制。

第四章　外部专家与学校教师跨界知识互动

第一节　外部专家主导下的知识迁移

组织内不同部门、不同组织之间发生的知识迁移，是从信息加工的视角理解来自不同知识领域的个体如何实现知识交流的。如前所述，知识迁移的基本特征在于知识由发出者传送出去，通过一定的媒介，被知识的接受者所接受、理解，并被储存和使用。其基本的前提假设在于知识互动双方对于所迁移的知识往往具备共同的理解或共同的知识基础。研究发现，在协作关系中，知识的单向传输是知识迁移的主要特征，外部专家扮演着各类知识提供者的角色，而教师则是知识的接受者。此外，研究还发现，外部专家主导下的知识迁移的具体方式可以总结为五种：一是知识灌输式的讲座、报告和课程；二是大学人员、一线教学名师等外部专家大而化之、偏向于概念性知识传输的笼统课后点评；三是相关学习资料的引荐、输入和学习；四是优秀经验的传送；五是咨询模式。

一　知识灌输式的讲座、报告和课程

在研究案例中，从 2013 年 6 月 TS 协作项目正式启动以来，为了

第四章　外部专家与学校教师跨界知识互动

提升学校教师的专业素养，邀请外部专家就校本课程开发、学科课堂教学、教师专业发展等主题进行讲座和报告，是实现相关知识从外部向学校迁移的重要途径。这些讲座和报告的主题大致涵盖如下几个方面：一是语文、数学、英语等学科教学内容、方法、理念，如语文学科的"体验式学习""大语文观""主问题设计""绘本教学""一课一得"，数学学科的"多感官参与"，英语学科的语音教学法、小组合作教学等；二是一般教学法方面的知识，如教学目标如何设定、小组合作教学等；三是教师专业发展方面，如教师如何提升教学效能、实现专业成长、教师行动研究的方法等；四是学校校本课程的开发，如课程建设、教材编写、课堂教学改革等；五是学校整体提升，如"学校改进的方式"等。

通过参加外部专家主讲的讲座、报告，学校教师获得了理论性知识，如现代教育改革的方向以及先进的教育理念等。例如，S1 学校教导主任 S1-TO-CH-Ling、S2 学校参与校本教材编写的教师 S2-CH-Sha 和 S3 学校的语文教师 S3-CH-Yang、英语教师 S3-EN-TL-Mang 等就分享了他们参加大学人员主讲的讲座和报告的收获。

其一，通过参加外部专家的讲座、报告和课程，学校教师获得更多的教学理论方面的知识。通过参加讲座，许多教师的收获是"理论上的提升"（访谈 S1-TO-CH-Ling，2015），也就是一些被学校教师视作教育改革前沿的理念，如"变教为学"等。外部专家的讲座对教学理念、改革方向进行了阐释，让教师得以了解课堂教学改革的前进方向，并被教师所接受而成为评价教师课堂教学活动好坏、优劣、高低的标准。

其二，通过讲座、报告和课程，教师获得理论知识，对于学校教师开发校本课程十分有帮助。例如，S2-CH-Sha 分享了其在 EE-Hua 的引荐下，去北京某师范大学参加与行动研究有关的硕士研究生课程的收获和感受。她认为，尽管教师可能不擅长说课程目标的设置等

"大理论"，但是他们可以将在课程中所学习到的理论知识，如课程开发的体系、框架、梯度等应用于教材编写。（访谈 S2-CH-Sha，2015）

其三，外部专家的讲座也会涉及学科教学方面的知识，并努力改变教师原有的对于某一学科内容、教学方法的认识。例如，S3-CH-Yang 通过 EE-Hua、EE-Cheung、EE-Lian 等人的讲座和专题报告，了解到关于语文教学的教师所认为的更先进的理念——大语文观——也就是打破固定的语文课和单元的讲授模式而拓展到更多相关的教学内容上（访谈 S3-CH-Yang，2015）。

但是，在许多教师看来，讲座、报告的内容往往并不能为教师提供操作性知识。作为从事一线教学实践的教师而言，如何解决具体的教学实践问题才是他们真正的需要。

首先，在将外部专家所输入的理论性的教学理念和方法转化为自身的教学实践的过程中，学校教师遇到了许多挑战和问题，而外部专家提供的知识与学校教师的期待或需要存在不少的差距。例如，尽管通过参加外部专家的讲座，S1-TO-CH-Ling 等教师了解了"变教为学"的含义，但是仍然不能知道如何在具体的情境中实现"变教为学"（访谈 S1-TO-CH-Ling，2015）。这一点可以从 S1 学校的 S1-CH-Fan、S1-CH-GL-Dong、S1-CH-GL-Zhong，S2 学校的 S2-CH-Wang、S2-CH-Ren 和 S3 学校的 S3-CH-GL-Cheng 等人的论述中得到证实。S1-CH-Fan、S1-CH-GL-Dong、S2-CH-Wang、S3-CH-GL-Cheng 均认为，讲座提供了如何教学的粗糙的教学思路，但并没有具体到如何处理教学问题、如何改进课堂上的教学语言等方面（访谈 S1-CH-Fan，2015）。虽然很新颖并且代表着学科课堂教学改革的方向，但不是关于实用的如何做的知识。要将新知识与教学相融合，学校教师还必须自己去实践、自己去体会，主动去琢磨（访谈 S2-CH-Wang & S2-CH-Ren，2015）。可见，相比于直接提供"如何做"的知识，讲座和报

第四章 外部专家与学校教师跨界知识互动

告这样的活动效果比较慢（访谈 S1-CH-GL-Dong，2015）。教师们追求的是直接、快速、可以利用的知识获得的方式，并依赖于外部专家的提供，而不愿意自己花时间去尝试、去实践。教师的期待、关心的重点都落在如何解决日常教学中的实际问题上，外部专家的理论知识如何与课堂教学相结合也是教师们面临的问题。[①]

此外，对于讲座、报告、课程中所传达的理论性知识，一些教师的感受是听不懂、不切实际、脱离教学。因为外部专家所传递的教学理念和方法等往往较为抽象，理论性较强，教师难以理解并直接运用。S1-CH-GL-Zhong 就谈到，她有时候很难理解 EE-Zhan 等外部专家所讲的理论知识，"一袋袋的课件，就是说很多理论知识往课件上一放，接着每一条给我们说一说，后来我们可能就有点听不懂"（访谈 S1-CH-GL-Zhong，2014）。外部专家在讲座、报告和课程中向教师传递的知识，与部分教师的期望是有所差距的，在短暂的几个小时里，讲座和报告只能聚焦于粗线条的、抽象的、概括性的理念、原则等理论性知识。而对于这些"高深的理论"，教师却认为"与教学没有关系"（访谈 S1-CH-GL-Zhong，2015），并不实用，教师也常常听不懂。而且讲座往往以外部专家为主导，充当信息提供者的角色，学校教师的参与程度则比较弱，甚至说，只能是听众，而无法发出他们的声音，更别说与外部专家就某一教学问题进行真正的互动了。学校行政人员、部分教师也表示不愿意参加讲座、报告和课程类的学习活动（访谈 S1-VP-Zhang，2014）。

简言之，导致部分学校教师不愿意听讲座的原因，一方面是讲座所传递的是不实际的、抽象程度较高的、脱离教学的、听不懂的理论性知识；另一方面是讲座或报告的形式属于知识灌输式，"外部专家

[①] S. Grundy, J. Robison, & D. Tomazos, "Interrupting the Way Things Are: Exploring New Directions in School/University Partnerships," *Asia-Pacific Journal of Teacher Education*, 2001, 29 (3): 203–217.

· 101 ·

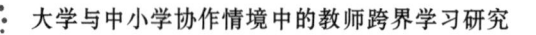

讲，教师听"是主要的学习形式，缺少教师的声音和两者之间的互动和交流，外部专家所传递的与学校教师所期待或需要的似乎并不一致，两者并没有建立起很好的沟通和联结。

总之，教师对于讲座、报告、课程持比较矛盾的态度：一方面，从讲座、报告和课程类的学习活动中，教师能够获得一些新的教育理念、教育方法，这既有助于教师总结自身的教学实践活动（提供相应的教育概念），促进教师对课堂教学的反思，又可以为教师改进自身课堂教学提供一个学理上的指引、示范和大方向。但另一方面，知识灌输式的讲座、报告和课程向教师提出了更大的挑战：如何理解新的教学理念和方法？具体如何在课堂上操作和运用？对于讲座、报告、课程等传统的学习活动及其传输的显性的教育知识的矛盾态度也表明教师对于多种类型知识的需求，以及教师学习的复杂性。鲍尔（Ball）和科恩（Cohen）批评说，传统灌输式的、由外部专家直接传输的"打包好的"（packaged）知识对于教师学习效果影响甚微，因为其往往脱离教学实际，侧重于理论知识的宣讲。[①] 但是，教师教学知识的来源是十分多样的，既包括其对自身经验的反思和总结所得的隐性知识，也包括来自他人和外部专家所介绍的显性知识。为了促进教师的专业发展和知识增长，教师不仅要提升自身"对于不同学科领域的学习、发展、成绩等表现的本质的知识"，而且要有机会通过自身的教学实践将相应的理论知识付诸实施，从而实现理论与实践的融合。[②] 实际上，从 EE-Hua、EE-Zhan 的自我反思来看，大学人员等外部专家倾向于不告诉教师"如何做"这样的给定的、已知的答案，

[①] D. Ball, & D. Cohen, "Developing Practice, Developing Practitioners: Toward a Practice-Based Theory of Professional Education," In L. Darling-Hammond & G. Sykes (Eds.), *Teaching as the Learning Profession: Handbook of Policy and Practice*, San Francisco: Jossey-Bass, 1999.

[②] L. Darling-Hammond, & M. W. McLaughlin, "Policies That Support Professional Development in an Era of Reform," *Phi Delta Kappan*, 1995, 76 (8): 597–604.

而是主张协助教师进行尝试、反思和改进（访谈 EE-Zhan，2014）。

换句话说，通过讲座、报告和课程所传递的教育理念和教育法知识，需要依赖教师发挥主动性。S3 学校的英语教师 S3-EN-TL-Mang 就分享了其参加 EE-Tang 专家的讲座后自己在课堂上的尝试：EE-Tang 在 2015 年为 S1、S2、S3 学校的全体英语教师做了专门的报告，其中，她专门介绍了几种英语课堂教学的方法，包括激发学生英语学习兴趣的"班级荣耀感"、学生背英语的方式"九秒背英语"等。对于此类改进教师英语课堂教学的具体的、细致的、可行的建议，S3-EN-TL-Mang 立刻在其班上做了尝试，"就按 EE-Tang 博士所说的那样的，我就想试一试"（访谈 S3-EN-TL-Mang，2015），用她的话说叫作"实验"。这样的现学现用的尝试并非外部强制的，也非学校管理人员所要求的任务，而更多的是 S3-EN-TL-Mang 等教师自发的活动。S3-EN-TL-Mang 等教师自发地对所学到的教学理念、教学方法等的尝试运用，正体现了教师个体的积极学习（active learning）对于自身掌握新的教学方法的积极意义。[①]

二 笼统的课后点评

传统的听课、评课、议课是小学教师日常工作的重要组成部分，也是教师之间互相学习的主要方式。大学人员、一线名师等外部专家参与听课活动，并在听课后对主讲示范课的教师的教学情况进行点评、提出建议，已经成为 TS 伙伴关系项目重要的教师学习形式。这主要是为了熟悉伙伴学校的课堂教学情况，了解参与 TS 伙伴关系项目教师的教学活动情况（包括教学手段、方法、水平等），发现教师课堂教学中所存在的问题等，并提出相应的意见、建议（访谈 EE-

---

[①] L. M. Desimone, A. C. Porter, M. S. Garet, K. S. Yoon, & B. F. Birman, "Effects of Professional Development on Teachers' Instruction: Results from a Three-year Longitudinal Study," *Educational Evaluation and Policy Analysis*, 2002, 24 (2): 81–112.

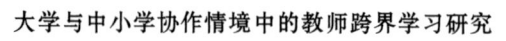

Zhan，2014）。

例如，S1 学校的 S1-CH-GL-Zhong、S1-CH-GL-EE-Huag、S1-CH-Fan 分别做了多次研讨课（如《感恩父母》《鱼游到纸上》），S2 学校的语文教师 S2-CH-Fang、S2-CH-Ren 等也主讲过相应的示范课（如《饮湖上初晴后雨》《My family》《坐井观天》等）。EE-Hua、EE-Cheung、EE-Zhan 和 EE-Xiang 分别对他们的课堂教学进行了点评，并给出了相应的建议。这些建议包括学生能力的培养（访谈 S1-CH-GL-Zhong，2015）、关注学生（访谈 S1-CH-Chen，2014）、以学生兴趣为主（访谈 S2-CH-Fang，2015）等。这些外部专家对教师课堂教学的点评和意见，在很大程度上是对相关理论、理念、原则等的引入、简单介绍和阐释。用学校教师的话说，这是一种笼统的点评，并没有以主讲教师所做的示范课这一具体的课例为主，就课说课、论课。而且，外部专家的点评通常将观课、听课所看到的教学环节或课堂教学行为上升到理念和理论的高度。从教师的角度来看，这样的点评似乎脱离了具体课例和教学情境而偏向于理论性知识的介绍（访谈 S2-CH-Fang，2015）。

与对讲座、报告、课程类学习活动的评价相类似，对于此类外部专家笼统的课后点评，教师所持的是比较矛盾的立场：

一方面，一些教师（如 S1-CH-Chen，S3-CH-GL-Hao）分享了他们从这些点评中所获得的新的教学理念，加深了对理念的理解并促使教师们改变自身的课堂教学行为。例如，外部专家在点评中多次提到的建议——"课堂上关注学生……更多地应该考虑到学生有什么样的反应"（访谈 S1-CH-Chen，2014）——很好地被教师所理解、认可和接受，也改变了教师以往的教学理念和想法。正如 S3-CH-GL-Cheng 所谈到的，课后点评的知识迁移的模式，让教师能够接触、吸收、掌握相应的新的教学理念等教育理论性知识，这一点可能与教师惯常的教学实践有所不同，也能够赋予教师教学实践以某种名称和概念（访谈 S3-CH-GL-Cheng，2015），并拓展和启发教师的教学思路（访谈 S3-CH-GL-Hao，2015）。

另一方面，有许多教师认为，外部专家笼统的点评脱离了课堂教学实际，教师难以将其转化为"直接用的"、在课堂上尝试和实践的具体策略、操作和方法性知识。例如，对于外部专家 EE-Xiang 所讲的何谓有效、有趣的课堂教学，S3-CH-GL-Hao 认为："她（EE-Xiang）没有从具体的这节课你的方法上做过多的指导"（访谈 S3-CH-GL-Hao，2015）。换句话说，在实际的课堂教学中，对如何做到关注学生、如何塑造有效、有趣的课堂这一问题，无法通过外部专家一两次的课后点评而获得解决。S1-CH-Fan、S1-CH-Li 和 S3-EN-TL-Mang 的论述代表了许多教师的观点。他们认为，在某些情况下，部分外部专家对于教师课堂教学的点评主要还停留在理论层面，"基本上是一些大的宏观的"（访谈 S1-CH-Li，2015）教育理念和观点。通过观课和点评，外部专家描绘了未来进步的方向、课堂改进的目标。对此，许多教师虽然表示认可，但是也认为由于自身的专业能力、理论素养不够，现实中往往难以达到（访谈 S3-EN-TL-Mang，2014）。而且，一些教师批评这种笼统的教育理念并没有与具体的学生情况、地方特点、课堂教学相融合，教师虽然接受了教育理念，却难以将其运用于自身实际的课堂教学之中（访谈 S1-CH-Li，2015）。

简言之，与知识灌输式的讲座、报告或课程相类似，外部专家的课后点评如果是一次性的，对于学校教师理解、接受和掌握外部专家所传递的教育理念，并不能起到十分积极的作用。大学人员听课、评课不仅应该与课堂教学情况相结合，而且应该是反复的、多次的、循环的，这样才能真正协助教师解决课堂教学中所遇到的问题。也就是说，从教师的角度来看，交流的次数越多、针对课例进行讨论的次数越多，教师越能够更好地理解新的教学理念、方法、工具等。教师与其专业发展的协助者或支持者互动的频率、深度以及外部支持的延续

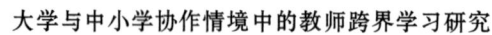

性，对于教师获得、理解、尝试并坚持运用新的教学理念、教学方法，是十分重要的。与传统的一次性的教师学习活动相比，更加持久的知识互动和外部支持对于教师探索新的教学方法，解决实际问题，改变教学理念和行为更有帮助。①

三 学习资料的引荐和输入

在与 S1、S2、S3 学校的领导和中层管理者以及教材编写小组、英语学科和语文学科的教师谈论"大学人员和专家带给教师什么"这一问题的时候，他们都提到，大学人员等推荐并带来了许多与课程开发、教材编写、学科教学法等直接相关的学习资料，包括一些论文、学术性或非学术性的书籍等。

例如，S2 学校的教材编写小组在开发具有学校特色的校本课程的过程中，遇到了诸如如何设定课程和教学目标的问题。对此，EE-Hua 等大学人员不仅做了专门的培训，还推荐了与此相关的书籍，例如，布卢姆的《教育目标分类学》等。在指导教师开发校本课程、编写教材的过程中，EE-Hua 博士发现，教师对于教学目标的理解并不正确，而且在阐释教学目标的时候，教师并没有将"学生"作为主语，教学目标缺乏梯度和衔接（访谈 S2-TO-CH-TL-Gong，2015）。因此，EE-Hua 推荐了与教学目标的制定直接相关的专业学习资料，让教师自学并在编写教材的过程中有所参照和借鉴，知道在制定校本课程的目标时如何使用具体的词汇等（访谈 S2-MA-Jiang，2015）。

大学人员也推荐了相应的学习资料给英语学科和语文学科的教师，以此提升他们的教学理念和课堂教学方法。EE-Du 给 S1、S2、S3 学校的语文教师推荐了《理想课堂的三重境界》，EE-Cheung 推荐

---

① B. Boyle, I. Lamprianou, & T. A. Boyle, "Longitudinal Study of Teacher Change: What Makes Professional Development Effective? Report of the Second Year of the Study," *School Effectiveness and School Improvement*, 2005, 16 (1): 1–27.

第四章　外部专家与学校教师跨界知识互动

了语文学科教学法《阅读有妙招》，向数学教师推荐了《种子课》，而 EE-Zhan 则向英语教师推荐了《安妮鲜花的英语启蒙》等。

关于学习资料的引荐和输入，S3 学校的英语学科教师的感受十分深刻：在英语学科的课堂教学改进方面，EE-Lee 教师除了进行专题培训之外，还给英语教师提供了大量的学习资料，而这些学习资料大部分是与英语学习，特别是与英语课堂的开展、英语语音教学等直接相关的。特别是《安妮鲜花的英语启蒙》对于部分英语教师的影响十分大，书里面所谈到的"英语思维""自然拼读法"等内容都为英语教师所熟知（如 S3-EN-Huang、S3-EN-Lin 等）。英语学科专家 EE-Tang 在进行讲座和报告之后，也给英语教师提供了许多英语学习资料，包括讲义、英语训练手册、视频资料等。

从知识的角度来看，大学人员等外部专家向教师推荐的学习资料具有以下几个特点：首先，无论是关于如何制定教学目标、各个学科的课堂教学方法和手段，还是学科本身的知识特别是英语学科方面，上述这些学习资料的呈现形式基本上都是可见的文本形式，也就是说，是显性的，并被抽象、概括和提炼为一些概念性知识。也正是因为这一特点，正如 S2-CH-Fan 所言，"一般书上都是理论，结合到课堂上还得琢磨……还得自己琢磨"（访谈 S2-CH-Fan，2015），如何将学习资料运用于课堂教学还需要教师"自己琢磨"。其次，除了显性知识这一特征之外，学习资料所传递的信息往往代表着正确的、不容怀疑的权威知识，是需要教师理解、接受、纳入自身教育理念并将其落实在教材编写和课堂教学之中的。例如，在 TS 伙伴关系项目中，外部专家 EE-Xiang 对于《理想课堂的三重境界》中的三类课堂教学目标以及"左手教，右手学"教案设计等的推崇，直接影响了 S3 学校的语文教师在 TS 伙伴关系项目中对于教学目标的阐释和教案的设计与撰写（访谈 S3-TO-CH-TL-Qiang，2015）。另外，尽管部分学习资料的表现形式是显性的、抽象的概念，但是内容维度却指向"如何

· 107 ·

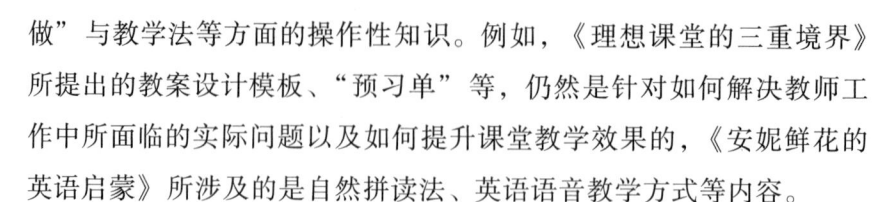

做"与教学法等方面的操作性知识。例如,《理想课堂的三重境界》所提出的教案设计模板、"预习单"等,仍然是针对如何解决教师工作中所面临的实际问题以及如何提升课堂教学效果的,《安妮鲜花的英语启蒙》所涉及的是自然拼读法、英语语音教学方式等内容。

外部专家引荐、输入并让教师学习的文本性资料所具备的知识的上述特征,也影响到学校教师如何看待在大学人员主导下的这一知识迁移的具体途径,以及学习资料对于教师学习的影响。

首先,外部专家将相应的学习资料介绍给学校教师,并希望或督促教师能够自己学习、理解和运用。例如,外部专家 EE-Xiang 十分强调读书的作用:"读书提高理论"(访谈 S2-TO-CH-TL-Gong,2015)希望借助推动教师读书来提升理论知识和专业素养。许多教师也汇报了他们读书的收获。对于英语教师而言,《安妮鲜花的英语启蒙》的最大启示在于,让他们更加深刻地理解英语作为一门语言的特点,小学生学习英语的特点和规律,以及英语教学应该关注的重点(访谈 S3-EN-Lin,2015)。S3-EN-Lin 从《安妮鲜花的英语启蒙》中了解到更新颖的课堂教学方式,如绘本教学、话剧教学方式等,并多次在课上进行了尝试。对于语文教师而言,S2-CH-Ren 关注的是《理想课堂的三重境界》所提到的具体的课堂教学方法和手段,也就是定向预习以及预习单(访谈 S2-CH-Ren,2015)。实际上,S2-CH-Ren 在她的示范课上,就尝试运用了这样一种教学法,并取得了不错的效果。

除了教师相关教学理念和具体的课堂教学方法的增长外,教师对所引进的资料的学习,也改变了教师对于"读书"这一传统学习方式的看法。教师认识到读书对于提升专业素养,解决日常教学中所遇到的问题,提高课堂教学效果都有所帮助。在教师们看来,读书,特别是阅读理论性的书,往往是枯燥无味的,但是,理论性的书往往能指导或引领他们编写教材、理解教育理念,更为重要的是防止"自己跟这个社会脱节",也就是适应现代教育改革的要求(访谈 S2-CH-

第四章 外部专家与学校教师跨界知识互动

CD-Yin，2014）。而 S2-TO-CH-TL-Gong 则从更深层次理解读书的重要性。她认为，专家与普通教师的区别就在于"文化底蕴"，文化底蕴不仅包括经验，而且包括对知识的掌握（访谈 S2-TO-CH-TL-Gong，2015）。S3-CH-Lu 认为自身理论水平较低，而读书可以提升理论水平，更为重要的是，读书能够让教师"知道现在课堂"的模样，也就是能够指引教师改变教学理念和行为（访谈 S3-CH-Lu，2015）。简言之，对于部分教师而言，通过学习外部专家所介绍的学习资料，他们可以超越自身的教学经验，更多地接触教学理念、教育改革方向等教育理论，使其不再局限于教学经验，而是提升自身的理论素养，有助于理论与实践知识的互动，这一点对于教师专业发展本身是十分重要的。

其次，对于以教课为主业的学校教师而言，他们仅仅依靠自身阅读、理解大学人员等所推荐的学习资料以及运用其中蕴含的知识，有不小的困难。S2-CH-CD-Yin、S2-CH-Fang、S2-TO-CH-TL-Gong 等教师都提到阅读推荐书目和资料的难度：专著、论文等学习资料主要传递的是理论性的知识，要接受、理解这些知识，教师面临着许多困难（访谈 S2-CH-Fang，2015；S2-CH-Yin，2014）。

针对这一问题，一方面，教师会发挥自己的主动性，有选择地挑选较容易理解的篇章，如 S2-CH-Fang 就重点阅读了《理想课堂的三重境界》中对教学框架、教学目标等的阐释（访谈 S2-CH-Fang，2015）。S2 CH-Ren 提到，她对《理想课堂的三重境界》后半部分结合课例来论述的方式更感兴趣（访谈 S2-CH-Ren，2015）。这是因为与理论性的概念相比，这些较容易理解的学习资料（如具体课例、花瓣式教学法）通常与教师的教学经验、日常教学工作、课堂教学所面临的问题更加相关。

另一方面，外部专家的引领、协助在教师理解所阅读的学习资料的过程中会发挥重要作用。S2 学校的 S2-TO-CH-TL-Gong，S3 学校的

· 109 ·

语文教师 S3-CH-GL-Hai 就分享了 EE-Zhan、EE-Xiang 指导教师读书的经验，他们认为，经过外部专家对学习资料的讲解，他们会更容易理解学习资料所阐释的知识。S2-CH-Sha 就谈到："EE-Hua 教师，就是理论联系实际吧。在指导我们的过程中，把书里的一些内容推荐给我们。"（访谈 S2-CH-Sha，2014）。可见，要掌握书本等学习资料中所呈现的相应的知识，对于教师而言，确实是存在难度的："太高深了""看不懂""能看懂一点"。这部分原因是教师将自己的工作设定为"教课"，而且所访谈的大部分教师是中等师范毕业，学历较低（访谈 S2-TO-CH-TL-Gong，2015）。在这里，大学人员如 EE-Hua、EE-Zhan 扮演了指导者和阐释者的角色，不是简单地将学习资料扔给教师，而是在一旁协助并做相应的解释，帮助教师更好地理解学习资料，并使其知道如何具体操作（访谈 S3-CH-GL-Hai，2015）。当然，在 TS 伙伴关系项目中，阅读、理解和掌握学习资料仍然主要依靠教师自身的力量，以自学为主。

此外，除由于学习材料的理论性较强或艰涩而难以完全理解和读懂之外，教师自身的惰性、教学负担重、没有时间和精力来读书，也是许多教师反映的问题。例如，S3 学校的语文教师 S3-CH-GL-Hai 分享了他对于读书的看法：一是觉得看书没用，难以直接用来解决教师们所面临的教学问题；二是读书需要时间和精力，他认为，读书是一种负担（访谈 S3-CH-GL-Hai，2015）。实际上，许多教师有着各种各样的原因，包括家庭和照顾孩子等个人原因（如 S2-CH-Zhen、S2-CH-Ren），年龄大、记性不好、看得慢等因素（如 S2-CH-Fang），既要上课又要判作业，还有各种活动，教学负担比较重等。这些原因都是阻碍教师学习外部专家所推荐的学习资料的因素。

最后，在听课、备课、议课等教研活动之外，TS 伙伴关系项目，特别是 EE-Xiang 等外部专家，将"读书"作为一项活动在学校固定下来，成为教师集体学习、讨论和进步的重要途径。TS 伙伴关系项目在项目学校会定期开展不同学科的（语文、数学和英语）读书分享会，这些分享会有的是在学校内部，有的是跨越学校边界，在学校与学校之间共同举办。

一方面，在学校管理层面，由于 EE-Xiang 等大学人员的极力提倡，读书已经成为各个学科的教师必须完成的任务和工作。外部专家引荐的学习资料不仅是大学人员的简单推荐和鼓励教师自学，而且已经得到学校管理者的背书和支持。通过读书计划的拟订等学校管理措施，学校监督和督促教师必须完成对专家引荐的学习资料的学习，读书成为教师们必须完成的一项任务。"把（读书资料）分期，做计划，让教师们把它读完。而且这计划一定要'上墙'，也就是说，在教研组的墙上贴着。"（访谈 S2-VPL-Yun，2015）。这种所谓的"任务驱动型"（访谈 S2-VPL-Yun，2015）的做法，可以推动教师克服自身的惰性，强迫教师完成任务，在这一过程中，教师也获得相应的新理念、新做法等知识。对于读书成为一种任务，许多教师并没有消极的评价，相反，对此，他们觉得是一种压力，是一种动力，对于自身的读书和学习是有帮助的，因为如果没有管理层面的强制任务要求，教师自身可能并没有主动性和动力去读书。

另一方面，在大学人员的倡议和协助下，新的教师集体学习的形式——读书活动与读书分享会，也在 TS 伙伴关系项目中的 S2 和 S3 两所学校建立并逐渐兴盛起来。与将读书规定为教师的工作和任务相关，全校性的读书活动以及读书分享会为教师共同研读、分析、学习大学人员推荐和输入的书本等资料创造了条件。例如，S2 学校语文教师 S2-CH-Zhen 分享了读书活动与读书分享会如何推动他们主动学习的经历。从 S2-CH-Zhen 的论述来看，全校性的读书活动以及读书分享会，在教师中间形成了一种读书和学习的氛围，这种氛围一方面可以推动教师主动读书、看书、思考和学习，因为如果强调分享，那么就有压力去读书（访谈 S2-CH-Zhen，2015）。另一方面，外部专家所传递的学习资料以及建立的读书活动和读书分享会等，成为教师合作学习、共同学习的一种媒介或催化剂：围绕书本、论文等的相关学习资料，S2、S3学校教师可以有共同的话题、问题、概念语词来进行讨论和交流。

四 作为模板的"先进地区，优秀学校"的经验传送

在学校教师眼中，外部专家的一个主要特点是见多识广，这是受访的教育局领导、学校领导和行政人员、学校教师共同的评价和预设。与之相关联，在TS伙伴关系项目中，为了更好地协助教师开发校本课程、提升课堂教学能力，外部专家通常通过各种方式，向学校教师传递其在其他地区和学校的所见所闻以及相应的成品（如校本教材、教案设计等），以供学校教师模仿、借鉴和学习。

S1、S2学校的许多教师都谈到外部专家所带来的他们眼中的先进地区和优秀学校值得学习的教育理念和做法。一般而言，教师的学习往往局限于年级组、教研组和学校内，至多与同一行政区域内其他学校的教师进行教学上的交流，很难有机会接触到其他地区的教育理念和做法。"在TS伙伴关系项目中，我们都知道香港和台湾的语文教学和写作教学，我们觉得特别好"（访谈S1-CH-GL-Fang，2014）。大学人员扮演着知识搬运工的角色，将香港、台湾、北京等地的课堂教学做法，向教师们介绍，能够开拓教师的视野，"感觉眼界开阔了，而且我们的眼界也高了，对自己要求也高了"（访谈S2-CH-Fan，2015）。此外，值得注意的是，从许多教师的论述来看，他们通常将自己设定为小地方的教师，并用"小城市""落后地区"（访谈S1-CH-Ning，2015）来形容其所处的整个社会经济发展的背景，而外部专家则代表着从先进地区来的，拥有更为先进的教学知识和经验。

尽管S1、S2学校的教师都在外部专家的引荐下接触到了先进地区以及优秀学校的相应课堂教学经验、课程开发和教材编写的模板，

第四章 外部专家与学校教师跨界知识互动

但是，简单而直接的知识搬运对于部分学校教师的学习而言，其作用可能是有限的。外部专家将国际上理念性的知识传输给他们，但是，对于这些"理论上的东西"（访谈S1-CH-Ning，2015），教师们接受起来并不容易。另外，在编写教材的过程中，外部专家提供了其他学校的做法，让教师们参考和借鉴。但是，具体如何编写教材还要靠教师自身，"教材的编写还是要靠我们自己"（访谈S1-CH-Chen），在编写过程中，外部专家并没有提供具体的指导和帮助。

与S1学校教师的看法有所不同，S2学校的教材编写小组的成员与部分语文教师对于先进地区、优秀学校的好经验、好做法持相对积极的态度。在教材编写方面，EE-Hua给S2学校校本课程开发小组带来了许多台湾、香港、北京的类似教材，以供教师借鉴和学习，这些作为模板和学习对象的教材对于S2学校教师编写教材起到了很好的启发和借鉴作用，包括借鉴教材编写的理念、思路和呈现方式（访谈S2-CH-Ju，2015）。S2-CH-Ju认为，通过参考其他学校类似的教材，教师们在编写教材的过程中会更有底气，更有方向，不至于无所适从、无处下手。同样地，在课堂教学方面，年轻的语文教师S2-CH-Na也认为，向其他学校的优秀教师学习先进的经验，并将其吸收为自身的知识，能够避免因闭门造车而局限于老的教学模式（访谈S2-CH-Na，2014）所带来的不利影响。

简言之，在TS伙伴关系项目中，特别是针对S1、S2学校的校本课程开发、教材编写工作，外部专家将其他地区、其他学校类似的经验及其成品，向学校教师进行介绍。这些类似的编写经验及其成品（如其他学校的校本教材）是他们学习、模仿和借鉴的模板和对象。在这一由外而内（outside-in）的知识迁移过程中，外部专家充当着知识搬运工的角色，跨越不同地区以及不同学校原有的边界，让伙伴学校的教师能够有机会接触到学校外部的新的理念和做法。

五 咨询模式下的知识迁移

TS 伙伴关系项目建立的初衷就是搭建学校与外部专家团队合作的平台，利用大学人员的专业知识、技能、资源等为学校发展献计献策。外部专家的作用在于"以大学研究者为专业支撑，以帮助学校解决实际问题和提升学校整体质量为重点"（调研报告，2015.10）。因此，为帮助学校行政人员和学校教师解决构建学校特色课堂教学理念、开发校本课程与改进课堂教学过程中所遇到的问题，外部专家经常与校长、教师就某些具体问题进行讨论，并尝试提出解决问题的想法、建议和思路。这一知识迁移的具体模式可被界定为咨询模式。在三所学校中，我们均可以看到这一知识迁移的具体过程：教师一方如何进行咨询，外部专家又是如何提供指导。

在 S1、S2 学校，外部专家 EE-Hua、EE-Zhan 对其所开展的校本课程开发，特别是校本课程的教材编写工作，进行了多次指导，与校长和教师们进行了多次讨论。在讨论会上，EE-Hua、EE-Zhan 往往扮演着指导者的角色，而校长和教师们则扮演着咨询者的角色。例如，S1 学校参与教材编写的 S1-VPL-Jiang、S1-CH-GL-Zhong 以及 S2 学校教材编写小组成员（如 S2-CH-CD-Yin、S2-CH-CD-Sha 等）都描述说，外部专家为了指导校本教材的编写提出了一些建议：在与 S1 学校和 S2 学校参与教材编写的管理人员和教师进行交流的过程中，EE-Hua、EE-Zhan 等大学人员就 S1 学校的"阳光读写课"校本课程以及 S2 学校以"军旅文化"为主题的校本课程"S2 学校周边军事探索"的教材编写工作提出了许多建议。这些建议大致可以归结为几条："言语综合实践活动""情意或情感体验""增加本土化的内容"（访谈 S1-CH-GL-Zhong，2015）、教材目标的系统性和梯度性、多学科的融合，以及从学生的兴趣出发、以学生为中心、关注学生需求（访谈 S2-CH-CD-Sha、S2-CH-CD-Ju，2015）等。

第四章 外部专家与学校教师跨界知识互动

从知识的内容和类型来看，这些建议的共同点在于：都属于一种显性的概念性或理论性的知识，通常表现为一些具体的教育理念（如 S1 学校的幸福教育，S2 学校的领军教育、军旅文化等），教育原则以及更加具体的教学和课程开发的方向（如教材的本土化、言语综合实践、情感体验、多学科融合、教材编写的系统性和梯度性等），以及一些教育研究者所持的学术观点和主张（如国家课程校本化等）。

在咨询者与指导者知识迁移模式下，知识的内容及特点也影响到学校教师对大学人员所提供的知识的理解、接纳、应对的程度和方式。

首先，对于外部专家在指导过程中所提出的表现为教育理念、原则、概念等的理论性知识，在一些具体的活动或任务情境中，学校行政人员和学校教师能够较为容易地接受，并做出十分快速的改变。而这些学习活动、教师任务情境往往与写作或文书工作直接相关，例如 S1、S2 学校开展的校本教材的编写工作。在编写校本教材的过程中，EE-Hua 提出了高中低年级不同的日记形式：体验、观察和绘本日记，这就为教师提供了一个编写教材的框架和方向（访谈 S1-CH-GL-Dong）。在新近所编写的教材中也可以看到这样的变化。类似地，"言语实践活动课""阳光读写的内容"诸如此类的指导，都可以较为容易地被学校教师所接纳和吸收，并反映在教材编写活动和成品中（访谈 S1-TO-MA-Huan，2015）。这可能是因为教材编写工作更多的是一种对已有知识的整理、调整和更加系统化的归纳，能够直接将大学人员等外部专家所表达的抽象的概念等理论性的知识融入校本教材当中，而不需要转化为操作性的教学实践。

其次，外部专家所提出的与教育、教学和课程相关的理念，被学校教师视作对其实践活动的总结、学理支撑和提升。S1-VPL-Jiang 就认为，在大学人员指导下提出来的"幸福教育"学校特色课堂理念，为过去几年学校的一些具体做法提供了"理论支撑"。她说："最初我们只是有这些实际的做法，还没有一个理论支撑。"（访谈 S1-VPL-Jiang，2015）。在教师们看来，外部专家的指导以及提供的意见更多的是理念性、系统性的知识（访谈 S2-TO-CH-TL-Gong，2015），而这也是一线教师认为的自身所缺失的。诸如，学生的自主学习、自我研究等理念，不仅为教师教材编写、课堂教学提供了指引和方向，而且此类概念本身可以用来指代、整合教师原有的想法、理念以及实践中的做法（访谈 S2-CH-Yin，2014）。同时，通过与外部专家的讨论，学校的做法获得了专家的认可，也进一步提升了学校教师对于自身教学观点、实践和方法的自信心（访谈 S1-CH-GL-EE-Huang，2015）。

最后，在咨询模式下知识迁移的过程中，相关的教育理念、原则或想法呈现出一种碎片化的特点，而且，由于情境、场合的限制，外部专家并没有对其进行充分的解释，这就会给学校教师对这些知识的理解带来一定的困扰，使其产生迷惑和误解。例如，S1-CH-Zhang 就对在校本课程中加入"本土化"元素这一建议感到十分迷惑。S1-CH-Zhang 认为，在学校的校本课程中加入"本土化"元素是需要的，但是，对于具体教材的编写如何体现"本土化"却感到疑惑，并不确定将本土化理解为加入"反映当地的几篇文章"（访谈 S1-CH-Zhang，2015）的做法是否合适。这种对理念、原则等的不清晰的理解也给具体的操作带来了问题。例如，四年级的两位语文教师 S1-CH-Ying 和 S1-CH-Ling 对于在编写教材中如何体现"本土化"，特别是如何选取合适的文章这一操作性问题感到困惑（访谈 S1-CH-Ying、S1-CH-Ling，2015）。由于外部专家对其所提出的校本课程本土化理念，并没有进行进一步的阐释，学校教师难以理解其具体含义，特别是具体的操作标准和过程。这使得学校教师并不知道如何处理这样的问题。

当然，在校本课程的教材编写过程中，咨询模式下的知识迁移过程在不同的学校（如 S1、S2 学校）与不同的专家的知识互动过程并非完全一致。

实际上，与上述 S1 学校教师对于大学人员就改进教材编写而提出的建议和意见所持的相对消极的态度以及困惑不一样，S2 学校校本课程开发小组的教师对于 EE-Hua 所提出的意见十分欢迎，并进一步改变其理念，采用了新的编写教材的思路和做法。对于 S2-CH-CD-Ju、S2-CH-CD-Sha、S2-TO-CH-TL-Gong 等校本课程开发小组的教师而言，EE-Hua 对他们之前所编写的校本教材提出了许多意见，包括教材不应该变成类似于传统的课本，不应只是知识的罗列（访谈 S2-TO-CH-TL-Gong，2015）等。相反，以学生为主体、学生参与、学生研发等应该成为编写教材所遵循的理念。因此，在改变了观念之后，S2 学校校本课程开发小组的教师就重新编写了教材（访谈 S2-CH-CD-Ju，2015）。可见，对于这样一个比较抽象、概括性的教材编写理念的转变，S2 学校校本课程开发小组的教师在理解上以及在具体操作中并没有遇到太多的困惑和问题。这可能是由两方面的原因造成的：

其一，在咨询模式下，EE-Hua 在具体指导的过程中，往往会结合校本课程开发的内容，特别是学校的实际情况，将抽象或概括性的理念转化为教师可以理解的知识（访谈 S2-CH-CD-Yin，2014），以及教师可以具体运用在教材编写过程中的具体想法、做法或策略（访谈 S2-CH-CD-Sha，2014）。在这里，咨询者与指导者知识迁移模式尽管仍然传递抽象、概括性的知识，但外部专家的作用就在于将这些知识转化为教师熟知的、可掌握的并可以运用的知识。

其二，S2 学校校本课程开发小组的教师在 EE-Hua 的启发和引导下，却能够发挥自身的能动性，经过多次尝试和实践以及多个回合的"教师咨询—外部专家指导"，将这些抽象的教育理念落实为具体的行动和策略。例如，S2-TO-CH-TL-Gong、S2-CH-CD-Ju 等就提到如何将"以学生为中心""多学科的融合""教育目标的梯度"等理念转化为具体的行动，包括让学生参与进来、发放学生和家长的征询调查表（访谈 S2-CH-CD-Ju，2015）、了解学生的兴趣和感兴趣的问题等（访谈 S2-TO-CH-TL-Gong，2015）。在这里，"以学生为中心"的教育理念被具体化为"学生参与"，而推动或实现学生参与的具体方式则是"问题征询表"或者说调查表。S2 教材编写小组的教师在"咨询—指导"过程中获得了相关的抽象性理念，并将其与教师真正从事的工作——教材编写相结合，从而迸发出一些新的想法或灵感（访谈 S2-TO-CH-TL-Gong，2015），在获得外部专家以及学校行政人员认可的情况下，落实为真正的行动。从这方面看，教师的主动性在新知识的获得、理解和运用方面扮演着重要角色。

简言之，在 TS 伙伴关系项目中，咨询者与指导者的知识迁移模式能够协助教师解决在校本课程开发、编写校本教材过程中所面临的问题；在这一过程中，外部专家扮演的是指导者的角色，而学校教师则扮演着咨询者的角色。咨询模式是教师与外部专家进行知识互动的一种重要形式，这是因为教师将外部专家的知识视作一种外部资源，同时也认为外部专家具有足够的专长、能力和知识，能够帮助教师们解决问题。在咨询者与指导者模式下，外部专家能够对教师的工作提出批评，并指明如何具体进行改变和改进；同时也为教师自身的教学实践、校本课程开发的理念和活动提供理论性的支持。但是，咨询者与指导者模式下的知识迁移对于教师知识的增长、具体问题的解决也依赖于学校教师自身的主动学习、自主探索的意愿和能力，而不是完全依赖外部专家提供现成的解决办法。

六 小结

表4-1 外部专家主导下知识迁移的具体方式在研究个案中的分布

	知识灌输式的讲座、报告和课程	笼统的课后点评	学习资料的引荐和输入	作为模板的"先进地区,优秀学校"的经验传送	咨询模式
S1学校语文教研组/校本课程开发	●	●	—	●	●
S2学校校本课程开发小组	●	—	●	●	●
S2学校语文教研组	●	●	●	●	—
S3学校语文教研组	●	●	●	—	—
S3学校英语教研组	●	—	—	—	—

说明:"●"指教师有报告;"—"指教师无报告。

综上所述,外部专家主导下的知识迁移具有以下几个特点:

首先,从迁移知识的特点来看(即迁移了什么知识),无论是讲座、报告和课程,还是课后的点评、学习资料的引进与优秀经验的传送,抑或是咨询模式,外部专家通过这些具体的学习活动所要传输给学校教师的通常是抽象的、概念式的教育理论、理念、原则等。这些知识能够借助学习资料(论文、书籍等)、校本教材、报告(如PPT)等方式实现在外部专家与学校教师之间的传播。这些理论性和条则性知识的特点在于其是编码后的知识,是显性的知识;此类知识同样是教师教学知识基础的重要组成部分。在谈到教师知识的时候,我们并不能否认教师知识的多样化来源,实践知识与理论知识之间并

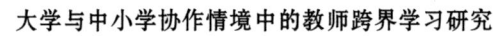

不是冲突的。作为显性知识传递的重要渠道——讲座、报告和课程类的学习活动，能够将新知识——教学理念、教学方法、校本课程开发、教材编写等——从校外迁移至校内，向教师做介绍。这样的知识迁移往往被视作促进教师教学理念、行为改变的重要环节，甚至是首要环节。[1]

其次，从大学人员等外部专家与学校教师互动模式的特点来看（即外部专家与学校教师如何交流），知识的迁移方向是单向的：从大学人员到学校教师。作为外来者或局外人，外部专家在知识迁移这一互动情境中，其主要活动是将知识传送或更为形象地说就是扔给关于学校情境中的教师，然后让教师自己学习、吸收和转化。在这里，教师不依赖于外部专家现成的、可直接运用的解决问题的方法[2]，而是自身主动学习、积极探索和尝试，这对于他们理解和掌握、运用新知识新方法等具有十分重要的影响。而且从互动的频率来看，知识迁移的活动通常是一次性的，外部专家与学校教师并没有因为讲座、听课点评、咨询和指导等活动而有深入交流。两者的组织边界、知识边界仍然屹立不倒，并没有被打破，边界对不同类型知识的渗透程度和能力也没有被显著提升。外部专家与学校教师之间，由于所掌握的知识类型的不同、对知识的期待和需求不同而形成的知识边界，只有通过双方持续性的对话，增强彼此的理解，达成相应的共识，才可能缩小知识隔阂，并对各自的知识增长有积极的影响。[3]

最后，从教师对上述实现知识迁移的几种活动的态度或立场（即

---

[1] M. M. Cheng, & W. W. So, "Analysing Teacher Professional Development through Professional Dialogue: An Investigation into a University-School Partnership Project on Enquiry Learning," *Journal of Education for Teaching*, 2012, 38 (3): 323–341.

[2] C. Chan, & M. Clarke, "The Politics of Collaboration: Discourse, Identities, and Power in a School-university Partnership in Hong Kong," *Asia-Pacific Journal of Teacher Education*, 2014, 42 (3): 291–304.

[3] M. Huberman, "The Mind is Its Own Place: The Influence of Sustained Interactivity with Practitioners on Educational Researchers," *Harvard Educational Review*, 1999, 69 (3): 289–320.

第四章 外部专家与学校教师跨界知识互动

外部专家主导下知识迁移如何影响教师学习）来看，外部专家主导下的知识迁移对于教师主动学习的要求更高。尽管教师对于外部专家所引入的新知识持认可态度，但是，因为理论难以理解、与教学相脱离如何学习和吸收新知识成为教师遇到的主要困难。

第二节 教师参与的知识转化

与知识迁移不同，知识转化通常发生在知识难以直接迁移、传送的情境中。由于合作双方难以通过直接的言说进行知识的互动，知识转化的意义就在于借助某些中介物或活动，让隐性的、情境化的、身体化的知识进一步显现出来，使其从知识的发出者传输到知识的接受者。参与（participation）是实现知识转化的重要前提条件，因为只有通过参与、卷入，合作和互动双方才能够形成对某一个知识（如理念、实践或做法）的共同理解。[1]

在 TS 伙伴关系项目中，尽管在知识转化的过程中，外部专家扮演着各类知识提供者的角色，而教师则是知识的接受者、获得者，但是，教师的参与或卷入的方式和程度明显比"外部专家主导下的知识迁移"这一模式更多样和深入。一方面，外部专家与学校教师借助某种边界物件和活动，将原本难以言说的知识显性化、公开化，特别是技术性教学法方面的知识，促进两者在知识层面的交流和互动；另一方面，各种形式的参与（如外出学习、听取示范课、专题培训、课例指导等）让教师能够理解外部专家想要传送的知识内容。

一 身临其境的外出学习

为了更好地提升伙伴学校教师的专业素养，TS 伙伴关系项目不

---

[1] Wenger, *Emmunities of Practice: Learning, Meaning, and Identity*, Cambridge: Cambridge University Press, 1998.

仅邀请大学研究者、学科教学专家等来学校对教师的课程开发、课堂教学等进行指导；而且积极创造机会，让学校教师走出去，到被伙伴关系项目的教师们评价为先进地区（如北京、青岛、杭州等地）的先进学校，进行为期一周左右的外出学习。

例如，在北京某小学的参观和学习，让 S1-CH-Yue 教师接触到以往不曾见到、听到的新颖的教学方式、课堂管理方式、校本课程具体开展的活动类型，如语文课堂早读的创新形式（访谈 S1-CH-Yue，2015）。正如 S1-CH-Yue 所说，这些新鲜的课程创新和教学方式，会给教师"带来一些启示，想到更多的妙招"（访谈 S1-CH-Yue，2015），并让教师在自己的教学工作中能够尝试模仿、运用并进行总结，从而将接触到的新想法、做法逐渐融入自己原有的教学理念和做法之中，慢慢成为自身的经验。而 S3-CH-GL-Hai 在台湾学习期间，通过与 EE-Cheung 的深入交流（包括听课观课、课后交流请教等），对于 EE-Cheung 如何讲授说明文的阅读教学过程、新教学方法（如思维导图）的运用等都有了亲身的感受、见闻和体会（访谈 S3-CH-GL-Hai，2015）。对于这样一种具体教学方式的全过程，S3-CH-GL-Hai 只有通过外出学习才可能与 EE-Cheung 进行深入交流，也才能更好地理解和掌握新教学方式如何具体与自身的课堂教学相融合。类似地，S2 学校的语文教师（如 S2-TO-CH-TL-Gong）也分享了他们学习的收获，或者间接分享了其他外出学习的教师的经历。

简言之，正如语文教师 S2-CH-Na 所言，原先教师学习局限于学校内部，只是同事教师之间的学习，而外出学习能够获得更好的、新的教学理念，防止闭门造车（访谈 S2-CH-Na，2014）。外出学习能够让教师跨出教研组、学校乃至地区的边界，摆脱以往的模式化的想法、做法的束缚，获得新的教育理念以及相应的课堂教学实践。这就为教师学习新的知识埋下了种子。

可见，相比于讲座报告、学校材料和专家指导，外出学习的主要

第四章　外部专家与学校教师跨界知识互动

特点在于：学校教师能够身临其境，到与自己学习和教学活动的开展相类似的情境或环境中，参与到其他学校的教师所开展的教学活动之中，能够更加直观地获得一些新的教学实践的做法和想法。因为这些做法和想法往往是隐性的，融入教师教学实践活动之中，往往只有通过观察才可以习得。虽然在外出学习的过程中，作为学习者，学校教师并不能十分深入地参与外地学校的常规活动，但是，外出学习所创造的相似的工作情境、工作内容、使用的语言等都有利于消除作为学习者的教师与作为分享者的外地教师之间的隔阂。体验、体悟、理解对于教师获得隐性的实践性知识至关重要。桑赫尔兹（Sandholtz）就谈到，在大学与中小学协作伙伴关系中，为学校教师提供更多的学习机会，让他们能够从处于相似的教学情境、面临同样的教学问题的同侪教师身上学习新的知识，这有助于推动学校教师反思和分析自身教学活动的优劣。[1]

对于学校一线教师而言，尽管外出学习的机会不多、持续时间并不长（一般是一周至两周，访谈 S1-VPL-Jiang，2015），教研组的日常教研活动（做课、听课、评课、议课等）以及非正式的同侪合作和交流为学校教师的学习提供了更多的机会、知识来源和实践平台。但是，身临其境的外出学习的优势在于为教师跨越原先的教研组和学校乃至地区的边界提供了契机，教师能够接触到与所在学校不同的其他教学实践做法，推动教师知识的更新（renewal）。另一方面，外出学习所具备的身临其境的特点使得教师可以更加直观地感受到某种教学理念是如何在实践中体现出来的，又是如何具体落实和开展的。因此，或许是这两点原因使得大部分教师对于外出学习均抱有正面态度，也期待有更多外出学习的机会。S3-CH-GL-Cheng 说："听课，或

---

[1] J. H. Sandholtz, "Inservice Training or Professional Development: Contrasting Opportunities in a School/University Partnership," *Teaching and Teacher Education*, 2002, 18 (7): 815-830.

者跟着人家学习……听多了以后，可能慢慢就会有这个理念或者这个方法的渗透。"教师自然就会有所改变（访谈 S3-CH-GL-Cheng，2015）。在 S3-CH-GL-Cheng 看来，身临其境的外出学习是渗透某一种教学方法和理念的更有效的方式，教师能够身临其境地看到、听到并感受到优秀的教师是如何实施课堂教学，如何贯彻某个教育理念，如何进一步做反思调整和改进的。在教师学习过程中，通过共同参与某一种教学活动，让教师们形成对某一个教学问题、教学情境的共同理解，在这一过程中，教师的实践性知识也就获得了提升。这也是教师学习的情境性特点所蕴含的内容。

但是，教师通过外出学习所获得的新知识如何与自身已有的知识结构和所处的教育情境（包括课程设置、教学任务、教学资料如教材、学生基础等）相融合，也是许多教师面临的挑战。其中，以 S3-EN-Lin 的感受和反思最为典型。S3-EN-Lin 分享了她去台湾学习的经历，从在台湾小学的所见所闻以及与台湾教师的交流中，她感受到了台湾教师所具备的教学激情，而她认为，这种激情正是许多教师所缺少的。她看到的台湾英语课堂教学的情况、台湾教师的个人魅力等似乎为她树立了一个学习和模仿的标杆。但是，当 S3-EN-Lin 在反思自身的教学以及进一步思考"如何做"的时候，她又发觉难以推行，而其中的一个客观条件就在于班级容量的差别：台湾小学一班只有20 多个学生，而她需要面对的学生则有 60 多人（访谈 S3-EN-Lin，2015）。这一条件直接阻碍了 S3-EN-Lin 对一些教学想法的运用，面对这样的实际问题，S3-EN-Lin 甚至感到有点低沉和失落（访谈 S3-EN-Lin，2015）。S3-EN-Lin 的感受并非孤例。从教学制度到班级容量、教学任务安排，地方教育和学校的特殊情境及条件与教师通过外出学习而体会和感受到的优秀教学理念和方法之间的差别，直接影响教师会否（意愿）与能否（能力）将新获得的教育理念和方法运用到真实的课堂教学中。

也就是说，身临其境的外出学习虽然能让学校教师更好地理解具体的教学情境、教学问题及其解决办法等隐性知识，但是隐性知识的另一特点在于其往往是嵌套于具体的教学情境之中的，因此，如何将其迁移并与项目学校教师自身所处的教学环境相融合对于教师而言就是巨大的挑战和难题。

二 "看得见，摸得着"的专家示范课

在 TS 伙伴关系项目中，外部专家团队不仅包括来自大学的研究者、教师教育者（如 EE-Hua、EE-Xiang、EE-Zhan、EE-Lee、EE-Lian、EE-Yang），而且包括多次来学校为教师开展示范课、报告讲座并参与听课议课评课的具有一线教学经验的不同学科的名师（如 EE-Cheung）。专家示范课为教师提供了学习新的教学理念、课堂呈现方式的重要途径。从教师的视角来看，外部专家的示范课传递出以下几种不同的教学法知识：

第一，新颖的教学理念在课堂教学中的实现和呈现。外部专家通过示范课的形式，将其提倡的、要传达给教师的显性的理论性知识（如教学理念）转化为课堂教学活动，并以示范课的形式公开化，直观地呈现出来。

例如，"一课一得"是台湾小学语文名师 EE-Cheung 一直提倡的教学理念，它指的是每一堂语文课应该以重要的知识点为主，而不应该涉及过多的内容。通过几次示范课，EE-Cheung 很好地将"一课一得"的教学理念融入课堂教学，并呈现给学校教师。通过听 EE-Cheung 亲自展示的示范课，S1-CH-Ning、S1-CH-Ying、S3-CH-Lu 能够更好地理解何为"一课一得"，如何在常规的课堂教学活动中体现"一课一得"。同时，通过专家示范课，教师对于诸如"一课一得"等教育理念的接受和认可度也会提升，因为能够实实在在地看到理念在课堂上的运用及其所带来的效果（访谈 S3-CH-Lu，2015）。类似

地，S2 学校的语文教师也分享了他们从专家示范课上看到的好的教育理念是如何在真实的课堂教学情境中实现的。例如、S2-CH-Fan、S2-CH-Wang、S2-CH-Zhen、S2-CH-Zhao 等语文教师都提到，从 EE-Cheung、EE-Lian 等专家所呈现的示范课中，他们看到示范课上师生互动的真实情况（访谈 S2-CH-Zhen，2015）以及师生互动的效果——学生参与度非常高（访谈 S2-CH-Zhao，2014）。这些课堂教学设计、课堂师生互动所蕴含的就是学校教师所理解的"以学生为中心"的课堂教学理念。S3-EN-Huang、S3-EN-TL-Mang 也从 EE-Lee 所展示的示范课上体会到"语用""创设情境"在英语课堂教学中是如何体现的（访谈 S3-EN-Huang，2015）。简言之，诸如"一课一得""以学生为中心"、英语语用等较为抽象和理论化的教学理念，通过专家示范课的形式，转化为教师能够直观地看到的课堂教学过程。

第二，示范课所呈现的知识的重要内容是专家自身的教学风格。诸如教学语言、教态、师生互动等专家个体的教学风格是难以用词藻、概念等书面或口头语言表达出来的，只有通过具体课程的课堂教学活动才能公开化并呈现出来。这也正是专家示范课的重要意义。

例如，S1-CH-Liang 用了"语气""气场""表情""动作"等词语来形容其在 EE-Cheung 示范课上所观察学习到的情况，教师的讲课风格跃然纸上（访谈 S1-CH-Liang，2015）。但是，诸如上课的语气、气场、表情和动作等一方面是极具个体性的特征，是 EE-Cheung 等专家自身带有的教学理念和教学知识等已经内化为交流语言、肢体动作、面部表情的体现，也就是已经"身体化"（embody）的教学知识；另一方面又具备隐性知识的特点，难以用精确的语言描述、形容或表达，教师只能通过参与或者现场观摩才能体验得到。用 S1-CH-Liang 的话说就是"被感染了"（访谈 S1-CH-Liang，2015）。作为新入职的年轻教师，S3-CH-GL-Hao 的感受也是十分有代表性。一方面对于 EE-Cheung 所呈现的示范课，教师们十分喜欢、欣赏和钦佩，对示范课上教师的教学活动等也持认可的立场；但是，年轻的教师如 S3-CH-GL-Hao 反而觉得不知从何学起、不知学点什么（访谈 S3-CH-GL-Hao，2015）。相较于示范课所体现出来的理念或者课堂上运用的有效的教学环节和手段，示范课上所展现出的专家的个人教学风格、魅力往往更能够对教师产生直接的影响乃至冲击，也最能吸引观摩示范课教师的注意力。

第三，在示范课上，外部专家往往会创新性地运用新的教学方法、教学辅助工具、教学环节。包括 S1-CH-Yue、S1-CH-GL-Dong、S1-CH-GL-Zhong、S2-CH-Zhen、S3-EN-TL-Mang、S3-CH-Lu 等在内的 S1、S2、S3 学校的教师都对 EE-Lian、EE-Lee、EE-Cheung 等外部专家在示范课上所展示的教学方法、工具、设计（包括课件设计、学习单、小组合作、思维导图、九宫格、花瓣识字等）印象十分深刻，并从中汲取了新的教学法知识，在自身的课堂上加以尝试和执行。

学习单、课堂上的小组合作、思维导图、课件设计等教学方法被 EE-Lian 和 EE-Cheung 在示范课上以一堂课的形式呈现出来。S1-CH-Chen 在观摩了示范课之后，不仅学习到了如何运用学习单、小组合作，而且在自己的日常教学中也进行了借鉴、尝试和运用，将其融入自己的教学活动之中（访谈 S1-CH-Chen，2015）。类似地，S1-CH-GL-Dong 用"感受"一词来形容其学习何为思维导图、如何运用思维导图的过程（访谈 S1-CH-GL-Dong，2015）。感受，意味着教师作为亲历者或参与者已经参与到外部专家所做的示范课中，只有参与才能够获得外部专家所要传递的教学法知识。S2-CH-Zhen 和 S3-CH-Lu 对于 EE-Cheung 在示范课上运用的"花瓣识字教学法"（或者 S3-CH-Lu 自拟的概念：一字开花）印象深刻，并在一年级语文教学的过程中进行了尝试，取得了不错的课堂效果（访谈 S2-CH-Zhen、S3-CH-Lu，2015）。可见，这些体现在课堂教学过程中的教学法知识同样以"看得见，摸得着"（访谈 S1-VPL-Jiang，2014）的方式呈现给学校教师。

第四，外部专家示范课还会提供新课型，也就是不同于伙伴学校的常规课程。这种"新课型"通常是学校教师很少接触的，或者是不知道如何开展的课程。例如对于 S1 学校的教师而言，尽管绘本教学这一课型或理念早就进入了学校，一些教师在学生活动中也有所运用，但是，在课堂教学中，对如何以绘本的形式进行授课，大部分教师仍然无从下手。而 EE-Cheung 的几节示范课（《两兄弟》《我的爸爸》等）就为教师们展示了如何以绘本的形式进行教学。对于"绘本教学"这一新的课型，大部分语文学科的教师是陌生的，而且没有相应的教材、教学参考、教学标准等作为指南，教师只能通过模仿以及自我探索进行尝试和实践。在 2014 年和 2015 年的田野调查期间，笔者现场参与了 S1 学校 S1-CH-Zhang（2015）和 S3 学校 S3-CH-Guan 两位年轻教师的绘本教学课，她们均在 EE-Cheung 的绘本教学示范课的启发和鼓励下，自发地模仿其教学过程中，开展了这一新课型的探索。

简言之，上述外部专家亲自上阵的示范课，无论是将教学理念（如一课一得、以学生为中心）蕴含于课堂教学过程中，还是上课专家所展现的教学风格（如语气、肢体语言、师生互动）以及运用的新颖的教学法（如学习单、小组合作、思维导图、花瓣识字等），抑或是新的课型（如绘本教学），均是示范课所展现出来的新的教学法知识。它们的一个共同点是隐性的，并嵌套于（Embedded）教学实践之中，难以脱离具体的教学情境和活动而独立存在，而且往往是关于"如何做"（know-how）的知识，而非"是什么"（know-what）的知识。也正因为教学知识的这种特性，外部专家必须借助示范课这种方式，将其呈现出来，实现知识的公开化，这样才能让教师看到、听到、感受并体验到，进而理解和获得相应的知识；而学校教师也并非简单的知识接受者，而是或多或少，或中心式或边缘式地参与到看得见、摸得着的专家示范课的全过程中。

第四章 外部专家与学校教师跨界知识互动

在访谈中,绝大部分教师对于专家示范课都持正面评价的态度。在 S1、S2、S3 学校主抓教学的副校长 S1-VPL-Jiang、S2-VPL-Yun、S3-VPL-Jing 看来,相比于直接的教育理念的灌输或传递,参与专家的示范课,学校教师的收获更多,教师也更愿意听示范课,并从听课中获得相应的教育理念、教育方法等。这可能是因为:第一,一线教师所关注的都是课堂教学的展开,课堂、教学、班级管理、学生等这些元素是教师日常工作的组成部分,也是教师最为熟悉的情境。S1 学校的 S1-CH-Liang,S2 学校的 S2-CH-Wang,S3 学校的 S3-CH-Guan 表达了她们对专家示范课的评价和自己的看法。S1-CH-Liang、S2-CH-Wang、S3-CH-Guan 认为,教师们所需要的是"活生生的""实实在在的一堂课",只有专家以其所倡导的教育理念、所介绍的教育方法真正在"给孩子上的这节课"中体现出来,教师们才能有所收获。理论和实践是有距离的。因为教师们认为,教师的日常工作就是"以教课为主"(访谈 S1-CH-Liang,2015),课堂以及围绕课堂教学的活动才是教师学习新理念新方法的主要场景。特别是对于年轻的、刚入职的教师如 S3-CH-Guan 而言,他们缺乏相应的教学经验,而如何上课是入职前几年亟须解决的问题,因此,观摩专家的示范课的收获更大、更直接(访谈 S3-CH-Guan,2014)。

第二,专家示范课这样的知识互动的具体途径能够更为直观地呈现出专家所具备的个人的教学风格,成为教师模仿的对象,对学校教师带来的影响乃至冲击也更大。例如,S1-CH-Fan 就特别欣赏和认同 EE-Cheung 在示范课上所展示的教学风格,"我看到 EE Choung 教师,我觉得特别亲切……就是那种特别活泼,特别幽默,就是那样一个风格,我就特别认同她那种教学风格。"(访谈 S1-CH-Fan,2015)。S1-CH-Fan 对于 EE-Cheung 的示范课的欣赏在所接受访谈的教师中并非个例,实际上,许多教师都表达了对于 EE-Cheung 教学魅力的喜爱,乃至崇拜。例如,S1-CH-GL-Zhong、S1-CH-Chen 就将自己视作 EE-

Cheung 的粉丝。在喜爱、欣赏、崇拜等个人情绪的影响下，教师更能够接受和模仿外部专家所传递的理念、知识以及教学实践中相应做法。换句话说，专家示范课已经成为学校教师模仿的对象或标杆。

第三，大部分教师认为，专家示范课所呈现的具体的教学方法、教学方式和工具等是实用的，有助于他们直接改进课堂教学。对于S1、S2、S3 学校的大部分教师而言，实用性也是教师们推崇专家示范课的原因之一。实用性也就是"可以拿来就用""在课堂上就能用"的知识（访谈 S1-CH-Ying，2015）。专家的示范课以直观的方式或者说"接地气"（访谈 S1-CH-GL-EE-Huag，2014）的方式，展现了诸如九宫格、花瓣识字等教学方法具体如何在真实的课堂情境中加以运用，因此，也自然获得了教师们的正面评价，S2-CH-Fang 更是马上在自己的课堂上进行了尝试和运用（访谈 S2-CH-Fang，2015）。S3-CH-GL-Cheng 的经历也是相似的，EE-Lian 通过示范课所展现出来的"如何进行阅读策略的指导"（访谈 S3-CH-GL-Cheng，2014），解决了语文教师一直以来的困惑。尽管"阅读策略的指导"这一理念已经被教师所了解，但是，只有通过专家示范课，教师才能够更好地掌握如何在实际教学情境中运用这一教学方法。

第四，专家示范课能直接呈现出某一种教学理念、教学法在课堂教学中的真实效果；教师通过现场参与和亲身感受，体会到真正的效果，才会对所传递的教学理念、教学法等真正信服、接纳并进一步尝试和运用。例如，S1-CH-GL-Dong 阐释了示范课是如何将教学与理论相结合的。示范课是一种活生生的、实打实的课；而大学人员和一线名师所倡导的教学理念必须体现在"给孩子上的这节课"上，因为只有真正上课才能够发现某种理念、方法是否实用、适用（访谈 S1-CH-GL-Dong，2014）。S3-EN-TL-Mang 对于 EE-Hua、EE-Lee 等人在不同活动中所强调的自然拼读法的认识，也是在不断接触、不断吸收和反思的过程中才有更深的认识的。其中，台湾英语教师的现场直观

第四章　外部专家与学校教师跨界知识互动

示范课发挥了重要作用："看得见，摸得着"的示范课让 S3-EN-TL-Mang 真实地感受到"自然拼读法"是非常有用的，而这也让她将更多的注意力投放到对自然拼读法的学习中（访谈 S3-EN-TL-Mang，2015）。年轻的语文教师 S3-CH-Guan 的分享更为直接：EE-Cheung 的示范课征服了教师，课堂上的效果是 EE-Cheung 等外部专家传递教学理念、新的教学方法的最有说服力的依据或证据（访谈 S3-CH-Guan，2014）。这几位教师的经历、改变和观点代表了大部分小学一线教师对于专家示范课的看法。对于学校教师而言，是否认可某一个教育理念和方法以及会不会将其运用于实践中，示范课展现出来的课堂效果以及学生的反馈是最有说服力的。

对于专家示范课的积极意义，大部分教师是认可的；尽管如此，在许多教师看来，外部专家在示范课上所展示的教育理念、教学内容的编排、教学方法、教学环节的设计、师生互动的情况等并不能完全运用于他们自身的课堂之中。最重要的原因在于，身处教学一线的教师十分明白专家示范课与教师常态课之间的区别。专家示范课"都是精心设计，精心准备的"（访谈 S2-CH-Wang，2014），是经过精雕细琢的精品课，也是专家反复多次讲过的。因此，它与教师日常教学中所开展的"常态课"的区别还是十分明显的：常态课的设计不可能面面俱到，也不可能花费那么长的时间进行雕琢、思考和琢磨（访谈 S2-CH-Fan，2014）；另一方面，学校教师的常态课往往需要遵照教材、教参等的固定要求，而且在课堂时间的分配方面，每节课都有需要完成的教学任务和进度安排（访谈 S2 CH Wang，2014）。因此，示范课与常态课还是有许多区别的，也正是因为如此，许多教师的进一步期望是看专家真正的常规课堂："我们想看看人家的课堂是什么样子，就是真正的常规课堂，不是他们经过打磨过的课堂"（访谈 S2-CH-Na，2014）。因为相较于打磨过的示范课，常规课堂与教师的日常教学更贴近、更真实，其教学情境、问题的出现和预期以及解决问题的方法都更容易与普通教师有共通点。这或许是专家示范课需要进一步改进的方向。

三 问题解决型的专题培训

在 TS 伙伴关系项目中，针对教师课堂教学中所出现的问题，外部专家会进行问题解决型的专题培训。这主要反映在英语学科课堂教学的改进上，例如，Phonics 英语语音教学、英语小组合作教学法的应用。

S3 学校的英语教师分享了他们参与 EE-Lee 针对英语教师所做的持续三天的专题培训工作坊的体验。在对英语教师进行专题培训的时候，EE-Lee 引入了新型的英语教学法，包括英语教学过程中课堂的组织、教学环节的设计等，这些都是英语教师以往很少能接触到的，或者说"想过但是没敢做过"（访谈 S3-CH-EN-Ma，2014）的教学方法。从英语教师 S3-CH-EN-Ma 的分享来看，EE-Lee 针对英语课堂教学所做的专题培训，十分直观地将"什么是理想的英语课堂"展现在教师们面前。这开拓了教师的眼界，同时对英语教师产生了影响乃至使其感到震撼，从而影响了他们对于英语教学的认识。在这里，EE-Lee 的专题培训所要传递的知识与单纯的讲座或报告侧重于理念或概念的传输不同。相反，在专题培训中，EE-Lee 无论是通过新网络媒介（如视频等），还是通过自身的演绎、阐释和亲身的示范，都将理想的英语课堂或者英语教学环节的设计、活动的安排、课堂师生互动等学科教学法知识，用教师容易理解的语言呈现出来。

除了好的英语课堂教学应该是什么样的之外，EE-Lee 专题培训的主要内容是引进新的小学英语教学方法：英语语音教学法（English phonics）——自然拼读法和小组合作教学法。根据 S3 学校英语教师的介绍，EE-Lee 的专题培训是第一次向他们展示如何用语音教学法向学生讲解英语语音。

从英语教师 S3-EN-GL-Yu 的论述来看，"自然拼读法"作为一种系统的新的教学方法，与教师之前的教学实践有着相似的地方（访谈S3-EN-GL-Yu，2015）。但是，在 EE-Lee 的专题培训之前，大部分教师并不知道这样一种教学方法可以被冠上"自然拼读法"的名称，而且专题培训让教师能够更加系统地了解"自然拼读法"背后所蕴藏的原理、原则以及具体实施方法。EE-Lee 专题培训所引入的"自然拼读法"逐渐被教师所接受，同时，也成为教师讨论英语语音教学的一个概念或工具。实际上，从对 S3 学校英语教师的访谈来看，不仅是专题培训，还包括课例指导、听课点评、讲座、示范课、校内自身的教研活动、学习资料或读书活动与读书分享会，"自然拼读法"已经成为英语教师提升英语语音教学的一种不可缺少的途径，甚至已经成为教师判断一节课好坏的标准。

更为重要的是，EE-Lee 关于"自然拼读法"等教学法知识的专题培训也对教师如何在课堂教学中具体运用"自然拼读法"、小组合作教学法等进行了充分的介绍和讲解。例如，S3-EN-TL-Mang 就说道："EE-Lee 给我最直接的想法是，我的课该怎么上？我的每个环节该怎么处理？有很多的改变，无论是从想法上，还是从我的实际操作上。"（访谈 S3-EN-TL-Mang，2014）。在针对"自然拼读法"的专题培训方面，EE-Lee 通常以课堂案例、教学环节举例等方式，让英语教师能够更好地理解和掌握"自然拼读法"，以及如何具体将这种新型的英语语音教学方法应用到实践中。从 S3-EN-Lin、S3-EN-Huang 等英语教师的访谈资料来看，当让他们描述"如何理解自然拼读法"或者"如何运用自然拼读法"时，他们都可以很好地进行介绍和谈见解，并列举了课堂上的例子。对于英语教师而言，尽管在课堂上运用自然拼读法仍存在一些实践中的困难，但是，通过专题培训以及后续相关的读书活动、课例指导以及他们自己的实践，他们中的大部分能较好地接受、理解并掌握"自然拼读法"的理念以及具体的运用方式。

这是因为 EE-Lee 的专题培训活动的针对性比较强,"自然拼读法"的引入正好解决了英语教师长期以来对于"如何教授英语语音"的疑惑以及英语课堂教学中所遇到的实际问题,如单纯的机械式操练、课堂师生互动、学生英语口语等。

另一方面,专题培训的内容不是对理念性或原则性知识的讲授,其主要内容仍然与英语教师的课堂教学密切相关。S3-EN-TL-Mang 就分享了其参加 EE-Lee 开展的英语学科教学专题培训的收获:EE-Lee 的专题培训侧重于对教学步骤、教学方法等教学法知识的讲解,这些知识是关于如何做的知识,而非泛泛而谈,或仅仅是一个概念和理念。专题培训让教师知晓如何通过特定的教学方法和步骤(如小组合作法、英语语音教学法等),实现某一种教育理念(访谈 S3-EN-TL-Mang,2014)。对此,英语教师能够更好地理解和掌握,也能够比较容易地在自己的课堂教学中进行尝试、运用,解决了课堂教学中教师们已经遇到或可能遇到的实际问题。

此外,从教师参与的程度来看,作为英语教学学科的专家,EE-Lee 专题培训的目的尽管主要是让教师接触、知晓和掌握新的教学法知识,但是专题培训的活动形式是让教师积极参与其中。S3-EN-Lin 就谈到,在 EE-Lee 的专题培训中,"他还给足自己空间,自己去做示范,给足教师空间,让他们去发挥,让他们去参与"(访谈 S3-EN-Lin,2014)。显然,在专题培训中,EE-Lee 尽管是主讲者或者说是新知识的提供者,但是,通过亲自示范,同时又让参与培训的教师能够更多地参与培训过程中的互动和相应的学习活动,让教师能够更直观、细致地理解新的教学方法。专题培训并非仅仅是外部专家主讲和灌输或者将新的教学方法向教师们演示和呈现,在这个过程中,学校教师也根据在专题培训中所获得的新的想法和做法,进行尝试、实践,并落实为具体的课例。之后,EE-Lee 对该课例进行针对性的点评,并提出相应的修改建议。

许多英语教师还特别希望多接受类似于传授"小组合作教学法""自然拼读法"等教学法内容的专题培训,以及提升英语教师自身的英语能力(包括语音语调方面)的专题培训,而后者针对的则是教师学科内容知识的增长(访谈 S3-EN-Huang,2015)。

简而言之,尽管专题培训持续的时间并不长,但是问题解决型的专题培训能够针对英语学科教师课堂教学中所出现的问题进行相应的讲解和介绍,并且其提供的知识往往是比较具体、可操作的知识,与英语教师的课堂教学紧密相连,容易引发讲者与听者之间的共鸣。因此,对于"自然拼读法"等通过专题培训而传递的教学法知识的掌握而言,S3 学校的英语教师仍需要个体和集体地进行琢磨、研讨和实践(访谈 S3-EN-GL-Yu,2015)。在英语课堂教学方面,EE-Lee 等外部专家开展的问题解决型的专题培训能够与他们的课堂教学更好地契合,也提供了比较具体可操作性的教学法知识,受到了大部分教师的欢迎。这是因为具有问题解决性的专题培训契合了教师专业发展有效模式的部分特点:专题培训致力于解决的是教师真实的教学情境中所面临的实践问题,为教师参与提供机会并鼓励教师进行尝试和运用。[①]

四 "就课说课"的课例指导

在 TS 伙伴关系项目中,课例指导是大学人员及其邀请的学科教学、课程开发等领域的专家对教师课堂教学进行指导的主要方式之一。课例指导的主要活动内容和流程大致如下:(1)由伙伴学校管理人员或学科教研组内部推荐上示范课的教师,这位教师被称作"主讲教师";(2)主讲教师自己备课,并在学科教研组内进行多次"试

---

① H. Borko, J. Jacobs, & K. Koellner, "Contemporary Approaches to Teacher Professional Development," *International Encyclopedia of Education*, 2010, 7: 548–556.

讲—研讨—修正";(3)在某些时候,主讲教师将教案设计通过网络媒介传给大学人员、一线名师等外部专家;(4)外部专家提出修改建议;(5)主讲教师讲课,外部专家现场或通过网络视频听课;(6)结合上课的情况,外部专家进行"就课说课"的点评和指导。

尽管与前述笼统的课后点评的环节相类似,但是从教师的视角来看,课例指导与课后的点评二者的根本不同就在于是否能够就课说课、更接地气,也就是更能够让教师理解、掌握,更贴近教师课堂教学的真实情景。例如,S1-CH-Ning 与 S1-CH-Ying 表达了他们参与"就课说课"课例指导的一些感想和收获,并将其与笼统听课后的点评做比较。

外部专家主导的知识迁移,如笼统的课后点评,更多的是以理论知识为核心,是对教师教学理念和教学方向的指引(访谈 S1-CH-Ying,2015)。与之不同,外部专家与学校教师是围绕具体课例进行交流和研讨的。在这一过程中,尽管外部专家扮演的仍然是建议意见的提供者角色,也就是知识的来源,但是,外部专家必须将抽象的、概括性的理论知识转化为教师能够理解的知识。而在转化的过程中,课例扮演着重要的作用:外部专家需要结合课程来说,他们所要传递的理念和做法要"落实到课",而且提的建议也必须聚焦于如何改进课堂教学过程的细节上,而非泛泛而论(访谈 S1-CH-Ning、S1-CH-Ying,2015)。因为在教师的知识和话语系统中,课例是他们特有的也是熟悉的实践活动,只有"就课论课"才能让教师更好地理解、吸收,也才能增加将知识运用于课堂教学改进的可能性。

那么,大学人员具体是如何以与教师知识基础和教学情境更贴近的方式,指导教师课堂教学改进的呢?作为主讲示范课的教师,S1 学校的语文教师 S1-CH-GL-Dong、S1-CH-Fan 和 S1-CH-GL-Zhong,S2 学校的语文教师 S2-CH-Zhen、S2-CH-Shi、S2-CH-Na 和 S3 学校的英语教师 S3-EN-Lin、S3-EN-TL-Mang 等分享了她们从大学人员"就课

第四章　外部专家与学校教师跨界知识互动

论课"的课例指导中的收获、感受、体悟和理解。

第一，在课例指导过程中，外部专家与学校教师之间的知识互动以课堂教学过程中的相关问题为主，外部专家为教师提供了许多改进课堂教学的建议。外部专家与学校教师围绕课例而开展的共同探讨活动被认为能够促进不同知识类型之间的对话、彼此转化和融合。在课例指导的过程中，教师对于教材的挖掘和理解更加深入（学科知识的增长）、课堂教学活动和教学环节的设计更加完善并了解更多的新教学方法（教学法知识的增长），特别是新的教学方法包括语文学科的主问题设计、小组合作、预习单的使用，英语学科的"自然拼读法"英语教学和小组合作教学等。例如，S1-CH-GL-Dong 分享了在讲授完示范课《为中华之崛起而读书》之后，外部专家 EE-Cheung 如何对其教学内容、过程和环节进行评价并提出建议的。例如，在如何进行教学设计、教学目标方面，EE-Cheung 的意见是区分"小爱"和"大爱"，这一意见是 S1-CH-GL-Dong 之前没有想到的，她也接受和认可这样的意见，认为这样更加明朗、规范和细致（访谈 S1-CH-GL-Dong，2015）。从中可以看出，EE-Cheung 就课论课的课例指导并没有脱离教师的课堂教学，而是完全以 S1-CH-GL-Dong 等教师所展示的教学过程为焦点，并且聚焦于与课堂教学息息相关的各种处理手法，包括如何解读教材，如何设定教学目标，进行教学环节的设计等。

而且通过课例指导，外部专家还能结合教师所展现的真实的课堂提出可操作性的、具体化的建议。S2-CH-Shi、S3-EN-TL-Mang、S3-CH-Lu 等主讲教师分享了他们主讲示范课并获得专家指导的收获：S2-CH-Shi 做了一节语文示范课《生命，生命》，外部专家 EE-Xiang、EE-Hua 在听课之后，从教学内容（也就是教材）的处理、教学环节的设计等方面给出了十分细致而有帮助的建议，例如，如何定性文章的题材，EE-Xiang 认为，该课文应该是"哲理性散文"，这是 S2-CH-Shi 没有认识到的。而 EE-Hua 则提出一个课文讲解的切入点的建议，以此更好地突出文章的主题（访谈 S2-CH-Shi，2015）。S3-EN-TL-Mang 的经历也十分相似，获得了十分细致而具体的操作性建议，让教师们知道如何修订、调整，提升教学效果（访谈 S3-EN-TL-Mang，2015）。正如 S2-CH-Na 和 S3-EN-GL-Yu 所总结的，EE-Hua、EE-Xiang、EE-Zhan、EE-Lee 等外部专家对于教师主讲示范课而形成的课例的具体指导是"十分接地气"（访谈 S2-CH-Na，2014），对于教师教学实践的改善是比较实用的（访谈 S3-EN-GL-Yu，2015）。

值得一提的是，"就课说课"的课例指导不仅能够从教学活动等细节性方面为教师提供有帮助的建议，而且在一些教师看来，与同侪之间的点评仅仅停留在细节的打磨上，专家的课例指导以及提出的建议更加有高度。例如"专业""站在更高的角度"（访谈 S3-CH-Lu，2015）被 S3-CH-Lu 用来形容大学人员等外部专家的作用。从这样的用词中我们可以看到，在教师眼中，外部专家不仅能够提供操作性的方法，而且代表着专业知识的拥有者；相比于 EE-Lee、EE-Xiang 等大学人员所拥有的"理论的高度的语言"（访谈 S3-CH-Lu，2015），教师认为自身是在一线工作的。

第二，主讲教师所展示的课例在备课阶段就得到了外部专家的指导，课例既是在外部专家关于课堂教学方式的具体要求之下呈现的，也是其尝试和实践所吸收的新教学法的过程。通过讲座、报告以及学习资料的引荐等方式，EE-Hua、EE-Lian、EE-Yang 等为教师们介绍了新的教学方法，包括预习单的使用、课堂上如何设计主问题、小组合作如何开展等。S3-CH-GL-Duang 所在的教研组对此进行了讨论和研究，其中年轻教师 S3-CH-Guan 做了一个课例，运用新获得的教学方法（访谈 S3-CH-GL-Duang，2014）。通过课例学习新的教学法知识，在 S1、S2、S3 学校英语和语文教师中的采用是十分普遍的。S3-EN-Lin 在展示课例之前与 EE-Lee 进行了沟通，说明其课例所采用的教学方法：小组合作法。而 S3-EN-Lin 在课后研讨过程中，听取了

EE-Lee 所提出的意见和建议，例如小组合作如何加强导入部分，如何为孩子学习新句型做铺垫等（访谈 S3-EN-Lin，2014）。

第三，在课例指导中外部专家所提的建议与教师教学情境紧密相连，能够让教师反思自身的教学思路、想法和做法，从而为实现教学改进提供可能性。外部专家能够发现教师课堂教学中的不足和问题，通过指出问题，促进教师重新审视其自身的教学设计和内容等，"有很多失误的地方，就是说这个课真是没有最完美，总有它缺憾的地方"（访谈 S1-CH-GL-Dong，2015）。在这里，外部专家不仅是知识的提供者，让教师能够获得别样的教学理念、思路和方法，而且提供了一个"外部的视角"，刺激教师批判性地反思已有的教学理念。外部专家扮演着相当于"诤友"（critical friend）的角色。利德（Reed）和斯托尔（Stoll）认为，学校组织学习和教师个体的学习都需要外部视角来审视其自身的各种教学理念和活动，并提供相应的反馈，以推动理念和行为的改变。[①] 而大学与中小学协作伙伴关系就为学校教师提供了来自于大学人员、一线名师等外部专家看待和理解教学实践中所出现的境况的视角。而且外部专家的课例指导往往是从学生的视角判断课堂上教师教学活动的好坏以及需要改进的地方。如 S2-CH-Fan 所言的"当局者迷，旁观者清"（访谈 S2-CH-Fan，2014），课例指导更能够呈现出教师教学活动中的缺陷和需要改进的方面。更为重要的是，在教师看来，外部专家在课例指导的过程中所提出的建议，往往能够帮助教师超越原有的教学理念和教学模式——特别是当教师的教学活动受到制度化的教材、教参所限的时候（访谈 S2-CH-Na，2014）——外部专家的课例指导有助于教师打破教学活动所受到的限制，从学生的视角反思教学活动的真正意义，而非仅仅是课程执行者。

---

① J. Reed, & L. Stoll, "Promoting Organisational Learning in Schools—the Role of Feedback," In S. Askew (Ed.), *Feedback for Learning* (pp. 127–143), Florence：Routledge, 2000.

五 小结

表4-2 教师参与的知识转化的具体方式在研究个案中的分布

	外出学习	专家示范课	专题培训	课例指导
S1学校 语文教研组/ 校本课程开发	●	●	—	●
S2学校 校本课程开发小组	—	—	—	—
S2学校 语文教研组	●	●	—	●
S3学校 语文教研组	●	●	—	—
S3学校 英语教研组	●	●	●	●

说明:"●"指教师有报告;"—"指教师无报告。

教师参与的知识转化具有以下几个特点:

第一,知识转化的过程往往更加贴近小学教师的课堂教学情境。无论是身临其境的外出学习、专家示范课、问题解决型的专题培训还是具体的课例指导,都围绕教师课堂教学中的具体问题展开,而且活动的形式更加能够被教师所接纳和理解。这里,尽管外部专家仍然是"局外人",但与知识迁移不同的是,外部专家是进入学校情境、教师具体而真实的教学实践情境中展开知识互动的。教师学习并非简单的知识获得的过程,而是在参与教学实践的过程中逐步形成自身对于课程、教学、学生和自身的理解。这是情境学习理论所引申出的对教师学习过程的启发。但如何理解和界定情境是十分重要的。帕特南(Putnam)和博科(Borko)就指出,虽然情境学习将学习理解为参与,但是,这并不意味着教师学习的情境只能被局限在其教学的发生

第四章　外部专家与学校教师跨界知识互动

地——课堂和所处的学校里。相反,对于情境的理解应该持相对宽泛的界定,离开学校所参与的教学活动同样是置身于某一教学情境之中的。① 本书研究所发现的诸如外出学习、专题培训、示范课、课例指导等对教师知识增长的积极作用也佐证了对教师教学情境做宽泛界定这一判断。

第二,从知识的特点来看,在教师参与的知识转化过程里,大学人员等外部专家所传递的知识类型通常是操作性的、隐性的,难以脱离具体的教学情境而被获得、识别和理解。也正是因为如此,大部分受访的教师能够从知识转化的各种具体活动中获得提升,教师能够直接将外部专家传递的知识应用于自身的课堂教学中。隐性知识的特点在于其与具体的情境、实践活动难以分离。卡莱尔就认为,知识的增长往往是经验的积累,也是个体参与实践活动而实现的。对于教师而言,教师自身所具备的知识的一个特点在于其具备操作性知识、隐性知识,教学的知识基础的来源是多样的,其中教师所拥有的、在实践中生成的知识是重要组成部分。② 教师参与的知识转化之所以得以实现,也是因为其与具体的教学情境相结合。

第三,从互动的特点或模式来看,教师参与是知识转化区别于外部专家主导的知识迁移的主要特点。无论是教师主讲课例或参与课例讨论,还是教师参与专家示范课,以及外出学习,教师个体置身于熟悉的实践情境中,对于外部专家所传递的隐性的、操作性的乃至于"身体化"的一系列知识,会更有共鸣和共同的理解。当然,与知识迁移相类似,知识转化的这一互动模式需要借助一定的媒介或边界物件,而从所访谈的教师来看,具体的课例(无论是示范课还是课例指

---

① R. T. Putnam, & H. Borko, "What Do New Views of Knowledge and Thinking Have to Say about Research on Teacher Learning?" *Educational Researcher*, 2000: 4-15.

② N. Verloop, J. Van Driel, & P. Meijer, "Teacher Knowledge and the Knowledge Base of Teaching," *International Journal of Educational Research*, 2001, 35 (5): 441-461.

导活动）是实现知识转化的最佳媒介：从理念性的知识转化为操作性的知识，从外部陌生的知识转化为熟悉的、能够理解的知识，从需要自己琢磨的知识转化为可以直接用的知识。在学校教师之间的学习过程中，尽管身处同样的教学情境之中，但教师之间的知识互动仍然需要中介机制来指代或表示各自的教学理念和教学实践，例如，李特尔（Little）所强调的教师合作学习中教师教学实践如何实现公开化，如何被知晓和被分享的问题。[①] 同样地，外部专家与学校教师的知识互动也面临着如何理解彼此的理念和做法这一问题。这就需要知识转化的介入，也就是将知识以教师可以理解和掌握的方式呈现出来，促进隐性知识的传播和分享。

第四，从教师对于知识转化的上述四种方式的态度来看，知识转化过程更能够让教师对某一种教学理念、教学方法予以信服，并更容易让其了解、理解和掌握如何在真实的课堂教学情境中运用新的知识。与知识迁移对教师主动学习所提出的较高要求和挑战不同，知识转化过程对于教师的理解、运用和反思，并与其已有的知识体系相融合的难度较低。教师自身无须承担知识转化的任务，就能够直观地掌握大学人员等外部专家所传递的知识。在教师们看来，与具体的教学情境相脱离的知识，对于教师改变教学理念、改进教学行为的帮助甚微。显然，教师更关心的是知识的实用性，也就是外部专家所介绍的知识能否用于自身的教学情境，帮助其解决教学问题。

第三节　合作探究导向的知识变革

与知识迁移与知识转化这两种跨越组织内部或组织之间边界的知

---

① J. W. Little, "Locating Learning in Teachers' Communities of Practice: Opening up Problems of Analysis in Records of Everyday Work," *Teaching and Teacher Education*, 2002, 18 (8): 917–946.

识互动过程不同，知识变革的存在价值在于认识到：一方面知识互动的参与者改变自身已有的理念、信念、做法和实践是十分困难的，另一方面，既有的知识并不一定能解决新的合作情境中所出现的新问题。因此，区别于简单的迁移或间接的转化，知识变革的特点在于合作双方通过协商、探究而生产出新的知识，"改变原有的知识，创造新的知识，并在自己部门和各个部门之间对其进行验证"[①]。在TS伙伴关系项目中，合作探究导向的知识变革的发生相对较少，只有在两种情境中有所体现：一是外部专家与学校教师共同备课和研讨；二是两者围绕学校特色课堂理念建设进行研讨。

一 外部专家与学校教师共同备课和研讨

外部专家与学校教师共同备课的情形并不多见。在访谈的语文教师中，只有少数的几位教师（如S1-CH-GL-Zhong、S2-CH-Wang、S2-CH-Fan、S3-CH-Guan）在主讲示范课之前，与外部专家进行了较为深入的交流，讨论课堂教学如何开展，包括设定教学目标、教学环节的设计、新的教学方法和工具的运用等。作为主讲示范课的教师，S1-CH-GL-Zhong分享了她在与EE-Zhan共同讨论课例过程中的收获和体会，而S3-CH-Guan也分享了她与EE-Hua如何在原来课程的基础上拓展出新的教学内容。

在S1-CH-GL-Zhong与EE-Zhan共同备课的过程中，他们会互相讨论如何更好地开展课程教学，通常针对的是具体的课例。例如，S1-CH-GL-Zhong就提到，在讨论的过程中，"有时候我们会在一起碰撞出一些，嗯，比较好的，教学生的方法"（访谈S1-CH-GL-Zhong，2014）。"碰撞"意味着EE-Zhan与教师，特别是主讲示范课的教师

---

① P. R. Carlile, "A Pragmatic View of Knowledge and Boundaries: Boundary Objects in New Product Development," *Organization Science*, 2002, 13 (4): 442 – 455.

之间的互动范围和深度更进一步。另外，在与 EE-Zhan 进行讨论、备课的过程中，EE-Zhan 对教学目标的重视和强调也影响了 S1-CH-GL-Zhong 对课堂教学的理解，以及具体教学环节的设计。教师往往会忽视教学目标，而依赖教学参考书（教参）对教学目标的论述，自身很少考虑如何将教参上的教学目标转化为课堂上想要实现并且可以实现的目标（访谈 S1-CH-GL-Zhong，2014）。类似的情况也发生在 S3-CH-Guan 身上。S3-CH-Guan 在与 EE-Hua 共同备课的过程中，由于原定的课程已经进行完毕，要在原本的课时基础之上进行拓展，而这一情况对于学校教师而言，是没有碰到过的。"EE-Hua 教师当时用了整整一下午的时间在磨这个课（《冰心》），说我们是不是可以开启一个新的思路，去把它拓展"（访谈 S3-CH-Guan，2014）。因此，如何拓展所谓"第三课时"就成为教师和外部专家要共同解决的问题。可见，在与 EE-Hua、EE-Zhan 等专家共同备课的过程中，教师往往被迫跳出以往所习惯的备课思路、教学习惯，并突破以往教材和教参的限制，开始尝试加入自身的理解、想法和设计。

在共同备课的过程中，外部专家与学校教师之间必须进行真正的合作，针对教学实践问题尝试通过探究提出解决的办法。对于教学目标的设定，EE-Zhan 在备课的过程中，并不倾向于针对具体的课例提出具体的课堂目标，而往往是向教师传递"何谓教学目标""如何设定教学目标"等概念和方法（访谈 EE-Zhan，2014），并鼓励教师提出自己的理解和看法，通过这样的讨论和碰撞，以及不同知识的融合——大学人员对教学目标的认识与教师对具体课例的把握，来解决问题，并生成新的知识，即 S1-CH-GL-Zhong 所讲的课程的教学目标如何设定。值得注意的是，外部专家与教师共同备课，并非"一对一"的交流形式，基本上是所有的学校语文教师参与的大规模的讨论，还包括校长等学校领导。对于 S1-CH-GL-Zhong 等讲课的教师而言，他们更能够得到外部专家所提供的意见、建议，并将其运用到具体课例的教学设计之中。毕竟,课例给教师提供了一个解决问题并实现知识融合和生成的载体。但是,对于另外的非主讲的教师而言,参与这样大型的共同备课,似乎并不能推动外部专家与教师进行更深层次的互动,也就难以达到合作探究的效果。S1-CH-GL-Dong 在共同备课中,就仍然期待或者依赖大学人员能够具体地说出教学目标是什么,甚至因为外部专家没有具体说明如何做而感到不满(访谈 S1-CH-GL-Dong,2015)。相反,自己主动学习,并积极地将自身的想法、做法与外部专家所提出的理念和做法相融合,这样的意识仍然没有被唤醒。

在 S2 学校,外部专家与学校教师共同备课和研讨主要体现在语文学科教学方面,而课程开发小组则没有描述过与外部专家共同备课的过程。S2 学校大部分受访语文教师都对 EE-Hua 在 S2-CH-Fan、S2-CH-Wang 所做的课例《画阳桃》中所起的作用印象深刻,特别是 EE-Hua 向 S2-CH-Fan、S2-CH-Wang 两位教师提出了"协同教学"这一新的课堂教学方式。

从 S2-CH-Wang 和 S2-CH-Fan 所介绍的与大学人员共同备课和研讨的过程来看,有几点是值得关注的。第一,在两位教师设计课例之前,EE-Hua 对教师的教案及其所呈现的教学设计提出了意见,包括如何运用主问题设计、小组合作等教学方法。这两位教师对建议进行了吸收,并落实在课例之中(访谈 S2-CH-Fan、S2-CH-Wang,2015)。这与 S1 学校的 S1-CH-GL-Zhong 在做课之前没有获得大学人员的指导是不一样的。第二,EE-Hua 对两位教师的课例提出了修改意见,并基于两位教师上课的情况,迸发出一个新的想法,使这两位教师可以实现优势互补(访谈 S2-CH-Fan,2014),提出了一种教师未曾接触和了解过的课堂教学方式:协同教学,也就是让两位教师共同备课、同上一节课。第三,由于 S2 学校管理人员(如校长、副校长)以及普通教师均没有接触过协同教学方法,EE-Hua 和两位教师以及其他语文教研组的教师进行了共同备课，主要是解决了课堂教学中两位教师的分工和合作问题（访谈 S2-CH-Wang，2014）。在共同备课的过程中，EE-Hua 结合具体的课例——《画杨桃》——阐释了如何开展协同教学的过程。在这之后，两位教师进行合作备课，并再一次进行课例教学，之后又听取了 EE-Hua 针对协同教学的建议。

通过共同备课、研讨以及多次听课、改进、实践，再听课、再改进的循环，EE-Hua 和两位主讲教师 S2-CH-Wang、S2-CH-Fan 共同展示了如何合作开展"协同教学"。但是，S2-CH-Wang、S2-CH-Fan 认为，协同教学这样的教学模式难以变成学校的常态教学模式，这是因为教师教学任务和负担重，不可能有那么多的时间来进行研讨和备课，而且两位教师都有固定的上课班级，没有足够的师资来进行合作教学（访谈 S2-CH-Wang、S2-CH-Fan，2014）。尽管如此，参与共同备课、听课和研讨的语文教师对协同教学这一方式表现出很大的兴趣：不仅扩展了教师的教学思路，而且解决了教师教学实践问题，是非常实用的（访谈 S2-CH-Zhen，2014）。对于教师而言，协同教学是一个陌生的教学方式，包括 S2 学校的校长也惊讶道：课还可以这么上！（访谈 S2-CH-Wang，2014）这种教学方式能够减轻教师课堂教学注意力分配的问题，特别是在运用小组合作教学的过程中，两位教师分工合作，能够更好地兼顾大班容量所带来的问题。简言之，协同教学打开了 S2 学校语文教师的新思路，也为以后可能的尝试和运用打下了基础。

尽管协同教学这一方式是由 EE-Hua 带入 S2 学校中的，但是，触发 EE-Hua 提出这一想法的原因还是源自他对两位主讲教师所做课例的观察；更为重要的是，如何呈现协同教学或者如何让协同教学这样一种教学方式在具体的课例中执行仍需要依靠教师的研讨、实践、反思和改进。从学校教师十分陌生的"协同教学"这一新的课堂教学模式的提出、阐释、运用的全过程来看，大学人员与学校教师之间讨

第四章　外部专家与学校教师跨界知识互动

论、互动和交流的频率明显比一次性的课后点评以及课例指导相对要高。而且两者互动所涉及的内容也更加贴近课堂教学实际，彼此都提出了新的想法，采取了新的做法，并不断进行着调整和改进。正如另外一个经常主讲示范课并与 EE-Hua 有着多次交流和互动的语文教师 S2-CH-Na 所言："EE-Hua 教师来了以后，对我们几位授课教师分别说了各自的特点，两个课可以融合到一起，怎么讲更好，然后我们可以再接着讲。不光是一次的同课异构，有可能在你讲完了以后还有二次、三次。这样的话，每一次都有记录，每一次都有跟踪，我们提高得就会特别快"（访谈 S2-CH-Na，2014）。要实现合作探究导向的知识变革，推动外部专家与教师的知识互动，其中一个重要条件或许在于：加大教师与大学人员的交流和互动的频率和深度，同时，为双方提供可以交流、合作、探讨的议题。

就外部专家与学校教师共同备课而言，除了上面提到的 S1 学校的语文教师（如 S1-CH-GL-Zhong）和 S2 学校的语文教师（如 S2-CH-Wang、S2-CH-Fan）所参与的集体的（一对多，一位大学人员与多位教师参与）、较为正式的（学校管理层面安排的）共同备课和研讨之外，在非正式场合，少数教师也会积极与大学人员、一线名师等外部专家进行一对一的交流、研讨。这既可以是面对面的交流，也可以依赖邮件、网络视频、社交软件等媒介。典型的就是 S3 学校的年轻的英语教师 S3-EN-Lin 的学习经历，特别是在尝试运用新的课型、教学方法——英语绘本教学的过程中，她与 EE-Zhan、EE-Lee 的互动。

在尝试将绘本教学运用于英语课堂的过程中，在这样一种自己从未尝试过、其他教师也没有经验可供借鉴的情况下，S3-EN-Lin 只能依靠自己不断摸索、试讲、反思并找出问题、解决问题，来掌握如何运用绘本教学方法。S3-EN-Lin 主动寻求 EE-Zhan 和 EE-Lee 等专家的帮助，来解决自己在实践过程中所遇到的问题，澄清困惑。更为重要的是，S3-EN-Lin 与 EE-Zhan、EE-Lee 等专家的交流并非一次、两次的互动，他们往往围绕一个有关教学的实际问题经过多次的、来回的讨论（访谈 S3-EN-Lin，2015）。这一点也得到 EE-Zhan 的证实："在与 S3-EN-Lin 每次交流完之后，她都会发一些自我的反思和想法给我，我也会把自己的想法跟她做交流"（访谈 EE-Zhan，2015）。通过这样频繁的互动和交流，EE-Zhan、EE-Lee 不仅能够为 S3-EN-Lin 的尝试、反思提供一些方向上的指引，例如提高学生参与度，也提供了课堂教学材料、环节设计和活动等的细节性建议，例如教学课件的改进。另外，除了知识的互动外，S3-EN-Lin 与 EE-Zhan、EE-Lee 就新的课型和教学方法的互动，也对增加她的自信心有着积极影响，"之所以跟 EE-Zhan 教师有那么密切的联系，是因为现在这个真的是新的……这个对大家来说就是很难操作的，之前不敢尝试的，现在敢做这些了"（访谈 S3-EN-Lin，2015）。通过与大学人员一对一的交流，S3-EN-Lin 与他们保持了密切的联系，而这种联系不单单对于 S3-EN-Lin 解决实际问题有帮助，而且能够为她提供坚实的后盾和支持来尝试运用新的教学理念和方法。

简言之，无论是外部专家与学校教师在传统的教研活动模式下（即听课、备课、议课）围绕具体的小学学科课堂教学和课例进行共同研讨，还是部分教师积极主动地与外部专家进行一对一的非正式交流，其共同点都在于：学校教师和外部专家面对仅仅依赖自身知识难以解决的问题，必须依靠合作探究来形成新的教育理念和课堂教学方法。就课堂教学的传统模式而言，学校教师可以通过向有经验的教师请教和模仿而习得相应的教学方法。但是，在 TS 伙伴关系项目中，在大学人员的推动下，教师可能会面临一些未曾遇见的问题和情境，或者新的教学理念、课型和教学法的运用问题。而外部专家也不能简单地直接提供解决问题的方式和对策。在这一情境下，只有通过持续不断的共同讨论、交流，才能够解决问题。

共同备课和研讨的前提条件是大学人员与学校教师之间交流互动

的时间较长、聚焦问题。许多学校管理人员（如 S1-VPL-Jiang、S3-PL-Sing 等）和各个学科的学校教师（如 S1-CH-Ning、S3-CH-GL-Cheng、S3-CH-GL-Duang 等）都表达了这样一种期待，S3-CH-GL-Cheng 就说道："我觉得应该是阶段性的，你认为我这一课讲得不好，我修正，然后我改，或者我再备一课，然后再听。再一次反复，是不是会有所提升呢？我觉得理念有一个吸收的过程，还有一个慢慢转化的过程。"（访谈 S3-CH-GL-Cheng，2014）。S3-CH-GL-Cheng 对大学人员等外部专家的期待，以及对自身学习新的教学理念和方法过程的反思，一方面反映了教师从了解、理解、掌握再到真正实施一项新的理念和教学法这一过程可能会遇到诸多的问题和挑战，另一方面也表明外部专家与学校教师共同研讨、随时请教是促进教师学习的重要手段。

二　围绕学校特色课堂理念建设的研讨

协助伙伴学校的行政人员和教师对学校自身的特色、学校特色课堂理念、教风、学风等进行系统性的梳理和重新定位是 TS 伙伴关系项目的重要内容。围绕学校特色课堂理念的重新梳理和建设，大学人员、学校行政人员与教师通过多次研讨，解决确定学校特色课堂理念及其具体组成部分这一过程中所遇到的问题。学校特色课堂理念的建立也进一步影响着教师教育理念、课程开发和课堂教学活动。

S1、S2 学校的领导和教师就与 EE-Hua、EE-Zhan 围绕如何更好地总结学校的特色课堂理念进行了多次的集体研究和讨论。从 S1-VPL-Jiang 和 S2-VPL-Yun 对围绕学校特色课堂理念建设的共同研讨过程的论述来看，共同研讨的主要目的并非从实践的角度提升课堂教学活动，而更多的是结合各个学校的历史发展脉络、学校已有的课程和教学实践、学校未来的定位和发展方向，确定概念性的学校特色课堂理念，并将其落实到词汇、概念、句子等文字表达上；将学校的特色文化、办学理念等以更系统的方式进行总结（访谈 S2-VPL-Yun，2015）。可见，不熟悉学校情况的大学人员是难以在一时之间提出合适意见的，而学校领导和教师可能囿于经验，并不擅长以概念或理论的视角总结以往的经验，如 S1-VPL-Jiang 所说的"给以往的做法一个名字"或"理论支撑"（访谈 S1-VPL-Jiang，2015）。因此，需要拥有不同知识的双方进行深入互动，以此创造新的学校特色课堂理念，例如，S1 学校的幸福教育理念，S2 学校的军旅文化、领军教育、生动课堂理念。

更为重要的是，S1、S2 学校的特色理念、办学理念、办学目标和校训等的界定以及对这些定义的进一步阐释，并不是大学人员等外部专家、学校领导和教师单独提出来并进行推广的。"幸福教育""军旅文化""领军教育""生动课堂"等学校特色课堂理念以及对此的理解是通过大学人员、学校领导、学校教师（特别是骨干教师）乃至教育局的行政人员（如 EB-Xia、EE-Hong）不断面对面地讨论，将之落实到文字上，再讨论、修改，最终定型为文本的。S1、S2 学校的许多教师谈到了他们参与制定学校特色课堂理念的过程和感受："我们碰撞了好多次……我们发言特别激烈"（访谈 S1-CH-Rui，2015）。而且，由于学校特色课堂理念的建设属于学校整个组织层面的活动，参加共同讨论的教师的分布也不局限于语文或某一个学科，而是"全校教师参加"（访谈 S1-CH-Rui，2015），跨越了学科、年级的界限。当然，正如 S1-CH-Rui 和 S1-CH-Ning 所言，在参与者中，年级教研组长以及学校的骨干教师参与学校特色课堂理念讨论的次数比较多，参与程度相对而言更为深入。另外，在共同讨论学校特色课堂理念的过程中，教师能够有机会表达自己的想法和意见，发出自己的声音。例如，S1-CH-Ning、S1-CH-Ying、S1-CH-Liang 等都表达了自己对"理想的学校"的想法，"你心目中的理想学校是什么样的，这个印象挺深刻的"（访谈 S1-CH-Liang，2015），或者对学校发展未来取

第四章　外部专家与学校教师跨界知识互动

向的愿景设定等。而教师们所表达的看法也被融入学校特色课堂理念之中，从而提高教师对理念的理解和接受的程度。

S2 学校特色课堂理念，即"生动课堂"的提出，也是一线教师与大学人员在互动交流过程中生成的。例如，S2-CH-Shi 谈到 EE-Hua 是如何协助教师们思考以及提出"生动课堂"这样一个理念的。小组合作、主问题设计等课堂教学方法和环节的设计是在 TS 伙伴关系项目启动之后，随着外部专家通过各种类型的学习活动，而被 S1、S2、S3 三所学校的语文、数学和英语教师所熟知，并被尝试性地运用到其常规的课堂教学之中的。S2-CH-Shi 也不例外。尤为可贵的是，S2-CH-Shi 将自己尝试运用新的教学方法的感受、思考，与 EE-Hua 做了分享和交流。"一边思考着，一边在教室里巡视，他们也在看，发现这些孩子们都在动，他动，并不是说他做小动作，而是他的手在动，他的脑在动，他的思想在动，我就觉得合适的真正的课堂就应该让学生动起来，有效的课堂应让学生动起来，只有这样，他才能够有发展"（访谈 S2-CH-Shi，2015）。正是这样的分享，触发了 S2 学校独特的课堂教学理念——生动课堂——的提出，而且对这一理念的阐释，不仅仅是 EE-Hua 等大学人员、外部专家的排他性的权利，相反，诸如 S2-CH-Shi 等教师也加入了对于这一理念的阐释之中。

实际上，S1、S2、S3 学校都在外部专家的指导下提出了自身的课堂理念（S1 学校的幸福教育、S2 学校的领军教育与生动课堂、S3 学校的思维课堂），并且将这一理念落实到文字上，成为学校教师学习的材料。其中，S2 学校的做法最为典型，将生动课堂这一理念的阐释与教案设计相结合，成为学校每位教师教案本上的指南，督促学校教师在课堂设计、备课、教案撰写的过程中，必须谨记生动课堂理念。这也正是 S2 学校副校长 S2-VPL-Yun 所说的"让理念进课堂"（访谈 S2-VPL-Yun，2015）。

简而言之，围绕学校特色课堂理念建设，外部专家、教育局人员、学校领导和教师进行了深入的讨论，特别是教师作为学校主体的参与，使得学校特色课堂理念是通过对话、沟通、碰撞等过程得以确立的。正如 S1 学校校长 S1-PL-Chao 所形容的，学校特色课堂理念是"集体智慧的结果"（访谈 S1-PL-Chao，2014），由此，逐步完善对学校特色课堂理念的认识，并将其落实为对学校特色课堂理念的表述和阐释文字。

三 小结

合作探究导向的知识变革过程相比于知识转化、知识迁移这两个过程而言较不明显，具有以下几个特点：

首先，从知识的特点来看，外部专家与学校教师的合作探究所建构或生产出来的知识，既可以体现为概念式或文本式的组织层面的知识，如学校特色课堂理念建设，也可以内化为教师个体或小组的课堂教学实践知识，如针对课例所展现出来的问题而进行的共同的备课和研讨。围绕具体的课例，外部专家与学校教师进行共同备课和研讨，以此扩展教师的教学思路，尝试提出解决问题的新方法，并共同探索更好的教学实践。合作探究导向的知识变革以教师具体的课例为研讨对象，被视作重要的合作方式，如胡定荣与北京某初中学校的合作，就以课程为例，与学校教师共同探究解决教师所面临的实践问题，以此推动教师的专业发展。[①] 类似地，徐碧美等人的研究也发现，围绕具体课例的合作探究，能够帮助教师解决其面临的矛盾和冲突，例如，与教师共同分析学生作业，找到满足学生多样化需求的方法等。[②]

[①] 胡定荣：《薄弱学校的教学改进：大学与中学的合作研究》，教育科学出版社 2013 年版。

[②] A. B. Tsui, & D. Y. Law, "Learning as Boundary-crossing in School-university Partnership," *Teaching and Teacher Education*, 2007, 23 (8): 1289 – 1301.

第四章　外部专家与学校教师跨界知识互动

表4-3　合作探究导向的知识变革的具体方式在研究个案中的分布

	外部专家与教师共同备课和研讨	围绕学校特色课堂理念建设的研讨
S1学校语文教研组/校本课程开发	●	●
S2学校校本课程开发小组	—	—
S2学校语文教研组	●	●
S3学校语文教研组	●	—
S3学校英语教研组	●	—

说明："●"指教师有报告；"—"指教师无报告。

其次，从双方参与人员的互动模式来看，合作探究得以实现的一个重要前提就在于外部专家、学校教师针对具体课例而开展的多次备课、试讲、点评意见和再备课这样的循环。无论是相对制度化或正式化的交流方式（如教研活动），还是教师个体与大学人员非正式的交流，双方的互动频率更高，所涉及的互动内容更深刻，更加深入教师课堂教学或学校特色课堂理念建设的实际问题中。此外，教师对于合作探究导向的知识变革所持的态度是十分积极的。尽管受到具体的条件所限，合作探究导向的知识变革的发生在TS伙伴关系项目的开展中并不多见，也没有常态化，但是，学校管理者、普通教师等所期待和盼望的正是与大学人员等外部专家进行更频繁、更常态化的交流和互动。因为在这一合作探究的过程中，教师一方面能够感受到来自大学人员等外部专家的支持和协助，另一方面也能够解决课堂教学、理念建设、课程开发等活动所面临的实际问题。知识互动的持久性对于教师获得新知识十分重要。正如休伯曼（Huberman）所指出的，为了消除研究者与学校教师之间的不信任，特别是，对于研究知识和理论知识的不信服，"持续性的互动"（sustained interactivity）是双方共同构建新知识的必要条件。①

第四节 本章小结

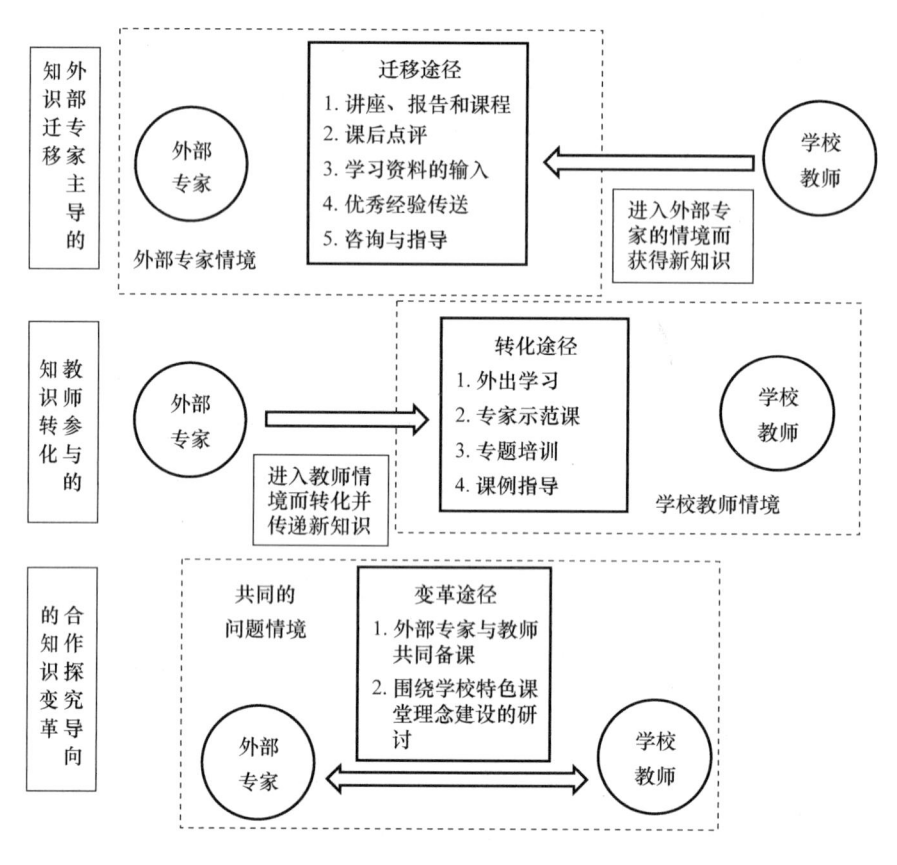

图 4-1 外部专家与学校教师跨界知识互动

---

① M. Huberman (1999), "The Mind is Its Own Place: The Influence of Sustained Interactivity with Practitioners on Educational Researchers," *Harvard Educational Review*, 69 (3): 289-320.

第四章　外部专家与学校教师跨界知识互动

本章以卡莱尔跨越边界知识互动模式——知识迁移、知识转化、知识变革——为框架，对 TS 伙伴关系项目中外部专家如何与学校教师进行知识互动进行了分析（见图 4－1）。研究发现，不同的知识互动模式所发生的具体情境、实现途径、知识类型以及对教师知识增长的影响呈现出不同特点。外部专家与教师跨越边界的知识互动所呈现出的特点的影响因素将在第七章进行更为深入的讨论。

其一，在知识迁移的模式中，外部专家占据着主导的位置，通过讲座、报告和课程类的学习活动、课后点评、学习资料的引荐、先进经验的输入以及相关的咨询活动，将编码化的显性知识（如教育理念、教育原则、教学方法、课程开发理念等）传递给学校教师。在卡莱尔的框架中，来自不同组织或共同体的个体之间要实现知识的互动，互动双方应该有共同的辞典——也就是共同的知识基础——才能够互相理解、掌握所传递的知识。[1] 但是，由于外部专家（特别是来自大学的研究者、教师教育者）与学校教师在所拥有的知识类型上存在着差异：前者以理论性知识为主，后者则以操作性和实践性知识为主；[2] 教师在理解、掌握和运用外部专家所输入的理念性知识的时候遇到许多困难。换句话说，在外部专家与学校教师之间的知识迁移过程中，并不存在知识转化的机制；外部专家承担的是知识搬运工或输入者的角色，而非知识转化者的角色，外部专家并没有将更多地体现为概念、原则、理念等理论性的知识与教师所处的教学情境相融合，没有将其转化为教师能够理解的知识。这里蕴含的假设是：教师学习过程，是教师获得外部专家的外来知识的过程，而知识则是可以通过脱离教师教学情境而直接传输的。在这一情境下，教师需要努力进入

---

[1] P. R. Carlile, "Transferring, Translating, and Transforming: An Integrative Framework for Managing Knowledge across Boundaries," *Organization Science*, 2004, 15 (5): 555–568.

[2] N. Verloop, J. Van Driel, & P. Meijer, "Teacher Knowledge and the Knowledge Base of Teaching," *International Journal of Educational Research*, 2001, 35 (5): 441–461.

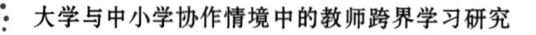

原先自己并不熟悉的外部专家的知识体系，努力理解外部专家所迁移的新知识，而非相反。因此，在外部专家主导的知识迁移里，学校教师需要发挥自身作为能动者主动学习的意识，依靠自身的反思、尝试和实践新的教学理念和方法，进而改变自身的教学理念和行为。[1]

其二，跨越组织边界实现知识转化，其前提假设在于：知识难以脱离具体的实践情境而被传递，知识是附着于具体的情境和实践活动之上的。因此，教师隐性知识的获得必须在具体的教学情境中，并针对特定的教学问题，通过对新教学理念和方法的实践，进而转化为自身的教学经验。在TS伙伴关系项目中，在外出学习、专家示范课、专题培训和课例指导等学习活动中，外部专家可以将想要传递给教师的新的教学理念、教学方法以及解决问题的建议，与教师所处的教学环境相结合，并以教师能够理解和掌握的方式传递出来。鉴于学校教师对于大学研究者的研究成果一直以来所持的不信任态度——认为其毫无帮助，大卫·哈格里夫斯就提出，研究者应该以更加积极的态度，进入教师真实的教学情境之中，与教师就具体的教学问题开展专业对话。[2] 为了跨越大学研究者与一线教师之间因为知识类型的不同而形成的隔阂，来自大学的研究者应将研究所获得的知识以更加贴近教师教学情境的方式与教师分享，而具体的课例通常被视作知识转化所借助的重要工具。本书研究所发现的教师参与的知识转化的过程，其实质也是如此：外部专家将新知识转化为与教师所处的教学情境相吻合的、与教师知识基础相似的知识，以此跨越两者因为知识基础的不同而形成的知识边界。与知识迁移过程对于教师主动学习的高要求不同，教师参与的知识转化反而因为外部专家承担了知识转化者的角

---

[1] D. Clarke, & H. Hollingsworth, "Elaborating a Model of Teacher Professional Growth," *Teaching and Teacher Education*, 2002, 18 (8): 947–967.

[2] D. H. Hargreaves, "The Knowledge-creating School," *British Journal of Educational Studies*, 1999, 47 (2): 122–144.

第四章　外部专家与学校教师跨界知识互动

色，所以能够减轻教师对于新知识的理解、掌握和运用的阻碍和难度。①

其三，合作探究导向的知识变革主要发生在外部专家与教师在面对共同的问题情境中如何找到新的或更好的解决方法，也就是创建新知识的过程里。透过知识边界，外部专家与学校教师进行合作探究，从而形成新的知识，其本质在于将教师学习视作除了知识的获得与通过参与而累积的经验之外的新知识创建过程。② 卡莱尔对于跨越边界而实现的知识变革过程的理解，实际上也是对新知识创建的强调。③ 在合作探究导向的知识变革过程中，新知识不仅是具有显性特点的对于学校特色课堂理念的阐释，也包含诸如教师对于具体课例与教学方法的运用、教学环节处理的隐性知识。科克伦—斯密斯（Cochran-Smith）和莱特（Lytle）就谈到，教师学习应该采取探究立场（inquiry as stance），教师在集体合作探究中所获得的不局限于正式的显性知识，也非实践性或操作性的隐性知识，而是从教师所处的学校环境、教学情境以及具体教学问题中生成的地方化的知识：它是同侪教师可以共同理解的知识，但又有一定的边界，因而只存在于有着共同经验或经历的教师之间。④ 在推崇和提倡教师探究学习的同时，外部专家——特别是具有研究知识基础的大学研究者——的作用也不可忽视。

---

① T. Fenwick, "Organisational Learning in the 'Knots' Discursive Capacities Emerging in a School-university Collaboration," *Journal of Educational Administration*, 2007, 45 (2): 138 – 153.

② S. Paavola, L. Lipponen, & K. Hakkarainen, "Models of Innovative Knowledge Communities and Three Metaphors of Learning," *Review of Educational Research*, 2004, 74 (4): 557 – 576.

③ P. R. Carlile, & E. S. Rebentisch, "Into the Black Box: The Knowledge Transformation Cycle," *Management Science*, 2003, 49 (9): 1180 – 1195.

④ M. Cochran-Smith, & S. L. Lytle, "Relationships of Knowledge and Practice: Teacher Learning in Communities," *Review of Research in Education*, 1999: 249 – 305.

第五章　教师跨界学习

在组织知识创建理论中，野中郁次郎和竹内弘高在区分了隐性知识与显性知识的基础上，结合不同的知识转换过程，又更为深入地将隐性知识与显性知识进行了细分：一是因知识社会化而形成的组织成员集体的共感知识（隐性知识）；二是因知识外部化而形成的小组层面的概念性知识（显性知识）；三是因知识联结而形成的组织层面的系统性知识（显性知识）；四是因知识内化而形成的操作性知识（隐性知识）。借此分析框架，本章希望回答如下研究问题：在协作关系情境中，外部新知识如何在教师个体、小组和学校三个层面被获得？教师在个体、小组和学校组织这三个不同层面的学习过程之间如何实现转换？具体而言，五个研究个案（即 S1 学校语文教研组/校本课程开发小组、S2 学校校本课程开发小组、S2 学校语文教研组、S3 学校语文教研组、S3 学校英语教研组）的教师学习过程呈现出以下四种模式。

第一节　S1 学校语文教研组/校本课程开发小组的学习过程：自上而下的单向演化

一　知识联结：校本课程和教材框架的设定

在组织学习过程中，知识联结（显性知识转化为显性知识）通常是通过对显性知识的重新配置而实现的，知识联结促进了系统性知识在组织层面的创建，是显性知识转化为显性知识的过程。S1 学校行政人员、语文教研组教师在开发和实施具有 S1 学校特色的校本课程"阳光读写课"的过程中，获得了来自外部专家的专门指导，逐渐修改了"阳光读写课"校本教材的框架，增添了许多新的内容，包括言语综合实践活动课、情意体验、本土文化等。学校组织层面最终形成了进一步指导语文教研组教师编写校本教材、执行"阳光读写课"校本课程的框架和原则性要求。S1 学校的"阳光读写课"校本教材框架的设定具有以下两个特征。

（一）整合外部专家输入的外部知识

在 2013 年加入 TS 伙伴关系项目之前，校本课程"阳光读写课"就已经是 S1 学校的特色。加入 TS 伙伴关系项目之后，如何提升和拓展"阳光读写课"而令其"更加系统化，提升到理论高度"（访谈 S1-VPL，2014），成为外部专家与学校行政人员和教师的重要目标。在外部专家的指导下，"阳光读写课"的教材编写框架经过了多次的修订，前后历经了五个版本（访谈 S1-TO-MA-Huan，2015），这些修订版本基本上遵循了 EE-Hua、EE-Qian 提出的建议和修改的方向：

其一，"阳光读写课"校本教材的部分内容从低、中、高年级段分别被设定为"绘本日记"或"拼音日记""观察日记""体验日记"。在参与 TS 伙伴关系项目之前，"拼音日记"和"绘本日记"的形式已经被 S1 学校语文教师运用在"阳光读写课"这一校本课程之中。S1 学校根据 EE-Hua 的建议为中年级段和高年级段的学生增加了"观察日记"和"体验日记"等内容。基于 S1 学校已有的"拼音日记""绘本日记"等学生写作训练形式，EE-Hua 关于增加观察和体验两种新的日记形式，被 S1 学校确定为"阳光读写课"校本课程的组成部分。

其二，S1 学校改变了"阳光读写课"趋向于传统的作文课的特点，增加了言语综合实践活动课等内容。EE-Qian 对校本教材编写的意见是，结合学生实践，注重学生体验（访谈 S1-PL-Chao，2015），要从学校拓展到校外而非局限于课本（访谈 S1-CH-GL-Dong，2014）。在 EE-Qian 的指导下，S1 学校教师在"阳光读写课"校本教材中增加了言语综合实践活动课（访谈 S1-TO-CH-Ling，2015），整个"阳光读写课"教材发生了变化（访谈 S1-VPL-Jiang，2015）。而且，教师对于"阳光读写课"校本课程的认识也发生了改变：侧重于以学生的实践、体验和活动为中心（访谈 S1-PL-Chao，2015）。"阳光读写课"校本课程不再是对于常规课程和国家教材的模仿，而是更贴近学生真实的生活实践与学校所处的地域环境特点。

其三，基于 EE-Hua 提出的"增加本土文化"内容的建议，有着地域特色的相关文章，成为校本教材的重要部分。在新编写的"阳光读写课"校本教材中，"结合本地的乡土文化"（访谈 S1-CH-GL-EE-Huag，2015）成为新增的内容。而这主要是因为 EE-Hua 在指导教师们编写校本教材时提出了一个建议："要结合地域特色"（访谈 S1-PL-Chao，2015）。尽管在如何具体理解本土化、乡土文化以及如何具体将其落实在编写工作中，教师们仍然面临着许多困难，但是对于 EE-Hua 的这一建议，在学校管理层面，S1 学校校长是接受的，并使其成为"阳光读写课"校本教材的组成部分。

其四，"阳光读写课"具有突出的"大语文观"的特点，并与其他学科教学进行一定程度的融合。在 EE-Hua、EE-Qian 等提出"大语文观"的建议后，S1-CH-Rui 进一步反思了先前的"阳光读写课"校本课程在课程目标上过于狭窄、内容上只注重机械的模仿、教学上依然是传统的讲授法等方面的不足以及进一步发展所遇到的瓶颈（访谈 S1-CH-Rui，2015）。为了在"阳光读写课"校本课程设计和实施中体现出"大语文观"这一理念（访谈 S1-PL-Chao，2015），S1 学校推行了新的打破语文、数学以及其他学科界限的做法：采用学科结合点。"学科结合点"这一 S1 学校创新的教学实践，一方面打破了学科之间的界限，不同学科的教师可以实现合作教学，"阳光读写课"就不仅局限于语文学科而是扩展到其他各个学科中（访谈 S1-PL-Chao、S1-CH-Rui，2015）。

简言之，在开发"阳光读写课"校本课程以及相应地编写"阳光读写课"校本教材的过程中，外部专家的指导和所提的建议，被 S1 学校所接纳和认可，并成为学校组织层面课程开发与教材编写框架的重要组成部分：既指引着 S1 语文教研组教师编写教材工作的方向，同时也成为教师进行共同备课、个体备课所遵循的依据。

（二）校本课程和教材框架的设定以学校行政人员为主

"阳光读写课"校本课程的开发、校本教材编写的方向、原则和框架的设定离不开外部专家的指导，诸如本土文化、言语综合实践活动课等来自外部专家的意见均被融入"阳光读写课"教材里。在设定"阳光读写课"校本课程的相关内容，特别是校本教材的编写框架过程中，S1 学校的正、副校长（S1-PL-Chao、S1-VPL-Jiang），教务处主抓教学的两位主任（S1-TO-CH-Ling、S1-TO-MA-Huan）是最主要的参与人员。在结合 EE-Hua、EE-Qian 所提出的建议的情况下，校长、副校长、教务处两位主任经过讨论提出了"阳光读写课"教材编写、校本课程开发和实施的具体实施框架、思路和综合计划，并将这一框架向各个年级组的语文教师们进行传达，"把这个大的框架，以及要求对教师们一说"（访谈 S1-TO-MA-Huan，2015），要求将其作为编写教材、实施课程的要求和依据。其他教师很少有机会参与关于校本课程和教材编写框架的讨论。

总而言之，外部专家的许多建议被 S1 学校校长等学校行政人员所采用，并成为指导课程开发、实施和教材编写的更为系统性的框架、思路或方向，与学校已有的"阳光读写课"的相关做法相整合，进而成为指导和规范 S1 语文教研组教师编写教材、实施课程和上课的要求。S1学校在设定校本课程、校本教材框架的过程中,吸纳了外部专家的意见,这一点反映了知识联结过程中外部显性知识所发挥的作用。尽管组织知识创建模型将组织作为自我更新的主体,但是,外部新的显性知识同样也是知识联结的重要来源。

二 知识社会化与外部化:教材编写、共同备课和课后研讨、领讲课与听课观课

通过将外部专家所提供的建议纳入学校已有的"阳光读写课"中,实现了知识的联结,对于如何开发和实施"阳光读写课"校本课程以及编写校本教材,在学校组织层面,S1学校行政人员已经设定了相应的要求。但具体的教材编写、校本课程的实施仍然需要教师合作分工、共同讨论。作为教师集体与个体学习的场域,语文教研组内开展的许多活动体现了教师个体之间隐性知识的分享过程,也就是知识社会化(隐性知识转化为隐性知识)的过程,以及教师如何通过对话、借助语言和文字的表达而实现从隐性知识到显性知识的转化,也就是知识外部化(隐性知识转化为显性知识)的过程。

(一)通过编写校本教材而实现知识的外部化

在结合了EE-Hua、EE-Qian的建议后,S1学校行政人员设定了编写的大致内容框架和方向,例如,语文综合实践活动、乡土文化、各类日记、教师和学生作品、家长反馈等。之后,结合所教年级的国家教材、教学内容、课标、不同年级学生的情况、作文写作方面的培养目标(访谈S1-CH-Ying、S1-CH-GL-Dong,2015),根据学校行政人员提供的大纲目录、编写意图以及通过多次开会传达的编写教材的方向(访谈S1-TO-CH-Ling,2015),教研组的语文教师分工合作、进行讨论,选择相应的文章作为校本教材的素材,经过适当的调整,使其成为"阳光读写课"校本课程的教学材料。具体而言,搜集素材等编写校本教材的工作是在不同的语文年级组教师中展开的。

第五章 教师跨界学习

在编写校本教材的过程中，S1语文教研组教师首先需要遵循的是学校层面设定的大致方向、内容框架等。其次，每个年级的语文教师在自己的年级组内通过讨论设定具体的大纲和题材（访谈S1-CH-GL-Dong，2015），然后每个教师负责其中的某一部分，自行选择符合学校和年级组所设定教材的素材，最后教师进行集体讨论和分享（访谈S1-CH-GL-Dong，2015）。S1-CH-GL-Dong描述的五年级语文教师寻找、挑选、调整校本教材的相关素材的过程与其他年级组教师（如S1-CH-GL-Zhong、S1-CH-Ying、S1-CH-Yue）的经历是相似的。

在这一过程中我们可以看到，通过挑选素材、编写教材以及共同讨论，S1学校语文教研组的教师将自己对于"阳光读写课"这一校本课程如何编写的理解、体会和想法（即个体隐性知识）最终转化为所选定的每一篇素材，并使其成为文字性的材料（即概念性知识）在其他年级组、学科教研组的教师之间进行分享，最终成为教研组层面的教师上"阳光读写课"校本课程的教学材料。

（二）通过共同备课和课后研讨而实现知识外部化

为了更好地将"阳光读写课"校本课程落实到课堂教学中，S1学校语文教师在准备"阳光读写课"时，往往需要在年级组内部进行共同讨论，分享各自的想法和建议，也就是共同备课。在上完课之后，教师们也会进行研讨和反思。经过共同备课与课后研讨这两种年级组内教师的学习活动，教师个人的隐性知识得以被分享而实现公开化，转化为具有显性特征的概念性知识，成为教研组层面教师共享的知识。

其一，年级组内教师共同备课。年级组内教师共同备课通常与课例紧密联结。通过一块谈论如何上课（访谈S1-CH-Ying，2015），教师们彼此更加明晰和确定某一课例的重点内容，分析教材和教参上的内容，并且解决教师所面临的一些教学上的问题。年级组内的教师之间共同备课，教师能够获得教学方面的建议，探讨如何处理具体的课堂教学环节，也能够将自己的想法和做法与其他教师分享（访谈 S1-CH-Zhang，2015）。在分享的过程中，教师个人的隐性知识进入年级组这一共同的情境之中，并借助聊天式的说课和备课，被其他教师所获得，进而在之后的教学实践中被借鉴和运用。五年级语文教师 S1-CH-Fan 也有相同的经历和收获，她在准备《鱼游到了纸上》这一课的过程中，在共同备课时，同年级组的其他教师（如 S1-CH-GL-Dong、S1-CH-Rui）为她提供了很多教学方面的建议，包括上课过程中孩子的反应等，所有这些建议都扩展了她的思路，并且让她反思教学设计中可能存在的不足（访谈 S1-CH-Fan，2015）。简言之，对于 S1 学校语文教师而言，共同备课提供了一个平台和机会，让他们分享自己对于教材、教学方法、学生以及所面临的教学问题等的经验和看法，年级组内的教师也有可能在听取其他教师的意见中有所收获和启示，并进一步形成对于某一课例、教学内容以及教学方法共同的认识和实践中的共同做法。

其二，教师之间的课后研讨。在知识外部化方面，教师之间的课后研讨也提供了机会让教师分享知识，促进隐性知识的传播，并使其转化为能够让同一年级组内教师获得的概念性知识。例如，五年级语文年级组组长 S1-CH-GL-Dong 分享了她的经历。在上完"阳光读写课"校本课程中的《热爱乡村：走进田园》一课之后，同一年级组的几位教师（如 S1-CH-Rui、S1-CH-Fan）对这一课进行了研讨和反思，对课堂教学的优点和不足进行总结；既指出了教学设计方面的问题，也提出了建议（访谈 S1-CH-GL-Dong，2015）。对于其他教师提出的建议以及个人想法、经验等，S1-CH-GL-Dong 认为，对自己今后改进课堂教学设计、学生活动组织等都很有帮助。特别是对于年轻的语文教师 S1-CH-Liang 来说，课后研讨让她能够从 S1-CH-GL-Zhong 等有经验的教师那里获得特别多的知识，包括"课堂上的做法""怎样设计这个教学目标、教学环节"（访谈 S1-CH-Liang，2015）。可见，教师之间的课后研讨并没有脱离具体的教学情境，而且研讨的内容是围绕具体的课例展开的。简言之，课后讨论和分享，能够促进教师进行自我反思，彼此分享看法和经验，将个人的隐性知识在讨论和对话的过程中公开化，从而使其进入教研组层面成为教师之间讨论和对话的内容。

（三）通过领讲课与听课观课而实现知识社会化

尽管教师们的共同备课、课后研讨能够更好地促进教师之间就如何准备和开展"阳光读写课"校本课程进行分享和研讨，但是，共同备课以及课后研讨也占据了教师大量的工作时间（访谈 S1-CH-GL-EE-Huag，2015）。为了在不增加教师负担的情况下，让教师们能够分享如何在自身的课堂上实施"阳光读写课"的想法和做法，S1 学校让年级组教师按照计划轮流进行"领讲"，其他教师则在一旁听课、观摩和学习。

S1 学校副校长 S1-VPL-Jiang 和教导主任 S1-TO-CH-Ling 介绍了"领讲"课的大致情况：首先，"阳光读写课"作为 S1 学校特色的校本课程，按计划每两周进行一次课堂教学，在真正上这一校本课的时候，一般先由年级组内一位语文教师先讲，这位教师在自己思路的基础上"需要'精'备课，'精'备了这节课之后就先讲"（访谈 S1-VPL-Jiang，2015）。其次，在"领讲"教师首次进行该校本课讲授的时候，"其他教师一起去听，可以对他的课进行评价"（访谈 S1-VPL-Jiang，2015）。一方面，其他教师在听课观课的过程中，既可以学习到"领讲"教师良好的教学设计等经验；另一方面，也可以在自己上课的时候，避免其课堂上出现同样的问题。最后，在观摩完某一位教师的"领讲"课之后，其他教师"在改善的基础上，自己在班里再上课"（访谈 S1-VPL-Jiang，2015）。通过"领讲"课这样的教师做课、观摩、交流等形式，在避免一些小错误的同时能够集思广益（访谈 S1-TO-CH-Ling，2015）。在 S1 学校，为了推广某一教育理念和教学方法,"以做课的形式进行分享"(访谈 S1-VPL-Jiang,2015)是十分常见的:将教师个人的教学理念和所掌握的教学方法以课例的形式,与其他教师分享,而其他教师通过观摩也能够获得新知识,并在自身课堂上尝试运用(访谈 S1-CH-Yue,2015)。

简言之,教师"领讲"课并不停留在教师个人课堂教学的封闭领域里,而是通过具体课例,让教师的教学理念、想法、教学设计以及所运用的教学方法有机会公开化,并接受其他教师的点评和讨论,实现教学改进。同一教研组的教师也得以接触、理解和掌握类似的教学情境中的相关教学知识,形成共同的阐释和理解及实践做法。

与"领讲"课相伴随的是 S1 学校语文教研组教师之间的听课观课活动。这也是促进教师个体隐性知识在同一年级组、教研组传播的有效方式。许多语文教师分享了他们观摩其他教师课堂教学的收获。例如,四年级语文教师 S1-CH-Fan 就分享了她自身对观摩其他教师课的看法与收获:

> 这堂课我实在是没有思路,我不知道怎么讲,然后就去听听他的课,学习学习……因为你实实在在看了这节课,由其他人讲,你就可以对教学思路进行微调,调完之后你马上就可以实施了。(访谈 S1-CH-Fan,2015)

通过现场观摩其他教师的课,S1-CH-Fan 能够理清上课的思路,特别是可以学到"如何讲课"这样的隐性知识。教师在观摩课上所学到的东西,与课堂教学紧密相连,其教学材料、教学内容乃至学生情况等都是类似的,教师更容易在自己的课堂上进行实施。

对于教师而言,听课观课的收获主要来自于能够更好地体会、领悟其他教师在课堂教学方面的做法,而这些实践性的做法也是主讲教师经过长时期的教学工作积累形成的经验。尤其是对于年轻教师而言，通过观摩教学经验丰富的教师的课堂教学过程，能够更好地掌握相应的教学方法，加深对于教材、教学内容的理解。以 S1-CH-Liang 听课观课的收获来看，通过观摩 S1-CH-GL-Zhong 的课，S1-CH-Liang 知道教学设计过程应该注意哪些部分，如何在课堂上调动学生的积极性等（访谈 S1-CH-Liang，2015）。教师个人拥有的这些教学经验，只有通过观摩其课堂教学，才能够被其他教师所获得。这是教师个体隐性知识在教师之间传播的重要途径。

总而言之，无论是部分教师所做的"领讲"课还是教师之间听课观课活动，这两种教师日常工作和学习的活动都以具体课例的形式，将对教学的理解和做法等隐性知识与其他教师分享，教学实践的公开化、透明化得以实现，形塑了教研组教师的共同理解和做法，进而成为共同经历与经验，也就是教研组层面共感知识的创建。

三 知识内化：二次备课、教师个人的尝试

知识内化是指组织个体将显性知识转化为自身隐性知识的过程。知识内化（显性知识转化为隐性知识）的重要途径在于"从做中学"，也就是说，通过试验、尝试和实践，个体将组织、小组和个体的显性知识转化为隐性知识，也就是操作性知识。"阳光读写课"校本课程要真正实施而非停留在校本教材、教学计划等文字材料上，就需要语文教研组教师在课堂教学中上好每一节课。在这一过程中，教师学习更多地体现为知识内化：教师将在学校层面、教研组层面，与在其他教师共同研讨的过程中所获得的知识，通过个人的实践转化为自己掌握的隐性的操作性知识。S1 学校语文教研组教师通过两种主要的途径——教师二次备课和教师个人的尝试——实现知识内化，将在教研组活动中所获得的知识转化为个体理解并运用的隐性知识。

(一) 通过二次备课实现知识内化

为了更好地集思广益，让其他教师分享自己的想法和做法，年级组教师在上课之前通常需要进行共同备课，讨论教学的重点、难点、教学内容、教学设计、学生反应等。在进行共同备课之后，每个教师在上课之前，还需要进行二次备课。首先，通过共同备课，年级组内的教师"就这个单元的重点"（访谈 S1-VPL-Jiang，2015）进行集体研讨，共同备课的成果是形成一份共同教案，作为教师进行课堂教学的重要参照。其次，在共同教案的基础上，教师上课之前要进行二次备课，结合自己的教学风格、习惯和班级学生情况（访谈 S1-VPL-Jiang、S1-CH-Ning，2015），进行适当调整、修改和补充，从而形成与其他班级可能不一样的教案和教学过程。

教师二次备课的重要意义在于，教师在运用共同教案的同时，通过二次备课对课堂教学情况、学生情况、教学风格等进行反思，发挥教师个人的创造性，将集体形成的共同教案内化为自己的操作性知识，并体现在"阳光读写课"的课堂教学过程中。这是学校组织与教研组层面的知识成为教师个体知识的过程。

(二) 教师个人的尝试

S1 学校语文教研组的教师实施"阳光读写课"校本课程需要遵循外部专家、学校行政人员所制定的框架（如教学内容、教学材料、教学理念、教学方法等）；同时，在与其他教师研讨、分享、分工与合作的过程中，获得对于如何理解"阳光读写课"校本课程的想法和做法，在教研组内达成共同理解。在这个基础上，教师个人在课堂教学中的尝试，一方面是在具体教学情境中执行经过教师之间相互学习而形成的共同知识，并经过反思而成为教学经验的一部分；另一方面，也是教师发挥自己的主动性和创造性的过程，在运用共同的教学知识的过程中，融入自身对于"阳光读写课"校本课程以及相应的教学过程的理解和想法。

正如 S1-CH-GL-Dong 所反思的，为了更好地理解和掌握外部专家、学校行政人员所设定的"阳光读写课"校本课程的教学理念、教学方法，教师只有通过在课堂教学中的个人尝试，才能够认识到自己的不足，也才能将新知识转化为自身的教学经验（访谈 S1-CH-GL-Dong，2015）。例如，三年级语文年级组长 S1-CH-GL-Zhong 上了一堂"阳光读写课"，该课以"家乡的特产"为重点，她反思了自己关于该课的课堂教学（访谈 S1-CH-GL-Zhong，2015），并将学校层面设定的"阳光读写课"教学目标、方向等视为评价其课堂教学好坏的标准。通过课后的自我反思，为其之后改进教学提供了可能。

此外，部分语文教师在上"阳光读写课"时，尽管所用的教学材料与其他教师相同，但他们会根据自身的想法和教学风格，进行教学方法、教学内容方面的个人创新。这一点主要体现在 S1-CH-Zhang、S1-CH-Rui 两位教师的教学经历上。S1-CH-Zhang 对于绘本教学情有独钟，尽管在 S1 学校里特别是二年级教研组内很少有教师开展过语文的绘本教学，但是，S1-CH-Zhang 仍然在自己班上进行了绘本教学的尝试。出于对所编写的"阳光读写课"教材的不满意，S1-CH-Zhang 选用了自己从台湾带回来的绘本教材（访谈 S1-CH-Zhang，2015）。通过"试探性地做……课堂上的摸索"（访谈 S1-CH-Rui，2015），部分教师并没有局限于现成的"阳光读写课"校本教材、教学材料等方面，而是将自己独特的想法付诸实践，并经过自我反思，将想法和理念转化为个人的教学经验，成为可操作性的知识（显性知识转化为隐性知识）。

四 小结：从知识联结到社会化与外部化，再到知识内化的单向演化

S1 学校校本课程在开发、实施过程中，语文教研组教师的学习过程大致如图 5-1 所示。

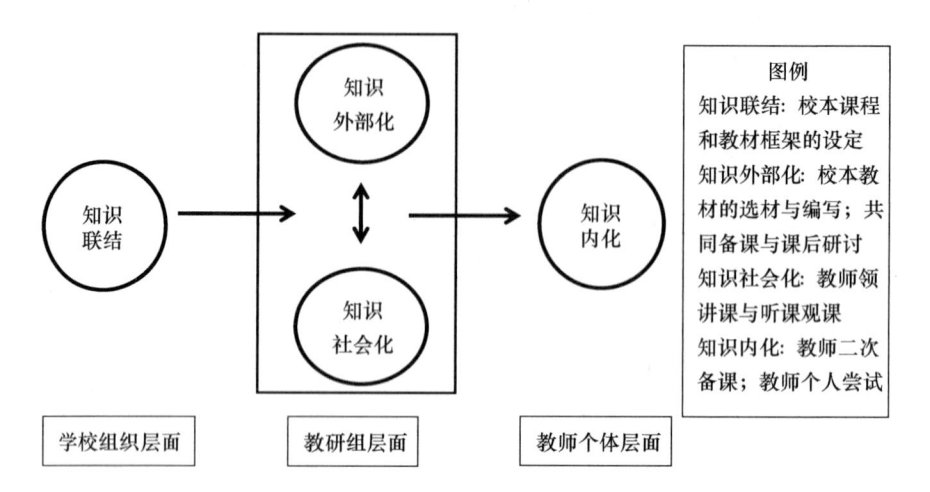

图例
知识联结：校本课程和教材框架的设定
知识外部化：校本教材的选材与编写；共同备课与课后研讨
知识社会化：教师领讲课与听课观课
知识内化：教师二次备课；教师个人尝试

图5-1　S1学校语文教研组/校本课程开发小组的学习过程：自上而下的单向演化

与其他研究案例相比，S1学校校本课程在开发、实施过程中，语文教研组教师学习过程的最大特点呈现了由学校组织到教研组再到教师个体层面的自上而下（top-down）的知识转化过程：知识获得与创建的流向大体是从学校组织层面的知识联结，到教研组层面的知识社会化与外部化，最后才是教师个体层面对知识的内化过程。

围绕开发、实施"阳光读写课"校本课程以及编写校本教材，S1学校语文教研组的教师可以被划分为彼此关联的三个层面：一是学校组织层面。这里教师学习过程主要体现出知识联结（显性知识转化为显性知识）的特点，特别是外部专家、一线名师等外部专家所提倡、输入的外部知识（包括言语综合实践活动课、情意体验、本土文化等），在被S1学校校长等行政人员认可、接受之后，被用来修改、增删和调整S1学校"阳光读写课"校本课程和教材框架，并作为之后指导语文教研组教师编写校本教材、进行共同备课、课后研讨以及课程实施（也就是课堂教学）的主要依据。二是在语文教研组层面，特别是同一年级组内部教师之间通过"领讲"课以及彼此之间的听课观课活动实现自身隐性知识的分享和传播，同时通过共同编写教材、共同备课和课后研讨，将隐性知识转化为显性知识，例如校本教材、共同的教案等。三是在教师个体层面，在"阳光读写课"的课程实施过程中，教师个体需要经过二次备课以及在课堂教学中的尝试，将学校组织层面以及语文教研组、年级组层面所获得的知识转化为自身教学实践的组成部分。

第二节　S2 学校校本课程开发小组的学习过程：自下而上的循环过程

在 TS 伙伴关系项目中，外部专家指导 S2 学校开发、实施"军旅文化"题材的校本课程；同时编写相应的校本教材《S2 小学周边军事探索》。与 S1 学校所开发和实施的校本课程"阳光读写课"与语文学科课堂教学紧密相连有所不同，S2 学校《S2 小学周边军事探索》倾向于校本的活动课程，因此并没有明确的学科界限。校本教材的编写中融合了很多学科，对语文、数学、英语、音乐等学科都有所涵盖（访谈 S2-TO-CH-TL Liu，2015）。《S2 小学周边军事探索》校本课程的开发、实施并不局限于学科教师，全校各个班级的班主任都承担着重要的工作。可见，S2 学校这门校本课程的开发和实施是学校组织层面的活动。

《S2 小学周边军事探索》校本课程的开发和实施，特别是教材编写工作，是由学校临时成立的"校本课程开发小组"完成的。根据 S2 学校教导处主任 S2-TO-CH-TL-Liu 以及其他教师的介绍，"校本课程开发小组"的成员主要包括校长 S2-PL-Gao、副校长 S2-VPL-Yun、教导处主任 S2-TO-CH-TL-Liu、来自不同年级组的三位语文教师（S2-CH-Ju、S2-CH-Yin、S2-CH-Sha）以及数学教师 S2-MA-Jiang。这一部分描述的是 S2 学校教师，特别是"校本课程开发小组"成员在开发、实施《S2 小学周边军事探索》校本课程以及编写校本教材过程中实现的知识增长。

一 知识外部化与社会化：围绕校本教材编写的研讨、校本教材的讲解和宣传与校本课程活动计划的讨论

知识的社会化和外部化均是发生在小组层面的知识分享、流动和创建的过程。知识社会化指的是在小组层面教师个体隐性知识的分享，并被其他教师所获得，形成共感知识，而通过彼此的参与、共同的实践而形成的共同理解和共同经验被认为是促进知识社会化的主要方式。知识外部化（隐性知识转化为显性知识）则是指在小组层面，教师通过对话、讨论、写作等方式，将个人隐性的、与独特情境紧密相连的知识，转化为可以言说的、较易传播的概念性知识。具体在研究案例 S2 学校教材编写小组中，教师之间的学习活动往往并不局限于某一种功能。相反，教师的诸多实践活动、学习活动同时发挥着知识社会化与外部化的双重功能，既能促进教师个体隐性知识的呈现，有助于教师之间形成共同的经验和行为模式（共感知识）；同时在对话过程中又产生了新概念（概念性知识）。

（一）围绕校本教材编写的研讨

《S2 小学周边军事探索》校本课程教学材料的编写工作主要由以 S2-PL-Gao 领导的"校本课程开发小组"的教师承担。在编写的过程中，学校行政人员与教师通常需要围绕校本教材编写的主题、内容、形式和过程进行多次讨论。

其一，围绕校本教材编写的讨论并没有覆盖所有学校教师；参与研讨的成员主要是学校行政人员和编写小组成员教师。S2-CH-Ju 介绍说："S2-PL-Gao 校长每次开会都参加，我们都到她办公室进行讨论，然后分工合作。"（访谈 S2-CH-Ju，2015）可见，对于校本教材的编写，研究和讨论的过程由学校校长 S2-PL-Gao 直接负责、主持和

主导。

其二,"校本课程开发小组"成员围绕校本教材编写的研讨过程较为开放。教师将自己对于校本课程的理解、如何编写校本教材的想法与其他教师分享。定期召开的校本课程开发讨论会为教师们提供了一个表达自己想法和观点的机会(访谈S2-MA-Jiang,2015)。更重要的是,讨论不仅促进了教师之间的交流以及个人意见的分享,而且教师们会达成共识,形成共同的意见。在集体讨论之后,校长S2-PL-Gao会主持讨论,最终挑选并确认大家一致同意的方案并付诸实践。

其三,研讨会根据外部专家的建议以及教师自身的反思不断引入新的想法和做法。在每次讨论会召开之前,教师们"已经有一些成形的东西",也就是初步编写的教材。为了对其进行完善,教师们在课下、课后需要不断学习"做功课"(访谈S2-MA-Jiang,2015),形成一些新的想法,并在讨论会上拿出来供其他教师讨论。

其四,外部专家的指导对教师们的讨论产生了重要影响。EE-Hua的指导影响了参与教材编写的几位教师对于校本课程的理解以及编写校本教材的方案。例如,校本课程应该分成不同的层次(访谈S2-CH-Yin,2014),应进行学科的融合和综合(访谈S2-CH-Sha,2014),以及校本课程应该"以学生为主、调动学生的积极性"(访谈S2-CH-Ju,2014)等。这些都改变了教师关于校本课程开发、实施的想法以及对校本教材的理解。EE-Hua的建议为教师们编写教材设定了大方向和大思路(访谈S2-TO-CH-TL Cong,2015)。校本课程开发小组的成员教师在校长的领导和组织下,对具体的细节展开研讨,并最终确定具体的编写思路和方案。

简言之,学校行政人员和几位教师参与的讨论、研讨,为教师分享个人的建议和想法提供了平台,推动了教师个体知识在小组层面的分享和传播,将自己的认识转化为可以保存的小组层面和组织层面的概念性知识(隐性知识转化为显性知识)。例如教师之间的研讨和讨论会都有着详细的记录（访谈 S2-TO-CH-TL-Gong，2015）。同时，这也为教师们形成对《S2 小学周边军事探索》校本课程、校本教材的共同理解以及共同的思路和行动方案提供了可能。

（二）校本教材的讲解、宣传与关于校本课程活动的讨论

《S2 小学周边军事探索》校本课程的开发和实施覆盖了全校各科教师。但作为校本课程的教学材料，《S2 小学周边军事探索》校本教材的编写和修订工作却主要由课程开发小组的教师承担和完成。学校组织编写《S2 小学周边军事探索》校本教材，其中的一个目的是让教师在实施校本课程的时候，有可以使用的教学材料。因此，当校本教材编写完成或初步完成之后，不参与编写教材的其他教师和班主任，也应该"明白怎么使用这本书""会操作这个教材"（访谈 S2-CH-Ju，2015）。因此，在真正开展这门活动校本课程之前，需要让编写小组成员之外的教师了解、理解《S2 小学周边军事探索》校本课程的理念、指导思想以及如何运用该教材。这就涉及教研组和学校组织层面关于校本教材的讲解和宣传了。

向全体教师介绍、讲解校本教材的工作主要由校长 S2-PL-Gao 等学校行政人员以及编写小组的成员教师来承担，他们会在专门的教师会议上对校本教材以及相关教学材料进行讲解。"就是这个教学教材的理念是什么，然后让他们看那个调查表怎么用，然后这个教材是怎么用的"（访谈 S2-CH-Ju，2015）。简言之，学校行政人员以及编写小组的成员教师将在课程开发过程中、教材编写过程中对于校本课程的理解、校本教材设计的思路以及如何操作校本教材的知识，以讲解、介绍和宣传的方式，转化为其他教师可以理解和较易掌握的概念性知识。

除了讲解、宣传实现知识的分享和传播（知识外部化）之外，为了让其他教师能够理解和掌握《S2 小学周边军事探索》校本课程以及学会使用校本教材，在学校语文教研组内，特别是每一个年级组

内，教师们为了更好地实施《S2小学周边军事探索》校本课程的各项活动所进行的共同备课也有助于相关校本课程和教材的知识分享。在上校本课之前，教师们需要提前做许多工作，包括对学生和家长需求的调查收集、家长的支持等，这些工作往往需要提前好几个星期来共同设定相应的行动计划（访谈 S2-CH-Yin，2014）。这就需要教师之间的分工合作与共同备课。年级组内的教师要一起讨论和设定校本课程的实施计划，包括具体时间安排、如何组织等（访谈 S2-TO-CH-Liu，2015）。

可见，《S2小学周边军事探索》校本课程的实施需要所有教师的分工与合作，在分工与合作的过程中，不同年级组的教师尽管没有参与教材编写，但是也能参与该校本课程的实施以及实施之前进行的计划讨论活动。在共同参与的过程中，教师们，特别是同一年级组内的教师们，能够形成对校本课程及其相应的一些活动（如学生、家长的征询表）背后的目的以及蕴藏的理念的共同理解，同时更好地掌握如何将校本课程的行动计划付诸实践的知识。这可以被视作各个年级组的教师个体之间经过知识社会化（隐性知识转化为隐性知识），隐性知识在个体之间传播而形成共同经验的过程，也就是教师共感知识创建的过程。

二 知识内化：校本教材的实施

知识内化过程（显性知识转化为隐性知识）既是组织和小组内部成员通过自身的实践、"从做中学"的过程，也是成员检验某一个想法或做法的过程。由此，"鼓励试验"是知识内化的一个重要途径。S2学校"校本课程开发小组"，通过 EE-Hua 外部专家的指导，围绕教材编写的多次讨论，以及校本教材的讲解和实施计划的准备，教师的另一个重要活动就是将计划付诸行动，实施《S2小学周边军事探索》校本课程，以此检验所编写的校本教材、制定的校本课程实施计

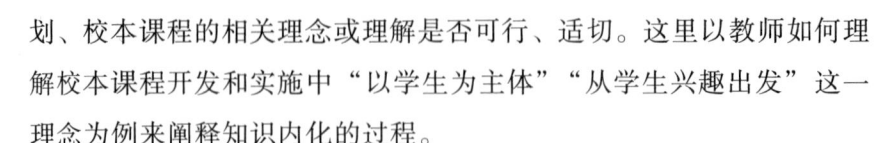

划、校本课程的相关理念或理解是否可行、适切。这里以教师如何理解校本课程开发和实施中"以学生为主体""从学生兴趣出发"这一理念为例来阐释知识内化的过程。

在EE-Hua强调的"以学生为主体"的校本课程这一理念的指引和启发下（访谈S2-CH-Ju，2015），作为校本课程实施的重要组成部分，每个班级的班主任向学生、家长发放征询调查表。这些征询调查表的设计均是由教师们在讨论、研究之后自主设计的（访谈S2-CH-Yin，2014）。发放、收集、整理、分析和整合学生与家长的咨询调查表的工作主要由各个班主任来完成（访谈S2-CH-Ju，2015）。通过调查学生和家长的需求，教师们更能体会到EE-Hua所说的校本课程为何以及如何体现以学生为主体，根据学生的兴趣来开发和实施校本课程这样一种理念。

而且，学生的反馈也让教师更加相信校本课程从学生兴趣出发这样一种理念的有效性。S2-CH-Yin、S2-CH-Sha分享道，学生对于征询调查表的反应，让教师们感到十分惊喜："他们自己去调查，会用网络了，网络上搜集资料，整理资料"（访谈S2-CH-Yin，2014），"这都是我们当时根本没有想到的效果"（访谈S2-CH-Sha，2014）。也正是通过这样的方式，无论是教材编写小组之外的各个班主任，还是教材编写小组中的教师，都被说服而逐渐改变以往对校本课程的理解以及以往编写教材的做法。以往教师编写校本教材采取讲述的方式（访谈S2-TO-CH-TL-Gong，2015），而现在，教师的想法"整个来了一个大转变""让学生去搜集资料，自主学习，生生自主学习，提高自主研究的能力"（访谈S2-CH-Yin，2014）。这一转变过程既有EE-Hua的建议及其所提出的理念的启发和影响，也是教师在实践中进行尝试与反思的结果。

更难能可贵的是，校本课程开发小组的教师谈到，"以学生为主体"的校本课程新理念也影响到他们对于课堂教学的理解，并进一步改变自身的课堂教学行为（访谈 S2-CH-Sha，2014）。在教学理念上，在以往的课堂教学中，"学生是被动的，现在我们应该把学生推到主动学习的位置上"（访谈 S2-CH-Sha，2014）；在教学行为上，以往语文教师主要是跟着教学参考书的指引进行讲授（访谈 S2-CH-Yin，2014），而现在更多地让学生在课堂上讨论。S2-CH-Ju 的作文课的课堂教学也不再局限于教师布置主题，而是以学生的兴趣来确定作文主题，并让他们互相交流、互相评价和修改（访谈 S2-CH-Ju，2015）。可见，参与校本课程的开发、校本教材的编写这段经历以及随之而来的体悟、反思和总结，也让教师开始改变自身的教学理念和教学行为。

另外，在实施校本课程的过程中，教师会面临一些没有预料到的实际问题，对这些问题的解决，实际上为之后调整校本课程的开发、教材编写提供了契机。S2-TO-CH-TL-Gong 就提到，不同的教师特别是班主任，根据班级自身的特点，在校本课程活动开展之后，有不同的反思和总结，班级之间的差异主要是不同班级的学生在课程活动中所展现出来的不同特点以及提供的不同素材所导致的（访谈 S2-TO-CH-TL-Gong，2015）。在收集学生的各种作品、成果之后，再对校本教材上的内容进行调整和完善（访谈 S2-TO-CH-TL-Gong，2015）。经过校本课程活动的具体实施，教师根据学生的表现和反馈进行调整，不断完善《S2 小学周边军事探索》校本课程和教材，这是循环往复、不断进行的（访谈 S2-CH-Sha，2014）。

总而言之，通过将《S2 小学周边军事探索》校本课程从教材、活动计划的文字材料转变为课程和教学的真实情境的实施过程，教师一方面更好地理解了外部专家所提倡的诸如"以学生为主体"的课程开发、课堂教学等理念，并将这样的理念转化为具体的课程开发和实施的操作性知识。这也就是教师知识内化（显性知识转化为隐性知识）的过程。另一方面，校本课程在具体实施过程中所生产出来的新的素材（例如学生征询调查表、学生课后的收获或成果等）、教师面临的具体问题以及相应地对这些问题的解决办法，也都为教师调整校本课程的设计思路、校本教材的编写等提供了改进的空间。教师个体知识可以通过知识联结等机制转化为学校组织层面的系统性知识。

三 知识联结：校本教材的编写和修订

显性知识经过重新配置、整合、融合而成为系统性知识被认为是知识联结（显性知识转化为显性知识）的过程；整合的对象不仅包括组织内部创建的显性知识，也包括组织跨越外部边界而形成的知识。在研究案例中，知识联结主要体现为《S2小学周边军事探索》校本教材的编写和修订过程。

首先，S2学校在开发、实施校本课程与编写校本教材的过程中获得了外部专家的多次指导，由此，校本教材的编写和修订也是选择、整合和调整EE-Hua等外部专家所输入的外部知识的过程。除了设定校本课程开发应该遵循的原则（包括以学生为主体、学科融合等）之外，具体在编写《S2小学周边军事探索》教材的过程中，EE-Hua的指导主要体现在以下两个方面：其一，校本教材的一个整体的、系统性的规划（访谈S2-CH-Yin，2014）。为此，EE-Hua协助教师们为教材写了一个序言，定下了大体的方案和规划：低、中、高年级的教材有着不同的侧重点（访谈S2-TO-CH-TL-Gong，2015）。其二，指导教师用严谨的、系统的语言或术语编写校本教材。这一点主要体现在对教学目标的叙述上。对于教师而言，编写教材的难点在于语言的严谨、清晰和系统，而EE-Hua通过引荐书籍（访谈S2-CH-Sha、S2-MA-Jiang，2014），提出具体的修改建议（访谈S2-TO-CH-TL-Gong，2015）等方式，让教师能掌握如何更准确地阐释教学目标。简言之，在编写教材的过程中，教师吸收了EE-Hua所提的建议，而这些建议侧重于协助教师将自身难以言说的想法、理念等表达出来，同时帮助教师更好地梳理校本课程活动中所获得的素材，使其更加系统化而成为学校组织层面的系统性知识。

其次，与 S1 学校语文教研组开发和实施"阳光读写课"校本课程不同，校本教材的编写是对所实施的《S2 小学周边军事探索》各项活动的总结、整理和反思，而并非事先的指引或指南。这典型地体现在 S2 小学这一特色校本课程的命名过程中。作为军旅文化主题的校本课程，《S2 小学周边军事探索》课程名称是暂定的。《S2 小学周边军事探索》名称的由来仅仅是对所开展的相关活动的一个总结和概括；最终具体如何命名，校本课程开发小组的教师们还在讨论中（访谈 S2-CH-Yin，2014）。通过 S2 学校校本课程命名的过程，我们可以看到，编写与实施校本教材是同步进行的。

在教师开展校本课程相关活动的过程（知识的内化）中，来自学生、家长的反馈成为教师编写该教材的素材。学生和家长的各种观后感、收获体会等都被进一步整理、选择和整合，纳入校本教材之中（访谈 S2-MA-Jiang，2015）。而且，通过分析从《S2 小学周边军事探索》第一版到第六版校本教材的变化，我们可以发现，每一个版本的变化，特别是教材上所增添的内容，都是因为学校层面的全校教师计划、组织并真正实施了新的校本课程的活动。简言之，《S2 小学周边军事探索》校本教材的所有资料基本上都来自学生、家长，而教师的工作更多的是对这些素材的挑选、整理以及文字上的处理，使其更加成体系、更加系统化（访谈 S2-CII-Ju，2015）。

总而言之，《S2 小学周边军事探索》校本教材的编写和修订过程体现了教师对于校本课程、教材编写理解的改变——从以教师为主导转变为倾听学生和家长的意见与需求，从以内容讲授为主要方法转变为以活动开展为主，也反映了教师校本课程和课堂教学的相关理念和操作性知识的提升。编写和修订校本教材的过程一方面是外部专家的指导和建议如何被学校教师所吸收并成为指导教材编写的重要理念和方向的过程，另一方面是学校教师（特别是教材编写小组的成员）如何将共同讨论和备课以及校本课程实施过程中所涌现出来的想法、做法、素材进行重新配置的过程。作为系统性知识的校本教材，在新一轮的校本课程开发过程中，也是教师不能忽略的学习组织层面的知识资产，进一步成为被调整的对象供教师讨论、理解、运用并执行。

四 小结：从知识外部化/社会化、知识内化到知识联结的循环过程

S2 学校校本课程开发小组的教师在校本课程开发、实施过程中的学习过程大致如图 5-2 所示。

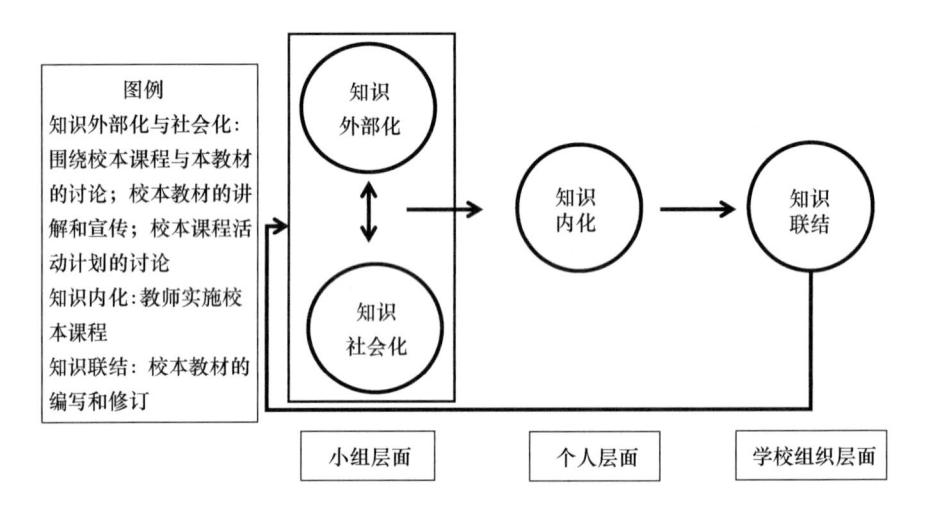

图 5-2 S2 学校校本课程开发小组的学习过程：自下而上的循环过程

实际上，S2 学校开发、实施以"军旅文化"为题材的校本课程，即《S2 小学周边军事探索》校本课程与编写相应的校本教材体现了 S2 学校内教师在个人、小组和组织层面的学习过程，是由下而上（bottom-up）地从个体和小组知识创建到组织层面的系统性知识创建的循环过程，并体现了不同层面学习之间的关联性。这一学习过程具

有以下几个特点。

其一，外部专家，特别是 EE-Hua，通过迁移、转化和变革等方式输入的知识，对于教师开发、实施校本课程以及编写校本教材有直接的影响。外部专家知识通过小组层面的研讨、备课和讲解等（即知识外部化与社会化）与编写特别是修订校本教材（即知识联结）等过程，被学校教师所吸收，并影响着教师对于校本课程和课堂教学的理解，改变了教师开发课程、编写教材的思路和做法。

其二，S2 学校临时组建的"校本课程开发小组"在开发、实施校本课程的过程中扮演着重要角色。《S2 小学周边军事探索》校本课程的开发和实施的具体思路、教材编写的具体内容等都是由该小组内部的几位教师负责的。通过反反复复的多次讨论，教师分享了自身的想法，并最终达成一个共同的理解，进而制定出课程开发和实施的思路及具体的行动计划（知识外部化）。这是实施校本课程的基础。

其三，包括"校本课程开发小组"成员在内的全校教师，特别是班主任，将制定的计划付诸行动，实施《S2 小学周边军事探索》校本课程，以此检验所编写的校本教材、制定的校本课程实施计划、校本课程的相关理念或理解是否可行、适切。这是教师个体得以将想法等概念性知识"具体化"为实际行动和试验，进而成为教师操作性知识的过程。

其四，在 S2 学校，教材的编写和修订是对之前校本课程开发和实施的整理过程，无论是挑选素材，还是编写思路的确定，以及教材内容和框架的选择，校本教材更多的是对教师实施《S2 小学周边军事探索》校本课程的总结，使其更加系统化、体系化，成为学校组织层面的系统性知识，得以更好地保存、传播和供教师使用，并进一步指导教师开发和实施校本课程。

第三节　S3 学校语文教研组的学习过程：以知识外部化、社会化为核心

通过与外部专家的接触和互动、参与学校内部和跨校之间教师的共同学习活动，S3 学校的语文教师获得了新的教学理念和课堂教学方法，并以此反思原先的教学理念和行为，进而努力改变示范课与常态课上的教学行为，提升课堂教学效果。与其他研究案例相比较，S3 语文教研组学习过程的最大不同在于，教师学习过程突显了知识社会化与外部化的作用，特别是在这一过程中年轻教师如何既接纳和吸收外部专家提供的知识，又向有经验的教师学习、积累教学经验，从而实现"跨越式发展"（访谈 S3-CH-GL-Hao，2015）。这主要是因为 S3 学校语文教研组内，参与各项学习活动，特别是参与同课异构和主讲示范课，往往都是年轻教师，如 S3-CH-GL-Hao（2014 年入职）、S3-CH-Guan（2013 年入职）和 S3-CH-Yang（2011 年开始承担语文教学工作）。

一　知识联结：制定学校特色课堂理念和教案设计模板

在 TS 伙伴关系项目中，研究案例 S3 语文教研组教师的课堂教学理念和方法的改变通常始于学校组织层面系统性知识的创建，也就是知识的联结（隐性知识转化为显性知识），其典型例子就是思维课堂特色教学理念的构建与各个学科教案设计的改进以及模板的引进。

（一）对学校特色课堂理念"思维课堂"的理解和运用

在外部专家的指导下，S3 学校将"思维课堂"确定为各个学科课堂的教学理念。这一点也构成指导、规范全体语文教师课堂教学活动的学校组织层面的要求。如何将思维课堂与语文教学相结合是许多语文教师面临的问题（如 S3-CH-GL-Duang、S3-CH-Guan），教师对于

第五章 教师跨界学习

"思维课堂"的具体实施感到"有点茫然"（访谈 S3-CH-Lu，2015）。尽管在具体执行过程中面临着许多困难，但是，受访的语文教师分享了他们对"思维课堂"及其运用的理解，并将"思维课堂"这一理念作为指导课堂教学活动的原则。

其一，学校组织层面围绕学校特色课堂教学理念的培训使语文教师更好地理解了"思维课堂"的具体含义。为了让教师更好地理解"思维课堂"这一特色课堂教学理念，鼓励各个学科的教师能够将其运用于有关课堂教学的方方面面（例如教学设计、课堂教学、作业布置等）（访谈 S3-VPL-Jing，2014），学校内部组织了多次有关"思维课堂"的培训，由 S3-VPL-Jing 给教师做宣讲和指导。这让教师更好地理解了"思维课堂"在理论上的含义，也更明白在课堂上该如何执行（访谈 S3-CH-GL-Hao、S3-CH-GL-Cheng，2015）。经由学校层面的培训、指导，"思维课堂"被语文教师所知晓、理解，并作为改变课堂教学行为的参照和依据。思维课堂已经成为学校全体教师共同秉持的理念和知识基础。

其二，不断接触"思维课堂"理念，S3 学校语文教师能更好地将"思维课堂"理念转化为在具体的课堂教学过程中运用的教学思路、方法和策略。这一点典型地体现在两位年轻教师 S3-CH-Guan、S3-CH-GL-Hao 准备示范课的过程中。无论是教师自己备课，还是与其他教师共同备课，如何将"思维课堂"这一理念体现在相应的课堂教学设计和实施过程中，都是教师们面临的共同问题。S3-CH-Guan 在讲授《猫》一课时，认为通过让学生自发地提出问题，培养学生的质疑精神，这本身就是"培养孩子思维的过程"（访谈 S3-CH-Guan，2015）。诸如此类的教学活动设计和具体内容的实施，都反映出 S3 学校语文教师已经渐渐地接纳了学校倡导的"思维课堂"的含义及其具体延伸出来的教学过程的特点，并在备课、上课的过程中将其与具体的课例相结合，使之转化为课堂上使用的教学方法、策略等。

简而言之，外部专家、S3学校行政人员共同提倡的"思维课堂"并非教师们参与讨论出来的，也非对学校教师课堂教学活动和经验的概括和总结。相反，作为学校组织层面的系统性知识，"思维课堂"是自上而下推行的，也是学校行政人员要求教师必须理解、掌握并运用的新知识。如何在语文课堂上运用或体现"思维课堂"的理念，已成为S3学校语文教研组无论年轻或新手教师还是有经验的教师所面临的共同挑战。

（二）制定语文教案设计模板

S3学校在外部专家的指导下进行了教案改革，语文等学科均引入了新的教案设计模板（model），以此要求和规范教师的备课工作与课堂教学活动设计。

在TS伙伴关系项目中，S3学校提出了进行教案改革的内容，致力于规范和提升教师设计、思考、撰写教案的能力。它所采取的措施是在外部专家的协助和指导下，引入新的、标准化的教案设计模板，例如加入了教学目标的设定、学情分析、学生活动等（访谈S3-TO-CH-TL-Qiang，2015）。对于如何撰写教案，如何提升教案的规范性，学校层面也由S3-VPL-Jing进行了多次的培训（访谈S3-VPL-Jing，2015）。具体而言，在语文教案设计层面，主抓语文教学的教导处主任S3-TO-CH-TL-Qiang也对全体语文教师进行了培训（访谈S3-CH-Lu，2015）。尽管不同的学科存在着一些差异，但是包括学情分析、教材分析、教学策略等在内的教案模板也成为教师设计教案所遵循的共同原则。也就是说，作为学校层面的系统性知识，教案设计的新模板被整合进教师日常的备课活动之中，并被视作具体的规范和标准来规范S3学校语文教师的备课思路、内容。这一点可以从S3学校语文教研组的几位教师（如S3-CH-Lu、S3-CH-GL-Hao、S3-CH-GL-Hai等）如何在备课时运用教案设计的模板方面获得了佐证。例如，教案设计的模板能够帮助教师进行备课（访谈 S3-CH-GL-Hao，2015）；教案设计的模板很有条理性，能够提醒教师应该在课前准备什么材料，备课的思路也更加清晰（访谈 S3-CH-GL-Hai，2015）。

教师设计出来的教案所包含的内容、教学步骤、关注点等都体现了教师的教育理念，同时也会进一步影响教师在实践中所呈现出来的课堂教学活动。实际上，通过对学校提供的教案设计模板的学习，S3学校语文教研组的教师都将该模板作为标准或指南来指导个人的备课和上课以及教研组内教师之间的讨论（访谈 S3-CH-Guan，2015）。也就是说，经过外部专家和学校行政人员的推动，各个学科的教案设计模板被制定出来，成为学校组织层面的系统性知识，并进一步影响着教研组内、教师个体的教学实践活动。

总而言之，无论是思维课堂理念的制定，还是教案设计改革以及相应教案模板的引进，都显示了外部专家的知识如何融入 S3 学校原有的知识体系之中而成为系统性知识的过程。对于 S3 学校语文教研组教师而言，这些系统性知识影响着他们的教学理念和课堂教学行为。当然，这一影响是如何产生的还须深入分析教师个人层面和小组层面的学习过程及其特点，也就是知识的内化、外部化和社会化是如何展开的。

二 知识外部化与社会化的途径：共同备课与课后研讨，撰写教学反思、教案设计、听课观课以及经验丰富教师的辅导

为了增进教师对于新的教学理念、方法的理解和掌握，在发挥外部专家的知识提供者的角色之余，同一教研组内教师的集体学习、合作学习也是必不可少的。教师彼此的学习过程、知识分享、教学经验的积累以及新知识的共同创建都建立在教师之间频繁互动的基础之上。在 TS 伙伴关系项目里，教师学习的各项活动并非从无到有的，而是建立在各个学校自身已经存在并制度化的学习机制的基础之上，是对各种教研活动的继承和延续。

具体而言，在 S3 学校语文教研组内，知识的外部化、社会化发生于同一教研组内，特别是同一年级组的语文教师之间。此外，在 EE-Hua 的建议下，S3 学校将语文教研组又细分为低（一、二年级组）、中（三、四年级组）、高（五、六年级组）年级组，以此为单位各自进行教研活动（访谈 S3-TO-CH-TL-Qiang，2015）。当然，鉴于 TS 伙伴关系项目是以学科教研为基本活动单位开展的，而且年级组教师会随着年级的变化而发生变化，因此，语文教研组仍然是知识外部化、社会化的基本单位。

（一）通过共同备课和课后研讨实现知识外部化

在 S3 学校语文教研组里，同一年级组或者跨年级组（低、中、高年级段）的教师，为了解决所遇到的教学问题，提升教学效果，运用新的教学方法，通常会对某一具体课例进行共同备课，并由主讲教师进行多次试讲，试讲之后教师们再进行课后研讨。学校语文学科的领袖教师、主抓语文教学的教导处主任 S3-TO-CH-TL-Qiang 大致描述了共同备课、试讲与听课观课、课后共同研讨的过程：在同一个年级组内，或者低、中、高学段里，在上课之前，"进行磨课，首先由大家集体备课，每人说说自己的教学设计，上课的方式、方法"（访谈 S3-TO-CH-TL-Qiang，2015），最后形成共同的教案或者由主讲教师进行整理、反思，形成上课的教案。在试讲和听课之后，教师们再指出问题和不足，分享意见和想法，并讨论寻找更好的教学方式、教学活动设计（访谈 S3-TO-CH-TL-Qiang，2015）。具体而言，在 TS 伙伴关系项目进行期间，S3 学校语文教研组教师们的共同备课以及课后研讨可以分为两种类型：

其一，教师日常教研活动中的共同备课。这里备课的对象是教师的常态课，一般是在同一年级组内进行的。作为教师日常教学实践、常规教研活动的一部分，年级组教师的共同备课过程是"以课为主"，教师讨论和研究的对象往往是"具有代表性的课"（访谈 S3-

CH-Lu、S3-CH-GL-Cheng，2015）。共同备课主要围绕"这一课的设计意图、教学目标、教学过程"（访谈 S3-CH-Yang，2015）等问题展开，教师们分享自己的意见，共同决定这个课如何设计。共同备课的结果则是同一年级组内教师形成一份共同教案，并作为所有教师上课的重要参考。教师们认为，在这样一个共同备课的过程中，能够向其他教师学习课堂教学的具体知识，"三人行必有我师……从每个人身上都可以学到东西，学到别的教师管理班级、指导孩子的一些方法"（访谈 S3-CH-Yang，2015）。简言之，在日常的教研活动中，在 S3 学校语文教研组内，特别是同一年级组内的语文教师，在共同备课活动中，通过分享对某一课例的个人想法、以往的经验性做法，并讨论如何进行更好的教学设计和选择更好的教学方法，将个人的隐性知识转化为小组层面的概念性知识，而这些知识的具体体现就在于某一课例的共同教案的形成和完善。

其二，围绕具体的课例，为了帮助主讲教师更好地开展示范课教学，年级组内以及跨年级组教师进行共同备课和课后研讨活动。例如，一、二年级语文教师围绕 S3-CH-GL-Hao 所主讲的《坐井观天》示范课，三、四年级教师围绕 S3-CH-Guan 主讲的《猫》示范课所进行的共同备课及课后研讨，就呈现出教师个人隐性知识的分享和交流、小组层面共同的概念性知识的生成过程。围绕《坐井观天》课例，一、二年级的教师共同讨论了如何理解教材内容的真正含义。这涉及教师自身对于学科知识的理解问题；并且如何将这一知识点在课堂上传递给学生，这关乎教师教学法知识的提升。S3-CH-GL-Hao 将这些意见融入课堂的教学设计当中，并在课堂教学中呈现出来（访谈 S3-CH-Lu，2015）。并非一次教师共同备课就可以生成教案的，而是要经过多次备课、试讲、课后研讨，这些活动是循环进行的。S3-CH-GL-Hao 的课案至少进行了四五次试讲及教师们的研讨才生成的（访谈 S3-CH-GL-Hao，2015）。多次共同备课和研讨，对于年轻的语文教师 S3-CH-GL-Hao 而言，使她能够更好地理解教学内容、掌握教学方法、熟悉课堂教学情境。例如，教学设计如何做改动、课堂语言是否精炼等问题都可以在共同备课中得到解决（访谈 S3-CH-GL-Hao，2015）。可见，共同备课与课后研讨是教师们个人知识的分享过程，课堂教学设计的完善是教师"集体智慧的结晶"（访谈 S3-CH-GL-Hao，2015），也就是教研组内共同知识得以形成的途径。

另外，S3 学校语文教研组教师共同备课和课后研讨也是围绕着外部专家所输入的新的教学理念和教学方法展开的。S3-CH-Guan 与同一学段的教师进行备课和研讨的过程，就是探索如何将 EE-Xiang 等专家所倡导的预习单和具体的课例《猫》的教学设计结合起来的过程。S3-CH-GL-Hao、S3-CH-Lu 和 S3-CH-GL-Cheng 也都谈到，在一、二年级低学段的识字教学中，EE-Cheung 所引入的"花瓣识字教学法"是教师们在日常备课和研讨过程中集中讨论的内容，通过这一过程，教师们加深了对这一教学方法的理解，并互相学习如何将其运用于教师自己的课堂中（访谈 S3-CH-Lu，2015）。有趣的是，S3 学校低年级语文教师在理解和掌握 EE-Cheung 所引入的"花瓣识字教学法"之后，将这一新的教学方法命名为"一字开花"，这是教师们集体讨论而形成的结果（访谈 S3-CH-Lu，2015）。"一字开花"这一新概念的提出实际上是基于低学段（一、二年级）教师对于识字教学法的共同理解、共同实践之上的，代表着 S3 学校语文教研组内部在分享个人隐性知识的过程中创建新的概念性知识的过程。

总之，无论是在日常教研活动中，教师对于典型课例的共同备课和课后研讨，还是 S3 学校语文教研组的年轻教师为了做示范课而进行的精心备课和研讨，都为教师分享教学经历、观点和做法，以及共同探讨更好的教学方法创造了条件，以此吸收外部专家、一线教师所传递的教学理念和方法，最终提高教学效果。通过共同备课、课后研讨，S3 学校语文教研组的教师们能够分享、对话、讨论并创建新的概念性的知识（如共同的教案、教学设计和思路、"一字开花"等概念）。这一过程的实质是教师个人隐性知识得以分享、公开化并转化为教研组层面的概念性知识的外部化。

（二）撰写教学反思和教案，实现知识外部化

此外，S3学校语文教研组的教师通过撰写教学反思与教案，将自己对教材内容、教学理念、课堂教学过程的理解和掌握转化为文字材料，并作为与其他教师进行分享和交流的载体。这也是教师个人隐性知识转化为教研组层面显性知识的过程，其成果体现为教学反思、论文和教案等概念性知识。

首先，S3学校语文教研组的教师需要将自己对新的教育理念和方法的收获、想法和理解写成教学反思。这是学校管理方面的要求。撰写教学反思促进了教师自我反思外部专家所传递的教学理念和教学方法以及其他教师关于课堂教学的认识。在所访谈的S3学校语文教研组的教师中，7位教师都撰写了学习体会和论文来阐释参与学习活动的一些收获以及对自己的教学理念、课堂教学行为所带来的变化。例如，S3-CH-Guan参加了外部专家EE-Lian的讲座和培训以及共同的教研活动，对参与活动，S3-CH-Guan进行了自我反思：一是教育观念的变化，EE-Lian以及其他专家对于"问题教学法"的讲解，让S3-CH-Guan改变了在课堂教学上不敢放手的情况；二是S3-CH-Guan借此反思了自己教学行为的不足，并探讨如何将其运用于自己的课堂中（活动反思S3-CH-Gao，2014）。

除了参与各项活动之后对自身收获的反思之外，S3学校语文教师特别是主讲示范课的教师也会撰写教学反思来整理自己上课的感想、优劣和不足，以及对同侪教师、外部专家的建议和评论的理解。S3-CH-GL-Hao在做完《坐井观天》示范课之后，对自己的课堂教学设计、教学过程以及对教材内容的理解和分析进行了深度的反思。S3-CH-GL-Hao的教学反思再现了课堂教学的整个过程、关键和重点

所在，以及如何将课文知识点讲授给学生，也就是运用了什么教学方法（教学反思 S3-CH-GL-Hao，2015）。实际上，在参与活动之后，教师个体自主的学习过程离不开其所撰写的活动反思、听课记录和教案记录等的协助。S3-CH-GL-Cheng 就分享了她的学习经历，撰写各种活动反思、教学反思的过程也帮助 S3-CH-GL-Cheng 将所接受的新的教学理念和方法，在实际应用的情况下，迁移到自己的课堂教学活动中（访谈 S3-CH-GL-Cheng，2014）。通过撰写活动反思或教学反思，教师梳理和总结自己参与各类学习活动（如专家的报告和共同教研、做示范课等）的收获，这不仅为教师反思自身的教学理念和教学行为提供了契机，而且让教师将自身的内在想法、体会、经验等转化、体现为文字性材料的显性知识。这样的活动反思或教学反思无疑更加明晰、有条理，也更加易于保存和传播。

其次，借助学校组织层面提供的教案设计模板，教师撰写教案设计，从而将其教学理念、思路和方法以文字的材料呈现出来，转化为概念性知识。在学校组织层面，教案设计的改革是 TS 伙伴关系项目中 S3 学校语文教研组经过外部专家的引领、指导所发生的课堂教学方面的重要变化。对于撰写教案的作用，教导主任 S3-TO-CH-TL-Qiang 的论述十分全面并代表着许多教师的共同看法：教案模板的提供让教师必须将自己对于某一课的教学思路、想法、做法等转化为文字材料，并将这些内容归纳为包括教学设计意图、教学环节、学情分析、教学策略等在内的固定模块，成为"系统性的一个完整的完善的清晰的教学设计"（访谈 S3-TO-CH-TL-Qiang，2015）。撰写教案的过程让教师能够反思自己的教学思路和活动，"记忆更加深刻""对于教学设计的意图更加明确，目标更加明晰"（访谈 S3-CH-Yang，2015）。简言之，通过撰写教案，将自己的教学思路转化为文字材料，是教师个人隐性知识实现外部化，这同时也是原先散乱的个人想法变得更加系统性、完整、完善和清晰的过程。

（三）通过听课观课实现知识社会化

在同一教研组内，特别是在同一年级组内，听课观课活动是促进教师分享自身教学经验、课堂教学活动的重要途径。这一方式有利于教师个体隐性知识的公开化以及知识在教师之间的传播和共享。这就是知识社会化（隐性知识转化为显性知识）。同一年级组、同一教研组以及不同项目学校之间，语文教师彼此听课观课已经成为 TS 伙伴关系项目促进教师知识增长的重要方式。通过开展"同课异构"教学活动，不同项目学校之间的语文教师有机会现场观摩自己学校以及其他学校教师对于某一课例的课堂教学设计和展示情况。

首先，"同课异构"让不同风格的教师展现出不同的教学设计和过程，让听课教师认识到自身的不足，从而扩展他们对如何上好某一课的理解，并提供了完善课堂教学的新思路。对于听《坐井观天》这一示范课的收获，S3-CH-Lu 和 S3-CH-GL-Hao 都谈到，在跟 S2 学校的语文教师相比较的过程中，"人家的课本不光是在抠，就是在教会一些知识之外，人家把朗读的作用发挥得淋漓尽致，这个就是我们觉得应该学习的地方"（访谈 S3-CH-Lu、S3-CH-GL-Hao，2015）。教师之间的听课观课，让教师的优点、不足都展现出来，通过比较以及借此反观自己的课堂教学，为教师掌握新的教学方法并将其运用于自己的课堂上提供了可能。

其次，在现场观摩的教师能够看到主讲教师可能的不足，进而改进自己的教学设计。S3-CH-GL-Hai 在旁听了几所项目学校的语文教师所展示的《坐井观天》示范课之后，就发现主讲教师的缺陷在于没有将课程内容与课外内容相联系，没有进行扩展（访谈 S3-CH-GL-Hai，2015）。S3-CH-GL-Hai 认为，她自己在主讲《坐井观天》的时候，就尽量避免了这一不足，例如"加入有关成语故事的其他文章"（访谈 S3-CH-GL-Hai，2015），扩展学生的知识面。S3-CH-GL-Hai 的收获在 S3 学校语文教研组中是有代表性的，"当局者迷，旁观者清"

（访谈 S3-CH-Yang，2015），通过现场观摩其他教师如何上课，能够防止重蹈覆辙，完善自己的教学设计和思路。

最后，对于年轻的教师而言，听课观课是他们从经验丰富的教师的课堂教学活动中汲取经验的重要方式。年轻教师听课的对象往往更加广泛：从不同学校教师的示范课，到同一学校或年级组内的语文教师的常态课。S3-CH-GL-Hao 和 S3-CH-Guan 分享了他们从其他有经验的教师那里所学到的知识，通过听课"跟人家学怎么讲课"（访谈 S3-CH-GL-Hao，2015）。通过听老教师的课，S3-CH-GL-Hao 等年轻教师从一开始不知道如何上课成长为更加了解学生，懂得如何管理学生、上课应采取的教态、课堂上怎样进行师生互动的成熟教师。可见，对于新手教师而言，"不断听老教师的课"（访谈 S3-CH-Guan，2015），能让教师积累教学经验，知道上课"就是一步一步一个环节一个环节"的教学过程（访谈 S3-CH-Guan，2015）。

简言之，正如 S3-CH-Guan 所言，"去听课，更多的是在学习一种理念和这种理念下的某些方法"（访谈 S3-CH-Guan，2015）。无论是现场观摩不同教师的示范课常态课，还是教师日常共同学习活动中彼此的听课观课，均将教师个人对于教学内容（如教材文本）、教学理念和所掌握的教学方法呈现出来，并逐渐在同一教研组、年级组内形成共同的认识和理解。主讲教师的课堂教学理念、方法等个人隐性知识通过公开化的示范课而被听课教师所获得，也就是促进了个体隐性知识在教师之间的分享，就是知识社会化（隐性知识转化为隐性知识）的过程。

（四）通过经验丰富的教师的辅导实现知识社会化

在 TS 伙伴关系项目中，年轻语文教师通常需要承担开展示范课或常态课的任务。而在教学思路、教学设计、教案的形成、试讲、讨论等的准备过程中，经验丰富的教师与年轻教师之间密切的交流和互动，对于年轻教师快速学会如何上课，发挥了重要的作用。这一点典型地体现在 S3-CH-GL-Hao、S3-CH-Guan、S3-CH-Yang 等年轻教师在准备示范课时向 S3-TO-CH-TL-Qiang、S3-CH-Lu、S3-CH-GL-Duang、S3-CH-GL-Hai 等经验丰富的教师学习的经历上。

首先，教研组内经验丰富的教师不仅能支持、鼓励年轻教师，而且能够提出具体有效的课堂教学方面的建议。对于年轻教师而言，由于没有教学经验的积累，如何上课，特别是如何开展示范课教学，是一件十分具有挑战的事情。S3-CH-GL-Hao 分享了其准备《坐井观天》课例的经历，"确实在接受这个任务的时候觉得蒙了，不知道该怎么办"（访谈 S3-CH-GL-Hao，2015）。对此，其他教师鼓励 S3-CH-GL-Hao 多进行尝试，并通过指导、建议的方式支持她，在备课思路和教学设计等方面提出建议（访谈 S3-CH-GL-Hao，2015）。而且，年级组内其他有经验教师的指导、支持通常是在非正式的场合进行的。例如，S3-CH-Guan 分享了 S3-CH-GL-Duang 等年级组内老教师对其准备《猫》课例时所给予的指导，包括如何处理教学内容、提供新的教学方法（访谈 S3-CH-Guan，2015）等。这些指导通常是在 S3-CH-Guan 主动与经验丰富的教师进行日常交流（访谈 S3-CH-Guan，2015）的情况下获得的。

其次，作为 S3 学校语文学科的领袖教师，S3-TO-CH-Qiang 也承担着与年轻教师一同备课的责任，帮助他们更好地理解课文，掌握教学方法，熟悉课堂教学活动。S3-CH-GL-Hao、S3-CH-Guan、S3-CH-Yang 在准备示范课的过程中，都有 S3-TO-CH-TL-Qiang 的参与。S3-CH-GL-Hao 分享了她在与 S3-TO-CH-TL-Qiang 交流过程中的收获。在 S3 学校的语文学科方面，示范课或常态课如何开展，往往需要由 S3-TO-CH-TL-Qiang 对做课的年轻教师进行辅导和指导，提出专业的建议。这些建议包括教案如何设计（内容顺序的调整）、教学内容的理解（加入更多的、更丰富的教学内容）、课堂教学环节的设计等各个方面（访谈 S3-CH-GL-Hao，2015）。S3-CH-Guan 在准备《猫》一课的过程中也有类似的经历，S3-TO-CH-TL-Qiang 帮助她理清教学的思路、完善教学设计（访谈 S3-CH-Guan，2015）。也正是在年轻教师和有经验的教师之间共同磨课、频繁交流互动的过程中，年轻教师更加清楚如何上好一门具体的课，以及如何将教案设计转化为具体的教学过程。

简言之，对于年轻教师而言，无论是处理教学内容，进行课堂教学环节的设计，还是课堂上的教态、语言以及如何管理学生和吸引学生注意力等问题，都需要经历一个从陌生到熟悉、从不知道到知道的过程。经验丰富的教师的亲自辅导是必不可少的。由此，年长的教师将蕴含在教学经验中的教学理念、教学方法等知识，通过细致的辅导、磨课等过程，传递给年轻教师。最终，年轻教师逐步掌握 S3 学校语文教研组内各个教师所共享的关于教学内容、教学方法、课堂管理等方面的知识。这就是年轻教师与经验丰富教师之间分享隐性知识、形成共同经验的过程，即共感知识的形成过程（知识的社会化）。

三　知识内化：教师二次备课，教师做示范课，常态课中教师个人的尝试

无论是思维课堂的教学理念、教案设计模板等代表学校组织层面的系统性知识，还是经过共同备课和课后研讨、撰写各种文字性材料（活动反思、教学反思或教案）而形成的小组层面的概念性知识，抑或是在听课观课中年轻教师与有经验教师之间的交流互动过程所建构的共感知识。对于 S3 学校语文教研组的教师个体而言，所有这些知识都需要通过一定的途径转化为每个教师所掌握的操作性知识。教师个体从教研组、学校学习的过程，也就是显性知识转化为教师个体隐性知识的过程。具体而言，知识内化（显性知识转化为隐性知识）有以下三种方式：教师二次备课，教师做示范课，常态课中教师个人的尝试。

（一）教师二次备课

通过年级组内共同备课，语文教师们在上课之前形成了共同教案，对于所教授的内容、教学方法、课堂教学环节的设计以及对学生学习情况的预期等各个方面有了共同理解。但是，具体到每个教师的课堂上，特别是在常态课的教学活动中，共同备课所形成的教案也需要与每一位教师所面对的具体的教学情境相结合。这一过程就需要每位教师个体对教案进行适当的修改、调整，也就是二次备课。

S3-CH-Yang 和 S3-CH-Guan 描述了他们在个人备课过程中是如何对共同教案、教学设计进行修改的："比如这部分不太适合，我就不用了，进行删改，增加。"（访谈 S3-CH-Yang，2015）这是因为每个教师所面对的教学情境、所理解的教学内容、所掌握的教学方法、所拥有的教学风格和能力等都是不同的，"可能在某些环节或者在某一个环节的处理方式上教师会有不一样"（访谈 S3-CH-Guan，2015）。在二次备课中，对于教师共同备课所形成的共同教案、教学设计，S3学校语文教研组的每个教师都需要对其进行再理解、再加工和再调整，从而能够将其运用于具体的课堂教学情境之中。这是教研组层面的概念性知识转化为教师个体操作性知识的过程。

值得注意的是，尽管二次备课是基于共同教案所载明的教学思路进行的，但这并不意味着教师仅仅是共同教案的执行者。相反，二次备课让教师能够根据实际情况进行调整，这一调整的过程通常也伴随着新知识的产生。如 S3-CH-Guan 就提到，在针对《爬天烛峰》的二次备课中，她在共同教案的基础上，添加了部分新的内容（访谈 S3-CH-Guan，2015），二次备课也是教师个人层面知识创建的过程。教师个体知识会通过共同备课、课后研讨等方式与其他教师分享，进而成为教研组内的共同知识。

（二）教师做示范课

示范课的呈现是教师将所接触到的来自外部专家与其他教师的

新的教学理念和方法等知识转化为自身操作性知识的过程。S3-TO-CH-TL-Qiang 就说道："经过在磨课的过程中提供一些思想，她能够很快地把自己的思想，把别人的想法渗透到课堂中，然后变成自己的东西，把它在课堂上体现出来。"（访谈 S3-TO-CH-TL-Qiang，2015）通过示范课这样一种活动，S3-CH-Guan 等主讲教师，可以将来自外部的新知识转化为自身能够掌握、运用的操作性知识。

其一，示范课的教学思路、教学理念受外部专家所提倡的教学方法的影响。主讲示范课是教师学习外部专家、一线名师等输入的新的教学理念和教学方法的重要途径之一。例如，S3-CH-GL-Hao 在做示范课《坐井观天》时，在备课和呈现的过程中，就努力运用 EE-Xiang 所提倡的预习单（访谈 S3-CH-GL-Hao，2015）。通过在示范课中的尝试，S3-CH-GL-Hao 对于如何将预习单与平常的课堂教学相结合，如何具体操作预习单等都有了更深的体会。

其二，准备和主讲示范课的教师能持续不断地解决具体操作性问题。只有通过具体的教学情境和课例的不断实践和尝试，问题才会浮现出来并被教师所识别。在不断解决问题的过程中，教师掌握了如何运用具体教学方法的操作性知识。S3-CH-Guan 就讲述了她在准备、展示示范课过程中的收获："在目标设定上，包括这一课究竟要做什么"（访谈 S3-CH-Guan，2015），教师有了更清醒的认识。通过主讲示范课，S3-CH-Guan 将教学目标的设置应该遵循的原则以及具体设定的方法等概念性知识转化为操作性知识，也就是课例准备和实施中具体的教学目标的设定。

其三，主讲示范课让教师能够发现自己在课堂教学过程中的不足，刺激其自我反思，从而为教师改变教学理念和教学行为提供了可能。S3-CH-Yang 描述了她在主讲示范课《白杨》之后对自己表现的反思："感觉没有发挥到最好"（访谈 S3-CH-Yang，2015）。这种对自己课堂表现的不满意，促使 S3-CH-Yang 反思教学思路、教学设计以及课堂上的教学行为（访谈 S3-CH-Yang，2015）。这就为之后的教学改进提供了契机。同时，教师反思的对象也包括如何将外部专家、一线名师等的新的教学理念运用到课堂中。S3-CH-GL-Cheng 在主讲《他是我的朋友》时，就尝试采用了"主问题设计"的新方法，但是，示范课的经历让她对这一方法的具体操作有了新的反思，包括引导学生全体积极参与、如何提出问题、学生对问题的接受程度、问题的深浅度等操作层面的情况（访谈 S3-CH-GL-Cheng，2015）。

简言之，做示范课让主讲教师能够学习外部专家输入的新的教学理念和教学方法，在解决问题的过程中掌握操作性知识，同时促进教师对自己课堂教学的反思，为教师改变教学理念和行为提供了可能。

（三）常态课中教师个人的尝试

对于 S3 学校语文教研组教师而言，在常态课中尝试新的教学理念与方法，是教师将外部新知识转化为教学实践的操作性知识的重要途径。

其一，S3 学校语文教师在日常课堂教学活动中尝试运用外部专家输入的新知识。例如，EE-Cheung 强调的"一课一得"语文课堂理念与"花瓣识字教学法"的具体应用、EE-Yang 推崇的"体验式教学"、EE-Xiang 和 EE-Lian 倡导的"预习单"的使用，以及几位外部专家介绍过的"小组合作教学法"。通过在常态课中不断尝试、运用和反思，S3 学校语文教研组的教师才能够逐渐掌握如何操作这些新的教学方法。S3-CH-GL-Cheng 分享的学习经历就十分有代表性。"首先我觉得应在思想上、理念上有所转变，他说的这些理念我接受，我认同，然后我就觉得应在实践中慢慢地渗透，向这方面靠拢"（访谈 S3-CH-GL-Cheng，2015）。教学理念的改变是教学行为改变、进行教学活动尝试的前提，同时，只有通过在实践中不断揣摩和尝试，才能逐渐将外部新的知识，特别是较为抽象的概念性知识，加以消化和吸收，转化为自身的操作性知识。

其二，通过不断实践、反思和再实践，S3 学校语文教研组的教师对新知识进行了调整和改造，让其与学校、语文学科和教师个体所面对的具体情境相契合。S3-CH-GL-Duang、S3-CH-Guan 就提到，对于外部专家提出的主问题设计、小组合作、学习纸的运用等，教师们是"在落实的时候，感觉没必要，每节课都要去做。教给我们的东西，经过我们加工以后再实践"（访谈 S3-CH-GL-Duang，2014）。"在我们学习的过程中……通过不断地用，去甄选哪一个更适合哪一节课。"（访谈 S3-CH-Guan，2014）通过不断的尝试，并对教学方法等进行相应的调整、甄选，教师们才能掌握在具体的情境中是否应该以及如何运用新的教学方法。在日常教学实践中不断地尝试、反思、改进、再实践，是 S3 学校语文教研组在个体层面学习新知识的重要途径之一。通过不断实践和尝试所获得的知识，则往往是与具体的教学情境相匹配的，带有教师浓厚的个人色彩（如教师对教学理念、教学方法的独特理解）的操作性知识。

总之，S3 学校语文教研组的教师通过二次备课、做示范课与常态课中的尝试等方式，消化和吸收外部专家以及学校、学科教研组和各个年级组所提供的系统性知识和概念性知识。在这一过程中，教师个人层面对于新的教学理念和教学方法的认识，被转化为教学实践中具体的操作性知识，也就是知识内化的过程。

四 小结：以知识外部化、社会化为核心的学习过程

S3 学校语文教研组的学习过程大致如图 5-3 所示。与其他研究案例相比较，其突出的特点在于：面对通过知识联结而进入学校组织层面的外部新知识，语文教研组（特别是年级组内）的教师发生的知识外部化与社会过程在促进教师学习方面起着关键作用，而且，小组学习（教研组）与个体学习（教师个体）之间呈现出相互影响的互动关系。

第五章 教师跨界学习

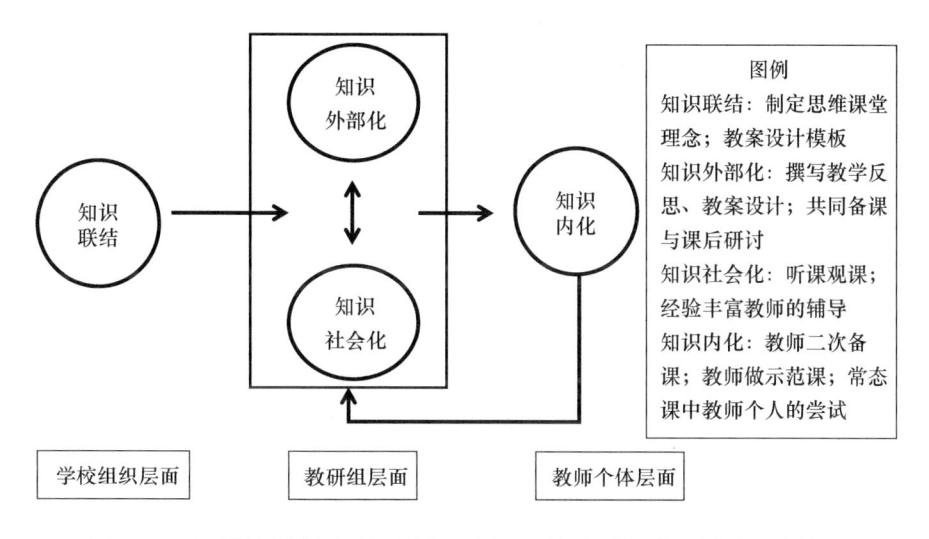

图 5-3 S3 学校语文教研组的学习过程：以知识外部化、社会化为核心

首先，S3 学校语文教研组教师的课堂教学理念和方法的改变通常始于学校组织层面的系统性知识的创建，也就是思维课堂特色教学理念的构建与各个学科的教案设计的改进以及模板的引进。这反映了组织层面知识联结的过程与结果，及其对教师小组层面和个体层面的学习所带来的直接影响。

其次，S3 学校语文教研组的教师主要通过撰写教学反思、教案设计与年级组内或者跨年级组内的共同备课、课后研讨等方式将自己对于课堂教学、新的教学理念和方法的理解与掌握呈现出来，并与其他教师进行分享，从而整个语文教研组的教师之间形成共同的认识。这就是概念性知识的形成过程。此外，无论是现场观摩示范课，还是日常教研活动，教师之间的听课观课活动都让教师能够看到、听到和感受到某一个教学理念和方法的具体运作方式，并逐渐在同一教研组、年级组内形成共同的理解。而 S3 学校语文教研组的一个特点在于，有经验的教师通常为年轻教师学习新知识、掌握新理念、尝试新的教学方法、积累教学经验提供了不可或缺的帮助。

另外，在 S3 学校语文教研组内，无论是学校组织层面诸如思维课堂和教案设计在内的系统性知识的创建（知识的联结），还是语文教研组及其内部的年级组教师通过彼此的互动而实现的概念性知识的创建（知识外部化）与共感知识的生成（知识社会化），抑或是教师个体通过各种情境中具体的教学实践（知识内化），所有这些教师学习的过程都受到了外部专家、一线教师等输入的知识的影响。

最后，无论是经过二次备课，还是做示范课或教师个体的尝试等方式所生成的教师个体知识，都会通过一定的渠道（共同备课、课后研讨、听课评课、经验丰富教师的指导），成为教研组内教师共同讨论的议题，也就是进入知识外部化、社会化的循环中。

第四节　S2 学校语文教研组及 S3 学校英语教研组的学习过程：以知识内化为核心

在 TS 伙伴关系项目中，对于 S2 学校语文教研组及 S3 学校英语教研组内教师学习而言，这两个教研组的教师尽管处于十分不同的学校组织环境之中，但是他们的学习过程却呈现出一个共同点：教师个体知识内化至关重要，部分教师自身对于新教学理念、教学方法的尝试、理解成为学科教研组内其他教师学习新知识的重要来源。

这主要是因为在两组教师学习的过程中，部分教师（特别是领袖教师、骨干教师和种子教师）发挥了引领性作用，在其自身对新教学理念和方法的理解加深之后，带动教研组内其他教师的发展。正如 S2 学校副校长 S2-VPL-Yun 所言，"有兴趣有能力的教师，选择那么一个班，慢慢地摸索出一些经验"（访谈 S2-VPL-Yun，2015），然后在年级组内、教研组内进行推广。部分教师先行先试地对新教育理念和知识的学习是其他教师获得新知识的重要条件，也是 S2 学校语文教研组和 S3 学校英语教研组教师学习过程的主要特点之一。

学校内部设定了教师梯队（领袖教师、骨干教师、种子教师和有潜力的教师），S3学校英语教研组的领袖教师S3-EN-TL-Mang和骨干教师S3-EN-Lin，以及S2学校语文教研组的S2-CH-Na、S2-CH-Shi、S2-CH-Fan均属于骨干教师，而S2-CH-Zhen、S2-CH-Ren、S2-CH-Wang、S2-CH-Zhao则属于种子教师。在TS伙伴关系项目的各项学习活动中，领袖教师、骨干教师和种子教师的参与程度更高，特别是在同课异构活动中，需要承担做示范课、常态课的任务，这也给予他们更多的学习机会和资源。

一 知识联结：学校特色课堂理念的提出

S3学校英语教研组和S2学校语文教研组嵌套于各自学校的独特课程、教学、管理、文化等学校组织层面的教育系统之中。因此，S3学校英语教研组、S2学校语文教研组的教师学习离不开作为学校组织的直接影响，特别表现在两所学校特色课堂理念等组织层面的系统性知识的提出及其对两个教研组教师学习所产生的直接影响方面。S3学校自2013年以来，在外部专家的多次指导下，逐步形成了"思维课堂"这一S3学校的特色课堂教学新模式。而S2学校则将"生动课堂"确定为学校的特色课堂教学理念，以此指导包括语文、数学和英语在内的各个学科的课堂教学活动。

（一）S3学校"思维课堂"特色教学理念

在日常课堂教学中贯彻"思维课堂"的理念已成为包括英语教学在内的学校所有教师必须努力实现的目标。但是，如何具体在不同学科的课堂教学中执行"思维课堂"这一特色课堂教学理念仍然是困扰学校行政人员、一线教师的问题（访谈S3-TO-CH-TL-Qiang，2015）。"思维课堂"理念刚提出来的时候，英语教师就表达了类似的困惑：如何将思维课堂与具体的英语教学相结合（访谈S3-EN-Lin、S3-EN-TL-Mang，2014）。

几位英语教师在访谈的过程中论述了他们对"思维课堂"的理解。S3-EN-GL-Yu、S3-EN-Lin、S3-EN-TL-Mang、S3-EN-Huang 四位英语教师都将思维课堂理解为培养孩子英语思维能力和语言思维能力。这是学校层面倡导的思维课堂在具体的英语教学过程中的体现。"英语思维"是 S3 学校英语教研组教师共同提到的概念，这一概念的提出，是 S3 学校英语教研组组长 S3-EN-GL-Yu 和骨干教师 S3-EN-Lin 经过几番讨论形成的结果：将思维课堂与英语教学相结合（访谈 S3-EN-GL-Yu，2015）。作为学校层面的课堂教学理念，思维课堂在英语教师的课堂教学中被具体化为英语思维的培养，并得到了其他教师的认可。这一对思维课堂的独特理解一方面是教师讨论的结果，另一方面显示出英语教研组教师对于学校组织层面系统性知识的理解。

（二）S2 学校"生动课堂"特色教学理念

S2 学校语文教研组的教师对于学校组织层面提出的"生动课堂"的特色教学理念的理解、运用呈现出以下两个特点。

其一，生动课堂已经成为指导 S2 学校语文教研组教师示范课以及常态课的课堂教学的重要原则。例如，在对《坐井观天》一课进行备课和设计教学环节的时候，S2-CH-Fang 和其他教师都被要求贯彻生动课堂的教学理念（访谈 S2-CH-Fang，2015）。除了 S2 学校语文教研组教师在准备和设计示范课、常态课过程中要努力遵照"生动课堂"理念之外，对课堂教学进行评价的标准也发生了变化。在参与 S2-CH-Ren 对《猫》一课的共同备课和指导的过程中，S2-TO-CH-TL-Gong、S2-VPL-Yun 也强调如何在课堂上体现出"生动课堂"的理念（访谈 S2-TO-CH-TL-Gong，2015），并将生动课堂理念转化为具体的教学策略和过程。可见，无论是语文教师将自己对于"生动课堂"的理解具体化为教学策略和方法，还是学校行政人员、其他教师将"生动课堂"视作评价一个教学设计、课堂教学过程好坏的标准，都体现了 S2 学校组织层面所提出的"生动课堂"对于教师教学理念、行为的影响。

其二,"生动课堂"理念被融入 S2 学校教案中,指导教师备课和课堂教学。教案十分清晰地呈现出"生动课堂"的理念含义、核心思想、实施思路(原则、主张、具体执行策略)等。这些内容部分来源于 EE-Hua、EE-Cheung 等外部专家、一线名师等所输入的新的教学理念和方法,例如"关注学情,深度备课""把握重点,一课一得""预习单""主问题设计"等(S2 学校教案,2015)。"生动课堂"的特色教学理念的含义、具体实施策略等都被 S2 学校整理为教案本,并将其作为备课、教学的指南,成为包括 S2 语文教研组在内的所有教师应该遵循的原则(S2-CH-Zhen,2015)。教案中关于"生动课堂"的论述就意味着 S2 学校组织层面系统性知识的创建,并进而影响 S2 学校语文教师教学理念和课堂教学行为。

总之,S3 学校英语教研组、S2 学校语文教研组教师的学习过程及其对课堂教学的理解深深地打上了 S3 学校、S2 学校在外部专家的协助下分别提出来的学校特色课堂教学理念(访谈 S3-TO-CH-TL-Qiang,2015)。知识联结指的是不同的显性知识经过进一步的整理、加工、重组、分类、整合等一系列的步骤,而成为组织层面的系统性知识,其具体的表现形态可以是相关的文件、操作手册等。以知识联结的视野考察 S3 学校英语教研组和 S2 学校语文教研组教师的学习过程,我们可以发现,与课堂教学理念相关联的系统性知识的形成过程并非由 S3 学校英语教研组或 S2 学校语文教研组教师合作或讨论而形成,也就是说,并非由不同小组之间的知识交流而形成的组织层面的系统性知识。相反,在研究个案 S3 学校英语教研组、S2 学校语文教研组中,系统性知识的形成往往与教研组以及教师个体自身无多大关系,而是 TS 伙伴关系项目中外部专家、一线名师等外部专家与学校层面已有的相应知识(如学校课堂理念的提出)的调整与融合。尽管学校层面提出了"思维课堂""生动课堂"等特色教学理念,以整

· 203 ·

合、指导各个学科的课堂教学，但是，具体到各科教研组层面，学校并没有一个具体的操作性的文件和指南。S3学校英语教研组和S2学校语文教研组的教师只能在参与TS伙伴关系项目的过程中不断对这一问题做出自己的解答，构建自己的理解。同时，也正是因为学校层面只是提出了一个模糊的理念和概念，所以S3学校英语教研组、S2学校语文教研组的教师在理解、阐释以及具体应用层面能够有更大的发挥空间。

确实，外部显性知识是组织知识创建过程中不可忽视的来源，特别是对于系统性知识的创建而言，外部显性知识往往可以发挥改造、更新、调整、组织原有知识体系的作用。通过知识的联结形成系统性的知识，并非仅仅依赖于组织内部的知识，跨越组织边界进入的外部知识也是知识联结（显性知识转化为显性知识）的重要来源。S3学校所提出的"思维课堂"、S2学校所提出的"生动课堂"这些特色教学理念都是在外部专家的指导和帮助下逐渐形成的。这意味着对于S3学校英语教研组和S2学校语文教研组的教师而言，知识的联结更多的是指外部知识与学校层面已有的系统性知识的联结。教研组内部教师之间的知识交流、合作互助在实践中并没有对学校层面的系统性知识的创建产生影响。相反，无论是教师之间的合作学习，还是教研组内部教师个体的学习，都受到外部专家所传递的知识与学校已有的知识的相互联结而形成的系统性知识的影响。这种影响如何发挥则主要体现在S3学校英语教研组和S2学校语文教研组中教师知识内化、社会化与外部化的过程中。

二 知识内化：教师做示范课、常态课中教师的尝试

在S3学校英语教研组和S2学校语文教研组教师的学习过程中，内化所指向的知识标的或对象是外部专家通过各种学习活动输入的知识与学校已有的知识联结、整合而形成的新的系统性知识。与此同

时，S3 学校英语教研组、S2 学校语文教研组教师个体内化的不仅包括外部系统性知识，也涵盖与外部专家、教研组内外的其他教师正式与非正式的学习活动中所获得的知识。S3 学校英语教研组、S2 学校语文教研组教师如何理解、接纳并学会在具体的情境中运用外部新的显性知识，将其转化和纳入自身的教学实践中，成为个体隐性知识。具体的方式可以总结为两种：一是教师（特别是领袖教师、骨干教师和种子教师）做示范课；二是常态课中教师个体的尝试。

(一) 教师做示范课

为了推动项目学校英语教师能够理解、掌握外部专家所引入的新的教学理念和教学方法，学校内部或项目学校之间会开展"同课异构"、示范课等活动：根据外部专家的要求，教师在组内备课的基础上做一次示范课，听取外部专家和其他教师的意见和建议。

在 S3 学校英语教研组中，做示范课的任务通常由年轻、英语教育水平比较高的 S3-EN-Lin 和 S3-EN-TL-Mang 负责。其中，S3-EN-TL-Mang 是 S3 学校的英语领袖教师，而 S3-EN-Lin 则是英语骨干教师。类似地，在 S2 学校语文教研组中，参与同课异构并负责做示范课的也通常是 S2 学校的语文骨干或种子教师，包括 S2-CH-Na、S2-CH-Shi、S2-CH-Fan、S2-CH-Zhen 等。

对于示范课主讲教师而言，主讲示范课提供了十分好的机会让他们在课堂上尝试新的教学法，从而能够更好地理解和掌握所接触到的新的教学知识。

主讲示范课对于教师而言是一个巨大的挑战，同时也是学习和锻炼的机会（访谈 S3-EN-Lin，2015）。在准备和主讲示范课 Friends 的过程中，S3-EN-TL-Mang 着眼于如何在课堂教学中具体执行外部专家所传递的新教学方法，特别是如何在课堂上培养学生的英语思维能力。其前提在于 S3-EN-TL-Mang 对新的教学理念和方法是十分认可的。正如访谈时所提到的，S3-EN-TL-Mang 认为，外部专家提到的都是在当前课堂教学中"应该落实的那些点，就是应该去做的"（访谈 S3-EN-TL-Mang，2015），并且 S3-EN-TL-Mang 也反思了自己已有的教学理念和方法（访谈 S3-EN-TL-Mang，2015）。对于 S3-EN-TL-Mang 而言，做示范课的过程是十分艰难的，教师在已有的教学方式与新的教学理念和方法之间摇摆、挣扎的经历反映了他们在运用新的教学方法的过程中所遇到的困难。但是，经过这样一番挣扎和痛苦的洗礼之后，主讲课教师对于教学理念和方法的理解及其如何在真实的课堂情境中展开有了比其他教师更深入的理解和掌握（访谈 S3-EN-Lin，2015），新的教学理念和方法被主讲教师通过示范课加以实践，并转化为自身的操作性知识。

同样地，对于 S2 学校语文教研组承担主讲示范课的教师（如 S2-CH-Wang、S2-CH-Fan、S2-CH-Fang、S3-CH-Ren、S2-CH-Na）而言，通过参与同课异构使他们能更好地掌握外部专家输入的教育理念和方法。例如，S2-CH-Ren 在主讲《猫》的过程中，就运用了 EE-Xiang 所倡导的预习单这一新的教学方法（访谈 S2-CH-Ren，2015）。并且，通过示范课的实践，S2-CH-Ren 对于为什么要用预习单有了更深的认识，也更好地掌握了将预习单与具体的课例、课堂教学情境相结合的方法（访谈 S2-CH-Ren，2015）。再比如，S2-CH-Wang、S2-CH-Fan 两位语文教师分别上了《画杨桃》一课，而 S2-CH-Na 和 S2-CH-Shi 则分别上了《灯祭》一课。在示范课的设计和实施过程中，如何体现学校所倡导的思维课堂理念与 EE-Hua 介绍的小组合作教学方法、作业纸方法、主问题设计等新方法则是主讲教师考虑的重点。通过主讲这一示范课，教师知道了如何在情境中运用小组合作、作业纸的使用、主问题的设计等教学方法。

关于如何将新的教学方法运用于课堂教学中，"你叫我说我说不出来，但是你叫我做有时候我就能够做"（访谈 S2-CH-Shi，2015）。无论是作业纸的运用还是小组合作教学法的具体实施，主讲教师所获得的不仅是模糊的、抽象的教学方法的含义，而且是通过主讲示范课将其转化为教师自身的操作性知识。特别是领袖教师、骨干教师、种子教师，因为其承担着主讲示范课的任务，他们能够将诸如学校特色课堂教学理念、新的教学方法等系统性知识、概念性知识转化为课堂教学实践活动，也就是操作性知识。主讲示范课是教师内化新知识的重要途径。

（二）常态课中教师个体的尝试

区别于领袖教师、骨干教师和种子教师等所开展的示范课教学活动，S3学校英语教研组、S2学校语文教研组的教师在接触、了解新的教学理念和教学方式之后，通常会在自己的课堂上（也就是在常态课中）进行实践，这成为教师将外部新知识逐渐转化为自身操作性知识的重要方式。对此，无论是领袖教师、骨干教师和种子教师还是其他普通教师（如有潜力教师），都将实践性、尝试性地运用及之后的反思、调整、再实践这一系列的行动循环视为掌握新教学知识的重要途径。

领袖教师 S3-EN-TL-Mang 在参加了 EE-Tang 的讲座与培训之后，了解到英语教学的一些具体做法，包括小组合作学习、小组荣耀感技巧的运用、"一口气说英语"等"比较容易操作的、十分接地气的"（访谈 S3-EN-TL-Mang，2015）英语课堂教学的具体操作方式。在这之后，S3-EN-TL-Mang 在自己的课堂上进行了多次尝试。S3-EN-TL-Mang 将 EE-Tang 介绍的通过设立班级荣耀感、小组荣耀感来刺激"孩子们有学好英语的冲动"这一方法在六年级班上进行了实验，其中包括如何分组、依据何种标准来分组、如何激励孩子参与课堂互动等都需要 S3-EN-TL-Mang 在课堂上进行实践和尝试。类似这样的课堂教学的"实验"，让 S3-EN-TL-Mang 真正意识到了新的教学法的效果，其直接体现就是学生英语学习兴趣和课堂表现的提高（访谈 S3-EN-TL-Mang，2015）。

S3-EN-TL-Mang 将在常态课上尝试新的教学法概括为自己所做的"教学实验",这意味着在她看来,学会在真实的课堂情境中运用新的教学理念、教学法的过程并非一蹴而就的,也并非直接地完全地照搬外部专家所传递的教学法而毫无调整和改进。相反,S3 学校英语教研组的教师在常态课上的尝试不仅面临着许多实际问题,而且在尝试过程中要不断结合不同教师个体的情况、班级的具体情境等进行调整,新的知识也会在这一过程中浮现出来。实践之后的不断反思和总结,是教师个体不断理解新的教学理念和方法,并将其转化为自身操作性知识的过程。

尽管真实的教学情境及其背后的其他因素会限制教师掌握和运用新的教学理念和方法,但是,教师在实践中所遇到的各种问题也促使 S3 学校英语教研组、S2 学校语文教研组的教师,在尝试新理念、新方法的过程中不断进行调整,并创造出适合自身以及具体的课堂教学情境的教学方法。这些教师个人的尝试和教学实验都表明:教师只有通过自己尝试、实践和运用新的教学方法,才能够真正发现教育理念和方法如何与自己的具体课例、教学情境、学生情况相结合,也才能够发现自己的不足和存在的问题。而解决问题、克服困难的过程正是教师获得和创建操作性知识的过程。

S3-EN-Lin 在尝试运用 EE-Lee、EE-Qian 等英语学科教学的大学专家所提倡的新的教学方法——Phonics 英语语音教学与小组合作教学法——的过程中,会根据自己学生的英语基础、课堂教学的实际情况调整新的教学方法在真实教学情境中的运用。在这一过程中,尽管通过专家的讲座、报告、示范课等频繁的知识交流活动,S3-EN-Lin、S3-EN-Huang、S3-EN-GL-Yu 等教师接触到了 Phonics 语音教学,小组合作教学等概念,但是,S3-EN-Lin 一开始找不到与自己的学生情况、实际的教学情境相匹配的运用教学方法的具体方式(访谈 S3-EN-Lin,2014)。同 S3 学校英语教研组的其他几位教师一样,S3-EN-Lin 在将外部的新知识转换为自己能够理解和运用的操作性知识的过程中遇到了困难。S2 学校语文教研组教师 S2-CH-Ren 也有相同的体会，她认为："你还得靠实践，实践了你才知道它适合不适合你。"（访谈 S2-CH-Ren，2015）。教师个人在常态课中对于新教育理念和方法的尝试和运用，是掌握新知识的重要途径。只有坚持尝试，不断反思、调整，S3 学校英语教研组、S2 学校语文教研组的教师才能真正将新的教学方法转化为自身内在的教学信念以及可操作的教学经验。

总之，教师做示范课、教师在常态课上进行多次尝试，能够帮助教师个体更好地理解、掌握并且在实际的教学情境中运用所获得的新的外部知识。组织成员个体层面的做中学、实践、反思、行动是其将显性知识转化为自身所拥有的直接经验，也就是具有隐性特点的操作性知识的必要途径。但是有两点值得注意：

其一，尽管 S3 学校英语教研组、S2 学校语文教研组教师做示范课与常态课的尝试主要发生在个体层面，但是，这种知识的内化过程也获得了其他教师的帮助。S3-EN-Lin、S3-EN-TL-Mang 等 S3 学校的英语骨干教师通过做课特别是示范课这样一种方式来消化、吸收外部专家输入的教学理念和方法，是英语骨干教师在个体层面的自我尝试、实践和反思。但是，骨干教师准备、主讲示范课的整个过程并没有脱离教研组的支持。以 S3-EN-TL-Mang 的经历为例。S3-EN-TL-Mang 在准备示范课 *Friends* 的过程中，得到了教研组内其他教师的许多帮助，在非正式的场合（如办公室、下班后）与 S3-EN-Lin 就如何设计、开展示范课做了探讨和琢磨（访谈 S3-EN-TL-Mang，2015）。与其他教师的非正式交流能够帮助 S3-EN-TL-Mang 面对示范课所带来的挑战，解决如何将新的教学理念和方法与具体的课例相结合等问题。准备示范课的过程十分痛苦，需要解决很多问题，也正是因为这样，才会与其他教师进行交流，寻求同侪的支持和帮助（访谈 S3-EN-TL-Mang，2015）。换句话说，知识内化往往是成员个体的事情，是十分个人化的过程，但是，教师之间的探讨、交流能够帮助骨干教师更好地内化其所思、所想、所做。

其二，教师做示范课的意义不仅在于其自身能够更好地理解新的教学理念和方法，并通过实践将其转化为真实课堂教学情境中的操作性知识，同时这也是传播新知识、新理念、新方法的重要途径。在S2学校语文教研组里，S2-CH-Zhen、S2-CH-Na在外出学习之后，根据学校的要求，分别做示范课，将自己所学到的知识与其他教师做分享（访谈S2-CH-Zhen，2014）。可见，示范课的意义不仅在于让S2-CH-Zhen掌握了小组合作教学等方法，而且为其他语文教师提供了一个学习的机会，也是知识在教研组内传播的重要途径。类似地，无论是通过做示范课还是在常态课中进行尝试，都是对EE-Lee等外部专家所传输的新知识进行教学实验。通过S3-EN-TL-Mang的先行先试，并经过实践逐步找到解决问题的方式，"先自己有一个思路了"，之后再通过各位教师之间的共同学习活动，将自己的想法和做法与其他教师进行分享（访谈S3-EN-TL-Mang，2015）。经过教师反思总结和调整而形成的个体知识，通过各位教师共同学习和交流活动（如非正式交流、共同备课、听课观课等），成为其他教师改变理念和获得新知识的途径。

三 知识社会化：听课观课，教师间非正式交流

分享自身的实践经验是组织成员获得与交流隐性知识的重要方式。知识社会化的最终结果是在小组成员之间形成共感知识：共享的心智模型和共同的技术技能。换句话说，共感知识是教研组内部教师之间通过经验的分享而形成共同的经验，对于某一教学理念、方法达成共同理解。在S3学校英语教研组、S2学校语文教研组中，知识社会化（隐性知识转化为显性知识）的具体实现方式大致有两类：一是教师间听课观课，二是教师间就某一新的教育理念、教学方法进行

非正式的交流和探讨。

（一）教师之间的听课观课

在知识内化的过程中，S3 学校英语教研组、S2 学校语文教研组的教师通过采取做示范课、常态课等"从做中学"的具体方式而将外部新知识进行消化、吸收并内化为自身所秉持的教学理念与可操作的具体教学方法。知识内化的过程及其成果（即教师个体的操作性知识）也为教研组内教师之间的互相学习提供了资源。在学校管理层面，学校之间或学校内部不同教师主讲的示范课，都要求教研组的其他教师进行现场观摩和学习，甚至要求写心得体会（访谈 S2-CH-Zhao，2014）。观摩示范课并从中获得新的教学理念和方法已经成为学校教师专业实践和学习的一部分。

如前所述，做示范课除了能够增进主进课教师自身的教学知识的提升之外，示范课的另一层重要意义在于为其他教师展示如何运用新的教学方法。"示范课"中的"示范"二字就点明了这一活动的主要目的在于通过具体的、真实的课例，向教师展示某一种教学理念（如英语思维、生动课堂理念）如何在课堂中实现，或者某一种教学方法（如小组合作教学、绘本教学、主问题设计、协同教学等）如何在具体的教学情境中进行操作和运用。教师示范课的重要价值在于发挥示范和引领的作用。

S3 学校语文教研组的 S3-EN-Lin 对于其所做的示范课作用的理解是十分有代表性的。一方面，主讲教师通常倾向于在示范课中运用并展示新的教学理念和方法（访谈 S3-EN-Lin，2015）。另一方面，通过示范课上所展示的教学理念和方式，其他教师既能够更好地理解新知识，甚至加以模仿和学习，又能够树立起尝试运用的自信心（访谈 S3-EN-Lin，2015）。学校对于示范课的理解也获得了 S2 学校语文教研组内其他教师的佐证。S2-CH-Zhen、S2-CH-Zhao 两位教师就回想起她们现场观摩 S2-CH-Wang、S2-CH-Fan 两位教师在外部专家指导下运用协同教学这一新的教学方法的教学实践课。S2-CH-Wang、S2-CH-Fan 两位教师以"协同教学"这一新教学方法展示了如何开展《画阳桃》一课。这样的教学形式和过程是 S2 学校语文教师之前没有见过的，教师们感到"挺新鲜"（访谈 S2-CH-Zhen、S2-CH-Zhao，2014）。作为不同学科的骨干教师、种子教师，S3-EN-Lin、S2-CH-Wang、S2-CH-Fan 等教师通过示范课的展示为其他教师提供了一个理想的课堂教学样板，扩展了他们的教学思路，提供了新的教学方法具体如何运用的情形，并且激励他们通过进一步的学习和尝试，对自身的课堂教学进行改进。

的确，通过听课观课，特别是领袖教师、骨干教师和种子教师等教学水平比较高的教师的示范课，S3 学校英语教研组、S2 学校语文教研组的教师能够接触并更好地掌握新的教学方法。例如，通过多次听 S3-EN-Lin 所做的关于绘本教学的试讲课以及最后的示范课，S3-EN-Huang、S3-EN-GL-Yu 对于什么是绘本教学，如何开展绘本教学有了共同的理解（访谈 S3-EN-Huang，2015）。诸如绘本教学、小组合作学习等外部专家由外而内输入的新的教学法也被其他教师所获得。S3-EN-Huang 通过听课观课，对绘本教学也进行了思考，尽管并未真正在课堂上尝试过绘本教学，但是听课观课也意味着 S3-EN-Huang 参与了教研组对于何为绘本教学以及如何开展绘本教学的集体讨论过程。

在 S2 学校语文教研组中，教研组内部不同教师所开展的同课异构活动让教师能够通过听课观课而获得其他教师的教学思路、教学理念和方法及其所展示出来的独特的课堂教学过程。S2-CH-Wang、S2-CH-Fan 两位教师所做的《画阳桃》示范课，S2-CH-Na 和 S2-CH-Shi 两位教师所做的《灯祭》示范课，几位主讲教师不仅参与了备课、做课和示范课的活动，而且彼此现场观摩了其他教师对同一课的教学过程。对此，S2-CH-Wang、S2-CH-Fan 分别对彼此的课堂教学特点做了反思和总结,他们说道:"对 S2-CH-Wang 教师的课我感觉他提出的问题比较具体……提的问题稍微有点深度,让学生考虑得更多,对教材挖掘得更深。"(访谈 S2-CH-Fan,2015)"S2-CH-Fan 的课是以小组合作为主,我当时设计那个课是以读为主。"(访谈 S2-CH-Wang,2015)可见,在同课异构活动中,S2-CH-Wang、S2-CH-Fan 通过观摩彼此对同一课例的教学设计和实施,发现了不同的教学思路和侧重点,进而反思自己课堂教学的特点和不足,这就为教师之间知识的分享提供了平台,也扩展了教师的教学思路。

另外,在 TS 伙伴关系项目活动中,听课观课并非限于学校教研组内部,跨校之间的同课异构以及跨校的听课观课也为教师获得其他学校教师的教学理念和方法提供了重要渠道。参与跨校同课异构并主讲示范课的几位教师(如 S2-CH-Fang)与虽未主讲但是参与听课观课的教师(如 S2-CH-Zhen)都谈到他们现场观摩其他项目学校教师示范课的收获。S2-CH-Zhen 说道,通过观摩其他项目学校教师讲的一节"怎么写日记"的示范课,她认为,示范课上所用的教学方法能够直接加以借鉴和运用,"在备课的时候,再修改一下",就可以融入自身的课堂教学里面(访谈 S2-CH-Zhen,2015)。作为同样是主讲示范课的教师,S2-CH-Fang 观摩其他学校教师的同一课例的感受则更为丰富,这不仅能够让她在相互比较中认识到自己课堂教学的不足(访谈 S2-CH-Fang,2015),而且能认识到自己课堂教学的优点和可取之处(访谈 S2-CH-Fang,2015)。可见,通过观摩其他教师的示范课,教师可以学习到新的教学方法,同时也可以反思自身的教学设计和过程,为之后的改进提供思路。

简言之,S3 学校英语教研组、S2 学校语文教研组教师参与听课观课活动的特点在于将教师个体所具备的隐性知识公开化,亲身体会主讲教师以"身体化的行动"(embodied action)所展示出来的对新的教学知识的理解。在组织和个体学习过程中,知识理解与实践、经历、参与等密不可分；教师对于新知识的理解也蕴含在其课堂教学活动过程中。与此同时，听课观课活动给教研组的教师创造了共同参与的机会，让其他教师能够直接参与其中，进而影响同一教研组其他教师所秉持的教学理念、拥有的教学知识等。

（二）教师非正式交流

教师针对某一课堂教学问题，如何设计教学环节，如何运用小组合作等具体的教学方法所进行的交流并不局限于学校强制规定的集体教研等正式的交流情境（如每周四固定的教研实践、研讨主题等）。同一办公室内部，教师随时随地对某一教学情况进行探讨也是十分常见的情形。

这是因为相对于固定时间、固定地点并按照事先规定的主题进行讨论的教研活动而言，教师课后针对课堂教学具体情境的交流和探讨更加灵活，也更加方便，更加具体（访谈 S3-EN-TL-Mang，2015）。S2 学校语文教研组的 S2-CH-Shi 也持有相类似的观点。S2-CH-Shi 认为，在教研组内，特别是同一年级组内教师之间的交流并不局限于正式的固定的教研时间；相反，聊天式的非正式的交流往往也涉及如何进行教学设计、教学问题如何解决、如何理解和运用新的教学方法等内容。"包括平常课下在办公室聊天"这样的非正式交流，"自然而然就有的这样说，有的那样说，就都说出来了，没必要特意，这样更自然、更真实"（访谈 S2-CH-Shi，2015）。因此，在办公室或其他情境中的非正式交流，更加贴合具体的教学情境以及细节性的课堂教学活动（访谈 S3-EN-TL-Mang，2015），通过这样的交流，也能够分享教师课堂教学的感受、想法和做法。

首先，教师非正式但频繁的知识分享促进了教师个体隐性知识在教研组内部的传播，在教师之间建立了共同的知识基础。在与其他教师的课后交流中，S3-EN-Huang 的收获可以归纳为三点：一是 S3-EN-Huang 将课堂教学的具体内容和活动跟其他英语教师进行讨论，听取他们的意见，在上课的过程中就能更加游刃有余；二是 S3-EN-Huang 能够更好地掌握如何在课堂上运用 EE-Lee、EE-Qian 等外部专家输入的新的教学方法——"自然拼读法"；三是英语发音是包括 S3-EN-Huang 教师在内的几个英语教师共同面临的问题，在非正式的交流中，S3-EN-Huang 能够随时随地向英语发音比较标准的 S3-EN-Lin 请教，逐渐矫正自身英语发音的不足（访谈 S3-EN-Huang，2015）。

此外，教师之间非正式的交流所针对的通常是教师日常教学中面临的实际问题，也就是常态课中的具体情境。例如，对于如何将生动的课堂理念运用于具体的课例，S2-CH-Ren 就会与同一年级组内的教师进行讨论，各自分析自己的想法和做法（访谈 S2-CH-Ren，2015）。这样的非正式交流和探讨，对于教师理解某一理念、方法，以及如何将这一理念和方法与具体的教学情境相融合是有帮助的。而且对于年轻的教师如 S2-CH-Zhen 而言，非正式的交流是向经验丰富的教师学习的重要途径。与新的教学理念和方法的运用相比，教师在日常的教学实践过程中所遇到的问题更多的是"非常琐碎的"（访谈 S2-CH-Zhen，2015），例如课堂上如何与学生互动，如何引导学生等。从教学经验丰富的教师身上，S2-CH-Zhen 能够知道如何解决和处理这些实际问题。这样的学习过程可以视作老教师与新教师之间在教学经验方面的传递和继承，进而形成对于课堂教学过程的共同理解，形成共同的教学经验。

简言之，无论是教师之间的听课观课活动，还是教师在教学情境中各种非正式的交流，都为 S3 学校英语教研组、S2 学校语文教研组教师在教研组内乃至跨越学校边界交流彼此所拥有的隐性知识创造了知识互动的"场域"。正如 S3-EN-Huang 所言，通过听课观课以及与其他教师就某一具体的英语教学问题进行交流，她能够以一名英语教师的角色"共同参与上课过程，共同想这个课怎么上"（访谈 S3-EN-Huang，2015）。通过共同参与，S3 学校英语教研组、S2 学校语文教研组的教师形成了共同的经验（co-experience）、建立对某一教学理念和教学方法的共同理解即共感知识。

四 知识外部化：共同备课与撰写教学反思、教学论文和教案

在 S3 学校英语教研组、S2 学校语文教研组中，教师主要通过共同备课、撰写教学反思与论文和教案这两种方式，将自身对新的教学理念和方法的理解和掌握转化为公开化的、较易传播的概念性知识。

（一）共同备课

在 S3 学校英语教研组和 S2 学校语文教研组内，由主讲教师准备示范课，在准备的过程中，教研组的所有教师都会参与主讲教师的试讲课，并在听课之后，参与讨论、分享自己的观点，帮助主讲教师完善某一具体课例的课堂教学设计，共同寻找解决教学问题的方法。

S3 学校英语教研组的 S3-EN-Lin、S3-EN-TL-Mang 等教师在参与跨校"同课异构"过程中，需要展示相应的示范课，而在准备示范课的过程中，与其他教师的共同备课令他们受益匪浅。S3-EN-Lin 分享了共同备课带给她的收获。在共同准备"绘本教学"这一示范课的过程中，S3 学校英语教研组的其他教师共同为 S3-EN-Lin 出谋划策，在共同讨论如何进行绘本教学的过程中，将自己的教学理念表达出来。共同备课的过程往往以 S3-EN-Lin 为主，先提供一个课堂设计思路，并在试讲的时候真实地呈现出来；之后教师们对此再进行讨论。诸如从"学生接受的效果""教学目标""板书设计"等课堂教学各个方面，教师们提出了具体的建议（访谈 S3-EN-Lin，2015）。可见，共同备课并非一蹴而就的，而是主讲教师与听课教师关于如何开展绘本教学这一具体教学方法彼此的对话和研讨，主讲教师在吸收了听课教师所提出的意见后，还需要进行再一次的试讲，然后共同对试讲的环节、过程和效果等进行讨论。共同备课的重要价值在于，其

他教师在讨论的过程中会真正把课堂教学的整个过程"切开,然后去看"(访谈 S3-EN-Lin,2015),教师们通过共同备课,将课堂教学过程中的各个环节、细节性的互动、课堂的效果、可能遇到的问题以及如何运用新的教学方法等进行彼此的对话和讨论。

类似地,S2 学校语文教研组主讲示范课的几位教师都分享了他们在准备示范课的过程中,与教学副校长 S2-VPL-Yun,教导处主任 S2-TO-CH-TL-Gong 以及年级组内的其他教师进行共同备课的过程中所获得的新教学知识。典型的如 S2-CH-Shi 在准备示范课《生命生命》的过程中,包括副校长、教导处主任在内的语文教师都提出了许多很好的建议。这些建议主要集中在具体的教学实践操作领域,如词语如何解释上(访谈 S2-CH-Shi,2015)。可见,教师之间的共同备课更多地侧重于具体的教学细节、教学环节设计、实践中的问题以及学生的反应上。S2-CH-Shi 总结道,《生命生命》这一示范课的教学设计,"都是我们几个人一句话一句话地推敲出来的"(访谈 S2-CH-Shi,2015)。"推敲"一词很好地形容了共同备课中教师之间的对话和研讨,各自发表对于某一具体问题的处理意见,并最终达成共识,将其确定为具体的教学设计中的某一个模块,并在示范课的过程中进行尝试和展示。同样地,在准备《猫》时,年级组内教师、副校长和教导主任之间的共同研究和讨论让 S2-CH-Ren 的教学思路更加清晰(访谈 S2-CH-Ren,2015)。S2-VPL-Yun 在备课研讨的过程中,为 S2-CH-Ren 整理了具体的教学思路和框架,而这样一个教学框架为 S2-CH-Ren 开展具体的教学提供了指南,不仅理清了教学思路,也让她对于文本的理解有更深刻的把握。共同备课让每位参与的教师都能够将自己的隐性知识(对某一教学内容、课堂教学的理解)跟其他教师做分享。

值得一提的是,在共同备课的过程中,S3 学校英语教研组、S2 学校语文教研组的教师通常会应用外部专家所提倡的新的教学理念和教学方法，并对其进行讨论。S2 学校语文教研组的 S2-CH-Zhao 就提到，在共同备课和研讨的过程中，对从外部专家那里学到的新的理念和知识，如花瓣识字教学法、小组合作学习法等，教研组都需要"围绕这个话题来说"（访谈 S2-CH-Zhao，2014）。类似地，在 S3-EN-Lin 和其他听课教师围绕"绘本教学"进行的共同备课中，其他听课教师更加关注 S3-EN-Lin 所展现的"绘本教学"的教学目标，之所以如此，是因为自从参与 TS 伙伴关系项目后，在 EE-Qian、EE-Hua 的指导下参与了关于教学目标的相关讲座，并且阅读了几位外部专家推荐的关于教学目标设定的书籍，S3 学校英语教研组的教师自然会更有针对性地关注主讲示范课教师的教学目标（访谈 S3-EN-Lin，2015）。

由此我们可以看到外部专家所提倡的新的教学理念和教学方法在教师共同备课过程当中的作用：一方面，教师们自觉或不自觉地会将新的教学理念和方法视作理想当中课堂教学的模样，而共同备课就是研讨如何具体落实和执行的过程；另一方面，外部专家所提倡的新的教学理念和教学方法往往表现为具体的可以言说或沟通的概念（如 Phonics 英语语音教学、英语思维、小组合作教学、主问题设计等），而这也成为教师总结并表达自己关于教学过程、经验、问题等个体所具备的隐性知识的具体工具，使得教师的备课和讨论过程更加"言之有物""有东西可以讨论"（访谈 S3-EN-GL-Yu，2015）。简言之，外部专家所提倡的新的教学理念和教学方法能够支持教师之间在共同备课、集体研讨过程中，将个体的隐性知识转化为概念性的显性知识。

（二）撰写教学反思、教学论文、教案

其一，撰写教学反思，对自身课堂教学实践进行反思，并将其转化为文字材料。S3-EN-Lin 在做完示范课 *Let's Find* 之后，将自己经过单独备课、集体备课、上课以及听取 EE-Lee 和 EE-Qian 等外部专家的点评和建议之后的收获、感想，通过教学反思的形式呈现出来。在 S3-EN-Lin 的教学反思报告中，她描述了自己课堂教学设计的大致过程，并对今后如何完善 Let's Find 课堂教学进行了反思，思考自己的不足以及今后改进的方法（教学反思 S3-EN-Lin，2015）。类似地，在 S2 学校语文教研组中，作为《坐井观天》一课的主讲教师，S2-CH-Fang 也撰写了上课后的教学反思，对自己的教学思路、教学环节设计、教学过程进行整理，并分析其如何与"生动课堂"理念相契合以及可能存在的不足。S2-CH-Fang 教学反思的一个突出特点在于：试图将其课堂教学行为与学校组织层面的理念"生动课堂"，以及外部专家倡导的教学理念和方法，如一课一得、《理想课堂的三重境界》一书所提出的三类教学目标等结合起来（《坐井观天》教学反思 S2-CH-Fang，2015）。这一方面显示出 S2-CH-Fang 对新理念和知识的理解，另一方面表明学校层面的"生动课堂"以及外部专家所输入的新知识对于教师备课、上课以及反思自身教学过程的影响，并已成为教师反思的标准和重要参考。

与教学反思类似，S3 学校英语教研组的教师也被要求提交相应的教学论文。正如 S3-EN-GL-Yu 在访谈中一直强调的"创设情境"（访谈 S3-EN-GL-Yu，2015），在关于《提高小学英语教学有效性》《任务型教学在英语教学中的应用》的教学论文中，S3-EN-GL-Yu 谈到了创设情境在小学英语课堂上的重要性："强调课堂上教师如何为学生的英语学习创造真实的语言情境"（教学论文 S3-EN-GL-Yu，2015）。类似地，S2 学校语文教研组的骨干教师 S2-CH-Na 将自己在参与 TS 伙伴关系项目中所学习到的"小组合作学习"与"主问题设计"等新的教学方法通过教学论文的形式（如《小学语文教学中小组合作学习的探究》《对新课标烛照下的阅读教学"主问题"设计的思考》）进行自我整理、反思，并将自己的理解和思考转变为更为抽象和系统的论述（教学论文 S2-CH-Na，2014）。

另外，教师需要将单独或共同备课之后所成的相应的教学设计和想法落实和转化为教案。通过撰写教案并不断改进教案设计，S3-EN-GL-

Yu 能够将自己对于课堂教学活动的各种想法和主意，与具体的课例相结合，进而转化为文字性的教案，来阐释某一课例的教学设计体现了什么教学理念，如何体现，运用什么教学方法等（访谈 S3-EN-GL-Yu, 2015）。同样的情况也出现在 S2 学校语文教研组的教师特别是主讲示范课的教师身上。S2-CH-Fan、S2-CH-Wang 两位教师在准备《画阳桃》一课的过程中，对教案进行了重大修改，特别是在协同教学之前所设计的新的教案。在同课异构活动中，两位教师分别将自己的教学思路和课堂教学环节写成教案，在 EE-Hua 的要求和指导下，两位教师又进行了协同教学，并将两份教案融合为一份新的教案，以此体现协同教学的理念和具体的操作方法（访谈 S2-CH-Fan、S2-CH-Wang, 2014）。

无论是教学反思、教学论文还是教案设计的撰写和改进，S3 学校英语教研组和 S2 学校语文教研组教师将自己参与各种学习活动（如做示范课、听课观课等）而增进的对于新的教育理念和方法的理解和感受写成书面论文。这一方面有助于教师的自我反思和总结，将隐性知识转化为便于交流、保存和分享的显性知识，借此更好地理解自身的日常教学实践；另一方面，所形成的教学反思、听课感受、教学论文和教案设计等文字材料成为教师之间交流和研讨的焦点和问题，可以作为新一轮教师个体共同学习的对象，进一步影响教师的教学理念和行为。

五 小结：以知识内化为核心的学习过程

S2 学校语文教研组、S3 学校英语教研组教师学习的过程大致如图 5-4 所示。与其他研究案例相比较，其突出的特点在于：面对通过知识联结而进入学校组织层面的外部新知识，教师个体对外部新知识的内化过程在促进教师学习方面起着关键作用，而且，小组学习（教研组）与个体学习（教师个体）呈现出相互影响的互动关系。

第一，在 TS 伙伴关系情境中，与其他研究案例相类似，S3 学校

第五章 教师跨界学习

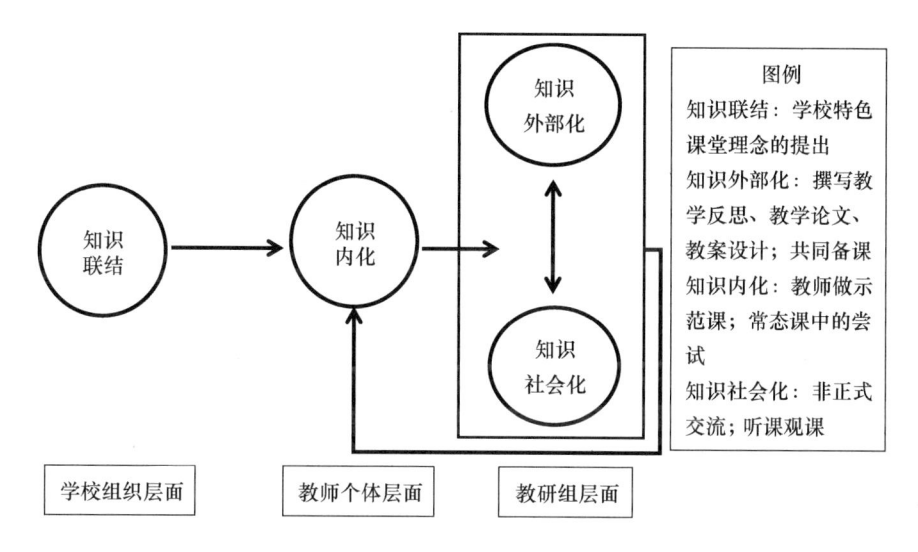

图5-4 S3学校英语教研组、S2学校语文教研组的学习过程：以知识内化为核心

英语教研组、S2学校语文教研组教师的学习对象往往是经过来自外部专家的知识与学校原有的知识经由知识联结而形成的系统性知识，例如，S3学校英语教研组教师所获得的关于学校课堂理念的"思维课堂"、S2学校语文教研组教师对于"生动课堂"的理解和运用。

第二，与其他研究案例的情况不同，S3学校英语教研组、S2学校语文教研组教师学习过程的一大特点在于：教师个体层面的知识内化（显性知识转化为隐性知识）处于至关重要的地位。一方面，通过骨干教师的示范课、教师个体或集体的反思、教师在常态课中的多番尝试，S3学校英语教研组、S2学校语文教研组的教师能够将经由"知识联结"而形成的系统性知识以及外部专家通过知识迁移、转化而输入的新知识转变为自身所认可和秉持的教学理念，以及体现为可以运用的操作性知识的教学经验，实现"知识内化"。另一方面，S3学校英语教研组、S2学校语文教研组教师学习特别强调学校层面的领袖教师、骨干教师和种子教师所发挥的先行先试的引领性作用，对于新的教学理念和教学方法，自己率先尝试，并进行不断改进，进而反思和总结出契合学校和教研组具体教学情境的经验，并通过集体学习活动，进一步与其他教师分享。

第三，教研组教师合作学习的各项活动，包括听课观课、共同备课、非正式交流以及撰写教学反思等文字材料，有助于 S3 学校英语教研组、S2 学校语文教研组的教师分享自身对课堂教学的理解以及如何运用具体教学方法。这些活动不仅能够让教师个体隐性知识公开化，在不同的教师之间进行传播，而且有助于教师整理、反思并用外部专家提供的一些概念总结自身的观念、做法和经验。

第四，对于 S3 学校英语教研组、S2 学校语文教研组的教师而言，无论是教师个体层面的学习（知识内化），还是小组层面的集体学习（知识社会化与外部化），在 TS 伙伴关系项目情境中，学习的内容和过程并没有脱离外部专家知识的影响。甚至可以说，S3 学校英语教研组、S2 学校语文教研组教师学习的主要内容都围绕外部专家输入的各种新的教学理念和教学方法展开的。承认这一点并不意味着将 S3 学校英语教研组、S2 学校语文教研组教师的学习以及课堂实践活动降低为所谓的"外部知识的执行者或落实者"。相反，无论是做示范课、教师反思和常态课中的尝试等知识内化的具体途径，还是听课观课以及非正式交流等知识社会化的实现方式，抑或是共同备课以及各种文字材料的撰写等知识外部化的手段，S3 学校英语教研组、S2 学校语文教研组教师的学习过程本身就是知识创建的过程，是外部新的教学方法如何与具体的教学情境、教师个体知识素养和教学能力等相结合的过程。

第五节　本章小结

借助野中郁次郎和竹内弘高组织学习理论的四个重要概念（知识

的社会化、外部化、联结和内化），本章将五个研究个案（即S1学校语文教研组/校本课程开发小组、S2学校校本课程开发小组、S2学校语文教研组、S3学校语文教研组、S3学校英语教研组）的教师学习过程总结为四种不同的模式：

其一，S1学校语文教研组：从知识联结到社会化与外部化，再到知识内化的单向发展（见图5-1）。与其他研究案例相比，在S1学校校本课程开发、实施过程中，语文教研组教师学习过程的最大特点在于，知识获得与创建的流向大体是从组织层面的知识联结（校本教材和框架的设定），到小组层面的知识社会化（教师"领讲课"与听课观课）与外部化（阳光读写校本教材的选材与编写、共同备课与课后研讨），最后才是教师个体层面对知识的内化过程（教师二次备课、教师个人尝试）。

其二，S2学校校本课程开发小组：从知识外部化/社会化、知识内化到知识联结的循环过程（见图5-2）。首先，该小组的学习是从小组层面开始的，在外部专家的指导下，校本课程开发小组的教师通过"围绕校本课程、校本教材的讨论""学校层面的校本教材的讲解和宣传""年级组内的共同备课"三种方式实现知识的外部化和社会化。其次，通过实施校本课程的具体活动，全校范围内的教师个体将校本课程、教材和活动计划等概念性知识转化为自身的操作性知识，并改变了教师对于课程和教学的理解（知识内化）。最终，基于对所开展的校本课程活动的反思，对活动过程所产生的相应的素材进行整理、归纳，S2学校校本课程开发小组编写出相应的校本教材，并根据新一轮的计划、实施等，对该教材进行修订（知识联结）。而新编写和修订的校本教材作为学校组织层面的系统性知识进一步指导教师开发和实施校本课程。

其三，S3学校语文教研组：以知识外部化、社会化为核心的学习过程（见图5-3）。首先，S3学校语文教研组教师的课堂教学理念和方法的改变通常始于学校组织层面的系统性知识创建,也就是思维课堂特色教学理念的构建与各个学科教案设计的改进以及模板的引进。其次,在教研组特别是年级组层面,通过撰写教学反思、教案设计与年级组内或者跨年级组内的共同备课、课后研讨等方式,概念性知识在教研组内得以被创建(知识的外部化)。并且,教师之间的听课观课以及经验丰富的教师对年轻教师的辅导,则为教师的个人隐性知识的传播、分享提供了条件(知识的社会化)。最后,教师个体通过各种情境中具体的教学实践,将所接触到的新的教学理念和方法,转化为自己的操作性知识(知识的内化)。当然,这些教师个体的知识又会通过一定的渠道(例如共同备课、课后研讨、听课评课、经验丰富教师的指导),形成年级组内、教研组内教师之间共同讨论的议题,也就是进入知识的外部化、社会化循环中。

其四,S2 学校语文教研组和 S3 学校英语教研组:以知识的内化为核心的学习过程(见图 5-4)。首先与 S1 学校语文教研组、S3 学校语文教研组相同,S2 学校语文教研组和 S3 学校英语教研组教师的学习对象往往是来自外部专家的知识与学校原有的知识经由"知识联结"而形成的系统性知识(知识联结)。其次,教师个体层面的"知识内化"处于至关重要的地位,起着承上启下的作用,骨干教师自身对于新的教学理念、教学方法的尝试、理解和掌握成为学科教研组内教师学习新知识的重要起点。[①] 这是因为 S2 学校语文教研组和 S3 学校英语教研组中领袖教师、骨干教师和种子教师发挥了引领、示范和带动的作用。通过教研组内教师集体学习活动(如听课观课、共同备课、非正式交流、撰写教学反思教案等文字材料),不仅能够让教师个体所具备的隐性知识公开化,在不同的教师之间进行传播(知识的

---

① J. A. Meirink, P. C. Meijer, & N. A. Verloop, "Closer Look at Teachers' Individual Learning in Collaborative Settings," *Teachers and Teaching: Theory and Practice*, 2007, 13 (2): 145-164.

第五章 教师跨界学习

社会化），而且有助于教师整理、反思并用外部专家所提供的概念来总结自身的观念、做法和经验（知识的外部化）。

需要重申的是，尽管本章从组织知识创建理论、知识转化模型的视角分析了 TS 伙伴关系项目中三所学校内不同教研组/校本课程开发小组的学习过程，但是大学人员、一线教师等外部专家跨越组织和知识边界而带来的新知识是教师学习的重要来源。外部新知识被教师纳入已有的知识基础之中，通过知识联结而成为组织层面系统性知识的一部分（如 S1 学校语文教研组、S2 学校校本课程开发小组的课程开发、教材编写以及 S2 学校、S3 学校特色课堂理念的提出）。同时，在教研组层面，教师共同备课、课后研讨、教学反思、教案设计等知识外部化和社会化的过程，也是围绕外部专家所传入的新知识展开的。教师个体尝试运用外部新知识的过程（如教师在做示范课、常态课中的个人尝试等），同样也受到外部专家的指导（如课例指导）及其引进的知识的影响。组织知识的创建必须置于更为广阔的生态系统之中，跨越组织边界而获得新的知识，并以此为资源进行知识的创建是创新的重要条件和动力。[1] 同样地，无论是学校组织层面的知识联结，还是教研组/校本课程开发小组层面的知识外部化和社会化，抑或是教师个体层面对新知识的尝试——"从做中学"，教研组中教师学习的各个环节都无法脱离外部专家的影响。

---

[1] I. Nonaka, G. Von Krogh, & S. Voelpel, "Organizational Knowledge Creation Theory: Evolutionary Paths and Future Advances," *Organization Studies*, 2006, 27 (8): 1179–1208.

第六章　知识互动的跨界机制

　　如何理解大学与中小学协作伙伴关系？以往的研究认为，伙伴关系既来自不同组织（即学校和大学）的成员之间合作关系的建立和展开，又来自具有不同知识基础的教师和大学人员等外部专家所提供的知识互动、共同探究、新知识创建这一重要平台。伙伴关系可被视作大学人员、学校教师跨越彼此的知识边界而进行知识互动和创建的跨界安排和边界地带：它既不属于学校教师日常教学实践的领域，也不属于大学人员（研究者或教师教育者）的教育研究领域，它具有多样参与者、多元知识来源、多重声音共存和混杂的复杂情境。[①] 本书研究佐证了这一判断。

　　伙伴关系中的多样参与者促发了多重知识边界的形成。许多教师都提到，大学人员、一线名师等外部专家代表着新的教育理念和知识，"比较高层次的那些东西，如果说教授的那些思想你认为比较新，然后接受那些比较新的思想"（访谈 S3-EN-Huang, 2015），而项目学校的教师掌握得则是比较旧的、比较传统的教学方法（访谈 S2-CH-Zhao, 2014）。同时，外部专家更擅长于教学理论的表达，有着丰富的专业术语，掌握的知识也更加具有专业性（访谈 S2-CH-Fan,

---

[①] S. D. Martin, J. L. Snow, & C. A. F. Torrez, "Navigating the Terrain of Third Space: Tensions with/in Relationships in School-university Partnerships," *Journal of Teacher Education*, 2011, 62 (3): 299–311.

第六章 知识互动的跨界机制

2014),但项目学校的教师则有着更多的教学经验、操作性知识以及对具体教育情境的掌控能力(访谈 S2-CH-Na 2014、S3-CH-GL-Duang,2014)。也就是说,外部专家占有的更多的是条则性、正式的、理论性的显性知识,而一线教师则倾向于操作性的、实践性的隐性知识。教师对于自身、外部专家以及自己与外部专家关系的理解表明:学校教师、大学人员、一线名师等伙伴关系的参与者所掌握的知识类型不一致,既为教师学习提供了条件,又为知识的互动带来了障碍。

本章重点分析大学人员、一线名师等外部专家与学校教师如何跨越由于所处组织的不同、所掌握的知识不同、所面对的问题和思维方式不同而形成的知识隔阂、知识边界。① 大学人员等外部专家与学校教师之间的知识互动需要借助跨界机制:一是边界物件;二是跨界者。② 本章尝试运用边界物件、跨界者这两个概念来分析外部专家与学校教师、学校教师之间知识互动的影响因素,回应在外部专家与学校教师知识互动中,边界物件、跨界者发挥了什么样的作用这一问题。

需要说明的是,在大学与中小学协作伙伴关系中,由于参与者的多样性而带来的知识边界并非单一的。正如第四、五章的研究所发现的,伙伴关系情境中教师学习的实现也并非仅存在于外部专家与学校教师之间的知识互动过程中,同时也是知识在学校内部、教研组内部被传播、分享和创建的过程。因此,为了推动教师学习以及伙伴关系中多样参与者的知识互动,伙伴关系中形成的多层次的知识边界需要被打破、被跨越,这其中既有大学与中小学之间所形成的边界,也有学校之间的边界,更有学校内部因为不同年级、学科而形成的内部边

---

① S. M. Brookhart, & W. E. Loadman, "School-University Collaboration: Across Cultures," *Teaching Education*, 1992, 4 (2): 53 – 68.
② 王晓芳:《从共同体到伙伴关系:教师学习情境和方式的扩展与变革》,《华东师范大学学报》(教育科学版) 2015 年第 3 期。

· 227 ·

界。无论是外部边界还是内部边界，组织知识的创建、组织内成员的学习都需要不断汲取外部信息，并将其传递至组织内部网络中。因此，本章从两个层面论述 TS 伙伴关系项目中多个参与者的知识互动中介机制：一是外部专家与学校教师；二是学校教师之间（校际与校内）。

第一节　知识互动中边界物件的创建和运用

探讨伙伴关系中大学人员、一线名师等外部专家与来自不同项目学校的教师进行知识分享、交流和创建的过程，离不开对边界物件的理解。边界物件指的是伙伴关系中来自不同组织、小组的成员实现交流、合作的中介工具，它将经历、经验、实践和思考等转化并凝结为具体的物件，该物件能够在不同的情境、不同的成员之间流转，成为成员之间合作的焦点，以此建立成员之间的联结、沟通与合作。在诸如大学与中小学协作伙伴关系等组织间关系而形成的跨界安排中，有效的边界物件应发挥三项功能：一是代表或指代功能（representation）；二是翻译或转化功能（translation）；三是变革功能（transformation）。本节将以此为基本框架，分析伙伴关系中外部专家、学校教师之间所创建、运用的边界物件是否以及如何发挥这三种功能。具体而言，在本书中，这三类边界物件被用来促进大学人员、一线名师和学校教师之间、校际教师、校内教师的知识分享和创建：一是课例；二是学校特色课堂理念；三是校本课程和教材。

一　课例

在大学人员、一线名师等外部专家的帮助下，改变项目学校教师的教学理念，提升教师的教学知识和素养，改进课堂教学效果，是 TS 伙伴关系项目的主要目的。因此，大学人员、一线名师和学校教师之间的知识交流和分享活动均围绕着某一具体课例而展开。

（一）外部专家与教师知识互动：课后点评、课例指导、专家示范课、共同备课

在 TS 伙伴关系项目中，外部专家与学校教师围绕课例进行交流的情境可以被归纳为课后点评、课例指导、专家示范课、共同备课四种方式。

其一是课后点评。大学人员、一线名师现场观摩项目学校教师的课堂教学活动，并对此进行点评、提出自己的建议，这是 TS 伙伴关系项目的一项基本活动。正如 EE-Zhan 所言，对于外部专家来说，与项目学校的合作，需要对学校的情况、教师的课堂教学情况进行事先的了解、把握和诊断，而听课是最直接、有用的途径（访谈 EE-Zhan，2015）。针对主讲教师（如 S1-CH-Fan、S1-CH-GL-EE-Huag、S2-CH-Fang、S3-EN-Ma、S3-CH-GL-Hao）围绕某一具体课例进行的教学活动，大学人员、一线名师等外部专家进行了点评。通过对课例主讲教学活动的点评，外部专家将自己所倡导、掌握的教育理念和方法，通过建议、意见的方式，传递给做课教师以及来听课观课的其他教师。

例如，EE-Zhan 在听完 S3-EN-TL-Mang 的课之后，提出了"应该开展小组合作""要吸引学生的兴趣"（访谈 S3-EN-TL-Mang，2014）的意见。EE-Xiang 在听完 S3-CH-GL-Hao 的《坐井观天》之后，向做课教师、听课教师提出"把这一节课想方设法地上有趣了、有效了"（访谈 S3-CH-GL-Hao，2015）的意见。

从这些例子可以看出，课后点评这一外部专家与学校教师围绕课例而进行的知识互动，更多地传递的是凝结为抽象概念的教育理论、教育理念，也就是显性知识，例如，小组合作、情意体验、课堂的有趣有效、对学生能力的培养等（访谈 S1-CH-GL-Zhong，2014）。许多教师认为，这些概念过于理论、抽象，很难将其直接运用到教师日常

教学实践活动中。S3-EN-TL-Mang 就提到，尽管认为小组合作十分重要，但是在听完 EE-Zhan 的点评后，仍然不知道在课堂上该如何运用、操作（访谈 S3-EN-TL-Mang，2014）。S1-CH-Fan、S1-CH-Liang、S2-CH-Fang 也提到，类似于这些概念的教育理念的宣讲，为教师提供了"大的思路，大的方向"（访谈 S1-CH-Fan，2015），"理论上的东西比较多"（访谈 S2-CH-Fang，2015），但是教师们却"好像都用不上"（访谈 S1-CH-Liang，2015）。

尽管外部专家并没有提出具体的操作方法，课堂教学应如何开展，但是，课后点评也是围绕着具体课例展开的，外部专家通过建议、意见而传递的抽象的教育概念，为教师总结自身的经验提供了工具。例如，S1-CH-GL-EE-Huag 就说，对 EE-Zhan 所提到的"情意体验"这一概念，"可能课上会对孩子进行情感体验方面的教学，但不是那么明确"（访谈 S1-CH-GL-EE-Huag，2015）。换句话说，课堂教学中教师们本来就有渗透这种情意体验的教学目标，但是他们并不知道用这样的概念来总结自己的教学行为，也不会以此设定课堂教学目标，将其在教案中明确提出来。S3-CH-GL-Cheng、S3-CH-GL-Yu 也有相同的感受和经历。

此外，课后点评所传递的概念为教师描绘了课堂教学的理想情况，即理想的、有效的课堂应该是怎么样的。S3-EN-Lin 谈到："他（EE-Lee）指导的这个课给我的感受，就是我的愿景很美好。"（访谈 S3-EN-Lin，2014）而外部专家所提到的"语言的纯粹性""语言的功能性"（访谈 S3-EN-Lin，2014）诸如此类抽象的、理论性的教育概念是十分模糊的、灵活的，不同的大学人员、学校教师对其的理解可能会不同，但是，这些概念却为 S3-EN-Lin 等英语教师提供了评判一节课好坏、有效与否、教师教学水平高低的标准。S1-CH-GL-Zhong 也认为，EE-Zhan 在听了她的示范课之后的点评，让她知道现在教育改革、课堂教学的前沿和方向，"知道什么是对的，什么是不对的"

第六章　知识互动的跨界机制

（访谈 S1-CH-GL-Zhong，2015）。

无论是用来概括教师自身的教学理念、行为和经验，还是为教师树立理想课堂、好的课堂的标杆和课堂教学改进的方向，课后点评所传递的抽象的、模糊的教育概念作为外部专家与学校教师进行知识互动的中介工具，发挥着知识指代的功能，是理论知识的结晶体和具体化的表现[1]：其本身既是对教师已有教学实践的一种总结，教师能够将概念与自己的教育理念、行为相契合，让外部专家、学校教师的交流与知识分享得以进行；又是某一类教学知识的载体，蕴含着新的教育理念和方法，代表着课堂教学的改进方向，为教师提供了学习的对象、课堂教学改进的参照。遗憾的是，课后点评所传递的抽象的、模糊的教育概念仅仅停留在指代某一种新的教育知识的阶段，并没有进一步将新知识与教师具体的教学情境融合在一起，也就是没有在外部专家与学校教师之间建立起具有共同意义和理解的功能[2]，更没有为外部专家与学校教师共同创建新的知识提供工具和资源。这也正是许多教师认为课后点评的概念性教育理念和方法的理论性特别强，难以理解，更谈不上将其运用于自己的课堂教学之中的原因了。

其二是课例指导。与课后点评不同，借助课例指导这一具体的外部专家与学校教师的知识互动方式，外部专家能够围绕具体的课例，将所要传输给学校教师的教学理念、教学方法转化为教师更能够理解、运用的知识，并通过将其与具体课例的教学设计、课堂教学活动相结合、相融合，与教师共同解决实践中的问题，获得新的教学知识。

例如，S3-EN-GL-Yu、S3-EN-TL-Mang 等英语教师就分享了他们

---

[1] S. F. Akkerman, & A. Bakker, "Boundary Crossing and Boundary Objects," *Review of Educational Research*, 2011, 81（2）：132-169.

[2] M. A. Hawkins, & M. H. Rezazade, "Knowledge Boundary Spanning Process: Synthesizing Four Spanning Mechanisms," *Management Decision*, 2012, 50（10）：1800-1815.

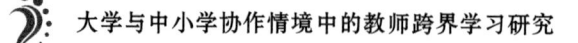

如何在外部专家的课例指导中理解和掌握诸如英语思维、创设英语教学情境等新的教育理念在课堂上的运用。S3-EN-TL-Mang 谈到 EE-Zhan、EE-Lee 对她所做的示范课的指导："教学还是没有深入孩子思维里面去，孩子们的运用还是仅局限于教师的那几句话，就还是机械的"（访谈 S3-EN-TL-Mang，2015）。外部专家的意见促进了 S3-EN-TL-Mang 的自我反思，包括教案设计忽略了学生的需要、没有引起学生的英语思维等。而 S3-EN-GL-Yu 虽然没有做过示范课，但是在参加外部专家参与的课例指导过程中，她对于"学习语言的时候一定要记得给孩子创设情境"（访谈 S3-EN-GL-Yu，2015）这样的理念更加清晰，而且知道如何在课堂上加以实现。S3-EN-GL-Yu 说道："虽然前几年一直说创设情境，但还是不知道到底该怎么用，在 EE-Lee 博士、EE-Zhan 博士指导之后，知道具体该怎么用了。"（访谈 S3-EN-GL-Yu，2015）S3-EN-GL-Yu 对于"创设情境"的英语教学理念、教学方法的掌握，从仅仅了解、知晓的浅表层次的学习阶段（"光知道这个术语"），经过参与外部专家与学校教师围绕具体的课例所进行的活动，进而掌握了如何将其与英语教学相融合的知识（"具体怎么用"）。类似地，S2-CH-Zhen 对于体验式教学方法、情境式学习等新的教学理念和方法的理解、掌握，也是在外部专家的课例指导之后，获得更多提升的。换言之，正是通过这样聚焦于课例的知识互动，教师才能理解抽象的教学理念是如何具体转化为课堂教学行为的，也才能掌握具体的、可操作的教学知识。

总而言之，在外部专家与学校教师共同参与的课例指导活动中，涉及诸多课堂教学中的问题以及相应的解决方法，包括教学目标设定更加清晰，层次更加明确（如 S1-CH-GL-Zhong、S3-CH-GL-Hai），小组合作教学方法（如 S3-CH-Wang），预习单的使用（如 S1-CH-Zhao、S2-CH-Fang、S3-CH-Guan），对语文课文等教学内容的理解、课文重点的把握（如 S2-CH-Na、S2-CH-Wang），以学生为主的理念、关注学生的反馈（如 S2-CH-Fan），教学思路的调整、课堂细节的处理（如 S3-CH-GL-Cheng）等。围绕课例进行的做课与指导，为外部专家与学校教师之间的知识互动、交流提供了平台，而新的教学理念和方法等知识也借助具体的课例而与教师的教学活动、教学情境更加契合，教师对此更容易理解、掌握并运用。S1-CH-Ning、S3-CH-GL-Cheng 都提到，"结合课来说，落实到课"（访谈 S1-CH-Ning，2015），更能够促进教师学习，不仅仅是理念上的改变，更是教学活动上的变化。这是因为课例，具体而言是课例指导，作为边界物件发挥了沟通具有不同知识基础的外部专家和学校教师的作用，并将外部专家的知识转化为教师熟悉并能够理解、运用的知识，这就是边界物件所发挥的知识转化功能。

其三是专家示范课。与课后点评、课例指导相同，专家示范课是外部专家与学校教师围绕课例而进行的知识分享活动。不同的是，在课后点评、课例指导中，主讲课例的人是学校教师，而专家示范课的主讲教师则是外部专家。在 TS 伙伴关系项目中，EE-Cheung、EE-Lee、EE-Hua、EE-Lian 以及其他大学人员或一线名师均为项目学校的语文或英语教师主讲过示范课，以此展示新的教学理念、教学方法如何运用于课堂教学中。

例如，S3-CH-GL-Cheng 谈到了她现场观摩 EE-Lian 大学人员所做的示范课的收获。在做示范课之前，EE-Lian 做了一个语文课堂教学的报告，"他一直强调，我们教师对孩子们上课要进行阅读策略的指导"（访谈 S3-CH-GL-Cheng，2014），但是，对于这一新的教学方法，S3-CH-GL-Cheng 一开始并不知道如何运用于课堂教学。当 EE-Lian 以此为主题做了一门示范课后，S3-CH-GL-Cheng 才知道如何在课堂上对学生进行阅读策略的指导。"后来听他的课，多多少少有一点点渗透到他那个课里面……让孩子们理清这个文章的脉络、层次、线索"（访谈 S3-CH-GL-Cheng，2014）。EE-Lian 通过亲自主讲示范课，以课例特别是示范课这一方式，呈现出如何在课堂教学中提升学生的阅读策略，而教师通过现场观摩课堂，才能掌握其具体的操作方法。

S3-CH-GL-Cheng 现场观摩专家示范课的经历、收获在学校教师中并非个例。S1-CH-Ying 和 S1-CH-Ning 都谈到，观摩 EE-Cheung 的示范课让他们学习到如何将"一课一得"语文教学理念融入课堂教学之中，并理解何种课堂教学才符合"一课一得"理念（访谈 S1-CH-Ying、S1-CH-Ning，2015）。S2-CH-Zhen、S2-CH-Zhao、S3-CH-Lu、S3-CH-Fang 等语文教师也都谈到，EE-Cheung 的示范课很好地呈现了如何在低年级语文课上运用新的教学方法"花瓣识字教学法"，许多教师在现场观摩之后，也将其运用到自己的课堂上，并取得了不错的效果。此外，专家示范课所传递的不仅是教学理念、方法等知识，而且是外部专家自身的教学风格。这是更加难以言说的教学知识，例如，课堂上师生互动的技巧、教学语言和教学姿态等（访谈 S3-CH-GL-Hao，2015），而学校教师只有通过现场观摩才能够获得关于外部专家所呈现的教学风格等知识。

简言之，与课例指导相同，外部专家选择某一具体课例进行的示范课教学也发挥了其作为边界物件的知识转化功能：大部分学校教师都将自己定位为"以上课为主"（访谈 S1-CH-Liang，2015），课堂教学是教师最主要的专业实践（访谈 S3-CH-GL-Hai，2015），因此，通过主讲示范课这样的方式，教师们认为"看到就能学到"（访谈 S2-VPL-Yun，2015）。对于通过示范课呈现并传递出来的知识，如"一课一得"教学理念、阅读策略、花瓣识字法等教学方法，教师能够更好地理解，并直接将其应用于具体的教学情境中。专家所做的示范课是"现成的课"，教师拿过来就能够直接运用于课堂上（访谈 S1-CH-Ying，2015）。相反，如果缺乏专家示范课这类的边界物件，教师对于新的教学理念、教学方法的掌握将是十分不易。正如 S3-CH-Guan、S2-VPL-Yun 等教师所提到的，与仅仅通过讲座或报告进行教学理论的宣讲，专家示范课通过展示相应知识的具体操作方法、运用过程，将原本抽象的概念性的教学理念和方法转化为可知可感的操作性知识，因此，教师能够十分简单地从中学习到相应的知识。

其四是共同备课。在 TS 伙伴关系项目中，围绕课例，外部专家与教师也会进行共同的备课和研讨，深入交流，完善课例的教学设计。无论是正式的共同备课，还是教师与外部专家在非正式情境中对课例的讨论，S1-CH-GL-Zhong、S3-CH-Guan、S2-CH-Shi、S2-CH-Wang、S2-CH-Fan 等语文教师，S3-CH-Li 等英语教师都与 EE-Hua、EE-Zhan 等大学人员一起就具体课例的教学设计进行过研讨。

例如，S2-CH-Shi 在准备《生命生命》示范课的过程中，不仅在学校内部进行了多次试讲，而且将自己的教学设计通过试讲呈现给 EE-Xiang、EE-Hua 这些大学人员，听取他们的建议，并进一步修改自己的教学思路、课堂上的教学环节。EE-Xiang 使 S2-CH-Shi 加深了课文内容的理解，"当时提到要关注这篇文章的题材，我们都说这是一篇散文，可是没有想到这是一篇哲理性散文"（访谈 S2-CH-Shi，2015）。在 EE-Xiang 的指导下，S2-CH-Shi 及其他教师又查阅了资料，确定了课文的体裁类型，并突出了写作方式和方法。而且，S2-CH-Shi 在备课的过程中又吸取了 EE-Hua 的具体建议，"不妨由这个生命的脆弱入手，由脆弱感受生命的伟大"（访谈 S2-CH-Shi，2015），以此体现课文的主题。诸如此类的意见都被 S2-CH-Shi 融入课文当中，并对教材进行进一步的挖掘，改变了教学设计。

简言之，在围绕课例进行的共同备课过程中，外部专家与学校教师针对具体的课堂教学问题进行讨论，并提出了解决方案，完善了相应的课例。S2-CH-Shi 的经历并非个案，S2-CH-Wang、S2-CH-Fan 在 EE-Hua 的指导下，围绕具体的课例《画阳桃》所开展的协同教学，同样也是外部专家与学校教师共同讨论如何将协同教学这一新的教学方法运用于课堂教学中的案例。

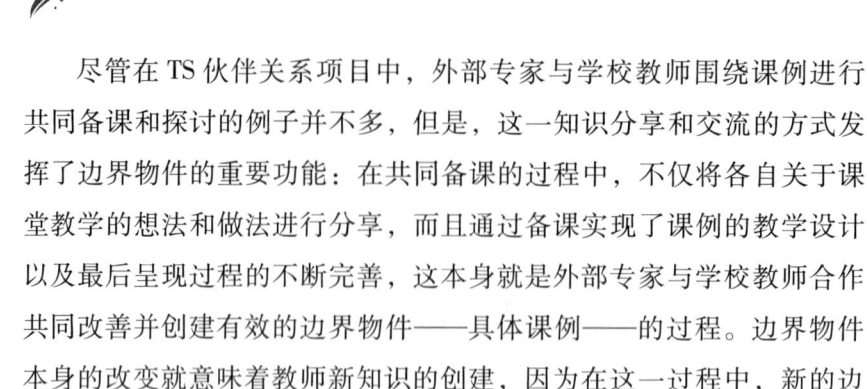

尽管在 TS 伙伴关系项目中，外部专家与学校教师围绕课例进行共同备课和探讨的例子并不多，但是，这一知识分享和交流的方式发挥了边界物件的重要功能：在共同备课的过程中，不仅将各自关于课堂教学的想法和做法进行分享，而且通过备课实现了课例的教学设计以及最后呈现过程的不断完善，这本身就是外部专家与学校教师合作共同改善并创建有效的边界物件——具体课例——的过程。边界物件本身的改变就意味着教师新知识的创建，因为在这一过程中，新的边界物件会进一步发挥知识指代和转化的功能，从而成为教师改变其理念和教学实践的工具。① 因此，外部专家与教师的共同备课发挥着边界物件的知识变革功能，创造性地解决了围绕课例而出现的课堂教学问题，在这一过程中改变教师的教学理念和行为，而这一改变的结果直接体现为课例的完善。

（二）跨校教师之间的知识互动：外出学习、跨校同课异构

在 TS 伙伴关系项目中，外部专家与学校教师突破各自的组织边界、知识边界实现了知识的分享、交流和创建。除此之外，通过外出学习、跨校同课异构的方式，项目学校与外地学校（如北京的小学）、项目学校之间的知识交流也得以实现。

其一，外出学习。S1-CH-Yue、S1-CH-GL-Dong、S3-EN-Huang、S3-EN-Lin 等教师都曾经到北京等地进行为期一周的外出学习，现场观摩其他学校的教师的课堂教学过程，体验学校的文化和管理方式，接触并吸收新的教学理念和方法等。

S3 学校的英语教师 S3-EN-Huang 讲述了她在去北京几所小学参观、外出学习的所见所闻："教师主要就是这个语音语调，还有知识量特别丰富，发音特别标准，然后跟孩子们对答如流"（访谈 S3-EN-Huang，

---

① D. Anagnostopoulos, E. R. Smith, & K. G. Basmadjian, "Bridging the University-school Divide Horizontal Expertise and the 'Two-Worlds Pitfall'," *Journal of Teacher Education*, 2007, 58 (2): 138 - 152.

2015)。从 S3-EN-Huang 的经历来看,在外出学习的过程中,通过与教师和学生接触以及观摩课堂,S3-EN-Huang 对于英语课堂教学的开展有了直观的认识和体验,例如"操纵课堂的能力""管理学生"等都可以直接通过外出学习有所收获,虽然这种收获可能是碎片式的。

简言之,学校教师外出学习这一活动仍然是以课例为中心,让项目学校教师能够更好地接触、理解和掌握外地学校教师通过课例展现出来的新的教育理念和教学方法。作为围绕课例展开的活动,外出学习发挥了边界物件的知识转化功能:学校教师能够身临其境,到与自己教学活动相类似的情境或环境中,参与到其他学校的教师所开展的教学活动之中,从而能够更加直观地获得一些新的教学实践的做法和想法。因为这些做法和想法往往是隐性的,是融入教师教学实践活动之中的,往往只能通过观察才可以习得。虽然学校教师并不能十分深入地参与外地学校的常规活动,但是,外出学习所创造的相似的工作情境、工作内容、使用的语言等有利于消除作为学习者的教师与作为分享者的外地教师之间的隔阂,在这里,体验、体悟、理解对于教师获得隐性的实践性知识至关重要。这是因为相似的工作情境能让教师更好地理解彼此的理念和相应的做法,而且,教师学习情境不一定要囿于自身所处的学校,相反,将其扩展到其他类似的学校,对于教师获得新的知识反而更有裨益。[①]

其二,跨校同课异构。来自不同项目学校的教师围绕同一课例,在各自学校学科教研组教师的帮助和支持下,根据自身对于课例的理解和把握,主讲课例,并互相进行现场观摩,同时听取大学人员、一线名师等外部专家的点评和意见。跨校同课异构是 TS 伙伴关系项目促进不同学校的教师之间进行互相学习的重要方式。

[①] R. T. Putnam, & H. Borko, "What Do New Views of Knowledge and Thinking Have to Say about Research on Teacher Learning?" *Educational Researcher*, 2000: 4–15.

无论是作为同样主讲示范课的教师（如 S2-CH-Wang、S3-EN-Ma、S3-CH-Guan），还是仅仅参与现场观摩示范课的教师（如 S3-CH-Lu），跨校同课异构围绕具体的课例呈现出不同学校的教师对于同一课例的不同的教学思路、教学设计和课堂教学展现过程。例如，S3-EN-Ma 通过在同课异构活动中现场观摩其他学校教师的课堂，反思自己教学设计的不足："他（另一项目学校的教师）更多地用在课件上，跟着在板书上给孩子们做了一些支架，然后学生可能在产出上更顺畅一些，我觉得这一点是我没有做好的地方。"（访谈 S3-EN-Ma，2015）诸如课堂上的板书问题、为孩子的表达提供支架、课件展示得更清晰等都为 S3-EN-Ma 在教学中实现改进提供了可能。

换句话说，跨校同课异构让各个项目学校的教师（主讲教师）能够有机会展示自己对新的教学理念的理解以及如何运用新的教学方法，同时，也能够让现场观摩的教师通过具体课例获得相应的教学知识。因为尽管教师所处的学校情境可能有所不同，但是，课例，作为学校教师教学实践活动的重要组成部分，对于教师而言都是十分熟悉的，是可以理解的。在这里，作为边界物件的课例，就起着知识转化的功能，将不同学校的教师之间关于同一课例的知识连接起来，并促进双方的知识分享。换句话说，在不同学校教师的交流过程中，尽管教师身处不同的学校背景下，但是具体课例让他们能够将自己的教学理念和实践公开化、可视化乃至透明化，以此增进彼此的理解，并从中获得启发。

实际上，对于项目学校之间的经验分享、教学知识交流而言，TS 伙伴关系项目除了已经进行的外出学习、跨校同课异构之外，还可以对如何将各个学校的特色教育理念、校本课程、课堂教学等加以总结、梳理，并借助成果展示的形式进行交流、推广（访谈 S2-VPL-Yun，2015），但这仍然停留在筹划的阶段，还未真正推行。

第六章　知识互动的跨界机制

（三）同校教师之间的知识互动：校内同课异构、校本教研活动

对于教师知识的增长而言，学校教师内部围绕课例进行的合作，也是至关重要的。尽管诸如示范课、共同备课、听课观课等校本教研活动是各个项目学校教师日常专业实践的重要组成部分（访谈 S1-VPL-Jiang，2014；S2-VPL-Yun，2015；S3-VPL-Jing，2014），但是，TS 伙伴关系项目的开展为教师之间的合作学习提供了更多的机会，例如，围绕课例进行的各项学习活动（如同课异构等）。与推动外部专家与学校教师的知识互动、跨越不同学校的组织边界相同，课例同样起着边界物件的功能，促进不同学科教研组、不同年级以及教师个体之间的知识分享与新知识的共同创建。

其一，校内同课异构。典型的例子是 S2 学校语文教研组教师 S2-CH-Wang 与 S2-CH-Fan、S2-CH-Na 与 S2-CH-Shi 几位教师的做课分享活动。几位教师围绕同一课例却遵循不同的教学设计思路，运用不同的教学方法，呈现出相应的课堂教学过程。例如，S2-CH-Shi 分享了她在与同一教研组的另一位语文教师 S2-CH-Na 所做的同课异构活动中的收获，让教师"从不同的方面研究这节课，看待这节课吧。从不同的角度来看待这节课，实际上它可以呈现出多方面的美，不光是你这个思路是正确的，另外一个思路可能更好，打开了另外一个思路"（访谈 S2-CH-Shi，2015）。的确，通过同课异构活动，不同的教师将自己对于具体课例的理解、独特的教学风格、教学理念和方法的具体运用都通过课例呈现、展示出来；通过彼此现场观摩课例，上讲课例的教师也可以扩展教学思路，反思自己教学过程的优劣；其他观课而不做课的教师也可以看到同一课例的不同实施方式。

其二，校本教研活动。诸如做示范课、听课观课、共同备课、课后研讨等校本教研活动，同样是围绕具体的课例展开的，而且课例的不断完善是校本教研活动的重要产品。课例同样起着边界物件的功能。首先，围绕具体课例做示范课、听课观课等活动有助于教师知识

· 239 ·

的分享和交流，发挥着知识的指代和转化功能。学校教师主讲示范课的价值在于将自身对于课例内容的理解、教学思路的设计以及新的教学方法的运用等，以示范课的形式公开化，在教师之间分享，成为教师共同的教学理念和知识的一部分。① 例如，在 S3 学校英语教研组里，领袖教师、骨干教师 S3-EN-Lin、S3-EN-GL-Ma 将自己对于新的教学理念和方法（如小组合作教学法、Phonics 英语语音教学、绘本教学）以示范课的形式呈现出来，其他现场观摩听课观课的教师则可以从中获得新的教学知识。S3-EN-Huang 就提到，S3-EN-Lin 的绘本教学示范课，让她"对绘本课好像有一些清晰的认识了，绘本课到底应该怎么教？它的教学目的、教学目标是什么？一直在思考这些问题"（访谈 S3-EN-Huang，2015）。正如 S3 学校英语教研组 S3-EN-Lin，S1 学校副校长 S1-VPL-Jiang 等所言，做示范课以及现场观摩示范课，能够让其他教师了解新的教学理念和方法如何具体运用，以及能够达到什么效果，对于其他教师的学习起到一个推动、示范和引领的作用。可见，做示范课与听课观课等活动以一个具体的课例为中心进行了知识的分享和传播。在这一过程中，知识蕴含于具体的课例之中，而课例本身就是主讲教师及其背后的教研组集体研讨的产品。

此外，围绕具体课例的共同备课、课后研讨等教研活动，更是起着推动新知识产生的知识变革作用，这一过程的本质在于：作为边界物件的课例自身的不断完善，也代表着同一教研组的教师们通过备课、磨课和讨论创建新知识的过程。典型的如 S2 学校语文教研组的 S2-CH-Wang 在准备《坐井观天》一课，S2-CH-Ren 在准备《猫》一课的过程中，经过年级组内其他语文教师、教导主任 S2-TO-CH-TL-Gong、教学副校长 S2-VPL-Yun 等的集体讨论，不断对教学内容、教

---

① J. W. Little, "Locating Learning in Teachers' Communities of Practice: Opening up Problems of Analysis in Records of Everyday Work," *Teaching and Teacher Education*, 2002, 18 (8): 917–946.

学思路、教学设计进行调整，最终形成更为完善的课例。S2-CH-Wang 说道，在自己对课例进行准备、设计教案和试讲之后，教研组的教师对教案进行了研讨："我们教研组的教师呢，就一块研讨了一下，然后又重新确定了一下主体思路"（访谈 S2-CH-Wang，2015），通过研讨，确定了课例教学的主线，重新确定了教学环节；之后，S2-CH-Wang 在对教案进行修订和调整之后，又进行了试讲，其他教师也一起进行了研讨，并对课例教学过程的一些细节问题做出了调整。通过与教研组教师以及教导处主任、教学副校长一同讨论，S2-CH-Wang 主讲的《坐井观天》一课的教学思路、教学内容以及所运用的教学方法逐渐成形，并以示范课课例的形式呈现出来。可见，在进行备课、研讨的过程中，课例既是一种促成教师之间集体学习、合作学习的中介工具，让教师们能够分享自己的看法和做法；同时，课例本身又是经过教师集体研讨而不断完善的，其本身就是新知识的代表。

二　学校特色课堂理念

协助伙伴学校的领导、教师等对学校自身的特色、学校特色课堂理念、教风、学风等进行系统性的梳理和重新定位是 TS 伙伴关系项目的重要内容。例如 S1 学校将"幸福教育"确定为自己的特色课堂理念，S2 学校则确定了"生动课堂"的理念，S3 学校也确立了"思维课堂"作为课堂改进的指导方向。具体而言，作为边界物件的学校特色课堂理念，如何打破边界、发挥促进外部专家与学校教师以及学校教师之间的知识沟通的作用呢？

首先，学校特色课堂理念起到了知识指代的功能。学校特色课堂理念本身包含着外部专家与学校教师经过讨论、合作探究而形成的对于课程、教学的理解，并在学校内部进行传播和分享。在这里，学校特色课堂理念相当于知识的索引或知识库，本身就是新知识得以存在的载体。① 这可以从 S2 学校的"生动课堂"在语文教研组教师包括上课、备课、研讨等日常教学实践活动的运用过程中获得佐证,特别是学校教师教案本的作用。S2 学校将"生动课堂"这一理念转化为文字进行详细论述,使其成为学校教师备课的教案本的组成部分,并进一步成为教师备课和课堂教学必须遵循的指南。S2-CH-Zhen、S2-CH-Wang 等语文教师都提到,在教师个体备课、进行教学设计的过程中,"生动课堂"这一理念发挥着指导原则的作用。S2-CH-Wang 就说道:"我们有一个教案本,上面有一些就是说我们的教案设计要符合生动课堂的理念。"(访谈 S2-CH-Wang,2015)教导处主任 S2-TO-CH-TL-Gong 也提到这一点,在 S2 学校,生动课堂这一理念显然成为对教师课堂教学过程进行评价的标准。而且从对 S2 学校教案本的分析来看,"生动课堂"的含义及其具体的执行策略等相关的知识成为规范教师教学活动的重要标准,例如,预习单的运用、主问题设计、一课一得的理念、小组合作教学法等。可见,将"生动课堂"这一理念以教案本的形式固定下来,让学校各个学科的教师在准备课例、课堂教学、教案设计的过程中都遵循这一理念,S2 学校的特色课堂理念"生动课堂"已成为教师教学活动参考的对象,也成为教师学习的知识来源。换言之,诸如 S1 学校的幸福教育、S2 学校的生动课堂、S3 学校的思维课堂等学校特色课堂理念,其含义、具体的实施策略、操作过程等尽管是模糊的、灵活的,但是,通过学校管理层面的认可和推行并转化为具体的物件(如 S2 学校的教案本、S3 学校的多次专门培训和指导),学校特色课堂理念本身已经成为新的教学理念、教学方法的代名词或符号,承载着相应的教学知识。

其次,学校特色课堂理念,起着知识的转化功能,建立教师的日

---

① P. R. Carlile, "Transferring, Translating, and Transforming: An Integrative Framework for Managing Knowledge across Boundaries," *Organization Science*, 2004, 15 (5): 555–568.

常教学实践与学校提倡的特色课堂理念之间的联结,从而在教师之间形成对于教学理念和方法的共同理解。围绕学校特色的课堂理念,教研组的教师所面临的重要挑战在于:如何将其转化为具体的课堂教学过程中的教学思路、方法和策略,如何与各个学科真实的课堂教学情境相结合。例如,S3-CH-GL-Duang 提到:"如何去做……怎么让这个课堂的思维特色更加突出……我们的语文课堂该如何做"(访谈 S3-CH-GL-Duang,2014),S3-EN-Lin 也同样强调,将思维课堂与英语教学相融合,需要大学人员、一线名师等外部专家的指导(访谈 S3-EN-Lin,2014)。应对这一挑战的方法在于,教师在主讲示范课、共同备课、课后研讨等教研活动的过程中,需要以学校特色课堂理念为标准,并将其落实在课堂教学活动之中。

作为边界物件的学校特色的课堂理念,其知识转化作用的发挥主要体现在学校内部不同学科教师对于这一学校组织层面所提倡的课堂教学理念的共同理解这一基础之上。例如,在 S3 学校,语文和英语的课堂教学内容、教学方法等有所不同,S3-EN-TL-Mang 就谈到,尽管通过与 EE-Hua 等大学人员、一线专家的互动,接触到许多新的教学理念和知识,例如体验式教学,"都是语文或者数学,体验教学让我有所感受,但是我在课堂上确实不知道该怎么做?有感触,但是怎么实施,还是有疑问的"(访谈 S3-EN-TL-Mang,2014)。可见,许多教师都意识到,学科之间的差异所带来的课堂教学的不同在很大程度上影响了不同学科教师之间的交流。因此,不同的学科教师如何将"思维课堂"这一理念与自身的教学相融合也存在许多不同。学校组织层面课堂理念的确定以及对其内涵、具体实施策略的阐释和介绍,让语文、英语等不同学科的教师能够围绕"思维课堂"进行交流。典型的是 S3-EN-Lin 在准备绘本教学示范课的过程中,围绕如何在课堂教学中运用新的教学方法、体现"思维课堂"理念,与语文学科的教师同时也是教导主任 S3-TO-CH-TL-Qiang 进行沟通和交流,将语

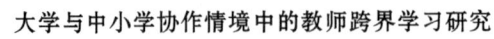

文课绘本教学所使用的方法迁移到英语绘本教学之中。

最后，学校课堂理念，其本身的创建过程就意味着它发挥了知识变革的功能。知识的变革在于对以往知识的整合、编排、剔除，并以此实现知识的更新；学习的结果或知识更新直观地体现在边界物件的更新上。[①] S1、S2 学校提出课堂理念的过程，正是学校教师重新理解教学活动、学校特色、教学目标和校本课程的集中体现。这主要体现在 S1、S2 学校在外部专家的指导下提出各自学校特色课堂理念的过程上。S1 学校的特色课堂理念"幸福教育"这一概念是对 S1 学校一直坚持的教学理念、教学实践的一个总结，如 S1 学校副校长所言："当时我们只有这些实际的做法，这不是要有一个理论支撑啊。对，就是要给它一个名字吧。"（访谈 S1-VPL-Jiang，2015）。在这里，特色课堂理念起着指代某一种教学理念、教学知识的作用。但是，不止于此，"幸福教育"作为 S1 学校的集体智慧本身就是多方参与者共同创建的知识。S1 学校的特色理念"幸福教育"这一概念及其内涵的提出，是在大学人员与学校行政人员、教师共同讨论的过程中逐步确定的（访谈 S1-VPL-Jiang，2015），学校年级组的组长、骨干教师等共同参与座谈（访谈 S1-CH-Ning、S1-CH-Ying，2015），提出自己对学校未来发展愿景的想法，并经过反复讨论、多次修改，最终将"幸福教育"确定为 S1 学校的特色理念，并转化为教师学习的文字材料，发放给每位教师，指导教师的日常教学工作（访谈 S1-CH-Liang，2015）。S2 学校"生动课堂"理念的提出，也经历了类似集体讨论、反复修改的过程，是外部专家、学校行政人员和教师集体智慧的成果（访谈 S2-VPL-Yun、S2-CH-Shi，2015）。可见，学校特色课堂理念并非学校现成的、已有的，或者外部专家引荐和输入的边界物件，相

---

① Y. Engeström, & A. Sannino, "Studies of Expansive Learning: Foundations, Findings and Future Challenges," *Educational Research Review*, 2010, 5 (1): 1-24.

反，它所发挥的作用在于让 TS 伙伴关系项目不同的参与者能够围绕这一主题及其衍生出来的问题进行合作探究，并找到合适的解决办法。

三 校本课程与教材

除了以传统的课例、学校特色的课堂理念作为大学人员、一线名师等外部专家与学校教师之间沟通、合作的桥梁之外，参与 TS 伙伴关系项目的几所学校也都将开发学校的校本课程、编写校本教材视作主要活动之一，例如 S1 学校的"阳光读写"校本课程和教材，S2 学校的"S2 小学周边军事探索"校本课程和教材。

首先，校本课程和教材起到了边界物件的知识指代功能，是外部专家、学校教师所具备的不同知识的集中体现。在促进知识沟通的过程中，边界物件的作用之一在于理念、知识、实践做法等的具体化。[1] S1 学校的校本课程"阳光读写课"是经过多次的修订才形成的，修订的内容通常是将 EE-Hua、EE-Zhan 等人提出的具体的指导意见融入校本教材的框架之中。例如，EE-Zhan 所提到的"情意体验"的教学目标（访谈 S1-TO-CH-Hu，2015），"言语综合实践活动课"（访谈 S1-CH-Fan，2015），EE-Hua 提出的不同学段的日记、教材应该结合本土文化（访谈 S1-PL-Chao，2015）等意见，都被学校教师纳入校本教材的框架和内容之中，成为指导教师进行校本课程开发和实施的指南。类似地，在 S2 学校编写《S2 小学周边军事探索》时，EE-Hua 的建议也被接受和执行，例如，教材的系统化、梯度性（访谈 S2-CH-Yin，2014），以学生为主体、关注学生需求、提高学生参与度（访谈 S2-CH-Ju，2015），教学目标的层次性及其表达（访谈 S2-MA-

---

[1] E. Wenger, *Communities of Practice: Learning, Meaning, and Identity*, Cambridge: Cambridge University Press, 1998.

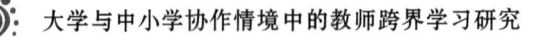

Jiang，2015）等意见。实际上，作为外部专家、学校教师共同讨论、集思广益而形成的校本教材，其本身就蕴含着外部专家、学校教师的教学理念、方法等知识。例如，S1-CH-Fan 对于校本课程和教材内容所列明的"综合实践活动课"的认识，EE-Zhan 对于课程活动性的强调影响了其校本课程的教学，"作为校本课程，你应该区别于你的课内课程，是吧？你得突出它，现在都讲究活动性，所以我们后来就改成了那种活动性的"（访谈 S1-CH-Fan，2015）。在这样的启发和影响下，S1-CH-Fan 开设了一门"争当环保小卫士"的校本课，取得了不错的效果。S2 学校在开展《S2 小学周边军事探索》这一校本课程的相关活动时，先前编写的校本教材成为让其他教师能够更好地理解这门校本课程背后所蕴含的教学理念、掌握运用方法的工具，同时协助教师进行了共同备课和研讨。S2-CH-Ju 就谈到，编写校本教材是为了让教师能够运用、操作、开展相应的课程活动（访谈 S2-CH-Ju，2015）。而且在校本课程的实施过程中，S2 学校的教师需要分工合作、共同备课，包括对学生和家长征询表的发放、收集、整理和统计等。简言之，校本课程和教材是知识的融合体，它们起着类似于"知识库""标准化的信息或物件"[①] 的知识指代功能，成为教师单独或合作实施校本课程的工具。简言之，作为边界物件的校本课程和教材，同样起着知识指代的功能：其本身蕴含着新的教学理念、方法等教学知识，并被教师视作学习、参照和借鉴的对象。

其次，编写校本教材的过程一方面将教师对于课程、教学的理解呈现出来，并转化为文字，而与外部专家和其他教师分享、交流和讨论；另一方面，将外部专家比较抽象的教学理念与具体的校本课程相融合，转化为教师可以理解的知识。在这里，校本课程和教材发挥着

[①] P. R. Carlile, "A Pragmatic View of Knowledge and Boundaries: Boundary Objects in New Product Development," *Organization Science*, 2002, 13 (4): 442-455.

知识转化功能。教师对于校本课程、教学的理解和做法等个体的隐性知识通常因为其黏着于具体的情境和实践活动而难以得到传播和分享。① 因此，借由校本教材的编写，隐性知识可以转化为显性知识，更容易跨越不同教研组的界限乃至学校组织边界而在教师之间分享，并成为教师执行校本课程的主要内容。其一，参与编写校本教材，让教师能够将自己的做法、想法以及对课程和教学的理解"落实到纸上"（访谈 S1-TO-MA-Huan，2015）。S1-TO-MA-Huan 将自己和其他教师界定为一线教学工作者，难以理解理论性的知识，"教师们就是感觉，就好像无从下手的那种感觉"，从想法到书面表达对于教师而言是一个巨大的挑战，"你要让教师们面面俱到地说出来，再落实到纸上。教师们就觉得困难了"（访谈 S1-TO-MA-Huan，2015）。尽管如此，编写校本教材逼迫教师对自身的教学理念和实践进行反思和总结，并以书面的形式呈现出来，变成校本教材的一部分。其二，校本课程和教材的编写过程是具体化外部专家的教学理念的过程。S1-CH-Zhang 对于大学人员所倡导的校本课程应该体现"综合实践"和"本土化"理念这一建议有不同的看法，因为理论性概念的模糊性让不同的教师有不同的理解，而理解的差异则直接影响着校本教材编写过程中素材的选择。实际上，围绕如何选择合适的教材才能符合 S1 学校的特色课堂理念——"幸福教育"，并与大学人员引入的各种新的理念相契合，同样促使 S1-CH-Ying、S1-CH-Ning 等语文教师进行讨论。类似地，S2 学校的校本课程开发小组的教师在编写教材过程中所面临的难题也在于如何用规范的、系统性的、学术性的语言来描述课程内容，特别是教学目标（访谈 S2-MA-Jiang，2014；S2-TO-CH-TL-Gong，2015）。在 EE-Hua 等大学人员的指导下，教师逐渐能够准确

---

① J. S. Brown, & P. Duguid, "Knowledge and Organization: A Social-practice Perspective," *Organization Science*, 2001, 12（2）: 198–213.

地描述教学目标。此外，在学校内部，校本课程的实施也提供了机会，让不同学科的教师能够有所合作和交流，这主要体现在 S1 学校自己所创立的"学科结合点"：语文学科与其他学科的教师共同上课（访谈 S1-VPL-Jiang，2015）。简言之，作为边界物件的校本课程和教材的另一功能在于实现知识的转化，连接不同的知识和视角，促进彼此的理解和认知，将外部专家、学校教师等伙伴关系的多元参与者连接起来。

最后，校本教材编写过程的第三重功能在于知识的变革，也就是创建新知识的过程。在 S1、S2 学校两个校本课程开发、教材编写的案例中，校本课程和教材作为边界物件本身经历了从无到有的过程，其本身意味着新知识的共建。尽管 S1 学校与 S2 学校各自开发校本课程、编写校本教材的过程呈现出许多不同的特点，但是，两者的共同点在于所开发的校本课程、编写的教材都是学校行政人员、教师以及外部专家合作的成果。典型的是，S2 学校在编写《S2 小学周边军事探索》校本教材的过程中，校长、骨干教师、"校本课程开发小组"成员等进行了多次讨论，在讨论过程中，"可能就是你一言我一语，然后就是在这种知识碰撞的情况下我们产生了一些灵感。就是不能专门说他们怎么做的，好像在一起说的时候产生了灵感，认为应该这样做"（访谈 S2-TO-CH-TL-Gong，2015）。从 S2-TO-CH-TL-Gong 的论述来看，教材编写的思路、内容、具体设计等基本上都是由学校行政人员、教师通过共同研讨而产生的。而且在校本课程真正实施或开展的过程中，教师解决了面临的实际问题，进而对校本教材内容进行调整和完善（访谈 S2-CH-Sha，2014）。在这一过程中，参与课程开发、教材编写的教师对于校本课程乃至于自身课堂教学的理解也发生了变化："不但改变了我们编写校本课程的理念，而且我觉得上课的时候，语文教学理念都有所改变。"（访谈 S2-CH-Yin，2014）例如，课堂教学中更加关注学生的反馈，"把学生推到主动学习的位置上"，也敢于在课堂上让学生多发言、多参与（访谈 S2-CH-Ju，2015）。可见，一方面，校本教材的形成过程本身是伙伴关系项目中多方参与者共同研讨的结果，是课程创新的体现；另一方面，在开发校本课程、编写教材的过程中，教师课程知识和教学知识也发生了改变。

四 小结

有效的边界物件应该具有三重功能：指代某一知识（指代功能），建立联结、促进知识分享并形成共同的理解（转化功能），改变理念、行为并创建新的知识（变革功能）。本节以此为视角，对 TS 伙伴关系项目中促进外部专家与学校教师之间的联结、知识分享和创建的边界物件的具体情形进行了介绍和分析。

首先，在外部专家与学校教师之间的合作方面，边界物件的功能主要体现在知识的指代和转化上，包括课后点评、课例指导和专家示范课在内围绕课例的各种知识交流，以及围绕学校特色课堂理念、校本课程和教材的开发等的合作和讨论，这几种形式更侧向于将外部专家的知识以教师能够理解、接受的形式呈现出来，并成为教师课堂教学活动的参照或标准，也就是教师学习的对象。而且这种知识的转化通常是单向的——由外部专家到学校教师——更多的是由外部专家完成的，也就是边界物件运用的责任往往由外部专家来承担。相反，学校教师如何将自己对于课程、课堂教学的理解转化为外部专家能够理解的理念性知识，则较少涉及。当然，外部专家与学校教师共同研讨、解决问题而创建新知识的情形，在 TS 伙伴关系项目中，并非无迹可寻（如共同备课和研讨）。其次，不同学校教师之间的知识交流主要依靠"外出学习""跨校同课异构"，这两类活动仍然是围绕边界物件——具体课例——而展开的。最后，在学校内部，无论是课例，还是学校特色课堂理念，抑或是校本课程和教材，都不仅发挥了指代和转化知识的功能，而且通过边界物件自身的完善，创造性地发挥了变革知识的功能,这主要体现为课例的不断调整和完善、课堂理念的提出、校本课程特别是教材的编写和不断修订。

第二节 知识互动中的跨界者

除了边界物件之外,在 TS 伙伴关系项目中,外部专家与学校教师、教师之间联结的建立、合作的推进、知识的分享和共同构建,还需要另一类中介机制:跨界者(boundary spanner/crosser)。跨界者的主要作用在于,促进不同组织成员之间的沟通和合作,实现不同组织之间关于信息、知识、实践等内容的分享和传播。而要实现这一沟通和协调不同成员之间的交流行动,跨界者需要具备"转化和裁剪相应的知识"或信息的能力或技术,需要确立自身的成员地位与合法的身份,鼓励不同成员的对话,实现不同知识的转化,提升自身对实践的参与程度等。[①] 具体而言,TS 伙伴关系项目存在两类跨界者:一是外部专家;二是学校教师,特别是其中的学校行政人员和领袖教师、骨干教师和种子教师。

一 身为跨界者的外部专家的多重角色

在 TS 伙伴关系项目中,EE-Hua、EE-Qian、EE-Xiang、EE-Lee、EE-Cheung、EE-Yang、EE-Lian 等外部专家进入项目学校,通过各种活动(如专家的示范课、课例指导、讲座报告、咨询指导、研讨等),与学校教师建立联结,实现外部新知识的引入、转化,并与教师共同探究解决课程和教学中所面临的实际问题。因此,从这个意义上说,外部专家自身就是大学与中小学协作伙伴关系得以建立和发展

[①] S. F. Akkerman, & A. Bakker, "Boundary Crossing and Boundary Objects," *Review of Educational Research*, 2011, 81 (2): 132 – 169.

的跨界者，扮演着六重角色。

（一）外部新知识的输入者

在学校教师看来，大学人员、一线名师等外部专家被视作新的教学理念、教学方法等新知识的来源或提供者。

其一，外部专家直接向教师推荐各种学习资料，包括教师需要阅读的书籍、某一主题的专业论文、其他学校的校本教材。例如，围绕校本课程的开发、教材的编写，EE-Hua 将台湾、香港、北京等地小学的类似的校本教材拿给 S2 小学的校本课程开发小组的教师阅读、模仿和学习。通过这样的途径，S2-CH-Ju、S2-CH-Yin 等参与《S2 小学周边军事探索》校本教材编写的教师获得了如何编写教材的知识，例如，教材的结构更加清晰，教材模块更加明确（访谈 S2-CH-Ju，2015）。可见，通过 EE-Hua 将其他学校"成熟的、有经验的校本课程"（访谈 S2-CH-Sha，2014）引入 S2 学校，教材编写小组的教师在编写教材的过程中，才有学习、模仿和参照的对象。而且考虑到不同地域、不同学校之间所存在的区隔，TS 伙伴关系项目学校很少有渠道获得其他学校所编写的校本教材。外部专家扮演着知识输入者的角色，利用自己先前与其他学校合作的经历，引入类似的校本教材，以此让学校教师们在编写的过程中有所参照。

同样的道理，在 TS 伙伴关系项目中，特别是由于 EE-Xiang 的提倡——通过读书提高教师的理论（访谈 S2-TO-CH-TL-Gong，2015）——教师读书并参与读书分享会成为教师学习的重要方式。由此，外部专家推荐了许多贴近教师专业实践的书籍，包括语文学科的《理想课堂的三重境界》《阅读有妙招》，英语学科的《不能错过的英语启蒙》等。教师自己阅读外部专家推荐的书籍，而获得一些新的教学理念和教学方法。例如，语文教师 S2-CH-Ren 谈到，阅读了《理想课堂的三重境界》之后，她了解了预习单在课堂教学中的作用以及如何使用预习单等知识，并将预习单这一方法在她主讲示范课《猫》

时进行尝试（访谈 S2-CH-Ren，2015）。外部专家为了推广某一种教学理念和方法，例如语文教学的"一课一得"和"花瓣式文字教学法"（《阅读有妙招》）、教学目标的设定和教案的设计（《理想课堂的三重境界》），英语教学的英语思维和 Phonics 英语语音教学（《不能错过的英语启蒙》），而让教师们阅读所引荐的书籍等学习资料，分享并运用在其所主讲的示范课和常态课中。

其二，外部专家直接向教师介绍某些教育理念、教学方法，特别是通过讲座或咨询指导等途径，进行专家—教师的单向知识分享。例如，S2-CH-GL-Chen 谈到她参加 EE-Yang 的讲座的收获，了解到在语文课堂教学中应该运用"体验式教学""如果能的话尽量给孩子创设这样一个学习的情境，然后让孩子进入这个情境中"（访谈 S2-CH-GL-Chen，2015）。对于 S2-CH-GL-Chen 而言，外部专家的讲座让她知道新的教学理念和方法——体验式教学——的含义和重要性。但是，对于大部分教师而言，尽管外部专家的讲座和报告、咨询和指导等提供了许多新的教学理念（访谈 S2-CH-Wang，2015），促进了教师"理论上的提升"（访谈 S1-TO-CH-Ling，2015），但是这些新知识更多地属于理念性的、概念性的知识，诸如 EE-Hua 提出的"大语文观"（访谈 S3-CH-Yang，2015）、行动研究的概念和方法（访谈 S2-CH-Sha，2014）、EE-Zhan 提出的教学目标应兼顾情意体验（访谈 S1-CH-GL-EE-Huag，2015）等。这些概念性、理念性的知识是指导教师课堂教学、开发课程或编写教材的"大思路、大方向"（访谈 S1-CH-Fan，2015），但没有更为具体的操作方法，也没有将其与教师具体的课堂教学情境结合起来进行解释，这导致外部专家所传输的教育知识被认为"和自己的教学比较难结合"（访谈 S3-CH-GL-Cheng，2014），更多的是一种抽象的理论知识。可见，正如有教师所描述的，"一袋袋的课件，就是说很多理论知识往课件上一放，接着将每一条给我们说一说"（访谈 S1-CH-GL-Zhong、S1-CH-Chen，2014）；在这里，外部专家并没有将概念性的、理论性的教学理念和方法等知识与项目学校具体的教学情境、教师的具体教学实践活动相联结。相反，外部专家仅仅充当了知识传输者的角色，将新的教学理念和方法以讲座、报告和咨询指导的方式传输到学校，让教师自己琢磨、学习、体会和运用。

简言之，无论是书籍、论文、教材等学习资料的引进，还是讲座、报告、咨询指导等，都属于知识单向地从外部专家向学校教师传输的模式；在这一过程中，外部专家实际上扮演着知识搬运工也就是知识传输者的角色。至于对外来新知识的加工处理和调整，并与具体的学校环境、教学情境相整合的任务，则需要学校教师来理解和完成。

（二）外部新知识的转化者

与上述简单提供学习材料以及学习对象（主要是新的教育理念和方法）的角色不同，在另一些促进教师学习的活动中，外部专家还扮演着知识转化者的角色：借助某种活动形式（如专家示范课、课例指导等），将新的教学理念、方法等知识，以学校教师能够理解的方式呈现出来。在 TS 伙伴关系项目中，作为知识转化者或翻译者的外部专家，通常都是借助课例的形式，将知识与教师具体的教学情境、教学实践活动、面临的实际问题等相融合。无论是专家示范课，还是课例指导，知识的转化都发生于课例这一层面。

其一，通过示范课的形式，外部专家将新的教学理念、教学方法转变为真实情境中的课堂教学设计和教学活动。这些都属于教师日常教学实践的一部分，能够直接促使教师改变教学理念乃至于教学行为。例如，语文教师 S1-CH-Zhang、S3-CH-Guan、S3-CH-GL-Hai 在现场观摩了 EE-Cheung 的几次示范课，特别是其中的语文绘本教学之后，对绘本教学产生了极大的兴趣。通过观摩专家示范课，语文教师能够直观地了解到绘本教学如何开展、绘本教学的效果，"他在绘本上教会孩子那么多能力，一个绘本可以教会孩子观察能力、表达能力、逻辑思维排列顺序能力，教会孩子写作能力、小组合作能力，是特别实在的一节课，是扎实有效的"（访谈 S3-CH-GL-Hai，2015）。不仅如此，S1-CH-Zhang 和 S3-CH-Guan 还深受启发，"我觉得挺好，就拿过来用"（访谈 S1-CH-Zhang，2015），在自己的课堂教学中，直接尝试开展了绘本教学。可见，S1-CH-Zhang、S3-CH-Guan、S3-CH-GL-Hai 等语文教师观摩外部专家的示范课获得了关于语文绘本教学的相关知识，并将其运用于课堂教学之中。类似地，S1-CH-GL-Zhong 和 S1-CH-Chen 在观摩 EE-Cheung 的示范课过程中，也学习到了具体的教学方法——九宫格，并直接将其用在自己的课堂教学中，"特别接地气。我觉得我们在课堂上就能用"（访谈 S1-CH-Chen，2014）。简言之，包括语文绘本教学、九宫格以及其他教师通过观摩专家示范课而获得的教学理念和方法等新知识，如"一课一得"（访谈 S3-CH-Lu，2015）、"花瓣识字教学法"（访谈 S2-CH-Zhen，2015）等，都是外部专家通过具体的课堂教学过程的形式（即示范课）直接呈现出来的。实际上，项目学校中受访的许多教师（如 S1-CH-Liang、S3-EN-TL-Mang）、学校行政人员（如 S1-VPL-Jiang、S2-VPL-Yun）都表达了同样的观点：类似于 EE-Cheung、EE-Lee 等外部专家所做的示范课，最能够促进教师的学习，因为它们是围绕教师课堂教学而展开的，教师们"看到就能学到"（访谈 S2-VPL-Yun，2015），学到就能直接运用，教师不用再进行进一步的消化和吸收。

其二，在课例指导过程中，外部专家与学校教师是围绕课例进行交流和研讨的。在这一过程中，尽管外部专家扮演的仍然是建议、意见的提供者角色，也就是知识的来源者，但是，外部专家必须将抽象的、概括性的理论知识转化为教师能够理解的知识。例如，S3-EN-Lin 围绕如何将小组合作教学法运用于英语课堂这一问题做了一节示范课，EE-Lee 在听课观课之后，提出了进一步改进的建议，包括课

第六章 知识互动的跨界机制

堂的导入部分不够、小组合作之前应该给学生铺垫等（访谈 S3-EN-Lin，2014）。从 EE-Lee 针对所展示的课例的指导中，S3-EN-Lin 获得了如何完善小组合作的英语教学知识，并知道如何具体操作和运用。显然，在 S3-EN-Lin 学习的过程中，EE-Lee 能够结合具体的课例，针对 S3-EN-Lin 课堂教学中的问题和不足，提出具体的指导意见，这对于 S3-EN-Lin 掌握如何运用小组合作教学方法十分有帮助。类似地，对于如何运用小组合作教学法，S2 学校的语文教师 S2-CH-Na 和 S2-CH-Shi 通过课例的形式进行了展示，对此 EE-Hua 提出了如何理解和运用小组合作教学法的具体建议，"小组合作，不要说为了小组合作而合作，并不是所有的课，都可以进行小组合作"（访谈 S2-CH-Na，2014），由此，S2-CH-Na 和 S2-CH-Shi 对于小组合作教学方法的具体运用情境有了更直观的认识。可见，在课例指导的过程中，外部专家也扮演着知识转化的角色：外部专家需要结合课例来说，他们所传递的理念和做法要"落实到课"，而且提的建议也必须聚焦于如何改进课堂教学过程的细节上，而非泛泛而论。因为在教师的知识和话语系统之中，课例是他们特有的也是熟悉的实践活动，只有"就课论课"才能让教师更好地理解、吸收，也才能增加将知识运用于课堂教学改进的可能性。

简言之，诸如专家示范课、课例指导这样的知识呈现和交流的方式，是学校教师所熟悉的活动情境、熟悉的语言系统。借助这样一种中介工具和边界物件，外部专家将原本高度抽象的、理论性的、概念性的教育理念和方法等显性教育知识，与学校教师的具体教学情境和教学活动相融合，实现知识的情境化，并转化为教师能够理解、运用的知识。在这一过程中，教师获得的知识主要体现为如何运用小组合作教学（如 S3-EN-Lin、S2-CH-Na），如何运用学习单或预习单（如 S3-CH-GL-Hai、S1-CH-GL-EE-Huag）等操作性知识。跨越知识边界的过程，需要在不同背景的参与者中存在知识转化者的角色，将知识

· 255 ·

重新包装并以适当的方式呈现给对方,以此建立共同理解的基础。实际上,在作为跨界安排的伙伴关系中,为了促进不同类型知识的交流、整合,无论是外部专家还是学校教师,都有意或无意地发挥着知识转化的作用,这也是在多重语境、不同组织混合的学习环境中参与者必备的素养和能力。

(三) 新知识的共同创建者

除了通过讲座报告和引荐学习资料等方式直接输入外部新知识,以及将新知识以示范课、课例指导的方式转化为教师较易掌握的知识之外,外部专家与学校教师还扮演着知识创建者的角色。这主要体现在外部专家与学校教师两者通过反复多次的共同研讨,在解决具体实际问题的过程中,产生关于课程、课堂教学等方面的新想法和做法,也就是新知识的创建过程。

例如,典型的如 S2 学校特色课堂理念"生动课堂"的提出,在多番讨论学校特色课堂理念应该如何设定的过程中,S2-CH-Shi 将自己的课堂教学体验和反思与 EE-Hua 进行交流、分享,"我就觉得合适的真正的课堂就应该让学生动起来,有效的课堂就该让学生动起来,有了发展才是有效课堂"(访谈 S2-CH-Shi,2015)。而 EE-Hua 在与教师讨论的过程中,提出了"生动课堂"这一概念,总结了 S2-CH-Shi 对课堂教学的理解。最后,经过学校行政人员、学校教师等的多次讨论,"生动课堂"被确定为 S2 学校的特色课堂理念。而且生动课堂理念的具体内涵、实施策略也在外部专家与学校教师的知识分享和交流中被逐渐确定,并落实为文字材料,成为教师进行教案设计、日常备课、课堂教学的指南(访谈 S2-TO-CH-TL-Liu,2015)。"生动课堂"这一概念被用来指代 S2 学校的特色课堂理念,成为涵盖并统一教师课堂教学理念和行为的工具,同时也是促进教师课堂教学改进的方向。但是,这一概念既非学校教师已有的教学经验式的隐性知识,也不是 EE-Hua 等外部专家直接引入的新的教学理念;相反,从

第六章　知识互动的跨界机制

S2-CH-Shi、S2-VPL-Yun 等学校行政人员、教师的论述来看,"生动课堂"是各个参与者共同研讨、集体智慧的结晶。

类似地,外部专家与学校教师有时也会进行共同备课,在教师正式上示范课之前,外部专家与学校教师研讨课堂教学的思路、教学设计。S1-CH-GL-Zhong、S2-CH-Wang、S2-CH-Fan、S3-CH-Guan、S3-EN-Lin 等教师都提到他们与 EE-Hua、EE-Zhan、EE-Lee 在完善课堂教学设计的过程中的收获,例如,如何在常规课程之后对课本进行延伸,开启新的教学思路(如 S3-CH-Guan),如何将新的教学方法——协同教学——与具体课例结合起来(如 S2-CH-Wang、S2-CH-Fan),如何设定具体课例的教学目标(如 S1-CH-GL-Zhong),以及如何进行英语绘本教学(如 S3-EN-Lin)等。在共同备课过程中,外部专家与学校教师一起讨论,并尝试提出解决实际问题的方法,这既是对教师的挑战,也是对外部专家的挑战;因为在简单的新知识的引进和投入或者新知识的转化这一情境中,教师已难以实现知识的提升、课堂效果的改进。相反,外部专家必须发挥知识创建者的角色,与学校教师多次的、反复的讨论,共同提出新的教学方法,特别是这一方法如何与具体的课例相结合。

(四)跨校与同校教师合作学习的推动者

推动项目学校之间以及学校内部的教师合作学习,也是外部专家作为伙伴关系项目的跨界者这一角色的重要组成部分。

其一,通过建立跨校同课异构、读书分享会等活动,外部专家打破了学校之间因组织边界而带来的知识阻隔,促进了不同学校教师之间的交流。典型的是受访的大部分学校教师,无论是曾经担任示范课的主讲教师(如 S1-CH-Fan、S2-CH-Fang、S3-CH-GL-Hao、S3-EN-Lin),还是仅仅在现场观摩同课异构示范课的教师(如 S3-CH-Lu、S3-EN-Huang)都提到,他们通过参与跨校同课异构、现场观摩其他学校的教师围绕某一课例的课堂教学,获得了新的教学思路、教学做法。例如，作为听课观课教师的 S3-EN-Huang 参与了由其他项目学校教师所展示的示范课，在这一过程中，S3-EN-Huang 获得了新的教学理念。"那样就变新了，理念上变新了，跟原来不同了，都有所改变"（访谈 S3-EN-Huang，2015），她认为大部分示范课的主讲教师的课堂教学理念都有所改变，具体而言就是"比较注重一些语言的运用"（访谈 S3-EN-Huang，2015），将外部专家介绍的教学理念和方法运用于课堂上。可见，通过跨校同课异构活动，学校教师能够现场观摩其他学校教师的课堂教学情况，获得不同的教学思路、教学环节设计，从中汲取经验和教训，并反思自身的优点和不足。

其二，外部专家的进入也能够促进同一学校内部教师之间的合作学习。尽管共同备课、听课观课、课后研讨等活动本身就是学校教师常规的教研活动的重要部分，但是在 TS 伙伴关系项目中，外部专家的出现、指导以及校内同课异构等活动的开展，提高了学校内部教师合作学习的效果、氛围。

首先，在 TS 伙伴关系项目中，各个学科的同课异构活动已经逐渐常规化，按照日程安排，每个月都需要进行；相应地，这让主讲示范课的教师及其背后的教研组、学校行政人员等团队，需要进行内部的共同备课、试讲、研讨等活动。例如，S2-VPL-Yun 和 S2-TO-CH-TL-Gong 就谈到，学校教师自觉地对将要进行的示范课的课例进行集体研讨。作为主抓语文的教导处主任，S2-TO-CH-TL-Gong 需要安排相应的教研活动，并督促学校教师进行讨论，但是教师们自身已经意识到主讲示范课的任务，并自发地开展了教研活动。"我跑到那以后，他们这个组执教教师刚好讲完，正在教研……他们组内的听课，已经是第二轮了。"（访谈 S2-TO-CH-TL-Gong，2015）正如 S2-VPL-Yun 所总结的，参与 TS 伙伴关系项目两年多来，学校教师的教研活动基本上是围绕外部专家所指导的内容、提倡的教学理念和方法、引进的各种活动（如同课异构、读书以及读书分享会、外出学习）进行的

（访谈 S2-VPL-Yun，2015）。可见，TS 伙伴关系项目中的各种活动安排，特别是同课异构活动，相当于变相逼迫教师们进行研讨，同时为他们的合作学习提供了具体的针对对象，即示范课的课例，让教师们能够围绕如何开展示范课进行讨论，并在不断研讨的过程中，分享知识、相互学习。

其次，外部专家所引入的某些新的课程理念、教学理念、教学方法，要求学校教师只有进行合作，才能真正实现相关的教学理念。典型的如 S1 学校在开发"阳光读写课"校本课程中，受到 EE-Hua、EE-Zhan 等外部专家所提出的建议——大语文观、言语综合实践活动课——等新的教育理念的启发和影响；学校尝试性地推出了"学科结合点"这一新的教学方式，让语文教师与数学、英语、音乐、社会等其他学科的教师进行合作，既让学生更好地总结和反思课堂上的教学所得，也为学生提供了作文课的写作素材（访谈 S1-PL-Chao、S1-VPL-Jiang，2015）。另外，S2 学校的 S2-CH-Wang、S2-CH-Fan 两位教师在 EE-Hua 的指导下所开展的协同教学活动，也为这两位教师尝试新的教学方法、共同备课、合作上课提供了实践的机会（访谈 S2-CH-Wang，2014）。简言之，诸如"学科结合点""协同教学"等由外部专家引入的教学理念和方式，要求学校教师必须突破不同学科、不同年级组的界限，促使教师之间围绕具体的课堂教学、具体的课例进行真正的合作。

（五）知识合法性的提供者

在与学校教师进行知识交流、分享和共同创建的过程中，外部专家所提供的新的知识，特别是对于新的教育理念的引入和阐释（如以学生为主体、创设学习情境、英语思维、情意体验、一课一得、小组合作），不仅是学校教师学习的知识来源，而且成为教师判断自身教学观念、实践是否正确的标准。在这里，作为跨界者的外部专家，发挥了知识对错与否的裁判者作用，或者说，在一定程度上，赋予教师自身所具备的知识以合法性。

典型的如 S3-CH-GL-Duang 和 S3-CH-Guan 两位语文教师共同的认识："因为他说的那些东西，很能打动我们，是我们急需的，刚才 S3-CH-Guan 说了，一开始盲目，没有这种理论的支撑知识，不知道我们这样做的背后是什么样的理念，有没有科学的道理。经 EE-Hua 博士一说，我们能把那些理论跟我们的实践结合起来。"（访谈 S3-CH-GL-Duang，2014）外部专家 EE-Hua 所提出的一些教育理念以及对这些理念的阐释，让 S3-CH-GL-Duang 和 S3-CH-Guan 两位语文教师知道了自己的课堂教学活动背后所存在的道理。换句话说，在这里，建立在外部专家所提供的新的知识的基础之上，教师不仅知道如何做、如何在课堂上运用教学方法，而且知道为什么做。类似的情况也可以从 S1-CH-Rui 的论述中得到验证。S1-CH-Rui 谈到了 EE-Zhan 所提到的"情意体验"这一新的课堂理念。她认为，之前教师们都是在课堂上摸索，"什么样的课堂是孩子喜欢的课堂"（访谈 S1-CH-Rui，2015），但是，并没有抽象的教育理论或概念来总结和反思教师们的探索，而 EE-Zhan 提到的"情意体验"这一概念正好符合教师们的教学实践，既获得了教师的认可，也成为教师进一步改进的方向（访谈 S1-TO-MA-Huan，2015）。

外部专家作为跨界者所扮演的知识合法性的提供者角色，与 Day（1999）所谈到的"护身符角色"（talisman role）相同：来自大学的研究者、教师教育者被一线教师视为知识的权威，外部专家的肯定、允许被教师视作能够进行新的教学理念和方法的保障，教师们可以获得"一种安全感和合法性"。同样地，Perry、Komesaroff & Kavanagh（2002）对于大学人员在伙伴关系项目中所扮演的协助者角色进行了经验研究，也发现大学人员等外部专家的协助为教师的知识更新提供了合法性空间。

第六章　知识互动的跨界机制

（六）丰富的学习资源、学习机会的提供者

正如教育局人员、学校行政人员、许多学校教师所提到的，通过参与 TS 伙伴关系项目，外部专家，特别是项目的三位大学负责人员——EE-Hua、EE-Zhan、EE-Xiang——为学校教师提供了丰富的学习资源，他们一方面牵线搭桥请许多一线教学名师、学科教学专家来学校进行专家示范课，开设讲座报告、课例指导等活动；另一方面，为学校教师提供了丰富的外出学习机会。EE-Hua 就对自己在 TS 伙伴关系项目中所起的作用进行了反思："大学教师可以调动的资源比较多一点……这就是我可以调动的，可能他们缺乏这个桥梁。"（访谈 EE-Hua，2014）

EE-Hua 认为，在 TS 伙伴关系项目中，除了将新的教学理念和方法等知识带入学校，促进教师在学校特色课堂理念、校本课程和课堂教学方面的发展之外，外部专家发挥桥梁的作用，为学校教师的发展提供了丰富的外在资源和学习机会。EE-Hua 的这一自我反思得到了教育局 EB-Lam 的佐证，通过参与 TS 伙伴关系项目，S1、S2、S3 学校"获得了大量的资源，包括他们请了北京的名师、香港的专家、台湾的名师，资源太丰富了"（访谈 EB-Lam，2015）。

对此，学校行政人员、学校教师也持相类似的观点。例如，S1、S2、S3 学校分别有两位教师于 2015 年暑假参加了在上海某著名师范大学主办的教育培训活动，而之所以能够参与这一活动，主要是因为外部专家 EE-Zhan 的引荐和联系，项目学校的教师才有机会外出学习，获得新的教育知识，了解其他地区、其他学校的课堂教学情况，也能更好地把握未来教育改革的方向（访谈 S1-TO-CH-Ling，2015）。类似地，S3-PL-Xing 也提到，学校行政人员和部分教师在 EE-Hua 的"牵线搭桥"下，去外地参加与课堂教学有关的会议、研讨会，并参观外地小学的情况，学习其他学校在教学管理、课堂教学方面的经验。S3-PL-Xing 说道："在杭州参观了 TC 小学，还有当时会上组织的一些参观,对我们的启发很大,回来之后,我们马上就把这个作业的形式和内容的更新创新在全校铺开了,包括一些评价的方式,对学生评价的方式实际上也都受到它们的影响"(访谈 S3-PL-Xing,2014)。可见,外部专家所提供的学习资源、学习机会,为学校行政人员、教师提供了接触其他学校新的做法、想法的机会,并为教师的教学改进提供了可能。类似这样的例子在 TS 伙伴关系项目中是十分多见的,例如,组织教师去台湾考察学习(如 S2-TO-CH-Liu、S3-EN-Lin、S3-CH-GL-Hai),介绍香港师范生来校做交流并做学生活动课(如 EB-Lam、S3-CH-GL-Cheng),介绍一线教学名师、学科教学专家、教育理论专家等来校进行培训或做讲座和报告(如 S2-VPL-Yun),在当地举办课堂教学交流活动,等等。

简言之,外部专家的另一重要角色在于为学校教师提供丰富的学习资源和学习机会,可以打破地区或学校的限制,为学校行政人员、学校教师接触新的知识提供可能。

二 身为跨界者的学校教师:促进知识在学校组织内的分享

在 TS 伙伴关系项目中,学校教师在教学理念、方法等知识方面的增加并非仅仅发生在教师与外部专家的知识互动中,也发生在学校内部特别是教研组内部教师之间的知识分享过程中,特别是围绕新的教育知识进行的各项教研活动(如共同备课、听课观课、课后研讨、撰写教案等)。因此,这需要项目学校部分教师发挥跨界者的角色作用,带动或引领其他教师的学习,促进知识在学校组织内的分享、转化和变革。

正如 S2 学校副校长 S2-VPL-Yun、S3 学校校长 S3-PL-Xing 所言,全体教师都参与 TS 伙伴关系项目的各项活动并与外部专家进行较为频繁的互动、交流,是不现实的(访谈 S2-VPL-Yun,2015)。S3-PL-Xing 就谈到:"最先或者是跟专家接触最频繁、最直接的这一部分教师，他们就是逐渐地发生着改变……然后，这一部分教师引领了这样一个改变。"（访谈 S3-PL-Xing，2014）因此，TS 伙伴关系项目学校通常采用"以点带面"的形式，由参与活动较为频繁的教师在学习、理解、掌握和运用之后，通过各项教研活动，同教研组内、学校内的其他教师分享其所获得的新知识。较早、较多地参与活动而学习新知识的教师就充当着外部专家与其他普通教师之间的中间人、跨界者。

在 TS 伙伴关系项目中，扮演这一角色的主要有两类人：一是学校的行政人员，包括校长、副校长和教导处主任；二是领袖教师、骨干教师和种子教师等（其中有一些教师是不同学科的年级教研组组长）。当然，这两类人存在重叠的情况，例如，S3 学校教导主任 S3-TO-CH-TL-Qiang、S2 学校教导主任 S2-TO-CH-TL-Gong 就兼任各自学校的语文学科领袖教师。

（一）学校行政人员的跨界者角色

第一，筛选和过滤信息的角色。在 TS 伙伴关系项目中，作为跨界者的学校行政人员，通常需要对外部专家所输入的新的教学理念、方法进行筛选、过滤，挑选其中适合于本校具体情境的建议，让教师学习，并努力将其融入学校原有的知识体系之中。在这里，学校行政人员担当着类似于守门员或过滤器的角色。典型的如 S1 学校开发"阳光读写课"校本课程以及编写相应教材的过程。对于"阳光读写课"校本课程的开发方向、教材框架、主要内容等的设定，S1 学校的 S1-PL-Chao 校长、S1-VPL-Jiang 副校长等肯定了 EE-Zhan、EE-Hua 等外部专家提出的建议，例如，言语综合实践活动课的设置、增加本土化的内容、大语文观和扩展到其他学科教学上等。尽管校长、副校长等学校行政人员肯定并接纳了这些建议，也做出了相应的调整和改变，但是，在实践中，具体如何落实这些建议还需要结合具体的情境，做出一定的调整。"我们校长就说，我们要结合 EE-Zhan 博士说的，也要结合咱们学校的实际情况，在每一册里面，就加了一点言语实践。我们还是沿用原来的那些教材。就是这样结合着往前走。"（访谈 S1-VPL-Jiang，2014）类似的情况也可以从 S2 学校编写《S2 小学周边军事探索》教材的过程中找到佐证。在指导 S2 学校进行校本课程开发的过程中，EE-Hua 提供的课程开发、教材编写的建议，需要先通过学校行政人员这一关，这样才能有机会让学校教师获得和接纳（访谈 EE-Hua，2014）。简言之，外部专家针对校本课程开发、教材编写所提的建议，需要获得学校行政人员特别是领导的认可，才能够进一步成为教师学习、掌握并运用的新知识。

第二，知识中介、知识转化的角色。学校行政人员还扮演着外部专家与学校教师之间知识中介或知识转化者的角色。例如，S2 学校主抓教学的副校长 S2-VPL-Yun 就分享了她和主抓语文教学的教导主任（同时也是语文领袖教师）S2-TO-CH-TL-Gong 是如何充当外部专家与普通教师之间桥梁作用的经历。S2-VPL-Yun 认为，普通教师在与外部专家进行交流的过程中，特别是在通过专家的讲座、报告等获得新知识的过程中，"可能会有一些迷茫，因为他们在一线接触的是一些孩子，是课堂，平时对这些理论，或者说前沿的东西，接触并不多"（访谈 S2-VPL-Yun，2015）。也就是说，普通教师从与外部专家的交流中所获得的知识较少，较难理解新知识，也难以将其直接运用于课堂教学中。针对这一问题，S2-VPL-Yun 认为，包括校长、副校长和教导主任在内的学校行政人员的作用就在于："我们起到一个桥梁的作用，比如说专家说的这些东西，一线教师接受不了，那么我们就先消化掉，然后再转述一下。"（访谈 S2-VPL-Yun，2015）学校行政人员对外部新知识进行转化，再加工，然后以普通教师能够理解的方式表达出来，使得普通教师能够更好地消化、吸收。具体而言，学校行政人员发挥了知识中介、知识转化者的桥梁作用，这主要也是通过与其他教师共同备课、课后研讨、读书分享会、教师培训等校内活动进行的。S2-VPL-Yun 举了一个例子，就是教导主任 S2-TO-CH-TL-

第六章　知识互动的跨界机制

Gong 指导 S2-CH-Ren 如何讲授《坐井观天》这一示范课，"以他跟她的对接，和一线教师的对接，以他的理解，指导这个教师的课，这个教师就会茅塞顿开了"（访谈 S2-VPL-Yun，2015）。也就是说，学校行政人员必须在共同备课的过程中，借助具体的课例，在指导和讨论的过程中，逐渐渗透外部专家所引入的新知识，如小组合作教学法、思维课堂的学校特色课堂理念等。类似地，在 S3 学校，S3-VPL-Jing 也举行了多次教师培训活动，向学校内的各科教师传达从外部专家处获得的新的知识，包括思维课堂理念、教案设计改革的方向（如左手学、右手教）等（访谈 S3-VPL-Jing，2015）。S3 学校的许多教师也都提及过，从听 S3-VPL-Jing 等学校行政人员主讲的培训活动中获得了对新知识的理解，例如，"给课堂增加思维的支架"（访谈 S3-CH-GL-Hao，2015），教案设计如何阐释思维课堂理念（访谈 S3-CH-GL-Cheng，2015），等等。简言之，学校行政人员担当着外部专家与学校其他教师之间的桥梁，是知识的中介和转化者：在自身对外部新知识进行理解、吸收的基础上，以教师能够理解的方式，特别是结合具体的课例、多次的培训等活动，将外部新知识传递给其他教师，促进其他教师知识的获得和增长。

第三，监督者的角色。作为跨界者，学校行政人员的另一重要角色是学校管理者的角色：监督、督促、检查、核实学校教师在课堂教学中落实、运用外部专家所引入的新的教学理念、教学方法，并在此基础上进行指导。这一点主要体现在 S1 学校的校长、副校长以及教导处的两位主任身上。例如，S1 学校主抓语文教学的教导处主任 S1-TO-CH-Ling 就提到，作为教导主任，根据管理上的安排，听教师的课是其重要的任务，而听课的主要目的或作用在于"监督教师们做这方面的工作"（访谈 S1-TO-CH-Ling，2015），让教师们将学习到的新知识转化为课堂教学过程，例如，言语综合实践活动课等新课型的加入。与此同时，学校行政人员按照管理计划进行听课的另一个重点在

· 265 ·

于帮助教师解决问题:"我们每个学期都在教材当中,完成这个读写教材中的中心内容。还有就是整体上,我觉得,一些新教师在经验上不足,我们就是听一听,跟教师一块儿展开教研活动"(访谈 S1-TO-CH-Ling,2015)。特别是对于年轻教师而言,由于其缺乏教学经验,学校行政人员有时会与其进行单独的一对一的交流和指导,让教师更好地知道如何将新的教学理念和方法与具体的课堂教学相结合(访谈 S1-CH-Liang,2015)。

(二)领袖教师、骨干教师和种子教师作为跨界者

从外部专家(如 EE-Hua)、教育局行政人员(如 EB-Lam、EB-Chong)和学校行政人员(如 S2-VPL-Yun、S3-PL-Xing)的论述来看,为了促进项目学校教师的专业发展,项目学校 S2、S3 在外部专家的指导下,对学校内的全体教师进行了区分,建立了不同的教师梯队:领袖教师、骨干教师、种子教师和有潜力的教师,具体而言,本书受访教师的分布如表 6-1 所示。

表 6-1 领袖教师、骨干教师、种子教师梯队分布情况(限于受访教师)

	领袖教师	骨干教师	种子教师
S2 学校语文教研组	S2-TO-CH-TL-Gong（教导主任）	S2-CH-Na S2-CH-Shi S2-CH-Ju S2-CH-Fan	S2-CH-Zhen S2-CH-Ren S2-CH-Zhao S2-CH-Wang
S3 学校英语教研组	S3-CH-TL-Ma	S3-CH-Li S3-CH-Hu	S3-CH-GL-Yu（教研组长）
S3 学校语文教研组	S3-TO-CH-TL-Qiang（教导主任）	S3-CH-GL-Cheng S3-CH-GL-Duang S3-CH-GL-Hai (以上均为年级教研组长)	S3-CH-Guan S3-CH-Lu

单单依靠外部专家的亲自讲解、知识分享,难以带动全校所有教

师的专业发展。加之，学校教师素质参差不齐，对于外部专家引入的新的知识的理解能力也有差别，身处一线课堂教学情境下的大部分普通教师很难直接掌握新的教学理念和知识（访谈 S3-PL-Xing，2014；S2-VPL-Yun，2015）。因此，教育局、学校和外部专家达成一个共识："先带动影响培养一批人，一部分人，一少部分人，然后用这部分人再向下辐射，所以就形成这么一种三级梯队"（访谈 EB-Chong，2015），通过建立教师专业发展的梯队，形成一定的引领与被引领教师之间合作学习的氛围和纽带。

在 TS 伙伴关系项目活动和学校管理层面，对领袖教师、骨干教师、种子教师、有潜力教师的优势、劣势以及未来的发展目标等，都做了详细的诊断和论述，对于他们所处的角色、发挥的作用都有明确的设定。例如，S2 学校语文教研组的领袖教师 S2-TO-CH-GL-Liu 的一个重要任务在于"引领学科教学的发展与方向"（"S2 学校语文教师专业发展与课例研究计划"，2015）；而同为领袖教师的 S3-TO-CH-GL-Qiang 的发展目标则被定为"逐步向科研型教师发展"，骨干教师的发展目标是"积极吸取并运用新课改理念，大胆创新成为优秀教师"（"S3 学校小学语文学科教师专业发展与课例研究计划"，2015）。从这两点来看，就领袖教师、骨干教师的工作职责和发展目标而言，带动其他教师的发展、进行先行先试和教学创新等是这些教师的主要任务。

那么，在学校所设定的领袖教师、骨干教师和种子教师各自的发展方向之外，这些教师自身又是如何看待自己的角色的呢？具体而言，从教师自身的角度来看，作为跨界者的学校教师，在促进知识在学校组织内的分享、转化和变革方面，他们所扮演的角色有三：

首先，新知识的先行先试者。领袖教师、骨干教师和种子教师是外部专家所传递的新的教学理念和方法等新知识的先行先试者。典型的是 S3 学校英语教研组的 S3-EN-TL-Mang、S3-EN-Lin 对于领袖教师

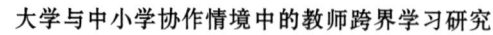

和骨干教师的角色和作用的理解。S3-EN-Lin 谈到，示范、带头是身为骨干教师需要承担的责任，他们先就某一些新的教学方法进行尝试，"然后一点一点地感染其他教师"（访谈 S3-EN-Lin，2015）。在这里，身为领袖教师、骨干教师，S3-EN-Lin 和 S3-EN-TL-Mang 在外部专家的指导、同侪的帮助下，在同课异构的示范课中，或者在常态课的课堂教学中，率先尝试运用新的教学方法（如绘本教学），并以示范课的形式向其他教师展示相应的教学过程、效果，实现知识在教师之间的传播。因此，对于领袖教师、骨干教师、种子教师等应起到引领、示范作用而言，"先行先试"新的教学理念和方法这样的任务和责任，也要求他们进行主动、积极的学习。S3-CH-GL-Hai 就谈到，为了引领教师特别是同一年级组的教师学习新的理念，作为骨干教师和年级教研组长的 S3-CH-GL-Hai 要"研究好探出一个路子来，然后大家有学习的方向，能够给大家起一个模范带头作用"（访谈 S3-CH-GL-Hai，2015）。为此，她自己要进行学习，"大家谁都可以不学，但我必须学，对各种先进的理念我得接受"（访谈 S3-CH-GL-Hai，2015）。领袖教师、骨干教师、种子教师必须主动学习才能发挥引领、示范的作用。这一点也得到了 S2 学校副校长 S2-VPL-Yun 的佐证，诸如年级教研组长，是该年级组教师进行合作学习、准备示范课的组织者，为了带动其他教师的学习，"无形中他就必须学习，否则这个组你就带不动了"（访谈 S2-VPL-Yun，2015）。可见，领袖教师、骨干教师或种子教师自身也面临着不断学习的压力，这一压力成为他们进行不断尝试、持续创新的动力。

其次，新知识的分享和转化者。通过示范课、共同备课、听课观课、课后研讨等方式，领袖教师、骨干教师和种子教师扮演着知识分享和转化的角色，将自身对外部新知识的理解，结合具体的课例向其他教师做分享，促进其他教师的学习。典型的如 S2-CH-Zhen 去外地学习之后回到学校给同一年级组的其他教师做示范课的经历。S2-CH-

Zhen 与其他教师去外地学习之后，特别是现场观摩了 EE-Cheung 的课堂教学，从中学习到了新的教学方法，如花瓣识字教学法，给 S2-CH-Zhen 留下了深刻的印象，她认为，这一方法"特别适合我们一年级的识字教学"（访谈 S2-CH-Chen，2015）。回到学校之后，应学校行政人员的要求，S2-CH-Zhen 围绕外出学习的收获，特别是所学习到的新的知识，做了一个汇报课或展示课。然后 S2-CH-Zhen 在年级组其他教师的共同帮助（也就是共同备课）下，以具体的课例为基础，设计并展示了如何运用花瓣识字教学法，而其他教师也了解并掌握了这一教学法。"我讲这个课，我们年级组教师都听了，听了之后把这个课件一拷，我们的教案就都一样了，一块备的，然后就开始讲这个课，他们都说挺好的。"（访谈 S2-CH-Zhen，2015）可见，作为种子教师的 S2-CH-Zhen 在外出学习之后，通过与同一学科年级组内的教师进行共同备课，并以汇报课和示范课的形式，将学习到的新的教学知识、掌握的新的教育理念等传递给其他教师。类似的经历也发生在 S1 学校副校长 S1-VPL-Jiang 和语文教师 S1-CH-Yue 身上。这两位教师在去北京学习之后，回来之后以报告、汇报课的形式："先进行一个理论的分享，将所见所闻所感先说一下，让教师们至少有一个印象"（访谈 S1-VPL-Jiang，2015），然后再以具体课例的方式做课，将在北京学习到的新知识，与其他教师做分享和交流。

最后，外部信息的提供者。作为跨界者，领袖教师、骨干教师和种子教师的另一作用在于，作为桥梁，帮助外部专家与学校教师建立联结，为外部专家与学校教师之间实现知识交流创造条件。这典型地体现在 S3 学校语文领袖教师 S3-TO-CH-TL-Qiang 如何在英语教师 S3-EN-Lin 进行英语绘本教学的备课过程中帮助她与外部专家建立联系上，让 S3-EN-Lin 可以就如何开展灰板教学与外部专家进行一对一的沟通和交流。

作为领袖教师，S3-TO-CH-TL-Qiang 借助 TS 伙伴关系项目的外部专家 EE-Zhan 的联系，有机会去上海某师范大学学习和培训。在外出学习的过程中，S3-TO-CH-TL-Qiang 与擅长绘本教学的外部专家取得了联系，了解到其关于绘本教学的相关理念和做法。而 S3-EN-Lin 在准备英语绘本教学的时候，面临着许多困惑和难题。在与 S3-TO-CH-TL-Qiang 进行交流之后，获得了外部专家的联系方式，并与之建立了联系，从而为 S3-EN-Lin 与外部专家交流提供了前提和便利。S3-EN-Lin 也认为，在这方面，领袖教师和教导处主任 S3-TO-CH-TL-Qiang 提供了许多帮助。可见，在这一例子中，领袖教师扮演着中介人的角色，为外部专家与学校教师之间的知识交流提供了条件。

三　小结

在 TS 伙伴关系项目中，外部专家与学校教师的知识互动过程中存在着两类充当跨界者角色的人：一是外部专家自身；二是学校教师。对于外部专家而言，TS 伙伴关系项目为他们提供了一个平台和渠道，与学校教师进行交流、合作；外部专家不仅作为知识的输入者、转化者和共建者进入学校组织内部，而且发挥着推动教师合作学习、合理化教师自身的经验和想法、引入丰富的学习资源和学习机会等作用。此外，学校教师跨界者角色的意义之所以不可忽视，就是因为学校组织内部教师之间的合作学习仰赖部分教师所发挥的知识联结、知识中介的作用，其中包括学校行政人员和被设定为领袖教师、骨干教师和种子教师的作用。

第三节　本章小结

在大学与中小学协作情境中来自不同背景、组织的参与者之间的知识互动过程会出现许多问题，诸如彼此不信任与冲突、不同期待和愿景、共同知识基础的缺失、参与者之间知识流动遇到阻碍等。因此，大学人员、一线名师等外部专家与学校教师之间的知识互动需要借助一定的跨界机制。本章以边界物件和跨界者两个概念试图识别、归类和理解 TS 伙伴关系项目中外部专家与学校教师知识互动过程中所借助的跨界机制。在边界物件方面，具体课例、学校特色课堂理念、校本课程和教材三者被视作起到了知识指代、转化和变革功能，以此促进外部专家、学校教师之间的知识互动。在跨界者方面，外部专家自身扮演着知识互动过程中的跨界者角色，包括知识的输入者、转化者、共建者等；而学校内部的行政人员以及领袖教师、骨干教师和种子教师也成为外部专家与普通教师之间知识交流的中介，发挥着筛选过滤信息等的作用。

第七章 讨论

第一节 外部专家与学校教师知识互动的影响因素

本书第四章以跨界知识互动的三种模式——知识迁移、转化和变革——为视角，对大学与中小学协作伙伴关系情境中外部专家与学校教师之间知识互动的特点进行了考察和分析。研究发现，在 TS 伙伴关系项目中，外部专家，特别是来自大学的研究者、教师教育者，更倾向于以知识迁移的方式向学校及其教师输入表征为教育理念、原则、方法等的显性知识。[1] 对此，由于教师的实用倾向及其已有知识基础的实践性、操作性特点，教师尽管认可外部显性知识所发挥的积极影响，但是他们仍然需要依靠自身的实践、反思、尝试，努力理解外部专家所迁移的新知识，进而改变自身的教学理念和行为。另外一种知识互动模式是教师参与的知识转化。外部专家，特别是一线名师，进入学校教师的工作场景和教学情境中，以示范课、专题培训、课例指导等方式，与教师分享的更多的是操作性的、实践性的隐性知识。对此，大部分教师更倾向于接受这样的知识互动模式，这是因为教师自身不用进行知识转化、情境化的工作，可以直接使用外部专家

---

[1] M. M. Cheng, & W. W. So, "Analysing Teacher Professional Development through Professional Dialogue: An Investigation into a University-school Partnership Project on Enquiry Learning," *Journal of Education for Teaching*, 2012, 38 (3): 323–341.

所分享的知识。① 还有一种知识互动模式则是合作探究导向的知识变革模式，尽管这一模式在 TS 伙伴关系项目中体现得并不明显。知识变革发生于外部专家、学校教师面临共同的问题情境下，两者已有的知识难以解决问题，需要通过研讨、合作探究而产生与具体问题情境相契合的新知识。②

在不同的伙伴关系情境中，大学人员等外部专家与学校一线教师之间的知识互动会呈现出不同的特点。因此，有必要探讨这三种不同的知识互动模式产生背后的影响因素。这里可总结出三点：一是外部专家与教师的权利关系；二是作为专业人士的教师的自我定位；三是外部专家跨界能力。

一 外部专家——学校教师的权利关系

各个参与的组织和个体成员之间的关系和地位实现平等、合作、互惠是理想的大学与中小学协作伙伴关系的应有之义。在论述伙伴关系中大学研究者与学校一线教师之间的关系时，大部分研究者将"平等""共享权利""共享领导力"等作为建立和维持伙伴关系的首要因素和重要目标。③ 许多研究探讨了具体的伙伴关系项目中不平等的权力关系的存在及其对教师学习的影响。但本书的研究发现并非如此：外部专家与学校教师的关系无法用平等或不平等这样一个简单、直接的概念进行形容和概括；相反，从权力关系的视角来看，在外部专家与学校教师围绕课程开发、课堂教学、教案设计等议题进行知识

---

① D. H. Hargreaves, "The Knowledge-creating School," *British Journal of Educational Studies*, 1999, 47 (2): 122-144.

② M. Cochran-Smith, & S. L. Lytle, "Relationships of Knowledge and Practice: Teacher Learning in Communities," *Review of Research in Education*, 1999: 249-305.

③ C. Day, & L. Smethem, "Partnership between Schools and Higher Education," In P. Peterson, E. Baker & B. McGaw (Eds.), *International Encyclopaedia of Education* (pp. 757-763), Oxford: Elsevier, 2010.

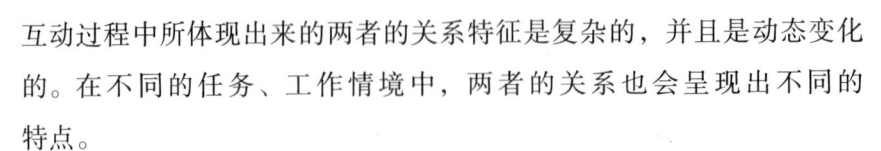

互动过程中所体现出来的两者的关系特征是复杂的,并且是动态变化的。在不同的任务、工作情境中,两者的关系也会呈现出不同的特点。

一方面,外部专家被学校教师视作拥有更多专业知识、更高专业地位的人,因而是新知识的提供者、课堂教学改进的引领者。在大部分学校教师眼中,来自大学的教育研究者(如 EE-Hua、EE-Zhan、EE-Lee)、一线的教学名师(如 EE-Cheung)等外部专家,与教师们相比,有着比较高的地位:教师们用"专家的高度就是高"(访谈 S3-EN-GL-Yu,2015)、"教学理念较先进"(访谈 S3-CH-Yang,2015)等词语来形容外部专家的地位和拥有的知识。而且,当被问到如何形容自身与外部专家之间的关系时,许多教师都用"师生关系"(如 S3-CH-Du、S3-EN-Lin),"小草或向日葵与太阳的关系"(如 S3-CH-Guan),"为我们打开了一扇窗"(如 S2-TO-CH-TL-Gong)等修辞式的手法进行描述。简言之,无论是教师口中的"理念先进""有高度",还是以师生关系等修辞来形容外部专家与学校一线教师的关系,均表明外部专家与学校教师在知识交流的过程中处于不平等的地位:外部专家是知识的提供者,而学校教师则是知识的接受者、被帮助者。

另一方面,教师也会质疑外部专家所提供的知识在具体教学过程中的可行性。S1 学校副校长 S1-VPL-Jiang 就谈到,对于课堂教学改革,学校方面的目标是改进每个教师的课堂教学情况,特别是以学生为中心的教学方法的运用,但是,外部专家如 EE-Zhan 等的指导却往往偏向于宏观,"难以给学校,特别是教学这一块,教师急需的东西"(访谈 S1-VPL-Jiang,2015)。因此,对于外部专家在指导过程中所提出的一些建议,学校行政人员、部分学校教师也并非真心接受,"听过就行了"(访谈 S1-CH-GL-Zhong,2015),而没有尝试将其转化为自身课堂教学中的理念和行为。而且许多教师提出要求,希望外部专家能够亲自上示范课，展现新的教学理念和方法，不然，教师们会认为外部专家仅仅是口头上说一说而已（如 S1-CH-GL-Dong，2015）。从这一角度来看，外部专家与学校教师权力关系的天平也并非完全倒向外部专家一侧，学校教师自身会以不同的方式抵制、反对或不认同外部专家所传授的新理念、新方法。

上述对于外部专家与学校教师权力关系动态变化的描述，与以往一些研究者的经验研究、自我研究的发现是相类似的。例如，尽管传统上一直认为，作为知识生产者的大学人员的地位要高于知识消费者的教师，但是，尼尔森（Nelson）的研究却发现，教师的能动性和他们的专业技能被低估了。实际上，"教师也拥有权利来忽略或修订大学人员提出的观念，从而与他们特定的需求和环境相吻合"[①]。布略特（Breault）关于西方情境中大学与中小学协作伙伴关系项目运营项目中，特别是专业发展学校项目中大学人员与学校教师之间权力关系的文献综述也表明，大学人员并非如文献中所描述的那样处于主导者或统治者地位；相反，在关于伙伴关系的研究中，大学人员总是被视作阻碍伙伴关系的因素，并且需要做出改变，大学人员需要尽量满足学校教师的需求。

因此，权力关系并非固定不变，而是在互动和社会协商中产生相应变化的。在不同的合作活动中，外部专家与一线教师各自的权力地位、角色以及互动过程均有所不同。对于外部专家与学校教师之间复杂的、动态变化的权力关系的这一特点，一种可能的解释是外部专家自身的权力来源及其权威地位的获得是多样化的。实际上，作为学校与大学之间组织边界的跨界者，外部专家在迁移、转化和变革知识的过程中，必须以某一种方式获得相应的、足够的合法性地位和空间，

---

① T. H. Nelson, "Knowledge Interactions in Teacher-Scientist Partnerships Negotiation, Consultation, and Rejection," *Journal of Teacher Education*, 2005, 56 (4): 382–395.

这样才能影响学校教师的理念和教学实践。① 具体而言，本书研究发现，外部专家的权利、权威地位可从几个途径来检视：

其一，外部专家所具备的不同类型的知识，在不同的工作和任务情境中被识别、认可和接纳的价值大小并非一成不变而是存在差异的。

外部专家（特别是来自大学的研究者、教师教育者）与身处教学一线的学校教师所拥有的知识类型和特点是不同的：外部专家通常具备以研究为基础的、理论性的、抽象的"知道什么"（know-that）的知识，与此相对照，学校教师更倾向于掌握"知道怎么做"（know-how）的程序性的、实用性的知识。大学人员与学校教师之间在伙伴关系中的权力结构在很大程度上是由两者所具备的知识的价值所决定的，两者知识的差异以及不同类型的知识在伙伴关系情境中所获得的重视程度的不同，决定了外部专家与学校教师之间的关系特点。大学研究者、教师教育者与学校教师所拥有的知识的等级性往往被认为是两者权力大小不一、地位高下之别的根源。②

以往的许多研究均认为，大学学者的地位高于学校教师，因为科学理论和知识要优于学校人员的实践知识。这一点也在对许多教师的访谈中有所体现。例如，S3 学校校长 S3-PL-Xing 就一直强调，相比于 EE-Hua 等外部专家，学校教师身处一线，所具有的更多的是教学经验，对于理论性的教育理念、教学知识等则有所欠缺（访谈 S3-PL-Xing，2014）。许多教师也将自己设定为一线的教学实践者，主要在于完成教学任务，提升学习成绩；与外部专家相比，自己在教育改革的方向、先进的教育理念和方法的掌握方面十分欠缺（如 S3-CH-GL-

---

① E. Wenger, *Communities of Practice: Learning, Meaning, and Identity*, Cambridge: Cambridge University Press, 1998.
② 王晓芳、黄学军：《中小学教师科研活动与教师专业性的提升——基于工具性，认识论和批判性的视角》，《基础教育》2015 年第 3 期。

第七章 讨论

Yun、S1-CH-Liang、S3-EN-TL-Mang、S2-CH-Na）。

但有趣的是，尽管大部分教师认可外部专家所传递的新的教学理念和方法，如以学生为中心、情意体验、体验式教学，但对于其能否在日常课堂教学中被真正实施，以及能取得何种效果却持怀疑和不肯定的立场。S3-CH-GL-Cheng 就提到，尽管外部专家输入和提倡的教学理念很新，但是能否在课堂教学中落实却不确定（访谈 S3-CH-GL-Cheng，2014）。实际上，教师们追求的是直接、快速的知识获得方式；无论是讲座报告还是其他形式的学习活动，教师的期待、关心的重点都落在如何解决日常教学中的实际问题上。也就是说，与大学人员、一线名师等外部专家相比，学校教师更看重知识的实用性。在知识的实用性被强调的情境下，具体的操作性知识、实践性教学经验等反而被学校教师赋予更多的价值。

不同的工作和任务情境均会影响教师对某一特定类型的知识的价值判断。在 TS 伙伴关系中，外部专家在指导教师开发校本课程时所提出来的教材编写、课程开发的理念对于教师就有很强的吸引力和说服力。与之相比较，在课堂教学改进方面，教师则更倾向于看重诸如 EE-Cheung 等具有一线教学经验的名师所开展的展示课、示范课以及所做的课例指导。因为正如 S1-CH-Ning、S3-CH-GL-Duang 等教师所言，相比于 EE-Hua 等大学研究者，EE-Cheung 自身拥有一线的教学经验，因此在课堂教学中所提出的建议、输入的新的教学理念和方法也就更有说服力。这一发现与以往西方情境中的一些研究结果是一致的，例如，Hayes & Kelly（2000）认为，大学学者掌握的是研究知识，学校教师掌握的则是经验性的知识，而在伙伴关系的执行过程中经验性、操作性知识的作用往往高于来自大学研究者的理论性知识。对此，Peters（2002）也持相类似的观点，因为"对于一些大学的参与者来说，学校所关注的领域是一个他们几乎没有相关知识的领域"。从知识与权力的关系来看，来自大学的外部专家并不一定拥有被重视

· 277 ·

的专长，外部专家也并非始终、在任何情境下均会被教师认为是知识权威。

可见，从知识被赋予价值高低这一视角来看，外部专家与学校教师的权力关系并非简单的平等或不平等，也不是静止不变和能够一概而论的；需要依据不同的情境、不同的工作和任务，进行更为细致的分析。

其二，外部专家因被视作具备更多的社会资本而具有更大的影响力。

阿德勒（Adler）等人在论述社会资本对于其拥有者的积极影响时，除了其获得信息和知识的渠道更为广泛之外，由此而来的对于网络结构中其他个体的"影响力、控制力和权力"也是十分重要的。[1] 在研究案例中，外部专家借助自己所享有的资源，为学校及其教师的学习和专业发展提供了丰富的学习机会和资源，包括引入各种学习资料和校本教材的拓本、提供外出跟岗学习的机会、引荐各类学科领域的专家进入学校进行专门的指导，等等。因此，在教育局人员、学校行政人员和教师看来，外部专家不仅是专业知识的拥有者，而且其所享有的社会资本更加多样和广泛，这对于促进教师学习是必不可少的。实际上，哈格里夫斯（Hargreaves）和富兰（Fullan）在谈到如何促进教师教学专业地位的提高时提出了教师的专业资本（professional capital）这一概念，其中教师社会资本的占有和运用就是重要组成部分，因为社会资本会影响教师知识的获得、理解和运用，进而影响教师在教学理念、教学方法、教学技艺等方面的改变。[2] 从这一视角来看，外部专家由于具有更多的社会资本，而对于教师学习的内

---

[1] P. S. Adler, & S.-W. Kwon, "Social Capital: Prospects for a New Concept," *Academy of Management Review*, 2002, 27 (1): 17–40.

[2] A. Hargreaves, & M. Fullan, *Professional Capital: Transforming Teaching in Every School*, New York: Teachers College Press, 2012.

容、学习的方式和效果的评价等更具有话语权和影响力。

其三，学历、地域、大学组织、专家身份的符号和标签效应，使得外部专家在与学校教师合作、交流的过程中，占据着更为有利和优先的位置。

尽管外部专家努力以一种平等、开放、讨论的方式建构起自身与学校教师的关系（访谈 EE-Zhan，2014），但在大部分学校行政人员、教师看来，外部专家自身所带有的诸如"博士学位""来自大城市""知名大学的教授"等标签或光环也会影响两者权力关系的设定。例如，S2 学校副校长 S2-VPL-Yun、S1-CH-Ning 等教师在访谈中多次提到自身所处的地区和城市的经济发展、学校教学都比较落后，因此，难以接触到新的教学理念和方法，而 EE-Hua、EE-Zhan、EE-Lee、EE-Cheung 等外部专家则来自北京、上海、香港和台湾等先进地区，他们见多识广，能接触到先进的教育理念以及具体的实践做法。另外，在学历上，许多教师（特别是老教师）都反映说，与外部专家的博士学位相比，他们都是中等师范学校毕业，或者大学本科毕业，所接受的训练更多的是教学技能方面的技术性训练，对于理论知识的掌握十分欠缺（如 S1-CH-GL-Zhong、S2-CH-Shi、S3-CH-GL-Duang）。在这种学历对比、地域对比的情况下，学校教师自然而然地认为外部专家是更多知识的拥有者，是知识权威等。

因此，对于外部专家，特别是来自大学的研究者或教师教育者而言，他们在伙伴关系情境中与教师的关系设定，很难因为个体的努力而有所改变。因为外部专家在进入伙伴关系中，就携带着其所来自的组织机构（也就是大学）的身份标签。无论是学历、地域还是专家教授的身份，都是很难消除的。这是因为来自大学的外部专家与学校教师个体之间的互动是无法脱离组织和制度的影响的，"个体的互动是制度化的"①，研究者、教师教育者与学校教师之间关系的达成本身就带有很强的历史文化基础。无论是一线教师，还是来自大学等机构的外部专家，两者都是相对于他人的角色期待来定位自身的角色身份的。② 外部专家和学校教师因为各自来自的组织的不同，所被赋予的符号和标签以及相应的行为期待也会有所不同，这影响了两者在知识交流中互动过程的展开。

综上所述，尽管本书的研究发现与以往研究对于外部专家与教师之间权力关系的不平等情况是一致的，但更为重要的是，大学人员、一线名师等外部专家与学校教师的权力关系随不同的工作、任务和情境而发生动态变化的特点也值得进一步关注。大学与中小学协作伙伴关系这一用语本身就蕴含着"平等"这一前提条件。无论是"平等""互惠""尊重、信任"，还是"共同学习者"等，都仅仅是一种假设，或者是有异于实践和真实情境的说词。研究发现，尽管大学人员等外部专家所享有的知识权威使得其权力与地位往往高于学校一线教师，但在部分情境中，学校教师更推崇实践性强的、实用性高的经验知识，而非理论性知识，因此权利关系与地位等级并非一成不变的。简而言之，伙伴关系中的权力关系与参与者各自的地位并非预设的，而是在参与者的不断互动过程中被逐渐建构出来的。③

二 身为专业人士的教师的自我定位

学校教师对外部专家所代表的"专业性知识"的认可乃至崇拜，并将其作为衡量自身教学理念、教学行为是否正确的标准，进行自我

---

① C. Burke, & W. Burke, "Problematizing the Role of Expert within Small-scale School-university Partnerships," *The Teacher Educator*, 2007, 42 (4): 264 – 288.
② 陈可儿、李文浩、黄显华：《大学与学校协作下学校发展主任的角色："专家"与"伙伴"的再探》，《教育学报》2010 年第 2 期。
③ W. A. Firestone, & J. L. Fisler, "Politics, Community, and Leadership in a School-university Partnership," *Educational Administration Quarterly*, 2002, 38 (4): 449 – 493.

审查。尽管在不同情境、不同时代，对于教师专业主义（professionalism）的理解有所不同，安迪·哈格里夫斯（Andy Hargreaves）总结了以专业自主权、同侪合作、后现代专业主义等为特征的不同的专业主义的理解以及相应的对教师学习的影响。① 但是，专业主义不仅仅是支持教师专业发展的一种工具，也被视作影响和控制教师教学工作、学习活动的一种重要机制。② 在专业主义的旗帜下，教师专业标准、专业知识等，并成为衡量教师课堂教学理念、教学活动的金科玉律，以此加强教师的专业判断，进而提升教学作为一门专业在社会中的地位。

在研究案例中，教师自身被视作需要帮助、需要获得新知识的对象，也就是需要做出改变、实现进步的对象。S3 学校校长 S3-PL-Xing 在访谈中多次表达了对教师之前的传统教学方法（如讲授法）的不支持，并将其视作落后的、无效的代表；相反，对于外部专家所提倡的小组合作、课堂教学中的师生互动等教学理念和方法，则推崇备至（访谈 S3-PL-Xing，2014）。类似地，许多教师也存在这样的心态：否定以往的教学理念和行为，"不像以前那样老是一言堂，这个早被淘汰了"（访谈 S3-CH-Lu，2015）；认为自身教学行为的改变是一种"从不规范到规范"的发展过程（访谈 S2-CH-Zhao，2014）；倾向于运用外部专家所提供的专业术语（如学生中心、体验式教学、情意体验、一课一得、英语思维）来总结自身的教学活动。在研究案例中，许多教师（如 S1-CH-GL-Dong、S3-CH-GL-Yu）都将自己设定为单纯的一线教师，专注于课堂教学实践，而与教学专业知识，特别是理论知识相距较远；经验的累积、教学活动的实用性是教师们最大的关注

---

① A. Hargreaves, "Four Ages of Professionalism and Professional Learning," *Teachers and Teaching: Theory and Practice*, 2000, 6 (2): 151 – 182.
② 王晓芳、黄学军：《中小学教师科研活动与教师专业性的提升——基于工具性、认识论和批判性的视角》，《基础教育》2015 年第 3 期。

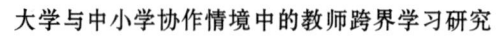

点。以霍伊尔（Hoyle）早期对于教师专业性（professionality）的分类而言，研究案例中的许多教师对于自身专业身份的认识和定位更倾向于一种"有限的专业性"（restricted），也就是将教师专业性的知识基础局限于教师个人的经验和直觉上，而不是强调理论和教学法的作用，以及更为广泛的智力和理性层面的"扩展的专业性"（extended）。[①]

在伙伴关系中，外部专家的知识权威让学校教师对自身的理念和活动进行自我反思、自我审查（self-scrutiny）。在这一过程中，将专家所提供的知识视为自身专业成长、专业化的重要途径。外部知识被作为判断正确与否、对错好坏的标准，外部专家也成为裁判者，而教师并没有被视作专业人士。教师的专业判断、专业自主权在这样的情境中可能会受到损害。[②] 也正是基于这样的担忧，莫克勒（Mockler）主张，在协作伙伴关系中，外部专家与学校教师应以"民主的专业性"（democracy professionality）为原则，承认双方所具备的专业知识及其价值，以及各自作为专业人士的地位。[③] 而且，学校教师对于自身专业身份和地位的界定也不应局限于将专业身份的来源定位为教学经验的积累、程序性知识的占有，相反，应打破对外部专家所传递的理论性知识的崇拜，并实现理论与实践等的融合，也就是要展示探究新知识的兴趣和能力扩展的专业身份。

简言之，许多教师仍将自身设定为知识的消费者或执行者而非生产者。学校教师将自身专业身份以及专业性的来源局限在教学经验的

---

① E. Hoyle, *Changing Conceptions of Teaching as a Profession: Personal Reflections Teaching: Professionalization, Development and Leadership* (pp. 285 – 304), Springer, 2008.
② 王晓芳、黄丽锷：《中小学教师科研活动中的管理主义——基于对相关官方文件与若干结题报告的分析》，《北京大学教育评论》2015 年第 1 期。
③ N. Mockler, "The Slippery Slope to Efficiency? An Australian Perspective on School University Partnerships for Teacher Professional Learning," *Cambridge Journal of Education*, 2013, 43(3): 273 – 289.

积累、操作性知识的掌握等方面，认为理论性知识、研究性知识专属于外部专家，特别是为大学研究者和教师教育者所垄断。因此，教师倾向于获得外部专家所提供的直接可以运用的知识，而不是在外部专家的启发下，通过主动尝试、探究、反思等循环活动，自主获得新的知识。

三 外部专家的跨界能力

尽管作为外部能动者的外部专家在推动教师知识增长，促进学校课堂教学变革和协助校本课程开发与执行的过程中扮演了多重而积极的角色，但是，大学与中小学之间基于社会文化和传统的原因而形成的组织边界、知识边界也对外部专家与学校教师之间的知识互动带来了阻碍。

本书研究发现也佐证了以往研究者所提到的构建和完善伙伴关系，推动大学人员与学校教师之间知识互动所面临的困难。例如，EE-Zhan 谈到，S1 学校的一些语文教师并不主动学习，而是被动地等待外部专家提供现成的对课堂教学的解决办法，在对一些教师的课堂教学教案设计等内容进行反馈之后，教师并没有进一步跟进（访谈 EE-Zhan，2014）。对此，S1 学校副校长 S1-VPL-Jiang 和部分教师则有不同的说法，S1-VPL-Jiang 和学校教师（如 S1-CH-Liang）都提到，EE-Zhan 所提供的建议往往过于理论化、抽象化，是一些难以操作的概念（如课程校本化等），也难以解决学校在课堂教学中所面临的实际问题（访谈 S1-VPL-Jiang，2015）。对于与 EE-Zhan 就教案设计进行的交流，S1-CH-GL-Zhong 等教师提到，"发给她（即 EE-Zhan）之后，也没有获得反馈，如石沉大海"（访谈 S1-CH-GL-Zhong，2014）。从这一例子中我们可以看到，大学人员等外部专家与学校教师之间对彼此角色的期待有所不同：大学人员希望教师能够成为主动学习者、自身专业发展责任的承担者，而学校教师则更多地倾向于等待、依赖

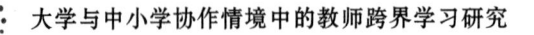

大学与中小学协作情境中的教师跨界学习研究

外部专家提供现成的方法。"告诉我们具体该怎么做"是许多教师的共同期待（如 S3-EN-Lin、S1-CH-GL-EE-Huag）。而且学校领导和学校教师更倾向于获得实用性的知识，关注的是对具体的课堂教学、校本课程等问题的解决。这一点与 Chan & Clarke（2014）的发现是相似的。另外，EE-Zhan 与 S1 学校部分教师在双向沟通、信息交流方面也存在一些缺陷，使得双方产生误解，这可能会影响 EE-Zhan 等外部专家进行的指导活动，也会影响教师学习的成效。简言之，外部专家与学校教师在知识互动过程中，存在着许多由于期待不同、交流渠道不畅、知识基础差异、权利关系、资源分配等形成的问题。

鉴于此，作为跨界者，外部专家的跨界素养的提升、跨界领导力的发挥是值得进一步探讨的议题。许多文献对跨界者所具备的能力和技术进行了探讨。沃克（Walker）和诺孔（Nocon）将跨界能力界定为："管理和整合跨越社会边界的多层次、多样的话语和实践的能力"[1]；跨界能力的特点在于知识的情境化、再情境化。也就是说，跨界者将相应的外部新知识在获得、理解和吸收的情况下应用于新的问题情境的能力。[2] 威廉姆斯（Williams）通过对组织间关系的研究，较为系统地总结了跨界者应具备的能力，包括人际关系的建立、协商和网络的培育、复杂性和依赖性的管理、多重角色的调适等。[3] 因为无论是外部专家还是学校教师，在面对新出现的实践问题、需要探究更好的教学实践的情境下，都需要跨越组织边界、知识边界，提升自己与不同参与者进行交流的能力。具体而言，在大学与中小学协作伙伴关系中，为了推动教师学习和学校组织学习，外部专家的跨界能力

---

[1] D. Walker, & H. Nocon, "Boundary-crossing Competence: Theoretical Considerations and Educational Design," *Mind, Culture, and Activity*, 2007, 14 (3): 178–195.

[2] 王晓芳：《从共同体到伙伴关系：教师学习情境和方式的扩展与变革》，《华东师范大学学报》（教育科学版）2015 年第 3 期。

[3] P. Williams, "The Competent Boundary Spanner," *Public Administration*, 2002, 80 (1): 103–124.

及其领导力的发挥可从以下几个方面努力。

（一）实现从教育研究者到教师教育者的身份转变

传统上，来自大学的研究者，特别是教育学院的教育研究者，承担乃至垄断着生产并为一线教师等实践者提供教育知识的责任。这一研究者身份的设定让大学人员具备的是理论知识、研究知识，而非操作性的具体做法；而且，大学人员往往更加关注对新知识的探究和生产而非解决学校和教师在实践中所面临的问题。奈特（Knight）与同事在比较大学人员与学校教师的区别时就指出：大学重视反思、分析和科学研究，"重视研究和学术标准"；与之相对，学校重视知识的运用、行动、基于经验的、能够马上使用的知识，"关注地方化的、实践的议题和活动"等。[1] 陈（Chan）和克拉克（Clarke）的研究也表明，与教师注重实用性不同，大学人员更重视知识生产、理论建构。[2] 因此，为了更好地发挥跨界者的角色作用，大学人员等外部专家应该从教育研究者的身份转变为教师教育者（teacher educator）。长期以来，教师教育者能胜任工作及其专业发展被认为是理所当然的：从纯粹的研究者扩展为教师教育者，"培养教师是不需要任何额外的准备的"，这两种身份转换的路径都被认为是"自动的""直接的"和"毋庸置疑的"[3]。实际上，要成为一名合格的教师教育者，外部专家也应具备相应的知识基础。典型的如古德温（Goodwin）的论述，教师教育者的知识基础框架包括理论知识、应用研究的能力、内容知识、对研究的熟悉度、做研究的能力、人际交往技术、反思和专业活

---

[1] S. L. Knight, D. Wiseman, & C. W. Smith, "The Reflectivity-activity Dilemma in School-university Partnerships," *Journal of Teacher Education*, 1992, 43 (4): 269-277.

[2] C. Chan, & M. Clarke, "The Politics of Collaboration: Discourse, Identities, and Power in a School-university Partnership in Hong Kong," *Asia-Pacific Journal of Teacher Education*, 2014, 42 (3): 291-304.

[3] F. Korthagen, J. Loughran, & M. Lunenberg, "Teaching Teachers—Studies into the Expertise of Teacher Educators: An Introduction to This Theme Issue," *Teaching and Teacher Education*, 2005, 21 (2): 107-115.

动等。① 可见，外部专家在发挥跨界者的作用，推动教师学习和学校变革的过程中，应更多地以教师教育者的身份自居，不仅要有理论性的、基于研究的知识，而且应拥有实践智慧；不仅要掌握教学法知识、学科内容知识，也要有以适当的途径和管道将此类知识传输给教师的能力。此外，开展研究是外部专家的优势，应以探究的立场，对具体的学习情境、教师面临的具体问题进行分析、研究并提出解决对策。

（二）从局外人到局内人，进入教师教学工作情境，理解学校和教师的真正需求

在传统的教师专业发展模式中，大学人员等外部专家的指导、建议以及"打包"（packaged）的知识输入，被批评为脱离教学工作、学习活动的真实情境。许多学者也提到，大学人员的研究知识、理论知识被教师视作难以对改进课堂教学发挥积极的作用，与教师教学情境不相关。② 因此，外部专家应该进入教师教学工作的真实情境，这样才能理解他们的真正需求，消弭因为组织、知识基础、思维方式等的不同而带来的隔阂。无论是增强知识的对话和分享，还是展开针对性的研究，抑或协助教师对教学问题进行探究，外部专家都需要介入教师教学工作的真实情境，而非始终自上而下地以局外人的视角审视、灌输和指导教师的教学实践。实际上，以大卫·哈格里夫斯为代表的许多教育研究者，为了打破研究者与实践者之间因为组织和知识的不同而形成的边界，极力主张大学人员应该尽可能地以学校为研究场景，与知识的应用者（即学校教师）加强联结，将知识的生产、应用和传播这些原先被割裂的活动统整到知识的应用场景，也就是学

---

① A. L. Goodwin, & C. Kosnik, "Quality Teacher Educators = Quality Teachers? Conceptualizing Essential Domains of Knowledge for Those Who Teach Teachers," *Teacher Development*, 2013, 17 (3): 334–346.

② K. M. Zeichner, "Beyond the Divide of Teacher Research and Academic Research," *Teachers and Teaching: Theory and Practice*, 1995, 1 (2): 153–172.

校和教学一线的情境里。①

（三）发挥知识转化者的角色，实现知识的情境化

协作伙伴关系让大学人员、一线名师、学校行政人员、一线教师能够分享彼此对教学、课程的理解、看法和做法，让不同类型的知识得以在伙伴关系这一跨界安排的学习情境中被识别、理解、运用和创造。但是，卡莱尔提到，来自不同组织环境的个体在进行知识交流的过程中，由于知识的差异性而形成的边界，让知识互动面临着挑战。在教学改进过程中，来自大学的研究者的理论知识所发挥的作用之所以并不凸显，是因为大学人员的知识很难以合适的途径进入教学情境而被教师所运用，知识的传播被视作仍未解决的问题。这就需要外部专家发挥跨界者的角色作用，将新知识转化为教师能够理解、运用和掌握的内容，并与具体的教学情境相契合，实现知识的转化和情境化。实际上，知识的转化也就是知识的情境化与再情境化，被视作跨界者所应具备的核心能力和素养。沃克（Walker）和诺孔（Nocon）认为，跨界者将相应的知识应用于新的情境的能力对于知识分享和共建是十分关键的；这种能力既可以是从抽象到具体的转变，也可以是同一类活动在不同情境中的实现。②在组织学习理论中，跨界者作为知识转化者的角色也被许多研究者所强调。跨界者在传递知识方面的作用，一方面跨界者更多的是通过语言来实现显性知识流动的，另一方面，通过卷入某一实践，成为组织成员，分享隐性知识。这两方面都意味着，跨界者的"核心功能是，通过翻译和积极地描绘知识，来联结不同群体之间的认知

---

① D. H. Hargreaves, "The Knowledge-creating School," *British Journal of Educational Studies*, 1999, 47 (2): 122-144.

② D. Walker, & H. Nocon, "Boundary-crossing Competence: Theoretical Considerations and Educational Design," *Mind, Culture, and Activity*, 2007, 14 (3): 178-195.

地图，进而提升协调水平，促进问题的解决"①。可见，在协作伙伴关系中，为了让外部专家与学校教师实现真正的知识分享和互动，知识转化是必不可少的，因为这可以实现知识在不同情境下的流动，也能够让外部专家和教师跨越彼此的知识边界，更好地理解彼此，并实现知识的分享、互动与融合。②

（四）运用社会资本，提供丰富的学习机会和资源

外部专家不仅是知识的来源，承担新知识输入、传递和转化的责任，而且，相比局限于一线教学工作的教师而言，外部专家拥有并积累着更多的社会资本。这一点也体现在外部专家的自我认知，以及教育局人员、学校行政人员和教师对外部专家的期待中。实际上，从社会网络的角度来分析，跨界者所处的结构位置，使其能够更容易地获得各类信息，接触新的观念，获得更多的资源等。因此，外部专家如何积极运用自身所拥有的社会资本，为学校、教师提供学习机会和资源，发挥牵线搭桥的中介作用，对于教师获得新的知识是十分重要的。因为社会资本的妥善运用，能够提升教师增强人力资本（也就是知识、能力和意识等）的可能性。

（五）构建分布式领导力，辅助和支持教师领导力的发挥

伙伴关系的各方参与者的领导力（leadership）的发挥对于伙伴关系的成功至关重要。在学校领导力理论视野下，伙伴关系存在着多种类型的领导力，包括关注教师教学活动的教学型（instructional）领导力，以激励和奖惩为核心的交易型领导力，以设定组织目标、变革组织架构、发展组织成员为目标的变革型领导力，以及重视组织各个成员特别是教师领导力的分布型（distributed）领导力。其中，变革型

---

① M. A. Hawkins, & M. H. Rezazade, "Knowledge Boundary Spanning Process: Synthesizing Four Spanning Mechanisms," *Management Decision*, 2012, 50 (10): 1800–1815.

② T. Fenwick, "Organisational Learning in the 'Knots' Discursive Capacities Emerging in a School-university Collaboration," *Journal of Educational Administration*, 2007, 45 (2): 138–153.

第七章 讨论

领导力与分布型领导力被研究者认为是推动大学与中小学协作伙伴关系发展尤为重要的因素。在本书研究案例中，作为跨界者，外部专家不仅担当着知识输入和转化的角色，而且成为学校内部教师学习氛围乃至学习共同体建设、学校之间学习网络得以建立的重要推动者。实际上，EE-Hua、EE-Zhan 等外部专家都提到，为了让伙伴关系的影响面可以更多地辐射、覆盖学校范围内的所有教师和学生，限于外部专家的时间、精力，以及对学习活动效果的考虑，应在学校内部建立教师梯队，培育领袖教师、骨干教师和种子教师，让其能够发挥领导力而带动、引领其他教师的专业发展。包括学校教师、学校行政人员、教育行政人员、大学人员以及其他参与主体在内的领导力的分布形式也十分重要。[①] 例如，哈德森（Hudson）与同事的研究就发现，在伙伴关系从发起、建立、运用到评估的全过程中，不同的参与者基于其自身所具备的专长而发挥自身的领导力。例如，在伙伴关系的发起和建立阶段，大学人员与学校人员密集举行会议，大学人员为学校人员"提供各种信息，以此让学校更了解伙伴关系项目，并鼓励其加入"[②]。在这个过程中，大学人员扮演着领导者的角色。在规划和合作阶段，学校教师表达了自己的诉求和期待，对伙伴关系的目的和活动内容的设置，从自身的专长出发，扮演领导者的角色。基于此，哈德森与同事得出结论，伙伴关系中领导力是分布式的。换句话说，在伙伴关系中，领导力的分布模式并不应该集中于外部专家或有限的学校行政人员身上，毕竟他们的力量和所能涵盖的范围是有限的；而应该将伙伴关系的领导力由学校教师所分享，建立教师学习共同体以及教师学习网络。

---

① W. A. Firestone, & J. L. Fisler, "Politics, Community, and Leadership in a School-university Partnership," *Educational Administration* Quarterly, 2002, 38（4）: 449–493.

② P. Hudson, L. D. English, L. Dawes, & J. Macri, "Contextualizing a University-School STEM Education Collaboration Distributed and Self-activated Leadership for Project Outcomes," *Educational Management Administration & Leadership*, 2012, 40（6）: 772–785.

此外，研究案例也发现，借助协作伙伴关系这一平台的建立而引入的外部专家的力量可以有意识地培养和提升学校教师领导力。TS 伙伴关系项目进入 2015 年之后，在外部专家的指导下，S2、S3 两所项目学校对学校全体教师的教学能力、意识和发展空间、目标等进行了诊断，由此列出了领袖教师、骨干教师、种子教师和有潜力教师四个层次，并分别设定了今后的发展目标。在教师们对自身发展目标的设定中，领袖教师、骨干教师、种子教师的部分责任在于协助提高本学科教研组、本年级组全体教师对于新的教学理念和方法的理解和运用，甚至承担各自学科发展规划的任务。对于外部力量的支持和协助在培养教师领导力方面的作用，Frost（2012）在西方国家（如 UK）实现的教师领导力项目中也得出了类似的结论。Frost（2012）指出，大学中的教育研究机构能够发挥自身在教师专业发展上的优势，推动了教师领导力的自我意识、知识获得以及在实践中的运用。

（六）为知识互动提供、改善和共同创建有效的边界物件

作为多元声音、多样知识混杂和共存的大学与中小学协作伙伴关系，来自不同组织背景、制度文化，具有不同知识基础、关注议题的参与者，如何在其中突破知识的边界而实现知识互动、相互理解、创建新的知识是一个令人困扰的长期议题。而已有的边界物件的运用和改善以及新的边界物件的创建则是让外部专家、学校教师能够跨越知识边界，实现知识迁移、共同理解和知识共同生产的重要条件。[1] 这是因为边界物件因其在理解方面的灵活性、模糊性而能存在于不同组织的交叉处，能够被不同背景的人士所识别和接受，形成共同理解，并在此基础上实现知识交流。[2] 这使其成为沟通和联结不同组织的

---

[1] P. R. Carlile, "A Pragmatic View of Knowledge and Boundaries: Boundary Objects in New Product Development," *Organization Science*, 2002, 13 (4): 442 - 455.

[2] 王晓芳：《从共同体到伙伴关系：教师学习情境和方式的扩展与变革》，《华东师范大学学报》（教育科学版）2015 年第 3 期。

第七章 讨论

"翻译"和"中介"工具。就知识的流动而言，边界物件是知识迁移、翻译（即意义的理解）以及变革的工具。

研究案例区分了几种在推动外部专家与学校教师、学校教师之间知识互动方面发挥不同功能的边界物件的具体形式，包括具体的课例、学校特色的课堂理念、校本课程与教材等。这些具体的边界物件，不仅能够通过指代新的教学理念、方法等知识而实现知识的输入和迁移（如课堂理念、公开讲座等），而且能够使外部专家与学校教师就某一具体知识点、教学点形成共同的理解：既将外部专家的显性知识转化为隐性知识，又让教师的隐性知识转化为显性知识（如专家示范课、课例指导等）。此外，围绕边界物件的运用和创造，外部专家、学校教师本身对边界物件的改善和创建，就代表着新知识的生产（如校本教材、课堂理念等）。

但是也可以看到，在外部专家与学校教师之间知识互动过程中，外部专家与学校教师之间知识的单向迁移与知识转化所形成的共同理解最为突出；相比之下，以共同探究为导向的外部专家与学校教师的知识创建则不太明显。因此，我们需要强调作为跨界者的外部专家所发挥的提供、改进和创建边界物件的作用。温格（Wenger）指出，作为边界物件的人工制品的设计和生产过程，实际上是共同体内、不同共同体成员彼此参与的过程；边界物件的设计与使用对于意义协商、知识沟通是同样重要的。[①] 许多研究者的经验研究发现，尽管已有的边界物件可以为知识的指代、交流提供帮助，但是，大学研究者、教师教育者、学校教师、实习生等伙伴关系的参与者联合行动来设计、开发和创建新的边界物件，不仅能帮助教师掌握某一特定领域

---

① E. Wenger, *Communities of Practice: Learning, Meaning, and Identity*, Cambridge: Cambridge University Press, 1998.

知识,而且可以提升不同参与者在混合空间中进行学习的能力。[1] 因此,在外部专家与学校教师互动过程中,在利用已有的边界物件的同时,如何共同创造新的边界物件,对于新知识的产生是十分重要的,新的边界物件本身就代表着新知识的产生。

第二节 重新审视个体、小组与组织学习的互动关系及其影响因素

在组织学习领域,知识在个体、小组、组织甚至由不同组织组成的网络之间的流动和转化,是组织学习研究的核心主题。所有的组织学习理论都致力于探讨和解释个体与组织之间学习和知识的转化关系,个体和组织学习之间的"转化机制是组织学习的核心:也就是个体学习成为组织中的记忆和结构的过程"[2]。对于这一问题,野中郁次郎与同事认为,"组织知识创建不仅是具体化(crystallizing)个体知识并将其与组织知识系统相联系的过程,更是增强(amplify)个体创建的知识并使其具备可获得性的过程。"[3] 换句话说,在野中郁次郎的组织知识创建理论中,个体学习、小组学习与组织学习之间是相互影响的互动关系。对此,本书研究案例也提供了具体的经验证据的支持。

一方面,教师个体层面的学习、知识的增长和创建,是组织学习的前提条件之一,为组织学习提供了新的知识来源。"组织学习是个

---

[1] D. Anagnostopoulos, E. R. Smith, & K. G. Basmadjian, "Bridging the University-school Divide Horizontal Expertise and the 'Two-Worlds Pitfall'," *Journal of Teacher Education*, 2007, 58 (2): 138–152.

[2] D. H. Kim, "The Link between Individual and Organizational Learning," *Sloan Management Review*, 1993: 41–62.

[3] I. Nonaka, & G. Von Krogh, "Tacit Knowledge and Knowledge Conversion: Controversy and Advancement in Organizational Knowledge Creation Theory," *Organization Science*, 2009, 20 (3): 635–652.

体学习的成果。"野中郁次郎和竹内弘高也强调个体知识的创建对于组织学习的重要性:"严格意义上说,知识只能由个体创建。没有个体,组织是不能创建知识的。"因此,组织学习、组织知识的创建只能通过个体知识的扩展来实现。典型的是 S2 学校教师开发和实施《S2 小学周边军事探索》校本课程和教材的过程。教材的编写和修订是对之前的校本课程开发和实施的整理过程。无论是挑选素材,还是编写思路的确定,抑或教材内容和框架的选择,校本教材是对教师实施《S2 小学周边军事探索》校本课程的总结,使其更加系统化、体系化,进而成为学校组织层面的系统性知识,得以更好地保存、传播和供教师使用,并指导教师开发和实施校本课程。

另一方面,个体学习是组织学习的必要但非充分条件,个体学习并不一定会引发组织学习,而组织学习则为个体学习提供背景、条件和目标。区别于个体学习过程,组织学习过程更多的是知识联结化、制度化的过程,"将通过个体和小组学习的成果嵌套于组织的制度当中,包括系统、结构、程序和战略"[1]。通过不同的显性知识之间的联结,新的组织知识被创建,同时也被制度化,成为组织储存的"记忆知识"或者组织的知识资产。组织学习超越个体学习、小组学习的过程就在于组织惯例、组织记忆的改变,从而为之后组织成员的互动、交流和学习设定具体的框架和模式。知识从组织层面转变到个体层面,这一现象在研究案例中十分普遍。例如,S1 学校校本课程的开发和实施的过程与 S2 学校语文教研组、S3 学校语文教研组、S3 学校英语教研组教师的学习过程。这些案例均表明,经由知识联结而形成的组织层面的系统性知识,经过知识的内化、社会化、外部化等过程,成为教师个体理解、掌握并尝试运用的操作性知识。简而言之,

---

[1] M. M. Crossan, & I. Berdrow, "Organizational Learning and Strategic Renewal," *Strategic Management Journal*, 2003, 24 (11): 1087-1105.

在研究案例中，教师学习过程既体现了教师个体知识经过一系列的活动和知识转换过程而成为学校组织层面知识的过程，同时也是教师个体学习、吸收和内化新知识的过程。

一 自上而下还是自下而上：组织学习中校长领导力因素与行政管理因素

"组织知识创建是隐性知识与显性知识之间持续的、动态的互动过程。而这一互动过程是由不同的知识转化模式所形塑的。"[①] 在知识转化模式中，个体隐性知识通过知识社会化、外部化与知识联结而逐步成为小组内部的概念性知识以及组织层面的系统性知识。组织知识创建理论所提出来的显性知识、隐性知识之间的转化，其实质就是从个体知识到组织知识的转变（外部化、联结化），以及组织知识为组织成员所掌握、运用的过程（社会化、内化）。

但是，在 TS 伙伴关系项目的学校中，不同的学科教研组/校本课程开发小组的学习过程呈现出不同的特点，可以归纳为两大类：

一是从教师个体或教研组到学校组织层面自下而上的学习过程。其典型案例是 S2 学校校本课程开发小组的学习过程：以教师个体、小组集体的知识创建为开端并为组织层面的知识联结（即校本教材的编写和修订）提供条件。这一研究发现与野中郁次郎和竹内弘高将组织成员的个体隐性知识在小组和组织内部的分享和转化视作组织学习的开端相同，遵循着从个体到小组再到组织的知识转化和演进的路径。大体而言，这是自下而上的组织知识生产的过程，因为组织学习必须被还原为个体学习来理解，组织只能通过组织成员的学习或者吸收新的成员这两种方式进行学习。组织知识创建理论也强调组织成员

---

① I. Nonaka, & H. Takeuchi, *The Knowledge-creating Company: How Japanese Companies Create the Dynamics of Innovation*, New York & Oxford: Oxford University Press, 1995.

个体在知识创建中的作用，个体知识的增强和分享是组织知识创建的前提条件，组织知识创建总是以个体为开端，"个体的预感和隐性知识应该实现显性化而被共同体和组织所使用"[①]。

二是从学校组织层面到教研组层面或教师个体层面自上而下的学习过程，其典型案例包括：S1学校语文教研组/校本课程开发小组、S2学校语文教研组、S3学校语文教研组和S3学校英语教研组。也就是说，无论是教研组内教师合作学习，还是教师个体学习，教师共同研讨并尝试运用的新知识均是学校组织层面通过知识联结过程而形成的系统性知识。例如，S1学校"阳光读写课"校本课程和教材、S2学校"生动课堂"教学理念、S3学校"思维课堂"特色教学理念和教案设计模板。在这里，教师集体和个体的学习过程更多的是落实、执行、调整外部专家和学校两者确定的教学理念等显性知识以及教学策略、教学方法等隐性知识。这一发现也与奈特（Knight）对于学校情境中教师个体、小组和组织之间学习关系的判断相契合[②]：相比于教师个体对小组和组织学习的贡献，教师个体从所在的小组和组织中获得新的理念和教学方法更加明显。显然，学校内部已有的知识为教师学习提供了资源，但同时也限定了其学习的内容、方向和路径。

那么，为什么在TS伙伴关系项目中，S1、S2、S3学校的大部分研究个案（除了S2学校校本课程开发小组之外）的教师学习过程呈现出从学校组织层面到教研组或教师个体层面自上而下的模式呢？这里从个案学校校长领导力的类型和学校行政管理因素两个方面尝试进行解读。

[①] S. Paavola, L. Lipponen, & K. Hakkarainen, "Models of Innovative Knowledge Communities and Three Metaphors of Learning," *Review of Educational Research*, 2004, 74（4）: 557 – 576.

[②] P. Knight, "A Systemic Approach to Professional Development: Learning as Practice," *Teaching and Teacher Education*, 2002, 18（3）: 229 – 241.

（一）校长领导力

在形塑组织变革和组织学习的过程和成效方面，领导力的发挥是不可忽视的重要因素之一。野中郁次郎与同事就指出，组织内部高层和中层管理者应该"承担领导者的角色，在影响知识创建的全要素过程中，解读具体情境、领导情境"[①]，包括知识愿景的制定，促进知识的分享，建立知识创建的场域，促进不同知识之间的转化等。在教育领域，特别是学校组织学习情境和教师学习领域，校长领导力的运用特点或不同类型对于教师学习也会产生影响。[②] 具体而言，在 TS 伙伴关系项目中，不同的研究个案所处的校长领导力的特点有所不同，而这会进一步影响教师个体、小组和组织学习之间的互动关系。这里，以 S1 学校语文教研组/校本课程开发小组、S2 学校校本课程开发小组为个案，区分校长领导力的不同类型或倾向。

其一，对于校本课程开发和实施，S1 学校校长领导力侧重于教学型领导。

教学领导力（instructional leadership）被认为是学校内部自上而下地开发、执行和评估有关学校课程和教学的校长领导力的一种类型。作为教学领导力这一概念的提出者和总结者，哈林泽（Hallinger）对于教学领导力的特点做了充分的阐释[③]：教学领导力聚焦于校长扮演协调、控制、监督和开发学校教学和课程内容的中心角色；校长是唯一发挥领导力的角色；发挥教学领导力的校长是强硬的直接领导者；教学领导者既具有教学专长，又有一定的魅力；对于教师的课程和教学工作进行事无巨细的指导和帮助；学生成绩的提升是教学

[①] I. Nonaka, R. Toyama, & N. Konno, "SECI, Ba and Leadership: A Unified Model of Dynamic Knowledge Creation," *Long Range Planning*, 2000, 33 (1): 5 – 34.

[②] K. Leithwood, L. Leonard, & L. Sharratt, "Conditions Fostering Organizational Learning in Schools," *Educational Administration Quarterly*, 1998, 34 (2): 243 – 276.

[③] P. Hallinger, "Leading Educational Change: Reflections on the Practice of Instructional and Transformational Leadership," *Cambridge Journal of Education*, 2003, 33 (3): 329 – 352.

第七章 讨论

领导者的最终目标；教学领导者对于教师产生一种学业成绩的压力，并成为学校全体教师遵循的文化。可见，教学领导力往往集中于校长一身，并以自上而下、直接强制的方式推动教师掌握能够促进学生成绩进步的相关课程的教学理念与方法。

在研究个案中，S1 学校校长 S1-PL-Chao 所发挥的领导力就部分地反映了教学领导力的倾向。EE-Zhan 的经历和自我反思验证了学校校长对于外部专家与学校教师知识交流模式的重要影响。在与语文教师进行共同备课、课例指导的过程中，EE-Zhan 认为，校长 S1-PL-Chao 的出席，令教师们难以进行公开的、自由的讨论，教师们比较拘束（访谈 EE-Zhan，2014）。而且，在指导 S1 学校校本课程开发、教材编写以及课堂教学改进的过程中，EE-Zhan 体会到，对于某一种新的知识的学习，学校教师是否认可、接受以及在课堂上进行尝试，往往会受到学校领导的影响。这一点从对 S1 学校教师的访谈中也能够获得佐证。例如，S1-VPL-Jiang、S1-TO-CH-Ling 都提到，学校的"阳光读写课"校本课程的开发是 S1-PL-Chao 的创新之举。而且 S1-PL-Chao 作为语文特级教师，对于语文课堂教学的业务能力很强，并经常通过听取教师的现场课而对教师课堂教学进行监督和指导。S1-CH-Liang、S1-CH-GL-Zhong 等都提到了与校长 S1-PL-Chao 探讨课堂教学的类似经历。因此，经过日常教学中的交流和接触，在教师们心目中，S1-PL-Chao 所具备的教学专长令教师们对其所提出的建议更加信服。

显然，作为语文特级教师，S1-PL-Chao 自身在校本课程、语文教学方面所具有的极高的专业能力，让她在语文教师中间有着很高的专业知识上的威望，这也是其教学领导力的重要来源。但是，正如有学者对于校长教学领导力的批评那样，教学领导力将对于课程、教学和学生学业成就的领导过分单一地寄托在校长身上，以英雄的视角理解校长在教学领导力方面的角色，将校长理解为专家和正确教育知识的

· 297 ·

权威来源,而忽视了其他学校行政人员、普通教师自身领导力的发挥。[①] 校长教学领导力的发挥更倾向于将新理念和知识以自上而下、强制性的方式向学校教师传递,并以监督、管理和控制等方式让教师在日常教学中掌握并实施。S1 学校校长在"阳光读写课"校本课程开发和执行过程中所发挥的教学领导力的角色部分地解释了教研组内的学校教师更多地围绕外部知识进行研讨的原因,这使得教师个体学习的内容和方向以实施外部强加的知识为主。

其二,对于校本课程开发和实施,S2 学校校长倾向于发挥变革型领导力。

变革型领导力的提出是因应组织所处的外部环境的变化而对组织文化的转型、组织自身的变革提出的挑战。在教育领域,变革型领导力的维度包括[②]建立学校愿景和目标,提供智力支持,为教师提供个人化支持,表现出高的期待值,教师参与学校决策,明晰教师专业实践和价值。同时,变革型领导力并不局限于有明确职位的校长等学校行政人员,相反,变革型领导力赋予所有能够"激发组织成员对于集体雄心和目标的信念的人,同时赋予能够激发每个成员个人和集体掌握实现目标的能力的渴望的人"。可见,与教学型领导力不同,变革型领导力在于其在设定学校发展愿景和目标的同时激发学校教师提升自身能力的愿望,并为教师专业发展提供条件。

以变革型领导力的视角考察 S2 学校校长 S2-PL-Gao 在开发和实施以军旅文化为题材的校本课程和教材《S2 小学周边军事探索》过程中的作用,可以发现,在教师眼中,S2-PL-Gao 更倾向于改变学校已

[①] V. M. Robinson, C. A. Lloyd, & K. J. Rowe, "The Impact of Leadership on Student Outcomes: An Analysis of the Differential Effects of Leadership Types," *Educational Administration Quarterly*, 2008.

[②] K. Leithwood, & D. Jantzi, "A Review of Transformational School Leadership Research 1996–2005," *Leadership and Policy in Schools*, 2005, 4 (3): 177–199.

第七章 讨论

有的思路和做法，并在与校本课程开发小组的教师进行讨论的同时，激发教师们在校本课程开发方面的创意。首先，S2 学校校本教材的编写历经了许多重大的变化，甚至可以说是推倒重来。在参加 TS 伙伴关系项目之前，S2 学校依靠自身的力量已经编写了一套"军旅文化"题材的校本教材，其主要特点在于仿照国家教材而做的材料性的堆积。但是，在 EE-Hua 等专家的指导下，原先的校本教材被完全放弃，重新以新的开发课程和编写教材的思路——以学生为主体——开发新的校本课程（访谈 S2-CH-Ju，2015）。在这方面，作为校长，S2-PL-Gao 发挥了重要作用：吸收外部专家的意见，引领教师做出根本性的转变，而非依赖原有的思路。其次，在开发和编写校本课程及其教材的过程中，与 S1 学校将主要规划和讨论的工作局限于行政人员的做法不同，S2-PL-Gao 牵头成立了临时的"校本课程开发小组"，其成员包括学校行政人员，以及学校其他普通教师，例如语文教师 S2-CH-Ju、S2-CH-Yin、S2-CH-Sha 和数学教师 S2-MA-Jiang 等。"校本课程开发小组"围绕课程开发的思路、实施、素材的收集、活动计划的设定和具体的开展等进行了多次研讨，在讨论过程中，教师们开诚布公地提出自己的建议和想法，从而改进整个校本课程和教材的编写工作（访谈 S2-CH-Yin，2014）。实际上，不仅是在校本课程开发和实施方面将其主要工作和具体细节交由"校本课程开发小组"负责和实施，在课堂教学改革方面，S2-PL-Gao 同样也将其委托给学校主抓教学的副校长 S2-VPL-Yun（访谈 S2-VPL-Yun，2015）。S2-PL-Gao 的主要角色在于建立教师合作和集体学习的结构性和文化性条件，设定学校发展的集体愿景以及学校特色理念——领军教育——并将其与学校教师进行分享，在教师之间形成共同的目标愿景、共同理念乃至行为方式。

可见，与作为语文学科特级教师的 S1-PL-Chao 倾向于主抓教师课堂教学工作不同，S2-PL-Gao 则更倾向于从学校组织层面把握学校变

· 299 ·

革的方向、具体实施的条件以及可能面临的问题。这是由两位校长不同的职业成长轨迹所决定的：S1-PL-Chao 本身是语文特级教师，并且是从教导处主任、教学副校长一路做到学校校长的职位的；而 S2-PL-Gao 并非小学一线教师出身。因此，S2 学校校长 S2-PL-Gao 在领导学校《S2 小学周边军事探索》校本课程开发和实施过程中是以一种分布式领导的方式，激发教师们的工作热情和个体知识的分享与公开化，具体的实施工作则由教师们来完成。[1] 同时，致力于做出改变，有勇气引领教师重新设计和实施校本课程而非维持现状。此外，S2 学校校长努力促进教师之间的合作学习和能力提升，提高组织自身的学习能力，而非如教学型领导力一样直接干预或影响教师的课程活动和教学行为。[2]

总之，因为教学型领导力倾向于"高度控制并极度聚焦于课程和教学的技术范围"[3]，所以，教师学习更倾向于呈现出自上而下的模式特点。也就是作为专家型和魅力型领导的校长，将新知识传递给教师，并要求其理解、掌握和落实。相反，在变革型领导力中，教师对于课程开发、课堂教学的领导力被释放和点燃，在校长和教师共同设定的学校愿景以及某一项工作目标的同时，教师之间能够分享各自知识并将其公开化，在教师之间形成共同探究和创建新知识的氛围。由此，教师个体知识可以有途径转化为小组层面和组织层面的知识。

在教师学习过程中，组织、小组和个体学习三者分别代表着不同的学习路径，并产生了彼此联动的互动结构：个体隐性知识分享，隐性知识与显现知识之间的转化，组织层面系统性知识的构建等。校长

---

[1] A. Harris, "Distributed Leadership: According to the Evidence," *Journal of Educational Administration*, 2008, 46 (2): 172-188.

[2] P. Hallinger, "Leading Educational Change: Reflections on the Practice of Instructional and Transformational Leadership," *Cambridge Journal of Education*, 2003, 33 (3): 329-352.

[3] K. Leithwood, L. Leonard, & L. Sharratt, "Conditions Fostering Organizational Learning in Schools," *Educational Administration Quarterly*, 1998, 34 (2): 243-276.

领导力的特质是影响组织、小组和个体学习三者互动关系的重要因素之一。对于校长促进知识分享、提升学校学习能力的作用，富兰（Fullan）就谈到，在学校知识管理过程中，校长领导力的角色不可忽视，并展望了未来校长的主要角色："调和更大的愿景，更擅长概念性思考并通过培养人和团队来实现组织变革。"[1] 同样地，野中郁次郎与同事在提及领导力对于组织学习的作用时，也强调领导力在高层管理者、中层管理者和员工之间的分布，并着重强调管理者在设定知识愿景、培育成员知识分享的有利情境中的作用。[2] 因此，对于组织学习而言，校长变革型领导力的发挥作为重要因素是不容忽视的，这不仅有助于教师个体知识的发挥，增强并将其转化为小组和组织层面的知识，同时也有利于学校组织自身提高学习能力，实现自身的变革和革新而非维持现状。[3]

（二）学校行政管理因素

大学与中小学协作伙伴关系中外部专家与教师的权力关系呈现出复杂多变的特点，而外部专家的主导地位以及教师对自身专业身份的设定，使得教师成为外部新知识的简单接受者和执行者。研究发现，学校校长、副校长和教导处主任等学校管理者在形塑"外部专家—学校教师"权力关系的过程中发挥着重要的中介作用：既是两者知识交流、互动的桥梁，也是外部专家对教师发挥影响力的渠道。在形塑教师个体、教研组和学校组织三者的互动过程方面，行政管理以及相应

---

[1] M. Fullan, "The Role of Leadership in the Promotion of Knowledge Management in schools," *Teachers and Teaching: Theory and Practice*, 2002, 8 (3): 409–419.

[2] I. Nonaka, G. Von Krogh, & S. Voelpel, "Organizational Knowledge Creation Theory: Evolutionary Paths and Future Advances," *Organization Studies*, 2006, 27 (8): 1179–1208.

[3] H. Kurland, H. Peretz, & R. Hertz-Lazarowitz, "Leadership Style and Organizational Learning: The Mediate Effect of School Vision," *Journal of Educational Administration*, 2010, 48 (1): 7–30.

的权力运用是不可不考虑的影响因素。[①]

借助公开讲座、专题培训、课例指导、咨询问答、示范展示课以及共同备课等活动形式，外部专家将新的教育理念、教学方法、实践做法等新知识介绍到学校，与教师进行分享，并进一步指导教师校本课程开发、教材编写、教案设计和课堂教学的具体过程。但是，正如三所学校的管理者 S1-VPL-Jiang、S2-VPL-Yun、S3-PL-Jiao 所言，教师们对于新的知识的接受、理解和执行过程，并非一蹴而就的、主动的、自发的。相反，新知识的吸收特别是新的教学方法在课堂教学中的具体落实，需要学校管理者通过不断督促、管理、直接指导以及任务设定等方式进行强化。例如，在学习外部专家所介绍的新的学习材料《语文课堂的三重境界》等书以及参加读书会的过程中，S3-CH-GL-Cheng 就提到，这样的读书活动的安排实际上就是学校管理者推动教师学习、吸收和执行外部专家所提倡的教育理念和方法的过程（访谈 S3-CH-GL-Cheng，2015）。而且，学校管理者通过听课、观课以及课后与教师一对一的讨论，不仅督促教师将通过听讲座、参加同课异构等活动而学习到的知识转化为自身的教学实践，而且发挥了跨界者转化知识的角色作用，帮助教师解决教学中面临的问题（访谈 S1-CH-Liang，2015；S3-CH-Guan，2015）。在 TS 伙伴关系情境中，教师对新知识的态度和立场，也在很大程度上取决于学校管理者对外部专家所传入的知识的取向。这一点体现在 S1 学校和 S2 学校开发校本课程、编写校本教材的过程之中：校本教材的内容框架和编写思路的确定，是学校校长、副校长等管理者结合外部专家与学校自身情况而确定的（访谈 S1-VPL-Jiang，2014；S2-TO-CH-TL-Gong，2015）。

简而言之，无论是督促并指导教师学习新知识（如 S3-CH-GL-

[①] T. B. Lawrence, M. K. Mauws, B. Dyck, & R. F. Kleysen, "The Politics of Organizational Learning: Integrating Power into the 4I Framework," *Academy of Management Review*, 2005, 30 (1): 180 – 191.

Cheng),还是以开展活动的方式、以任务为驱动,"逼迫"教师不得不认真理解和落实外部专家所传入的新的理念和方法(访谈 S2-VPL-Yun,2015;S3-PL-Xing,2014),抑或学校管理者对新的理念和做法先做一定的筛选,再以学校内部管理活动、教研活动的方式让教师学习(如 S1-VPL-Jiang),这些方式都表明教师并非简单地信服、听从外部专家的建议。学校管理活动以及学校领导的意志在这一过程中起着重要的中介作用:借助学校管理者的管理活动及其管理权威,外部专家的知识才能够以更顺畅、更直接、更无疑议的方式,被学校教师所接受,并运用于课堂教学之中。

长期以来,教师教学工作被认为是有个人主义倾向或处于孤立无援的状况中。无论是教学实践还是学习活动、获得新知识,都主要发生在教师对自身课堂教学活动的反思、经验的总结过程中。[1] 这也是传统上教师享有个体的专业自主权的一种表现。教师之所以能够长期局限于自身的课堂教学中而不用也没必要与学校同侪以及外部人员进行课程、教学等方面的沟通和交流,是因为学校结构本身具有"松散耦合"(loosely coupled organization)的特点。韦克(Weick)以松散耦合系统这一概念来理解学校组织内部的结构特征,说明学校内部校长、副校长、行政人员、教师、学生、家长以及其他相关人员之间所形成的特殊结构:既存在联结关系,又保持着独立的身份、隔离的空间。[2] 松散耦合系统的学校为教师个体在教学实践和自主选择专业发展内容、方式和途径方面,保留了一定的空间。在这里,教师也可被视作独立的手艺人。

在中国情境中,如果考虑学校行政管理因素,特别是其对教师教

---

[1] K. S. Louis, H. M. Marks, & S. Kruse, "Teachers' Professional Community in Restructuring Schools," *American Educational Research Journal*, 1996, 33 (4): 757 – 798.
[2] K. E. Weick, "Educational Organizations as Loosely Coupled Systems," *Administrative Science Quarterly*, 1976: 1 – 19.

学活动、学习活动等专业实践的管控，那么，学校结构呈现出另一番特点：包括学校行政人员、学校教师在内的学校组织成员之间的关系呈现出越来越紧密的趋势。这是因为学校行政管理对于教师专业实践和学习活动有着严格的控制和管理：无论是学习的内容、学习的过程以及学习成果标准的设定，还是对教师合作的主题、内容和时间等方面的硬性安排。教师之间的集体学习活动本身已经成为教师日常专业实践不可分割的组成部分。类似地，在西方语境中，费尔斯通（Firestone）也发现，尽管学校仍然可以被视作"松散耦合系统"，但是，对于教师合作、教师集体学习的强调以及外部基于学生学习成就的高问责，也使学校内部成员之间形成更为紧密的耦合（tightly coupled）关系。[1] 较强的学校行政管理力量的约束导致教师之间专业实践和学习活动方面形成更为紧密的联系，便于学校自上而下地将外部专家所引入的新的教育理念和方法让教研组内的各个教师获得、理解并运用于日常教学活动之中。有研究者对比了松散耦合学校与紧密联结学校之间在促进教师学习方面的不同，在紧密联结的学校情境中，校长等学校行政人员设定诸如目标和愿景、教师评价、同侪互助等管理活动，为教师学习创造机会和平台，教师也更愿意与他者分享自身的专长，并寻求其他教师的意见。[2] 实际上，野中郁次郎特别强调组织的知识管理活动对内部成员个体、小组学习以及组织自身变革与更新的作用。劳伦斯（Lawrence）与同事就认为，在组织学习过程中，无论是组织成员对于新知识的阐释，还是将新知识与小组或组织内部已有知识结构相整合，乃至个体生发出关于新知识的直觉和创新意识，都

---

[1] W. A. Firestone, "Loose Coupling: The 'Condition' and Its Solutions?" *Journal of Organizational Theory in Education*, 2015, 1 (1): 48–57.

[2] S. J. Rosenholtz, O. Bassler, & K. Hoover-Dempsey, "Organizational Conditions of Teacher Learning," *Teaching and Teacher Education*, 1986, 2 (2): 91–104.

第七章 讨论

会受到组织内部权力因素的影响。[①] 相比于松散耦合系统中"信息和影响力的传播速度较慢",较强的行政管理力量形成了更为紧密联结的学校结构,这有利于外部新知识在教师之间的分享,并逐渐影响教师个体的教学理念和行为。

但是,由学校行政管理因素形成的自上而下的知识传递乃至强制学习模式,对于教师个体学习也可能存在消极的影响。在萨乔万尼(Sergiovanni)看来,被视作某一类组织的学校,其主要责任在于令与学校教学相关的事情被良好地组织起来,并成为一致的、清晰的整体。[②] 在这一过程中,管理结构和程序成为必不可少的手段,这其中就包括对教师教学实践、教师专业发展活动的安排与管理。此外,研究案例中教师学习新知识的过程受到来自学校管理活动的影响乃至主导,在某种程度上,也反映了西方研究者所谈到的,学校科层体制与学校管理活动对于教师个体和集体的专业成长的影响。瑟瓦祺(Servage)就谈到,在实践中,学校自身所携带的科层特征让学校管理者倾向于管理主义(managerial),进而影响到学校教师对其课堂教学、自身学习活动所享有的专业自主权。[③] 正如野中郁次郎对于自上而下的组织知识创建的批评一样,"只有高层管理者有能力且被允许创建新信息。而且这些高层管理者创建信息的唯一目的在于被贯彻和执行"[④]。学校内部的管理活动以直接命令或行政强制的方式,设定了

[①] T. B. Lawrence, M. K. Mauws, B. Dyck, & R. F. Kleysen, "The Politics of Organizational Learning: Integrating Power into the 4I Framework," *Academy of Management Review*, 2005, 30 (1): 180–191.

[②] T. J. Sergiovanni, Organizations or Communities? Changing the Metaphor Changes the Theory," *Educational Administration Quarterly*, 1994, 30 (2): 214–226.

[③] L. Servage, "Who Is the 'Professional' in a Professional Learning Community? An Exploration of Teacher Professionalism in Collaborative Professional Development Settings," *Canadian Journal of Education/Revue canadienne de l'éducation*, 2009, 32 (1): 149–171.

[④] I. Nonaka, "A Dynamic Theory of Organizational Knowledge Creation," *Organization Science*, 1994, 5 (1): 14–37.

教师学习的内容、学习活动的形式，并设定标准来评价和衡量教师对新理念、方法等新知识的掌握程度。在这里，学校教师成为新的教育理念、方法的被动接受者或执行者：努力契合外部专家和学校管理者所提出的指导意见或建议，其课堂教学是对外部专家、学校管理者意志的执行和体现。这也体现了霍伊尔（Hoyle）所谈到的，以科层/官僚为特点的管理主义与谋求教师专业自主权、强调专业知识和技能获得的教师专业主义两者之间的互动关系。[①]

二 小组学习的价值：教师个体与学校组织之间的纽带

在组织知识创建理论中，小组层面的知识分享、隐性与显性知识之间的转化扮演着重要角色。无论是隐性知识在教师个体之间的分享而形成的教师共享的心智模型和行为模式，还是教师通过对话交流、共同研讨、共同备课等方式将自己的实践理念和做法公开化为概念性知识，抑或是教师主讲示范课、个体尝试运用新知识而使外部知识内化为自身信奉的理念和采用的做法，均以学校内部教研组为最主要的实现平台和情境。野中郁次郎指出："小组在组织知识创建过程中扮演着中心角色。"这是因为个体、小组、组织三个彼此关联的层面分别代表着知识创建和社会互动得以实现的三种不同情境，在个体层面，"从根本上而言，知识只能由个体来创建"；而个体知识通过各种知识转化机制逐渐上升为组织层面的系统性知识的，并为组织全体成员所享有。[②] 在这一过程中，小组层面的共同知识为个体理解、阐释和运用外部新知识以及组织层面的知识奠定了基础。[③] 同时，小组

[①] E. Hoyle, "Changing Conceptions of Teaching as a Profession: Personal Reflections Teaching: Professionalization, Development and Leadership (pp. 285 – 304)," Springer, 2008.

[②] I. Nonaka, "A Dynamic Theory of Organizational Knowledge Creation," *Organization Science*, 1994, 5 (1): 14 – 37.

[③] M. Alavi, & D. E. Leidner, "Review: Knowledge Management and Knowledge Management Systems: Conceptual Foundations and Research Issues," *MIS Quarterly*, 2001: 107 – 136.

第七章 讨论

内隐性知识与显性知识的互动和转化被视作沟通组织成员个体知识与组织层面原有知识的基础（knowledge asset）并成为推动原有知识基础转变的重要途径或纽带。

首先，在自上而下的外部新知识的习得过程中，教研组内教师知识的外部化、社会化过程通常为教师个体理解、掌握和运用外部新知识提供了支撑。这一情况在 S1 学校语文教研组/校本课程开发小组、S2 学校语文教研组、S2 学校校本课程开发小组、S3 学校英语教研组、S3 学校语文教研组等个案中均可发现。例如 S2 学校语文教师关于学校行政人员所设定的校本课程开发思路、教材编写框架和素材选择的标准，在教研组内部进行多次讨论、分工合作，进而才在各自的课堂教学中加以执行和运用。同样，S3 学校语文教研组教师在学习外部新知识的过程中，教研组内教师共同备课、进行课后研讨，以及教师之间的听课评课和经验丰富教师的辅导等，都让教师能够更好地理解和掌握学校的特色课堂教学理念"思维课堂"、新的教案设计模板等系统性知识以及外部专家引入的新的教学理念和教学方法。

其次，多个研究个案中的教师学习过程表明，教师个体知识的创建难以通过知识联结的途径而上升为学校组织层面的系统性知识，但是，个体（教师个体）和小组（各个学科教研组）之间的知识互动关系联结却十分紧密。典型的如 S2 学校语文教研组和 S3 学校英语教研组的学习过程和 S3 学校语文教研组的学习过程所呈现出来的模式。S2 学校语文教师、S3 学校英语教师和 S3 学校语文教师通过自身主讲示范课、在常态课中尝试运用新的教学理念和方法，并经过自我反思和总结，形成自身对外部新知识的独特理解。教师在个体层面将外部新知识与自身教学情境相整合而创建的新知识，通过共同备课、课后研讨、观课听课和做示范课等方式与教研组内教师进行分享、传播和交流。这既是教师个体知识通过知识转化机制而成为教研组内其他教师共同财富的过程，也是教师个体在教研组内通过合作学习而使自身

· 307 ·

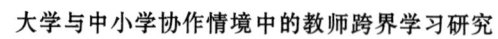

知识增进的过程。

无论是外部新知识由外而内、自上而下地对教师教学理念和行为产生影响，还是教师个体创建的新知识通过分享和公开化而被其他教师所知晓和获得，均需要以教研组为重要的学习情境。在教研组内，教师之间的知识互动、教学合作、集体反思、共同讨论等，让教师得以将个体经验转化为更加普遍的概念。① 在组织学习理论领域，小组学习对于知识创新、组织变革是必不可少的条件。圣吉（Senge）将组织内部的小组学习视作组织创新、新知识生产并扭转组织内部的防御性惯例（defensive routine）的重要手段；小组学习既重视个体专长的发挥，也在成员之间形成了对话和讨论的氛围：让成员自身审视自己的思维方式，分享不同的观点，从而形成对问题情境更为全面的理解，探索新的解决方案，并付诸行动。②

对此，在教育领域，小组学习的重要性获得了许多经验研究和理论总结的证实。利思伍德（Leithwood）就提到，在个体学习和组织学习之间，组织内部因工作、任务或功能而分成的不同小组内的学习是学校教师集体学习的基本单位。③ 科林森（Collinson）与同事认为，学校组织学习、持续性的组织更新得以实现的条件在于为知识的分享、传播提供渠道，并且培育教师个体对于知识的渴求和探究能力，而这些都需要以教师小组为单位进行。④ 组织应被视作各种实践共同体所联结而成的结构，学校同样如是。学校被视作基于小组而建立起

---

① L. S. Shulman, & J. H. Shulman, "How and What Teachers Learn: A Shifting Perspective," *Journal of Curriculum Studies*, 2004, 36 (2): 257 – 271.

② P. M. Senge, *The fifth Discipline: The Art and Practice of the Learning Organization*, New York: Currency Doubleday, 1990.

③ K. Leithwood, "Team Learning Processes," In K. Leithwood & K. Louis (Eds.), *Organizational Learning in Schools* (pp. 203 – 218), The Netherlands: Swets & Zeitlinger, 1998.

④ V. Collinson, T. F. Cook, & S. Conley, "Organizational Learning in Schools and School Systems: Improving Learning, Teaching, and Leading," *Theory into Practice*, 2006, 45 (2): 107 – 116.

第七章　讨论

来的组织，这部分是因为教学工作的特殊性而使得不同学科、不同年级教师之间具备了知识的复杂性和特殊性；同时，学校内部成员之间的联结呈现出"松散耦合联结"的特点[1]，教师之间特别是不同学科或年级组之间教师的联结力往往较为微弱。总而言之，小组学习为教师知识的获得、理解、运用和创建，提供了重要的平台和资源，不仅促进了教师之间知识的分享、交流，对于新知识的产生也有所裨益。[2]这里，从制度化学习活动、教师领导者及其领导力的发挥和培育两方面对于小组学习——具体而言是学校教研组内的教师学习——的价值进行更为深入的讨论。

(一) 学校教研组的制度化学习活动

大学与中小学协作伙伴关系为教师学习提供了新的知识、学习资源、学习机会。外部来的新知识如何被教师个体和集体所接纳、认可、理解、运用乃至于修正，则要仰赖学校内部自身是否具有学习和吸收新知识的能力。这又往往由其内部所建立的制度化学习活动所决定，具体而言，取决于学校内部各个教研组或临时组建的教师小组（如 S2 学校"校本课程开发小组"）学习活动的开展与对外部新知识吸收能力的高低。

在研究案例中，无论是围绕课例进行的教学设计、试讲、教案修订等，还是围绕外部专家所介绍、输入、转化的新的教学理念和方法而进行的讨论也是传统上中国学校内部已经制度化的、校本的教师学习活动的重要组成部分。[3] 黄丽锷（Wong）的经验研究发现，中国学

---

[1] K. E. Weick, "Educational Organizations as Loosely Coupled Systems," *Administrative Science Quarterly*, 1976: 1–19.

[2] A. Somech, & A. Drach-Zahavy, "Schools as Team-based Organizations: A Structure-Process-outcomes Approach," *Group Dynamics: Theory, Research, and Practice*, 2007, 11 (4): 305.

[3] L. W. Paine, & Y. Fang, "Reform as Hybrid Model of Teaching and Teacher Development in China," *International Journal of Educational Research*, 2006, 45 (4): 279–289.

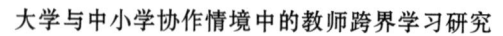

校内的教研活动对于推动教师知识的增长有积极的影响，这不仅体现在教师之间隐性知识的分享层面，也有助于教师在教研组和学校组织层面创建概念性的、系统性的新知识。[①] 本书研究的发现也佐证了学校内部制度化的教研活动的价值。例如，S1 学校围绕"阳光读写课"校本教材的编写过程，就明显地体现出了教研组内教师合作的重要性。根据学校行政人员所提供的大纲目录、编写意图以及通过多次开会传达的编写教材的方向（访谈 S1-TO-CH-Ling，2015），教研组的语文教师分工合作、彼此讨论，选择相应的文章作为校本教材的素材，经过适当的调整而成为"阳光读写课"校本课程的教学材料。

对于学校教师的合作集体学习，哈格里夫斯（Hargreaves）和道尔（Dawe）提出了对于"硬造合作"与"合作文化"的区分，并十分担忧教师之间的"硬造合作"会给真正的教师合作学习带来损害。[②] 教师之间的"硬造合作"意味着"教师之间行政性的、强制性的互动，并以此让教师交流、合作来执行其他人所提出的课程和教学策略"。在这里，制度性的、强制性的和行政管理的因素被认为有害于教师之间的真正合作。然而，教师合作文化的培育、信任关系的建立与相互学习机制的完善离不开结构性因素的影响，研究案例中的教师受到包括政策和管理等外部力量的影响将更容易实现合作。尽管学习具有情境性、参与性和社会身份习得等特点，但是，为了促使学习的发生，"社会基础性结构"是必不可少的，"系统性的、有计划的"组织、指导活动不仅是培育合作学习土壤的重要手段，同时也为学习的发生带来了

[①] J. L. Wong, "How Do Teachers Learn through Engaging in School-Based Teacher Learning Activities? Applying a Knowledge Conversion Perspective," *The Asia-Pacific Education Researcher*, 2015, 24 (1): 45 – 55.

[②] A. Hargreaves, & R. Dawe, "Paths of Professional Development: Contrived Collegiality, Collaborative Culture, and the Case of Peer Coaching," *Teaching and Teacher Education*, 1990, 6 (3): 227 – 241.

第七章 讨论

可能。[1]

从组织学习的视角来看，学校教研组内部的教研活动的组织和开展，意味着提升学校内部对于新知识的吸收能力（absorptive capacity）。在组织学习领域，作为开放的、适应性系统，组织的生存必须依赖与外部环境的互动，在这一互动过程中，信息、知识和实践等借由跨界活动、边界物件、跨界者等中介变量而被组织及其成员所接触。这些外来知识成为组织发展、问题解决、知识运用和创新的重要来源，"因为吸收能力能够强化、补充和重新聚焦组织的知识基础"。相应地，组织及其成员处理外来知识的能力也成为组织一项重要的能力。[2] 组织内部形成的社会网络、成员之间的互动关系、联结程度，可以是非正式的人际交流，也可以是制度化的稳定结构。对于组织如何认识和处理外部新知识会产生影响，例如对知识价值的识别、同化或转化以及最后的运用。

对此，麦克劳林（McLaughlin）也认为，学校内部的吸收能力将决定教师如何应对、处理其所获得的新知识，同时，也会影响教师在教学理念、教学行为等方面的改变是否可持续。[3] 具体而言，教研组内教师之间非正式的交流越频繁，信息分享渠道越广泛，合作学习机会越多，彼此帮助的情况就越经常，那么，教师对于外部新的教学知识的理解和运用也会更好。野中郁次郎与同事认为，知识的创建需要特定的场合与情境提供动力、质量和时空场所，因为"知识是通过个

---

[1] E. Wenger, *Communities of Practice: Learning, Meaning, and Identity*, Cambridge: Cambridge University Press, 1998.

[2] P. J. Lane, B. R. Koka, & S. Pathak, "The Reification of Absorptive Capacity: A Critical Review and Rejuvenation of the Construct," *Academy of Management Review*, 2006, 31 (4): 833 – 863.

[3] M. W. McLaughlin, "Sites and Sources of Teachers' Learning," In C. Sugrue & C. Day (Eds.), *Developing Teachers and Teaching Practice: International Research Perspectives* (pp. 95 – 115), London & New York: Routledge Falmer, 2002.

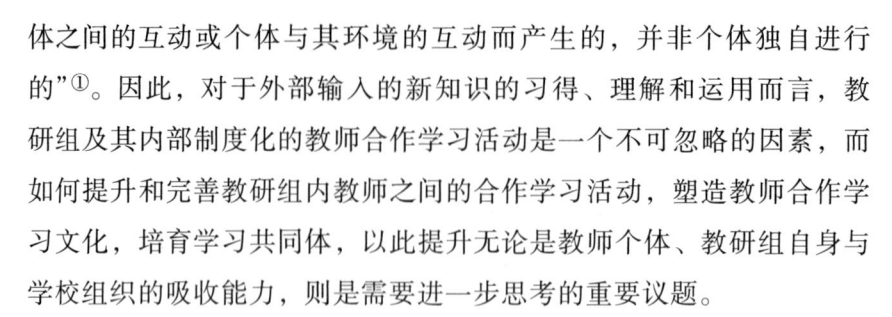

体之间的互动或个体与其环境的互动而产生的,并非个体独自进行的"①。因此,对于外部输入的新知识的习得、理解和运用而言,教研组及其内部制度化的教师合作学习活动是一个不可忽略的因素,而如何提升和完善教研组内教师之间的合作学习活动,塑造教师合作学习文化,培育学习共同体,以此提升无论是教师个体、教研组自身与学校组织的吸收能力,则是需要进一步思考的重要议题。

(二) 教师领导者及其领导力的发挥

在隐性知识与显性知识两者相互转化和互动的过程中,领导力扮演着不可忽视的角色;在组织内部,领导力不仅局限于高层管理者,而且扩展到中层管理人员、组织的普通成员中间。在野中郁次郎与同事看来,领导力的主要作用在于促进不同知识之间的转化,而信息和知识的补充、提供和创建是组织知识形成的重要来源,"个体处理信息、呈现并理解问题和情境,收集关于可能的解决方案的信息,并且做出效用最大化的选择"②。可见,在组织学习领域,组织知识创建的领导力并非集中于某个单一的个体之上,而是分布于中层领导者和普通成员之间的。同样地,在教育领域,将领导力角色过分局限于校长职位上,教师作为自身课程和教学活动、专业发展活动的领导者的意识也逐步增强。在教育创新和促进学校组织学习与持续性变革方面,赋予教师领导力成为必不可少的前提。③

这实际上也与培养教师在推动自身与同侪的专业发展、知识增长和共建等方面的领导力是息息相关的。"教师领导力这一概念的价值在于其能够直接提升学校效能,能够通过提升教师的参与和合作而增强教师的斗志和工作生活的质量。在多年的集中式改革之后,教师领

---

① I. Nonaka, R. Toyama, & N. Konno, "SECI, Ba and Leadership: A Unified Model of Dynamic Knowledge Creation," *Long Range Planning*, 2000, 33 (1): 5-34.
② Ibid.
③ D. Frost, "From Professional Development to System Change: Teacher Leadership and Innovation," *Professional Development in Education*, 2012, 38 (2): 205-227.

第七章 讨论

导力为专业教学带来了新的核心要素。"[1] 弗罗斯特（Frost）和哈里斯（Harris）对教师领导力重要性的推崇，表明教师领导力对于学校组织学习和变革，教师知识的增进和专业身份提升的积极作用。哈里斯界定了教师运用领导力的四个维度[2]：一是作为教学实践者，将学校提升的原则转化为自身课堂教学活动；二是利用教师专业发展和学校变革的主人翁意识，与其他教师合作以实现学校改进的共同目标；三是作为中介人的角色，建立外部联结，引进校外资源；四是建立教师学习联结网络，实现共同学习。可见，教师领导力的主要内容之一，不仅在于教师个体自身的专业发展上，而且在于引领、带动其他教师共同进步，以此实现为学生提供更好的学习机会的共同目标。诸如促进同事教师的专业发展、指导其他教师课堂教学、参与学校变革和改进等都是教师领导力内容的重要组成部分。[3]

在研究案例中，发挥教师领导力作用的教师主要是学校行政人员以及领袖教师、骨干教师和种子教师。例如，在 S1 学校，各个年级的学科教研组长，如 S1-CH-GL-Dong、S1-CH-GL-Zhong、S1-CH-GL-EE-Huag，通常被指定来主讲示范课，并在课堂教学中运用新的教学理念和知识，同时指导年轻教师（如 S1-CH-Liang）的课堂教学工作，并组织年级组内教师围绕"阳光读写课"校本课程和教材编写进行分工与合作。类似的情况也可以在 S2 学校语文教研组、S3 学校语文教研组和英语教研组里看到。领袖教师、骨干教师和种子教师率先获得、接触并尝试运用新的教学理念和方法，并在同课异构、主讲示范课等活动中公开自己的理念，展示做法，以此起到先行先试、知识分

---

[1] D. Frost, & A. Harris, "Teacher Leadership: Towards a Research Agenda," *Cambridge Journal of Education*, 2003, 33 (3): 479–498.

[2] A. Harris, "Teacher Leadership as Distributed Leadership: Heresy, Fantasy or Possibility?" *School Leadership & Management*, 2003, 23 (3): 313–324.

[3] J. York-Barr, & K. Duke, "What Do We Know about Teacher Leadership? Findings from Two Decades of Scholarship," *Review of Educational Research*, 2004, 74 (3): 255–316.

享与引领示范的作用。简言之，作为跨界者的学校行政人员、领袖教师、骨干教师和种子教师等，其发挥的教师领导力，为其他教师学习新知识提供了可能性。

这一研究发现与野中郁次郎和竹内弘高关于组织的中层管理者（middle management）对组织知识创建过程的促进作用的假设是一致的。他们推崇的是以中层为核心（middle-up-down）的知识管理，他们认为，传统的自上而下或自下而上的管理模式都不利于促进动态的互动，进而不利于组织知识的创建。与一些组织研究者将中层管理人员视为拖组织后退、妨碍组织变革的障碍不同，野中郁次郎和竹内弘高认为，中层管理者是协调高层管理者与前线人员的"节点"（knot），"在协助组织知识创建的过程中发挥关键作用"，他们是真正的知识工程师（knowledge engineers）；"中层管理者往往是团队或任务小组的领导者，他们通过囊括高层管理者和一线人员知识的螺旋转化过程而创建知识"[①]。中层管理者之所以处于知识创建的核心，是因为其能够为一线人员提供概念框架来理解他们的实践，而这一概念框架又不同于高层管理者的"大理论"（grand theory），是一种中观（mid-range）理论。

尽管占据行政职位的教师在教师学习、学校组织变革的过程中所发挥的领导力，特别是沟通外部专家与学校教师、学校领导与一线教师等所起作用的重要性是不可忽视的，但是，在许多研究者看来，教师领导力的发挥不应该局限于有职位的教师，而是所有的学校教师都有可能发挥领导力。这是因为以分布式的视角考察学校领导力，关注的是领导力实践、领导力活动而非领导的职位或岗位，[②] 领导力实践

[①] I. Nonaka, & H. Takeuchi, *The Knowledge-creating Company: How Japanese Companies Create the Dynamics of Innovation*, New York & Oxford: Oxford University Press, 1995.

[②] J. P. Spillane, R. Halverson, & J. B. Diamond, "Investigating School Leadership Practice: A Distributed Perspective," *Educational Researcher*, 2001, 30 (3): 23-28.

第七章 讨论

产生于人与人的关系之中,是在具体情境中的社会互动生成的。因此,教研组内教师围绕外部的新的教学理念和方法的对话、讨论和合作探究,在这一知识交流和社会互动的情境中,在教师中间就会自然而然地产生领导力实践和活动。斯克里布纳(Scribner)与同事对于学校内部教师小组中领导力的分布状态和运作情况进行了个案研究,他们发现,教师小组内部领导力仍然是以分布的状态存在的,教师之间的互动本身就是领导力存在的具体情境。[1] 正如哈里斯(Harris)提出的分布式领导力理念,在学校情境中,领导者与跟随者之间的界限愈发模糊,教师领导力的拥有、发挥理应超出行政职位的设定,"所有的教师都可以发挥领导力,这是其身为教师的一部分",领导力的运用应该是开放的,为教师发挥自己的影响创造了空间可能性。[2] 作为教师小组学习的重要单位,教研组内部教师领导力的意识觉醒和发挥运用,是教师们在知识互动的过程中合作解决实际问题、探究新知识,并将个人知识外部化、显性化的重要条件;同时也有助于教师个体的自我精进(personal mastery),提升自身教学能力,并进而为教研组能力的集体提升贡献个体的新知识。因此,在学校组织情境中,小组学习对于教师个体知识增加和学校组织变革的促进方面之所以能够起到不可替代的作用,就是因为学校行政人员、学科教研组长、年级组长与领袖教师、骨干教师和种子教师能够发挥自身的领导力,引领、示范、激励和赋权其他教师,以此实现教研组内部教师和学校的整体改进和变革。[3]

---

[1] J. P. Scribner, R. K. Sawyer, S. T. Watson, & V. L. Myers, "Teacher Teams and Distributed Leadership: A Study of Group Discourse and Collaboration," *Educational Administration Quarterly*, 2007, 43(1): 67-100.

[2] A. Harris, "Teacher Leadership as Distributed Leadership: Heresy, Fantasy or Possibility?" *School Leadership & Management*, 2003, 23(3): 313-324.

[3] J. P. Spillane, R. Halverson, & J. B. Diamond, "Investigating School Leadership Practice: A Distributed Perspective," *Educational Researcher*, 2001, 30(3): 23-28.

三 学习的阻碍：维持现状与知识的代际传递

"组织通过以往的成就而积累的知识基础可能成为组织知识创建的阻碍。"[1] 无论是对于组织还是个体而言，已有经验、知识基础对于学习的重要性是不言而喻的。组织与个体学习的一个特征在于遵循之前的历史和发展路径，也就是具有路径依赖的特点。因此，组织和个体先前通过实践或间接学习等方式而积累的知识基础将会对其获得、理解、同化和吸收以及运用新的外部知识产生影响。科恩（Cohen）和利文索尔（Levinthal）如是说道："评价和利用外部知识的能力在很大程度上取决于已有相关知识的水平。"[2] 因此，在组织学习过程中，如何运用、扩大、增强组织及其成员已有的知识，并将其吸收、同化并纳入自身的知识资产中就显得尤为重要。

然而，本书研究却发现，作为组织的学校和教师个体在面对外部新的教育理念、方法等知识的时候，学校和教师个体原先积累的经验却可能对其进一步学习新知识、创建新知识、实现教育创新产生消极影响。而且在教师个体知识增长的过程中，学校内部、教研组内部已有的知识基础（往往体现为教师的经验）对年轻教师或新手教师有着重要影响，可视作一种教学知识或经验的代际传递。

（一）学校组织已有知识基础的影响

学校组织已有的经验，特别是处理某一问题的成功经验，可能会削弱学校学习、尝试和探索新知识新做法的意愿，而倾向于维持现状。

典型的是 S1 学校开发校本课程"阳光读写课"的历程。S1 学校

---

[1] I. Nonaka, R. Toyama, & N. Konno, "SECI, Ba and Leadership: A Unified Model of Dynamic Knowledge Creation," *Long Range Planning*, 2000, 33 (1): 5 – 34.

[2] W. M. Cohen, & D. A. Levinthal, "Absorptive Capacity: A New Perspective on Learning and Innovation," *Administrative Science Quarterly*, 1990: 128 – 152.

第七章 讨论

校长 S1-PL-Chao、副校长 S1-VPL-Jiang、学校教师都一直强调"阳光读写课"自开始开发、实施以来，通过聚焦学生的阅读和写作，取得了良好的效果，不仅帮助学校提升了社会声誉和对家长的吸引力，从而改变了学校之前所处的困境，而且真实地提升了学校学生在语文阅读和写作方面的能力。然而，教育局人员 EE-Cheung 和大学人员 EE-Zhan 等却持不同意见，认为"阳光读写课"校本课程有其局限性，对于读和写的强调，仍然是以多次练习等传统教学方式为主，关注点仍然是以考试能力为纲，而没有拓展到实践活动、情意体验、学校特色的幸福教育理念上。但是，由于先前"阳光读写课"所取得的成功让学校行政人员、教师坚持了之前的想法和做法，只愿意在以往做法的基础上进行微调，而不愿意进行大的调整。这就与同样是开发校本课程的 S2 学校形成了鲜明对比：S2 学校在获得 EE-Hua 等外部专家的指导之后，推翻了之前所设计和编写的校本教材，重新开始、从头开始。可见，学校组织学习、学校变革的过程并非一帆风顺，其中一个可能存在的阻碍是学校之前由于成功的经验而形成的思维惯性，以及由此带来的学习意愿降低、改变的难度增加以及对新知识的抵触，因而倾向于维持现状。

这一发现也与以往部分研究对于造成学校变革、学校组织学习困难的原因分析相一致。圣吉（Senge）在描述组织学习过程以及区分组织学习的不同类型时，就指明了组织对新知识的态度和立场以及创造新知识的能力受到其"防御性惯例"（defensive routine）的消极影响，也就是倾向于"单路径学习"——在不改变组织规范的前提下，在既定范围内改变组织的策略和活动，而非推动"双路径学习"——反思并重新调整组织原有目标、规范、战略。[①] 换句话说，先前的成

---

① P. M. Senge, *The Fifth Discipline: The Art and Practice of the Learning Organization*, New York: Currency Doubleday, 1990.

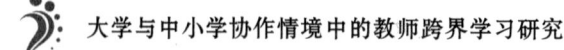

功经验令组织希望沿着以往成功的道路继续前行,因而形成路径依赖,甚至步入所谓的"能力陷阱"(competency traps)中。科林森(Collinson)对学校变革和组织学习过程的经验研究发现,改变的困难部分可归因于学校已经形成的组织惯例,这影响到他们理解实践问题的视角,并缩小了学校试图解决问题的搜索半径和路径范围,使之停留在原先教学实践的做法上而不愿意通过探究来寻找另外的可能性。[1]

对于因先前经验而形成的路径依赖给学校组织学习带来了困难,许多组织研究者主张,在快速变革、知识创新的大时代下,诸如利用已有知识的组织适应性学习已经难以令组织获得生存和进一步发展。因此,克服已有知识基础和先前经验的不利影响,组织不学习(organizational unlearning)的重要性就凸显出来了。长期以来,组织学习被视作"组织获得经验而发生变化的过程"[2],而组织学习过程也是由组织从知识获得、分布、阐释、储存的各个阶段所组成,包含对经验的习得、保存、交流、检索和提取。但是,以往的学习经历所形成的组织记忆或组织知识基础对于组织及其成员的进一步学习和创新也可能带来不利影响,让组织趋于维持现状而不愿改变。[3] 鉴于已有经验对于组织学习可能产生的不利影响以及组织倾向于依赖原有的行为和学习路径,组织如何改变之前的惯例和路径,如何进行探索性和创造性学习也就成为重要议题。所谓组织学习,其本质在于组织消除以往学习过程所获得的成果,包括组织记忆中的信念系统。新知识的获得、对快速变化的外部环境的适应、知识创新和整合的前提或相伴随

---

[1] V. Collinson, "To Learn or Not to Learn: A Potential Organizational Learning Gap Among School Systems?" *Leadership and Policy in Schools*, 2010, 9 (2): 190-219.

[2] L. Argote, & E. Miron-Spektor, "Organizational Learning: From Experience to Knowledge," *Organization Science*, 2011, 22 (5): 1123–1137.

[3] M. Alavi, & D. E. Leidner, Review: Knowledge Management and Knowledge Management Systems: Conceptual Foundations and Research Issues," *MIS Quarterly*, 2001: 107–136.

的是组织对于已有经验的重新审视和反省,而不满足于利用已有知识或在已有学习经验框架内的重复。① 因此,学校组织学习与组织学习的过程可以说是相辅相成的,学校组织对于新知识的接纳和整合以及新知识的探索、创新,都需要学校对以往的经验,尤其是成功的经验,进行反思和重新审视,尝试探索新的问题解决办法和路径,开启新一轮的学习循环过程,实现知识的创新和运用。②

(二)教师个体教学经验的影响

与学校组织已有知识基础可能阻碍组织学习和变革一样,在个体层面,教师个体积累的教学经验在帮助教师处理教学问题的同时,也可能成为其理解、运用新的教学理念和方法的障碍。在教师学习领域,教学经验的获得和积累往往代表着教师学习过程,并标志着学习的成果。经验是教师学习和发展的重要来源。科尔布(Kolb)认为,学习并非简单的知识积累的结果,而是经验积累的过程,"观点并非固定的,思想也不是一成不变的,相反,是因为经验而形成,并被经验所改造的"。作为学习者,学习过程既是适应外部世界的活动过程,也是经验不断被获得、推翻和重构的过程。"学习是这样一个过程,通过经验的变革,而创造知识的过程。"③ 在这一理念下,教师学习被视作在教学实践中、在课堂教学活动的参与中不断积累技艺性知识、实践中的知识(也就是经验积累)的过程。④

诚然,教师经验的重要性不言而喻,作为已有知识基础的重要组

---

① L. Argote, & E. Miron-Spektor, "Organizational Learning: From Experience to Knowledge," *Organization Science*, 2011, 22 (5): 1123 – 1137.

② S. Paavola, L. Lipponen, & K. Hakkarainen, "Models of Innovative Knowledge Communities and Three Metaphors of Learning," *Review of Educational Research*, 2004, 74 (4): 557 – 576.

③ D. A. Kolb, *Experiential Learning: Experience as the Source of Learning and Development*, Prentice Hall, 1984.

④ P. Kelly, *What Is Teacher Learning? A Socio-cultural Perspective*, Oxford Review of Education, 2006, 32 (4): 505 – 519.

成部分，教师的教学经验对于他们接受新知识、探求解决问题的途径是重要的前提。博科（Borko）与同事就说道："通过教师已有知识和信念，教师才能理解新的教学实践和活动。借此，这些理解最终决定了教学方法、工具如何被运用于教师课堂教学之中。"[1] 也就是说，教师已有知识基础是理解和掌握外部新知识并判断其价值以及与自身教学情境适切性的基本条件。但是，本书研究也发现，教师个体的经验可能会阻碍教师自身知识的增长，特别是在面对与原有教学理念和方法截然不同的新知识的时候。这典型地体现在S1、S2、S3学校有经验的教师与年轻教师对待外部专家引入的新知识的不同态度和策略上。例如，S1-CH-GL-Zhong、S2-CH-Yin、S3-CH-GL-Duang等从教十几年、具有丰富教学经验的教师就谈到，在面对新的教学理念和方法的时候，尽管他们自身对此有强烈的愿望进行学习、提高自己，但是，对于新教学方式的质疑感始终比较高。因为对于他们而言，以往十几年的教学经验让他们基本上对教学内容、班级管理、课堂教学和学生反应等了如指掌，甚至可以达到不用备课、不拿教参和教材，就可以进课堂给学生上课的程度。相形之下，年轻的教师，如S2-CH-Na、S3-EN-Lin、S3-CH-Guan、S3-CH-GL-Hao等认为，作为从教一至三年的教师，尽管教学经验不丰富，但是，对于外部专家所引入的新的教学理念和方法，他们能够更容易地理解和掌握，敢于尝试和试验，并将其运用于他们主讲的示范课与日常教学的常态课之中。对此，S2学校副校长S2-VPL-Yun和S3学校校长S3-PL-Xing也表示认同，没有教学经验的年轻教师就如同一块白板，可以更容易地认同新的教学理念。在这一过程中，年轻教师既可以接纳和吸收大学人员、一线教学

---

[1] H. Borko, & R. T. Putnam, "Expanding a Teacher's Knowledge Base: A Cognitive Psychological Perspective on Professional Development," In T. R. Guskey & M. Huberman (Eds.), *Professional Development in Education: New Paradigms and Practices* (pp. 35 – 65), New York & London: Teachers College Press, 1995.

第七章 讨论

名师等外部专家所提供的知识，又可以向有经验的教师学习、积累教学经验，实现所谓的"跨越式的发展"（访谈 S3-CH-GL-Hao，2015）。

这一发现与许多研究对于教师学习过程中教学经验所起作用的发现是相类似的。尹弘飚和李子建对于教师改变的分析就认为，在课程改革的背景下，部分学校教师个体可能因为对教学稳定性的追求、教学活动的个人主义以及对已有教学经验的自信心而抵制外部改革，自身不愿做出改变。[1] 教师已有的教学行为的惯性可能会让他们拒绝对自身的教学理念进行反思，不愿意改变自身的教学行为。教师已有教学经验相当于其获得新知识的筛选工具。[2] 更直接的证据来自清勾斯（Chingos）和彼特森（Peterson）对于教师教学经历与课堂教学效能之间关系进行研究所得出的结论：在职教师的教学经历以及因此而获得的在职培训对于课堂教学效能的影响几乎是没有的，甚至得出推论式的判断，越到教师职业生涯的后期，教学经验对于教师课堂教学效能的影响越是负面的。[3]

无论是本书对于经验丰富的老教师和年轻的新手教师的对比发现，还是以往研究所提出的教师教学经验的消极影响，这些都表明，教师理念和行为的改变是十分困难的，教师通常是保守的、懒于做出积极的改变。[4] 克莱因（Klein）认为，教师学习指的是"教师去除自身秉持的关于'教师意味着什么，课堂应该是怎么样的，教学和学习

---

[1] 尹弘飚、李子建：《论课程改革中的教师改变》，《教育研究》2007 年第 3 期。

[2] H. Borko, & R. T. Putnam, "Expanding a Teacher's Knowledge Base: A Cognitive Psychological Perspective on Professional Development," In T. R. Guskey & M. Huberman (Eds.), *Professional Development in Education: New Paradigms and Practices* (pp. 35 – 65), New York & London: Teachers College Press, 1995.

[3] M. M. Chingos, & P. E. Peterson, "It's Easier to Pick a Good Teacher Than to Train One: Familiar and New Results on the Correlates of Teacher Effectiveness," *Economics of Education Review*, 2011, 30 (3): 449 – 465.

[4] G. F. Hoban, *Teacher Learning for Educational Change: A Systems Thinking Approach,* Buckingham & Philadelphia: Open University Press, 2002.

的元素是什么'的假设"[①]。因此，教师个体学习的关键在于，教师不仅要以开放的心态对待新接触的知识，抛弃关于已有知识已经足够的想法，保持对课堂教学中出现问题的敏感性，寻求更好的教学知识和实践；而且应以一种专业人士的视角保持对自身的教学理念、行为以及背后的组织性的、文化性的、制度性的影响因素的深刻反思。

（三）知识的代际传递

在研究案例中，教师学习不仅发生在教师与外部专家的知识互动过程中，学校内部与各个学科教研组内教师之间的知识分享、交流也为教师知识的增进提供了很好的环境和支持，特别是有经验的教师对年轻/新手教师在课堂教学方面的指导。此外，根据大部分学校教师所分享的学习经历，在 TS 伙伴关系项目开展的同课异构、公开讲座、课例指导、校本课程开发和实施等各项学习活动中，教师学习的内容不仅局限于外部专家所提供的新的教学理念和方法（如小组合作教学、一课一得、花瓣式识字教学、绘本教学、体验式教学、Phonics 英语语音教学）。类似于师徒制的教师学习安排——有经验的教师与年轻或新手教师围绕具体的课例、校本课程开发和实施等实际议题而进行的知识互动过程——对资历尚浅、缺乏教学经验的教师获得、理解和掌握知识也产生了积极的影响。

这一点典型地体现在年轻教师如何从具有学科教学专长的、经验丰富的教师身上获得关于如何上课的知识方面。例如，S1-CH-Liang 在与特级教师、学校校长 S1-PL-Chao，年级教研组长 S1-CH-GL-Zhong 等有经验的教师进行课后研讨的过程中，懂得了课堂上的许多做法，教学目标如何设定、具体的课堂教学环节如何设计等。主抓语文的教导处主任 S3-TO-CH-TL-Qiang 作为 S3 学校语文学科

[①] E. J. Klein, "Learning, Unlearning, and Relearning: Lessons from One School's Approach to Creating and Sustaining Learning Communities," *Teacher Education Quarterly*, 2008, 35 (1): 79–97.

第七章　讨论

的领袖教师，也承担着与年轻教师一同磨课的责任，帮助他们更好地理解课文、掌握教学方法、熟悉课堂教学活动。S3-CH-GL-Hao、S3-CH-Guan、S3-CH-Yang 在准备示范课的过程中，都有 S3-TO-CH-TL-Qiang 的参与，并提出了具体的建议。同样地，作为刚从其他学校调到 S2 学校的新教师，S2-CH-Ren 在准备示范课《猫》时得到了来自教学经验丰富、主抓语文教学的副校长 S2-VPL-Yun、教导主任 S2-TO-CH-TL-Gong 的指导。就现场观察备课过程而言，副校长和教导主任所提的意见不仅涵盖课文内容的理解、内容细节的处理，以及教学环节的设计和实施，而且对于 S2-CH-Ren 课堂上的语言、姿态、师生活动的模式等都有十分细致的指导。可见，对于年轻的教师、新手教师而言，与教学经验丰富的教师的沟通和知识交流，能够让他们更好地理解什么是教师、什么是课堂教学，并掌握具体如何备课、上课及课堂管理等操作性知识。同时，对于新进教师而言，经验丰富的教师的具体指导也让其能够更好地适应所处学校、学科教研组的工作和教学实践环境，学习并吸收学校的特色课堂教学理念，如 S1 学校的幸福教育、S2 学校的生动课堂、S3 学校的思维课堂等。

经验丰富的教师向年轻、新手教师传递关于课堂教学、校本课程、学校环境等的相关知识，在中国的教师专业发展情境中是已经制度化和常态化的教师学习活动。[1] 这一类似于新手教师的导师指导的学习活动（mentoring）对于年轻教师的学习产生了积极影响。黄丽锷（Wong）对中国三所中学教师教学过程的经验研究就发现，导师指导能够帮助新手教师更好地理解教学工作，获得教学技巧，并参与到真

---

[1] L. W. Paine, & Y. Fang, "Reform as Hybrid Model of Teaching and Teacher Development in China," *International Journal of Educational Research*, 2006, 45 (4): 279-289.

实的课堂教学情境之中。[1] 简言之，无论通过何种方式，经验丰富的教师的指导，能够基于具体的教师教学的工作情境，使新手教师适应学校环境、快速习得课堂教学知识，并建构自身对教师的身份认同。[2]

尽管如此，师徒制、导师指导式的有经验的教师与年轻教师的知识互动模式，对教师学习的价值更侧重于年轻教师的社会化过程，也就是说，在这一模式中，年轻教师在老教师"传帮带"的指导下，获得的更多的是由老教师已有的教学经验总结而成的知识。教师的发展遵循的是从新手教师到专家教师的自下而上的轨迹，在这一过程中，教师积累了经验，获得了知识，掌握了一定程度的教学技能。科克伦—史密斯（Cochran-Smith）和莱特（Lytle）就提到，这样的从新手到专家的教师发展路径，其蕴含的前提假设在于，"有能力的教师所拥有的知识，是蕴含于或体现在实践活动的工艺之中的，体现在教师对实践的反思之中，体现在教师实践探究和教师对实践的自我叙述中"[3]。也正是因为这样的假设，教师学习过程通常被视作有经验的教师（乃至专家教师）与年轻教师进行知识交流的过程，而且知识更多的是从有经验教师向年轻教师传输的单向流动。这也是学校内部教师之间知识社会化、知识在老教师与年轻教师之间代际传递与复制生产的过程。[4]

无论是新手教师、年轻教师，还是经验丰富的教师，在学校教研

---

[1] J. L. Wong, "How Do Teachers Learn through Engaging in School-Based Teacher Learning Activities? Applying a Knowledge Conversion Perspective," *The Asia-Pacific Education Researcher*, 2015, 24 (1): 45-55.

[2] S. Kemmis, H. L. Heikkinen, G. Fransson, J. Aspfors, & C. Edwards-Groves, "Mentoring of New Teachers as a Contested Practice: Supervision, Support and Collaborative Self-development," *Teaching and Teacher Education*, 2014, 43: 154-164.

[3] M. Cochran-Smith, & S. L. Lytle, "Relationships of Knowledge and Practice: Teacher Learning in Communities," *Review of Research in Education*, 1999: 249-305.

[4] A. Fuller, H. Hodkinson, P. Hodkinson,, & L. Unwin, "Learning as Peripheral Participation in Communities of Practice: A Reassessment of Key Concepts in Workplace Learning," *British Educational Research Journal*, 2005, 31 (1): 49-68.

第七章 讨论

组内,他们的学习过程更多的是将作为学习者的教师个体置于学校组织及其所处的学科教研组的影响之下。这更倾向于一种组织内部成员的知识复制或"再生产"(reproduction),即教师学习过程更多的是对学校内部已有知识的获得、理解和运用的过程。在这一过程中,组织对于个体学习的影响显然更大,而个体学习对组织的影响则较少,因为这一学习过程强调的是作为组织的学校自身已有知识的再复制,而非致力于挑战或改变学校组织的现状。因此,在组织学习层面,组织或实践共同体的稳定性比组织的变革获得更多关注,学校发挥其结构性资源的作用,对教师个体学习产生积极影响。相反,新知识的创建、组织层面的学习以及教师个体知识如何转化为组织学习的成果(也就是组织的系统性知识)则不在考虑视野之内。换句话说,经验丰富的教师与新手教师之间的知识互动,更多的是对学校组织内部已有的知识、技能的利用,而非对新知识的共同创造。马奇(March)谈到了组织的利用性学习、探索性学习[①],前者是对组织已有的能力、技术和范式的提炼和扩展,后者的本质则在于试验新的可能性。新手教师、年轻教师通过与老教师的交流而积累一定的教学经验,这属于利用性学习,依赖组织的现有知识、经验,更多的是指组织中的个体逐步社会化的过程,以此解决问题(组织知识如何让个体掌握)。在这一过程中,新手教师也逐步在教学理念、教学方法、课堂教学过程等方面逐步与经验丰富的老教师同步,形成共同的理解、集体的心智模型、相似的做法。

但是,作为组织的学校,却可能因为知识的同质性程度高而丧失进一步实现教育创新的可能、条件与推动力,倾向于故步自封、防御并排斥外部知识。因此,在教师代际传递和组织自身知识的复制或再生产的

---

① J. G. March, "Exploration and Exploitation in Organizational Learning," *Organization Science*, 1991, 2 (1): 71–87.

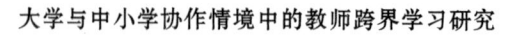

同时，要支持、推动、刺激教师在利用已有知识时，能够更多地变革知识、探索和创建新知识，实现组织的探索性学习。[1] 也就是说，要打破已有知识的代际传递链条，为新知识在教师个体和学校组织中的产生和创建提供可能，强调学校组织从教师个体的探索中学习到什么（个体知识如何变为组织知识）的同时，更要强调教师个体经验的丰富性、多样性、独特性以及教师个体和集体对更好的教学实践的探索。

第三节 教师学习机会的分配：作为跨界者的教师与社会资本的占有

一 教师学习机会分配的特点

大学与中小学建立协作伙伴关系将会为教师个体的学习、教师共同体的建立和完善以及学校的组织学习提供重要的学习机会，伙伴关系"为实践中的、关于实践的、为了实践的知识的创建创造了重要的学习机会"[2]。这一假设也获得了许多经验研究的证实。对于推动教师学习而言，伙伴关系的重要价值之一在于为教师提供多样化的机会与大学人员等局外人就课程、教学等领域的问题进行观点的分享、知识的交流，并共同探索问题的解决办法，寻求更好的教学实践。

本书研究也佐证了这一判断。通过参与 TS 伙伴关系项目，项目学校可以获得外部专家关于学校特色理念、学校校本课程教材建设、教师专业发展等的指导和建议；而学校教师可以外出跟岗学习（如 S1-CH-Zhen、S3-CH-GL-Hai），参加各种关于改善课堂教学、传输新

---

[1] S. Paavola, L. Lipponen, & K. Hakkarainen, "Models of Innovative Knowledge Communities and Three Metaphors of Learning," *Review of Educational Research*, 2004, 74 (4): 557 - 576.

[2] C. Day, & L. Smethem, "Partnership between Schools and Higher education," In P. Peterson, E. Baker & B. McGaw (Eds.), *International Encyclopaedia of Education* (pp. 757 - 763), Oxford: Elsevier, 2010.

的教学知识的讲座和报告（如 S3-CH-GL-Guo），现场观摩外部专家的示范课（如 S1-CH-GL-EE-Huag、S3-CH-GL-Duang），主讲示范课并获得外部专家对此的指导（如 S1-CH-GL-Zhong、S2-CH-Na、S3-EN-Lin），与外部专家共同备课和研讨（如 S3-CH-Guan）。诸如此类的教师学习活动都可被视作促进教师知识增长，获得新的教育理念，掌握新的教学方法的学习机会。

通过建立伙伴关系而与外部专家建立联系，为教师创造了丰富的学习机会，提供了多样化的学习资源，这一点被包括本书研究在内的许多经验研究所证实。① 但是，较少有研究者关注到因伙伴关系的建立而获得的学习机会在学校内部教师之间的分配问题，以及学习机会的分配如何影响教师学习。通过对 TS 伙伴关系项目包括教育局人员、学校行政人员、学校教师等参与者的访谈，我们可以发现，学习机会在学校教师之间的分配呈现出以下几个特点：

其一，教师学习机会主要由学校行政人员，如校长、副校长和教导处主任进行分配。例如领袖教师、骨干教师、种子教师以及有潜力教师的教师专业发展梯队的建立，哪些教师、归属于何种层次或梯队主要是由学校领导来决定的。而外出参访、跟岗、听课学习等活动，也是由学校行政人员决定的，例如，S2-CH-GL-Hai 就提到，她去台湾交流学习这一活动的机会主要是由学校领导决定的（访谈 S2-CH-GL-Hai，2015）。

其二，学校行政人员自身、各个学科的年级教研组长更有机会参与 TS 伙伴关系项目组织的各类学习活动。例如，对于参加跨校同课异构、主讲示范课这一学习活动，S1 学校的主讲教师基本上都是语文学科的各个年级组长，包括 S1-CH-GL-Zhong、S1-CH-GL-EE-Huag、

---

① J. H. Sandholtz, "Inservice Training or Professional Development: Contrasting Opportunities in a School University Partnership," *Teaching and Teacher Education*, 2002, 18 (7): 815–830.

S1-CH-GL-Dong 等。S1-CH-Fan 就提到，一般而言，示范课的主讲人都是由年级教研组组长来承担（访谈 S1-CH-Fan，2015）。也就是说，原则上，示范课由年级教研组组长主讲，由其他教师主讲是特例。实际上，作为年级教研组组长的教师享有更多的教学机会，包括主讲示范课等，不仅是自身增进知识的方式，也是作为主讲人，以"示范课的方式，给别的教师做一个样子……带领每个人，或者这个团队，以及其他所在的各年级"（访谈 S3-PL-Xing，2014）。可见，这既表明了学校行政人员、年级教研组组长享有的比其他教师更多的学习机会，也是其履行引领、带头、示范责任的具体体现。

其三，年轻而有教学潜力、教学经验的，同时又积极主动的教师有更多的机会参与主讲示范课、外出学习等活动。S3 学校教导主任 S3-TO-CH-TL-Qiang 就提到，一般而言，参加同课异构、主讲示范课的教师基本上都是青年教师，这些青年教师也被列为"种子教师""有自己的一些修养，他们是有一定的能力的，就是少了几年在课堂上的磨炼"（访谈 S3-TO-CH-TL-Qiang，2015）。可见 S3 学校的学习机会主要侧重于青年教师。而 S2 学校则更多地将学习机会给予既有教学经验又相对年轻的教师，这是因为 S2 学校教师的年龄结构普遍偏高，年轻教师较少。S2 学校副校长 S2-VPL-Shi、教导主任 S2-TO-CH-TL-Gong 都提到，选择主讲示范课教师的标准主要是年轻又有教学经验，同时积极主动、愿意学习（访谈 S2-VPL-Shi、S2-TO-CH-TL-Gong，2015）。

简言之，正如 S2 学校副校长 S2-VPL-Yun、S3 学校校长 S3-PL-Xing 所言，全体教师都参与 TS 伙伴关系项目的各项活动并与外部专家进行较为频繁的互动、交流，这是不现实的；相反，在 TS 伙伴关系项目中，项目学校内的教师并非享有同等的学习机会。来自外部专家的支持是影响学校教研组内教师学习的重要因素，同时，获得外部支持的机会需要作为组织的学校以及学校内的教师能够与外部形成较强的联结，而且学校内不同教师所获得的学习资源和机会是不同的，这会进一步影响教师个体对外部新知识的接触、理解和运用。对此，这里引入社会资本的视角来进行更为深入的讨论。

二 作为跨界者教师的内部、外部社会资本及其影响

从上述对教师学习机会在校内的分配议题的描述，我们可以总结出，拥有更多学习机会的教师通常是发挥跨界者角色的学校行政人员与领袖教师、骨干教师和种子教师。在 TS 伙伴关系项目中，作为跨界者的教师，由于所处的位置关系，往往会影响其与外部专家、学校教师等进行知识互动、联结的程度，进而影响到教师能够接触到的学习资源、拥有的学习机会。换句话说，在 TS 伙伴关系项目中，与其他普通教师相比，学校行政人员与被放置在领袖教师、骨干教师和种子教师位置上的教师由于具有跨界者的角色而获得了更多的学习机会。

那么，为什么作为跨界者的教师会拥有更多的学习机会，进而增进其自身的教学知识呢？这一问题可以从跨界者所处的社会网络（social network）中的独特位置以及由此而具备的社会资本（social capital）的多少这一视角进行理解和分析。

社会资本是个体、小组或组织在各种关系中与其他主体相比所具备的优势、所享有的收益和回报。而且某一个体或小组所拥有的社会资本的多寡通常取决于其所在的社会网络、社会结构的特点，以及自身所处的位置。[1] 社会资本的多寡往往由社会结构的特点所决定，不同的社会网络或结构的联结造就了结构洞的存在，而"结构洞为人们

---

[1] R. S. Burt, "The Social Capital of Structural Holes," In M. F. Guillen, R. Collins, P. England & M. Meyer (Eds.), *The New Economic Sociology: Developments in an Emerging Field* (pp. 148–190), New York: Pussell Sage Foundation, 2002.

之间实现信息的流动、来自结构洞两方的人们的聚集提供了中介的机会"①。在这里，跨界者（broker）以及相应的中介业务（brokerage）发挥了重要作用。根据波特（Burt）的总结，通过发挥所处结构的特殊位置（如结构洞）的优势，获得更多的社会资本，行动者、小组或组织可以将社会资本转化为更多的优势、好处和利益，例如拥有更多的信息，有更多的学习机会，提升组织的学习能力，等等。

在许多研究中，社会资本又可分为内部社会资本、外部社会资本。② 前者指代"集体的行动者之间的内部特点"，表示小组或组织内部成员之间的联结程度；后者表示小组或组织与外部存在的联系。以此为参照，在 TS 伙伴关系项目中，作为跨界者的教师所拥有的外部社会资本指的是教师与外部专家、其他项目学校的教师等所建立的联结以及这一关系和交流的特点和强度；内部社会资本指的是学校内部、学科教研组内部教师之间的互动和交流的程度。也就是说，学校内的教师学习机会的分配直接影响到教师个体在社会网络中所处的位置、社会资本（包括内部社会资本与外部社会资本）拥有的数量和质量，进而影响教师个体学习的内容和效果。

（一）身为跨界者的教师具备更多的内部社会资本

在学校内部，作为跨界者的教师与学校行政人员、学校内或教研组内的其他教师之间的联结更加强烈，知识交流更加频繁，从而更有机会在交流中获得其他教师的建议，增进自身在课程和教学等方面的知识。典型的是承担主讲示范课任务的教师。例如，在 S1、S2、S3 学校中，在专家的指导下，示范课的主讲教师被要求学习、执行并在示范课中体现出相应的新的教学理念和方法。

---

① R. S. Burt, "The Social Capital of Structural Holes," In M. F. Guillen, R. Collins, P. England & M. Meyer (Eds.), *The New Economic Sociology: Developments in an Emerging Field* (pp. 148 – 190), New York: Pussell Sage Foundation, 2002.

② P. S. Adler, & S. -W. Kwon, "Social Capital: Prospects for a New Concept," *Academy of Management Review*, 2002, 27 (1): 17 – 40.

对于这些主讲示范课的教师而言，除了自己备课、确定基本的教学思路之外，准备示范课的过程同样也是主讲教师与其他教师合作学习的过程：在日常工作情境中征询其他教师的意见，在多次试讲中向其他教师展示课堂，通过集体的课后研讨完善和修改教案设计，等等。正如年轻的语文教师 S3-CH-GL-Hao 在主讲完示范课《坐井观天》之后在自我反思和总结中所说的，教师的示范课并非仅仅是个人教学理念、观点和设计思路的体现，更是其所在的语文教研组，特别是一、二年级教研组教师共同努力的成果、集体智慧的结晶。学校行政人员 S3-TO-CH-TL-Qiang、教研组其他教师（如 S3-CH-Lu）都提供了各种各样的建议、意见，让 S3-CH-GL-Hao 能够完善教学设计、解决教学过程中所遇到的诸如与学生交流、教态、教学语言等问题（访谈 S3-CH-GL-Hao，2015）。S2 学校的教导处主任 S2-TO-CH-TL-Gong 也谈到，对于示范课的主讲教师，学校、教师所在的教研组都会全力以赴地支持和帮助他们，在完善课堂教学过程、运用新的教学理念和方法等方面由包括副校长 S2-VPL-Yun 在内的语文教师进行指导、提出建议（访谈 S2-TO-CH-TL-Gong，2015）。简言之，作为跨界者的教师，因为承担主讲示范课的任务而有更多的机会获得其他教师的建议和意见，并在不断地"试讲—讨论—修改教案和思路—再试讲"的循环中，更好地理解新的教育理念的内涵，掌握新的教学方法并将其运用于日常教学实践中。

作为跨界者的教师所获得的内部社会资本，以及由此享有的更多的学习机会，这一发现与哈格里夫斯和富兰对于社会资本的认识是相同的。他们认为，社会资本的多寡取决于社会关系的建立与社会互动的"数量和质量"的高低，而这也进一步影响到个体是否能够获得社会网络中的其他人员所拥有的知识和信息，从而为自身知识的增长提供资源。① 在研究案例中，在 S1、S2、S3 学校教师中，作为跨界者的教师等不仅有着沟通外部专家与学校教师的功能，与此同时，他们也由于主讲示范课、参加共同备课和研讨等，与学校内、教研组内部其他教师之间就具体的课例、教学理念的理解、教学方法在日常教学中的运用进行深入的交流。

简言之，在研究案例中，身处跨界者地位的教师在学校内、教研组内、年级组内享有更多的内部社会资本，为其获得更多的新的教学理念和方法等信息、知识提供了便利。这一结论也佐证了西方研究者的发现：教师之间合作程度的高低、彼此的信任、共同的规范和愿景、集体探究的进行等都能够显著地影响教师教学活动乃至课堂教学质量的高低。② 实际上，诸如紧密的联结、彼此的信任、共同的参与和卷入、共同的规范和信念等实践共同体、专业学习共同体或探究共同体概念所蕴含的内部元素，与社会资本理论中内部社会资本这一概念的内涵是相类似的。因此，在学校层面、教研组层面培育教师合作文化，提升教师之间的信任，推动教师共同探究，从而提升学校教师的内部社会资本，对于大学与中小学协作伙伴关系中教师个体和集体知识的增进、知识的共同创建是十分重要的。

（二）作为跨界者的教师具备更多的外部社会资本

作为跨界者的教师拥有更多的外部社会资本，他们能够获得大学人员、一线名师等外部专家多次的、直接的指导，并有更多的机会与外部专家和其他项目学校的教师进行直接的知识交流，从而更容易获得一手的、新的教学理念和方法等新知识。典型的如 S1 学校的语文教师 S1-CH-GL-Zhong、S2 学校的语文教师 S2-CH-Na 和 S3 学校的英

---

① A. Hargreaves, & M. Fullan, *Professional Capital: Transforming Teaching in Every School*, New York: Teachers College Press, 2012.

② C. R. Leana, & F. K. Pil, "Social Capital and Organizational Performance: Evidence from Urban Public Schools," *Organization Science*, 2006, 17 (3): 353-366.

语教师 S3-EN-Lin 在 TS 伙伴关系项目中的学习经历。作为学校语文年级组的组长，同时也是骨干教师，S1-CH-GL-Zhong 不仅参与了与 EE-Zhan 的共同备课活动，而且多次承担主讲师范课、编写学校的"阳光读写课"校本教材的任务。在这一过程中，S1-CH-GL-Zhong 与 EE-Zhan 等外部专家进行了多次面对面的交流，并通过网络邮件等方式交流校本课程的教案设计、教学材料的改进等问题。因此，与其他教师相比，S1-CH-GL-Zhong 较早、较快和较多地获得了外部专家的直接指导所传递出的新的教学理念和知识，例如，如何设定课堂教学的目标（访谈 S1-CH-GL-Zhong，2014）。类似的，S2-CH-Na 也多次承担主讲示范课的任务，并因此获得了 EE-Hua 等外部专家的指导，与 EE-Hua 等外部专家更为熟悉，建立了较为密切的联系（访谈 S2-CH-Na，2014）。作为英语骨干教师，S3-EN-Lin 教师也同样如此，多次主讲示范课，EE-Lee、EE-Zhan 等外部专家鼓励其勇敢尝试新的教学方法。S3-EN-Lin 就说道，外部专家"给我提供一个很坚实的基础，让我觉得我可以大胆地尝试"（访谈 S3-EN-Lin，2015）；而且，有机会外出学习，例如，到台湾等地跟其他学校的教师进行知识交流，现场观摩其他教师的教学过程，从中学习优秀教师的教学理念和方法。可见，与其他教师相比，领袖教师、骨干教师、种子教师有更多的渠道获得来自外部专家、其他学校教师的指导与新知识的分享和交流，从而能够更好地超越学科教研组、学校乃至地区的边界限制，接触到、体验到和收获在原有的学习情境中难以了解、理解、获得和运用的新知识。

作为跨界者的教师与外部专家、其他学校教师之间的互动是从教师个体层面来考量他们所拥有的外部社会资本的状况。实际上，学校教师个体对外部社会资本拥有量的大小差别通常是由作为组织的学校是否与诸如大学、研究机构、其他区域的学校等外部组织、外部资源建立紧密的联结所决定的。这一点可以从 S1、S2、S3 学校行政人员

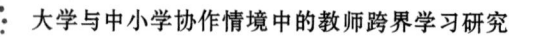

对于 TS 伙伴关系项目的积极评价中获得证实。S1 学校副校长 S1-VPL-Jiang 就说道，以往 S1 学校的教师很少有时间、机会和资源外出参加各种学习活动，包括参加围绕学科教学的学术会议、外出听公开讲座、外出跟岗学习、与外校进行同课异构等。但是，自从 2013 年接触并加入 TS 伙伴关系项目之后，EE-Hua、EE-Zhan 等外部专家"牵线搭桥"，为 S1 学校的教师提供了与其他学校、外部专家接触、交流和学习的更多机会（访谈 S1-VPL-Jiang，2015）。区教育局领导 EB-Lam、EB-Chong 等对于外部专家基于 TS 伙伴关系项目而搭建的学校之间的交流、教师之间的合作这样的平台也是十分赞同的（访谈 EB-Lam、EB-Chong，2015）。可见，从学校组织层面来看，TS 伙伴关系的重要作用在于为学校带来了以往所没有或难以获得的外部社会资本，让学校教师能够以此为桥梁和中介，与外部专家、其他教师建立知识交流的纽带，从中获得相应的信息、知识、实践做法等。

简言之，无论是学校整体还是教师个体，伙伴关系项目的重要性就在于为学校及其教师提供获得外部社会资本的有利条件，为教师接触各种新知识提供更多的可能。本书研究同样发现，对于学校教师知识的增进，外部社会资本是不可或缺的，这不仅能够帮助教师反思自身的教学活动，进而脱离原先在理念、行为上所形成的定势和习惯，也能够扩展教师的知识基础，让新理念、新做法纳入教师合作和讨论的范围，进而逐渐成为教师日常教学常规、教学实践的一部分。

学校、教师所具备的外部社会资本对于教师学习十分重要，本书研究所发现的这一判断，与以往的研究对于学校与大学建立伙伴关系、与其他学校构建校际联结等各类外部网络联结（external network）的重视是一致的。[1] 学校组织学习和改进、教师集体和个体学习都离

---

[1] A. Lieberman, & L. Miller, "Transforming Professional Development: Understanding and Organizing Learning Communities," In W. Hawley (Ed.), The Keys to Effective Schools: Educational Reform as Continuous Improvement (pp. 99–117), Thousand Oaks, CA: Corwin Press, 2006.

第七章 讨论

不开外部专家、其他学校教师等外部支持、外部资源的输入。在西方国家和中国情境中的经验研究也发现,教师学习不仅要依赖于学校内部通过建立合作文化、信任关系而形成的知识交流和分享的共同体以积累内部社会资本,促进教师知识的增进,而且通过建立外部社会资本,让教师有机会接触和获得源自学校外部的新知识,这同样也是至关重要的。通过建立外部联结,学校将自身放置在由不同的共同体所形成的网状结构中,通过学校行政人员所扮演的跨界者角色,将筛选之后的新的教学知识向学校其他教师传输;而且,诸如大学人员、一线名师等外部专家能够促使教师更加系统地学习,总结教学经验,发展形成更加理论性的、系统性的知识。[①] 在李安娜(Leana)和派尔(Pil)的研究中,学校与外部环境中其他组织和个体建立外部联结,有助于学校教师课堂教学的改进,进而提升学校的整体绩效水平。[②] 在这一过程中,组织内的上层管理人员扮演着学校与外部世界的中介、桥梁的跨界者角色。这一点也在本书研究中获得了证实:S1、S2、S3学校的校长、副校长、教导处主任与外部专家的接触和知识互动较频繁和深入,进一步将所获得的新知识通过行政命令和日常监督(如 S1-VPL-Jiang)、校内教师培训(如 S1-VPL-Jiao)、教研活动(如 S3-TO-CH-TL-Liu)的形式传递给教师。

因此,正如哈格里夫斯和富兰(2012)所提出的建议,以资本拥有的视角考察学校教师专业成长的过程,作为组织的学校理应"延伸并超越自身所处的边界",与其他地区的学校形成松散的联结,嵌套于某一享有丰富学习机会和资源的网络结构之中,以此获得、探索新的教学理念和做法。

[①] J. L. Wong, "How Do Teachers Learn through Engaging in School-Based Teacher Learning Activities? Applying a Knowledge Conversion Perspective," *The Asia-Pacific Education Researcher*, 2015, 24 (1): 45-55.

[②] C. R. Leana, & F. K. Pil, "Social Capital and Organizational Performance: Evidence from Urban Public Schools," *Organization Science*, 2006, 17 (3): 353-366.

本书研究发现，学校教师知识的增进不仅发生在与学校内部、教研组内部其他教师彼此学习、合作探索的过程之中，而且发生在教师与外部专家、其他学校教师的知识交流情境中。借助学习共同体在学校内、教研组内的建设和完善，教师能够获得内部社会资本，增强校内、组内教师之间的知识联结。与此同时，通过建立学校与大学伙伴关系、学校与学校之间的校际学习网络，学校及其教师能够跨越组织和知识的边界，并能够努力克服休伯曼（Huberman）所提出的对于"过分以学校为中心"的教师专业发展模式的担忧，改变教师已有的教学理念和行为，获得并探索新的知识。与本书研究对于跨界者教师所享有的内部社会资本、外部社会资本对其学习机会的影响相类似，许多研究者也十分强调学校内部能力建设与外部知识来源的丰富和多样化、外部干预和支持两个层面的重要性。①

三 教师学习机会的分配策略：锦上添花还是雪中送炭

TS伙伴关系项目为学校及其教师提供了多样化的学习机会和资源，但是，学习机会和资源在学校教师之间的分配状况并非平等的；相反，学校行政人员、各个学科的年级教研组长、被学校认定为领袖教师、骨干教师和种子教师的年轻教师享有更多的学习机会。可见，学校学习机会的分配策略通常遵循的是"锦上添花"的原则，有一定的教学经验、教学能力突出、对于新的教学知识有更好地理解和掌握能力的教师（访谈 S1-VPL-Jiang，2014；S2-VPL-Yun，2015；S3-PL-Xing，2014）承担了更多的工作，参与了更多的伙伴关系组织的学习活动，也就是被给予了更多的学习机会和资源。相反，其余的教师则难以获得，或只获得少量的学习机会，例如 S3-EN-GL-Yu 就提到

---

① B. Mulford, "Building Social Capital in Professional Learning Communities: Importance, Challenges and a Way Forward," In L. Stoll (Ed.), *Professional Learning Communities: Divergence, Depth and Dilemmas* (pp. 166 – 180), London: Open University Press, 2007.

第七章 讨论

参加公开讲座、主讲示范课等活动的机会往往都分配给英语教研组内另外两名领袖教师和骨干教师 S3-EN-TL-Mang、S3-EN-Lin 享有（访谈 S3-EN-GL-Yu，2015）。可见，学习机会的分配并非平等的。实际上，在学校组织学习中，学习机会和资源在学校内教师之间的分配通常与学校内部教师之间的权力关系息息相关，"获得特定的学习实践活动的机会，教师之间的分工以及随之而来的学习机会，是由组织内部的权力关系乃至社会关系所塑造的"[1]。

尽管教师所具备的社会资本并不能自然而然地转变为教师的知识，但社会资本对于教师学习的影响是难以忽视的。哈格里夫斯和富兰认为："社会资本会增加你的知识——它能够让你有渠道获得其他人的人力资本。"[2] 也就是说，社会资本在一定程度上会影响教师知识的获得，进而对教师人力资本的增长（也就是知识、技能的增长）起到积极作用。以社会资本的视角来看，无论是外部、内部社会资本拥有量的多寡，都会影响教师获得、理解和运用新知识的范围和能力，进而影响教师学习的效果。因此，如何在教师之间分配学习机会、学习资源就显得尤为重要了。

在本书研究中，这一问题已经受到 TS 伙伴关系项目中的大学人员等外部专家、学校行政人员的注意。S3 学校校长 S3-PL-Xing 就提到，学校层面也逐渐改变了以往的做法，包括听讲座、教师主讲示范课、参加共同异构等活动，学校行政人员也让"上了年纪的教师"（访谈 S3-PL-Xing，2014）等参加，以此暴露他们课堂教学中的问题，从而更好地对其进行改进。同样地，S2 学校教导处主任 S2-TO-CH-TL-Gong 在谈到为什么当时选择让老教师 S2-CH-Fang 承担主讲《坐井

---

[1] P. Ellstrom, "Organizational Learning," In P. Peterson, E. Baker & B. McGaw (Eds.), *International Encyclopedia of Education* (pp. 47–52), Oxford: Elsevier, Inc., 2010.

[2] A. Hargreaves, & M. Fullan (2012), *Professional Capital: Transforming Teaching in Every School*, New York: Teachers College Press, 2012.

观天》这一示范课任务的时候，就提到"中年教师也有这个发展的需求"（访谈 S2-TO-CH-TL-Gong，2015）。可见，学校行政人员已经认识到年纪较大、经验丰富的教师，也需要通过参与 TS 伙伴关系项目的学习活动，增加与学校教师、外部专家、其他学校同侪的交流和互动，以此实现自身的发展需求。从这一角度看，教师学习机会的分配不再局限于采取"锦上添花"的策略，只关注领袖教师、骨干教师、种子教师等已经具备较高教学素养、较好的领悟能力的教师，也侧重于"雪中送炭"，让教学能力较低、课堂教学过程仍然以传统教授方式为主的教师参与各项学习活动，以此弥补其不足，促进教师对新知识的理解、掌握和运用。因为以学校组织学习的视角来看，致力于推动教师专业发展的大学与中小学协作伙伴关系等项目，其目标并非教师单个个体知识的增进和创造，更重要的是因全体教师的集体参与、共同进步而带来的学校整体在课程、教学等方面的提高，这也是学校提升新知识运用和创造能力必不可少的条件之一。[①]

[①] S. Paavola, L. Lipponen, & K. Hakkarainen, "Models of Innovative Knowledge Communities and Three Metaphors of Learning," *Review of Educational Research*, 2004, 74（4）：557-576.

第八章　总结

第一节　研究结论

　　大学与中小学协作伙伴关系被视作两种不同的组织及其成员重叠的区域，也因此为大学人员与学校教师之间的知识互动提供了平台、情境和丰富的机会。本书以中国某一大学与中小学协作伙伴关系项目为个案，通过质化研究方法，探讨伙伴关系中学校教师的学习过程。本书的问题是：在组织学习视角下，在大学与中小学协作伙伴关系情境中教师如何学习？具体而言，又分为如下问题：（1）在大学与中小学协作伙伴关系情境中，外部专家与学校教师如何跨越边界而实现知识互动？边界物件、跨界者两个跨界机制发挥了什么样的作用？（2）在大学与中小学协作伙伴关系情境中，外部的、新的知识如何在教师个体、小组和学校三个层面被获得？学习过程又受到哪些因素的影响？本书借助野中郁次郎和竹内弘高提出的组织知识创建理论（知识转化模型）与卡莱尔提出的跨越组织边界的知识互动模型对所收集的资料进行整理、分析和总结，以此探讨大学与中小学协作伙伴关系中教师学习过程所展现出来的特点以及相应的影响因素。本书结论可总结为以下几点：

　　首先，本书借助组织研究领域的边界知识互动框架——知识迁移、转化和变革来分析伙伴关系情境中外部专家与学校教师的知识互动，进而区分了三种不同的知识互动模式：一是外部专家主导下的知识迁移，二是教师参与的知识转化，三是合作探究导向的知识变革。

其次，借助组织学习理论的四个重要概念（知识的社会化、外部化、联结和内化）及其之间的关系，本书将研究个案的教师学习过程总结为四种不同的模式。其一，S1学校语文教研组。从学校组织到教研组再到教师个体层面的自上而下（top-down）的知识转化过程：知识获得与创建的流向大体上是从组织层面的知识联结，到小组层面的知识社会化与外部化，最后才是教师个体层面对知识的内化过程。其二，S2学校校本课程开发小组。由下而上（bottom-up）地从个体和小组知识创建到组织层面的系统性知识创建的循环过程，并体现了不同层面学习之间的关联性。其三，S3学校语文教研组。面对通过知识联结而进入学校组织层面的外部新知识，语文教研组教师发生的知识外部化与社会过程在促进教师学习方面起着关键作用，而且，小组学习（教研组）与个体学习（教师个体）之间呈现出相互影响的关系。其四，S2学校语文教研组和S3学校英语教研组。面对通过知识联结而进入学校组织层面的外部新知识，教师个体对外部新知识的内化过程在促进教师学习方面起着关键作用，而且，小组学习（教研组）与个体学习（教师个体）之间呈现出相互影响的关系。

此外，本书运用边界物件和跨界者两个概念来识别、归类和理解TS伙伴关系项目中外部专家与学校教师、学校教师之间知识互动中所借助的中介或跨界机制。在边界物件方面，具体课例、学校特色课堂理念、校本课程和教材三者被视作发挥了知识指代、转化和变革的功能，以此促进外部专家、学校教师之间的知识互动。而在跨界者方面，外部专家自身扮演着知识互动中的跨界者角色，包括知识的输入者、知识转化者、新知识共建者、知识合法性的提供者、丰富的学习资源、学习机会的提供者与同校教师合作学习的推动者等。学校内部的行政人员以及领袖教师、骨干教师和种子教师也成为外部专家与普通教师之间知识交流的中介,扮演着筛选过滤信息、知识中介、知识转化、监督者、新知识的先行先试者、新知识的分享和转化者、外部信息的提供者等角色。

另外,大学与中小学协作伙伴关系中教师学习过程受到外部与内部多重因素的影响。一方面,在不同的伙伴关系情境中,大学人员等外部专家与学校一线教师之间的知识互动会呈现出不同的特点和模式。外部专家—学校教师的权力关系,作为专业人士的教师的自我定位、跨界能力等形塑着外部专家与学校教师的知识互动。另一方面,组织学习中校长领导力因素与行政管理因素、小组学习(教研组制度化学习活动、教师领导者及其领导力)以及学校和教师个体已有的教学经验等也对教师在学校和教研组内的学习过程产生着影响,并决定了教师个体学习、小组学习和学校组织学习之间复杂的互动关系。此外,内部与外部社会资本的拥有能够进一步解释为什么作为跨界者的教师享有更多的教师学习机会和资源,进而影响到教师学习的内容、过程和效果。

第二节 研究贡献

一 理论贡献

本书从组织学习理论的视角,结合野中郁次郎和竹内弘高提出的组织知识创建理论(知识转化模型)与卡莱尔提出的跨越组织边界的知识互动模型,尝试提出一个将边界知识互动与组织学习过程彼此联结和整合的概念框架。借助这一理论框架,本书分析了 TS 大学与中小学协作伙伴关系情境中的教师学习过程。

研究发现以及对研究发现的讨论和分析,有助于我们更深入地理解如下内容:(1)大学人员等外部专家与学校教师在伙伴关系情境中知识互动的特点,边界物件和跨界者在互动过程中发挥的作用;

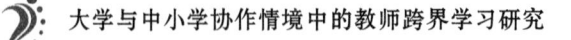

（2）在伙伴关系情境中，面对外部新知识，学校教师个体、教研组（小组）、学校组织三者各自的学习过程以及彼此影响和互动的关系及其影响因素。在这一基础上，研究发现以及围绕研究发现的讨论为进一步调整、改进、修订原先提出的理论框架提供了思路、新的可能和经验资料的支持。

第一，本书丰富了边界、跨界、边界知识互动、跨界学习等相关组织研究和学习理论。近年来，与边界和跨界相关的议题成为不同学科的研究热点，特别是组织理论和学习理论。[1] 跨越边界的知识分享、知识互动被认为是组织得以延续并实现组织目标的重要条件之一。边界的存在以及跨越边界的合作和不同类型知识之间的交流被认为对组织学习及其内部成员的知识获得与创新提供了丰富而多样的机会、资源和情境。

同样地，对于大学与中小学协作伙伴关系中的教师学习，许多研究者将其视作一种跨越组织边界而实现的知识增长、探究和共同创建的活动。尽管许多研究将协作伙伴关系视作推动教师跨界学习的跨界安排，并以个案研究的形式探讨了伙伴关系不同参与者之间的知识互动，但较少有研究深入分析和区分外部专家与学校教师之间通过跨越边界而实现知识互动的不同模式。本书借助组织研究领域的边界知识互动框架，来分析伙伴关系情境中外部专家与学校教师的知识互动，进而区分了三种不同的知识互动模式：一是外部专家主导下的知识迁移，二是教师参与的知识转化，三是合作探究导向的知识变革。在TS伙伴关系项目中，外部专家主导下的知识迁移是最为常见的外部专家与学校教师进行知识互动的情况，存在于三所学校的五个学科教研组、校本课程开发小组里。其次是教师参与程度较深、方式更为多

---

[1] T. Hernes, "Enabling and Constraining Properties of Organizational Boundaries," In N. Paulsen & T. Hernes (Eds.), *Managing Boundaries in Organizations: Multiple Perspectives* (pp. 35-54), New York: Springer, 2003.

第八章 总结

样的知识转化情况。最为少见的则是外部专家与学校教师就某一具体问题进行探究，进而共同提出解决办法的情况，也就是合作探究导向的知识变革。知识迁移、转化和变革的边界知识互动在研究案例中呈现出不同的情况，其原因可能在于中国情境中伙伴关系的特点以及外部专家与学校教师独特的权力关系。一方面，协作伙伴关系的重要特点在于其被定位为服务型、支援型的合作安排：大学服务并支持学校和教师发展，推动教师专业发展，提高教育教学质量。在这里，大学及其研究者、教师教育者是作为帮助者、知识提供者服务并支援学校教师改善课堂教学、开发和实施课程的。与此同时，从权力关系方面来看，学历、地域、大学、专家身份等赋予了外部专家更多的知识权威，他们被学校教师视作拥有更多专业知识、更高专业地位，是先进知识的来源并能够对教师的教学理念、行为进行评判。本书聚焦于作为跨界安排的大学与中小学协作伙伴关系中外部专家与学校教师之间知识互动的复杂性和多样性，这有助于我们深入理解和细分学校教师在伙伴关系情境中通过边界跨越而获得新知识与探究新知识的具体实现途径、机制及其特点。

第二，本书丰富了学校组织学习理论，更清晰地阐明了学校组织学习的具体过程，特别是深入分析了教师学习过程中个体、小组（教研组）和学校组织三者之间的互动关系和彼此影响的机制。在教育领域，许多研究者极力推崇学校组织学习对于学校改进、教育改革等的重要性。[1]但是，与组织学习领域更多地关注学习型组织的构建而忽视以严谨的经验研究的方法来对组织学习过程进行描述这一情况类似，就当前所涉猎的研究文献而言，较少有研究对学校组织学习过程进行经验分析。更多的学理论文和经验分析则聚焦于"学校是不是学

---

[1] K. A. Leithwood, & K. S. Louis, *Organizational Learning in Schools*, The Netherlands: Swets & Zeitlinger, 1998.

习型组织"这一议题上,即从规范性的角度分析学校是否具备学习型组织的特点,或者更进一步分析作为学习型组织的学校具备什么特点;[1] 至于作为组织的学校具体的学习过程呈现出何种特点则受到较少的关注。

在教育变革的时代,学校组织学习的重要性不言而喻。组织学习理论关注的是组织知识的生产、获得、积累、保存、调整和运用,并将组织视作学习的基本单位,将其与个体学习、小组学习既相区别,又建立深刻的联结。本书以野中郁次郎和竹内弘高提出的组织知识创建理论(知识转化模型)为视角,对 TS 伙伴关系情境中项目学校内教师个体、小组和组织层面的学习过程以及三者之间的互动关系特点进行了探讨。研究发现,个体、小组和组织这三个层面的关系以及教师在其中的学习过程并非简单划一的,而是呈现出不同的特点或模式:既有由学校组织到教研组再到教师个体层面的自上而下的知识转化过程,又有由下而上地从个体和小组知识创建到组织层面的系统性知识创建的循环过程;在确认了小组学习(教研组)与个体学习(教师个体)之间呈现出相互影响的互动关系之后,既有以教研组层面的知识社会化、外部化为核心的教师学习过程,又有以教师个体的知识内化为起点的教师学习模式。具体而言,在不同的情境中,教师个体、小组及学校组织学习之间的互动关系呈现出复杂的变式:

• S1 学校语文教研组/校本课程开发小组的教师学习遵循的是从组织层面的知识联结到小组层面的知识社会化及外部化,再到教师个体层面的知识内化的单向发展的知识转化过程。

• S2 学校校本课程开发小组的教师学习更多的是从小组层面的知识社会化及外部化开始,经由教师个体的知识内化,到学校组织的

---

[1] H. C. Silins, W. R. Mulford, & S. Zarins, "Organizational Learning and School Change," *Educational Administration Quarterly*, 2002, 38 (5): 613–642.

第八章 总结

知识联结、知识转化的循环过程。

- S3 学校语文教研组的教师学习则以学校组织的知识联结为开端,经由教研组小组层面的知识外部化及知识社会化,到教师个体层面的知识内化,并强调知识外部化、社会化与内化之间的互动循环。

- S2 学校语文教研组及 S3 学校英语教研组的教师学习也以学校组织的知识联结为学习的开始,但是,其关键在于知识转化直接从组织层面到个体层面,即从知识联结直接到教师个体的知识内化,然后经由教师个体进入教研组层面的知识外部化及社会化,并为其他教师所获得,成为教研组教师的共同知识。

这一研究发现与野中郁次郎和竹内弘高对于个体、小组、组织和组织间等层次的螺旋式互动过程是组织知识创建的具体机制的论述相呼应。尽管组织知识创建理论(知识转化模型)强调的是知识从个体、小组到组织的演化或转化路径,以此呈现出组织知识创建的过程,但在具体情境中,个体、小组和组织三者在知识转化过程中的互动是螺旋式的,并没有固定的知识转化顺序。在组织学习领域,知识在个体、小组、组织甚至由不同组织组成的网络之间的流动和转化,是组织学习研究的核心主题。[①] 本书发现在佐证了教师个体、小组和组织学习之间彼此关联和相互影响的同时,进一步丰富了三者复杂的、多变的互动关系,提出了不同的互动路径。教师学习置身于学校组织、教师小组的相互嵌套和关联环境之中。从组织学习的视角考察教师个体学习、小组学习及其与组织学习的关系,有助于增进我们对教师个体、小组与学校组织学习密切关联问题的理解。

第三,本书丰富了学校教师与外部专家、学校教师之间知识互动的跨界机制的经验研究,特别是以经验资料为支撑细化了知识互动中

[①] L. Argote, & E. Miron-Spektor, "Organizational Learning: From Experience to Knowledge," *Organization Science*, 2011, 22 (5): 1123–1137.

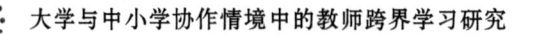

的边界物件、跨界者的具体体现、发挥的功能和扮演的多重角色。作为重要的概念工具，边界物件有助于我们理解大学与中小学协作伙伴关系情境中外部专家与学校行政人员、一线教师是如何破除沟通障碍，跨越因为组织背景、制度文化和知识基础而形成的边界，实现知识分享、互动和共同探究的；更可以帮助我们分析外部新知识通过何种方式、管道、借助什么载体进入学校内部和教研组内部从而影响教师教学理念、专业实践活动和学习过程。[①] 实际上，在协作伙伴关系情境中，外部专家与学校教师之间的知识互动通常需要借助边界物件，例如课例研究、课程标准、评估准则的制定等。但是对于边界物件所发挥的推动知识迁移、转化和变革的作用，较少有经验研究能够结合具体的情境予以细分、细化。本书以卡莱尔所提出的边界物件的三重功能——指代、翻译或转化和变革——为框架，识别并区分了外部专家与学校教师、学校教师之间在知识互动中边界物件的应用，包括课例、学校特色课堂教学理念、校本课程和教材等。这一发现既丰富了我们对伙伴关系的何种边界物件发挥作用的理解，又深入探讨了不同边界物件在不同情境中所发挥的不同作用。

同样地，跨界者也是不同组织之间发生联结，实现信息、知识、实践等交流的跨界机制。以往的研究表明，跨界者既可以是组织正式任命的全权负责与外部环境进行信息交流的人，也可以是兼职的、暂时的；要识别实践中的跨界者，关键是看其所处的位置、开展的活动、发挥的功能。[②] 在大学与中小学协作伙伴关系中，许多研究者揭示了跨界者的作用，提到学校行政人员、教师、外部专家等作为知识边界的跨界者推动了学校教师与外部专家之间的知识互动。本书进一

---

① E. Wenger, "Communities of Practice and Social Learning Systems," *Organization*, 2000, 7 (2): 225–246.

② S. F. Akkerman, & A. Bakker, "Boundary Crossing and Boundary Objects," *Review of Educational Research*, 2011, 81 (2): 132–169.

步细化了协作伙伴关系中跨界者所扮演的多重角色以及发挥的多样化功能：一是外部专家所扮演的跨界者角色，例如，新知识的输入者，转化者，知识的共同创建者，合作学习的推动者，知识合法性的提供者，丰富的学习资源、学习机会的提供者等；二是学校内部行政人员和领袖教师、骨干教师与种子教师所扮演的跨界者角色。由此，本书细分了伙伴关系中不同类型跨界者及其扮演的多重角色，这有助于我们以更宽泛的标准看待跨界者的作用，而非将跨界者简单地局限于伙伴关系的少数成员上。

总之，尽管所借鉴和运用的理论框架和概念并非源自中国自身（特别是教育领域）的情境，但是本书借助相关概念讨论了中国背景下大学与中小学协作伙伴关系情境中的教师学习过程，并总结了几个主要特点。这既是对边界知识互动，组织知识创建理论（知识转化模型），个体、小组及组织学习之间互动关系和跨界/中介机制（即边界物件和跨界者）等学理概念的具体运用及情境化，同时是对这些学理概念的扩展和创新。

二　实践贡献

本书的研究发现以及相关的讨论，在实践中有助于完善大学与中小学协作伙伴关系，进而为教师学习和专业发展提供更好的内外部环境。

其一，改进教师学习的外部环境，加大诸如学习机会、资源与合作学习、共同探究等外部支持。在实践中，教师学习是一个复杂的、嵌套的系统，从文化制度、政策环境、学习情境到教师个体特征等多重因素都会影响教师学习的过程、方式和效果。[1] 实际上，对于教师

---

[1] G. F. Hoban, *Teacher Learning for Educational Change: A Systems Thinking Approach*, Buckingham & Philadelphia: Open University Press, 2002.

大学与中小学协作情境中的教师跨界学习研究

学习环境的改善而言，校本的、囿于学校和学科教研组的学习活动已远远不够。学校组织边界的封闭性以及由此而来的成员的单一性、知识的同质化等问题已经难以为教师提升自身的教学素养提供多样化的知识。[1] 跨越学校及其内部教研组的边界已成为重要议题。外部干预和支持是改善教师学习环境的必要选项之一。

　　一是外部专家的干预和支持。通过建立大学与中小学协作伙伴关系而将外部专家知识、干预和支持引入学校内部，为教师与外部专家的知识交流、分享与共同解决问题创造条件，从而助力教师学习。[2] 研究发现，无论是擅长理论知识、教学理念构建的大学人员和学科教学专家，还是掌握新的教学方法的一线教学名师，外部专家都是教师获得新的、实用的、先进的教学理念、教学方法和校本课程开发与执行等隐性与显性知识的重要来源。作为教师学习的外部能动者，外部专家的干预和支持对于教师获得、运用并创建新的教学知识是必不可少的条件。二是校际学习网络的建立也是改善教师外部学习环境的重要方式之一。跨校的教师合作学习和探究，让教师能够批判性地反思自身的教学行为，同时，对于其他教师所分享的理念、做法等知识也更能够接纳，更有认可度。在研究案例中，TS 协作伙伴关系的建立不仅实现了外部专家与学校教师的知识联结，也为不同项目学校的教师彼此学习、知识分享和交流提供了契机和平台。实际上，许多研究者就认为，教师学习情境应超越学校本身，学校与学校之间应该成为"网络连接的学习共同体"（networked learning communities），以此适应信息爆炸、知识社会、知识愈来愈多元且更新换代速度加快的变革

---

　　[1] 王晓芳：《什么样的"共同体"可以称作教师专业学习共同体——对教师专业学习共同体理论的审视与反思》，《教师教育研究》2014 年第 4 期。
　　[2] J. Mitchell, D. Hayes, & M. Mills, "Crossing School and University Boundaries to Reshape Professional Learning and Research Practices," *Professional Development in Education*, 2010, 36（3）：491-509.

第八章　总结

时代。①

其二，完善学校内部教师合作学习活动，以教研组为基本学习单位，提升学校、教研组和教师个体对外部新知识的学习能力。协作伙伴关系为教师学习提供了新知识、学习资源、学习机会。外部新知识如何被教师个体、教研组和学校所接纳、认可、理解、运用乃至于修正，则要依赖学校内部自身是否具有学习和吸收新知识的能力。②

研究发现，小组学习的重要性被凸显出来，具体而言，学校各个学科教研组/校本课程开发小组内教师学习的过程对于教师个体、教研组自身以及学校组织的知识增进都发挥了重要作用。德西蒙（Desimone）与同事的一项长期的经验研究发现，教师专业发展项目要在促进教师教学能力提升、改善教师课堂教学过程等方面发挥积极作用，其中关键要素之一在于鼓励同一学校、学科组或年级组教师的共同参与，共同运用某一种新的教学方法。③ 可见，教师个体学习难以脱离小组层面的同侪支持与合作学习，学校、教研组、年级组等能否为教师尝试、试验、反思、对话、分享新的教学理念和知识提供平台、机会和资源，不仅会影响教师个体的学习效果，同时也会对小组乃至学校整体的改进造成影响。在发展良好的学校环境和教师小组内，教师能够获得更好的同侪支持，教师之间的合作程度也提高了，教师们通过合作探究、知识分享和交流有助于解决教学实践中所面临

---

① L. B. Resnick, & J. Scherrer, "Social Networks in 'Nested Learning Organizations'—A Commentary," *American Journal of Education*, 2012, 119 (1): 183-192.

② M. W. McLaughlin, "Sites and Sources of Teachers' Learning," In C. Sugrue & C. Day (Eds.), *Developing Teachers and Teaching Practice: International Research Perspectives* (pp. 95-115), London & New York: Routledge Falmer, 2002.

③ L. M. Desimone, A. C. Porter, M. S. Garet, K. S. Yoon, & B. F. Birman, "Effects of Professional Development on Teachers' Instruction: Results from a Three-Year Longitudinal Study," *Educational Evaluation and Policy Analysis*, 2002, 24 (2): 81-112.

的问题。[1]

其三，在以学校行政手段推动教师学习和运用新知识的同时，培养作为领导者的学校教师并促进其领导力的发挥。研究表明，学校行政管理因素是教师学习过程难以忽视的重要因素，特别是小组层面和学校组织层面的教师学习过程，受到了学校行政管理的严格控制和管理，无论是学习的内容、学习的过程以及学习成果的标准设定，还是对教师合作的主题、内容和时间等方面的硬性安排。教师之间的集体学习活动已经成为教师日常专业实践不可分割的组成部分。[2] 学校行政管理因素本身是一把双刃剑，既有利于外部新知识在教师之间的分享，并逐渐影响教师个体的教学理念和行为，又可能影响教师专业实践的自主权和对其学习活动、内容、过程及其成效的把控。

因此，在以学校行政手段推动教师学习和运用新知识的同时，为了促进教师个体对学习活动和自身专业实践的领导力，学校应该培养作为领导者的学校教师，并鼓励其发挥自身的领导力，推动其他教师的专业发展。在教育创新和促进学校组织学习和持续性的变革方面，赋予教师领导力成为必不可少的前提。[3] 培养教师领导力不仅在于教师个体自身的专业发展，而且在于引领、带动其他教师的共同进步。促进其他教师的专业发展、指导其他教师课堂教学、参与学校变革和改进等都是教师领导力内容的重要组成部分。

其四，鼓励教师个体、集体的合作探究，推动教师个体、小组和组织层面新知识的创造和探索。研究发现，作为组织的学校和教师个

---

[1] J. L. Wong, "How Do Teachers Learn Through Engaging in School-Based Teacher Learning Activities? Applying a Knowledge Conversion Perspective," *The Asia-Pacific Education Researcher*, 2015, 24 (1): 45-55.

[2] L. W. Paine, & Y. Fang, "Reform as Hybrid Model of Teaching and Teacher Development in China," *International Journal of Educational Research*, 2006, 45 (4): 279-289.

[3] A. Harris, "Distributed Leadership: According to the Evidence," *Journal of Educational Administration*, 2008, 46 (2): 172-188.

体在面对外部新的教育理念、方法等知识的时候,学校和教师个体原先积累的经验却可能会对其进一步学习新知识、创建新知识、实现教育创新带来消极影响。而且,在教师个体知识增长的过程中,学校、教研组内部的已有知识基础对年轻或新手教师有着重要影响,可视作一种教学知识或经验的代际传递。无论是学校组织还是教师个体,对已有知识的学习过程,都能够推动其教学理念和行为的改变,并改进教学效果;但这也可能限制学校和教师进一步的知识创建和教育创新。[1] 因此,学校应鼓励教师个体、集体的合作探究,推动教师个体、小组和组织层面新知识的创造和探索。无论是学校组织还是教师个体,对于新知识的接纳和整合以及新知识的探索、创新,都需要对已有经验和知识基础进行反思和重新审视,尝试探索新的问题解决办法和路径,开启新一轮的学习循环,寻求更好的教学知识和实践,实现知识的创新和运用。[2]

其五,重新审视学习机会和资源在学校教师之间的分配,以更好地推动全体教师的专业发展。研究发现,诸如与学校内、教研组内教师进行知识交流和分享,与外部专家和其他学校教师进行交流等学习机会和资源在学校教师之间的分配状况并非平等的,相反,学校行政人员、各个学科的年级教研组长、被学校认定为领袖教师、骨干教师和种子教师的年轻教师享有更多的学习机会。而学习机会和资源的多寡本身影响着教师所享有的内部、外部社会资本,进而影响其学习过程和成效,也就是自身的专业发展。[3] 学习机会和资源在学校内教师

---

[1] M. Alavi, & D. E. Leidner, "Review: Knowledge Management and Knowledge Management Systems: Conceptual Foundations and Research Issues," *MIS Quarterly*, 2001: 107 – 136.

[2] S. Paavola, L. Lipponen, & K. Hakkarainen, "Models of Innovative Knowledge Communities and Three Metaphors of Learning," *Review of Educational Research*, 2004, 74 (4): 557 – 576.

[3] A. Hargreaves, & M. Fullan, *Professional Capital: Transforming Teaching in Every School*, New York: Teachers College Press, 2012.

之间的分配通常与学校内部教师之间的权力关系息息相关。因此，如何在教师之间分配学习机会、学习资源就显得尤为重要。

第三节 研究展望

本书聚焦于大学与中小学协作伙伴关系情境中教师学习过程的分析和探讨，并以跨界知识互动和组织知识创建理论两个彼此结合和关联的视角，着重分析学校教师如何在与外部专家知识互动以及教研组教师集体学习活动的过程中实现知识的增长。同时，本书也对影响知识互动的跨界机制进行了讨论。但是，尽管在研究、分析和论述教师学习的复杂影响因素时，对外部专家、教育局人员、其他项目学校教师、学校行政人员等伙伴关系的多元参与者有所论述，但本书并未将其作为核心问题展开探讨。因此，对于未来的研究而言，以下几个研究问题值得做进一步的探索：

• 研究发现，在大学与中小学协作伙伴关系情境中，大学人员、一线教学名师等外部专家在推动学校教师个体和集体学习过程中扮演着复杂的、多样化的角色。但是，伙伴关系中外部专家各自的知识基础、专长、经历和经验、个人风格以及在各自组织中的职位、职责等均有所不同。因此，作为支持学校教师学习的外部能动者，外部专家之间的角色分工、彼此协作以及团队建设显得尤为重要。这一议题需要进行进一步细致的经验研究。

• 在本书的个案中，项目学校之间的联结与合作对于教师学习起到了积极的作用。鉴于本书以学校内部教研组教师学习为关注点，对此并未展开论述。实际上，大学与中小学协作伙伴关系项目的发起、开展和运营，往往伴随着项目学校之间合作学习网络的构建。因此，项目学校之间如何更好地彼此支持、相互合作，超越个别学校而将其提升至区域范围，为教师个体和集体学习创造更好的外部环境，值得

第八章　总结

未来的研究者进一步探讨。

- 本书展示并深入分析了学校行政人员以及学校内部行政管理因素对教师学习的影响，但是，学校行政人员本身也是由高低不同类型的职位所组成的，而并非局限于校长、副校长等领导岗位。因此，诸如教导主任等学校中层管理人员在伙伴关系项目中的角色和位置，及其对于教师专业发展和日常教学实践的影响等问题都需要加以进一步探讨。

- 另外，本书研究表明，无论是教师个体学习还是学校组织学习，校内（expert teacher）、教师领导者的角色均至关重要。各个学校内部及不同学科的教研组内部的专家教师、教师领导者在课程开发、实施和学科教学等领域，都具有较高的专业知识和素养。在与外部专家进行知识互动，提升自身专业素养的同时，教师领导者如何发挥自身领导力、践行领导作用，实现知识在教研组和学校乃至学校之间的分享、传播和共同探究与创新，引领、示范、组织并带动其他教师知识的探究和提升，进而推动所在教研组、学校的整体变革和改善？这一问题同样值得未来进一步深入分析。

参考文献

蔡可：《新课改：尚未完成的教育启蒙》，《北京大学教育评论》2013年第4期。

陈家刚：《从教研组走向合作型教研组织——从教师专业共同体得到的借鉴》，《辽宁教育研究》2007年第2期。

陈可儿、李文浩、黄显华：《大学与学校协作下学校发展主任的角色："专家"与"伙伴"的再探讨》，《教育学报》2010年第2期。

陈向明：《质的研究方法与社会科学研究》，教育科学出版社2002年版。

顾泠沅、王洁：《教师在教育行动中成长——以课例为载体的教师教育模式研究》（上），《课程·教材·教法》2003年第1期。

郭华：《我国教师专业发展的实践探索——主体教育实验18年回顾》，《北京师范大学学报》（社会科学版）2010年第5期。

郭华：《新课改与"穿新鞋走老路"》，《课程·教材·教法》2010年第1期。

胡定荣：《薄弱学校的教学改进：大学与中学的合作研究》，教育科学出版社2013年版。

胡惠闵：《教师专业发展背景下的学校教研组》，《全球教育展望》2005年第7期。

胡艳：《新中国17年中小学教研组的职能与性质初探》，《教师教育研究》2011 年第 6 期。

纪德奎：《新课改十年/争鸣与反思》，《课程·教材·教法》2011 年第 3 期。

劳凯声：《变革社会中教育权与受教育权：教育法学的基本理论问题》，教育科学出版社 2003 年版。

马云鹏、欧璐莎、金宝：《从双方合作到三方合作：学校改进模式新探索——以鞍山市铁东区为例》，《中国教育学刊》2011 年第 4 期。

马云鹏：《基础教育课程改革：实施进程、特征分析与推进策略》，《课程·教材·教法》2009 年第 4 期。

王策三：《"新课程理念""概念重建运动"与学习凯洛夫教育学》，《课程·教材·教法》2008 年第 7 期。

王长纯：《教师发展学校的构想》，《中小学教师培训》2003 年第 3 期。

王建军、叶澜：《"新基础教育"的内涵与追求》，《教育发展研究》2003 年第 3 期。

王晓芳、黄丽锷：《中小学教师科研活动中的管理主义——基于对相关官方文件与若干结题报告的分析》，《北京大学教育评论》2015 年第 1 期。

王晓芳、黄学军：《中小学教师科研活动与教师专业性的提升——基于工具性、认识论和批判性的视角》，《基础教育》2015 年第 3 期。

王晓芳：《从共同体到伙伴关系：教师学习情境和方式的扩展与变革》，《华东师范大学学报》（教育科学版）2015 年第 3 期。

王晓芳：《从组织实体到跨界安排：理解大学与中小学协作伙伴关系的两种路径及其综合》，《教育学报》2014 年第 6 期。

王晓芳：《什么样的"共同体"可以称作教师专业学习共同体——对教师专业学习共同体理论的审视与反思》，《教师教育研究》2014 年第 4 期。

吴刚:《奔走在迷津中的课程改革》,《北京大学教育评论》2013 年第 4 期。

叶澜:《大中小学合作研究中绕不过的真问题——理论与实践多重关系的体验与再认识》,《教育发展研究》2014 年第 20 期。

尹弘飙、李子建:《论课程改革中的教师改变》,《教育研究》2007 年第 3 期。

钟启泉、崔允漷、张华:《为了中华民族的复兴 为了每位学生的发展》,华东师范大学出版社 2001 年版。

钟启泉:《凯洛夫教育学批判——兼评"凯洛夫教育学情结"》,《全球教育展望》2009 年第 1 期。

朱慕菊:《走进新课程:与课程实施者对话》,北京师范大学出版社 2002 年版。

朱新卓等:《新课改中的中年教师困境——基于 A 小学中、青年教师新课改适应性的比较研究》,《教育研究与实验》2015 年第 1 期。

Achinstein, B. "Conflict amid Community: The Micropolitics of Teacher Collaboration." *The Teachers College Record*, 2002, 104 (3): 421 – 455.

Adler, P. S., & Kwon, S.-W. "Social Capital: Prospects for a New Concept." *Academy of Management Review*, 2002, 27 (1): 17 – 40.

Akkerman, S. F., & Bakker, A. "Boundary Crossing and Boundary Objects." *Review of Educational Research*, 2011, 81 (2): 132 – 169.

Alavi, M., & Leidner, D. E. "Review: Knowledge Management and Knowledge Management Systems: Conceptual Foundations and Research Issues." *MIS Quarterly*, 2001: 107 – 136.

Aldrich, H., & Herker, D. "Boundary Spanning Roles and Organization Structure." *Academy of Management Review*, 1977, 2 (2): 217 – 230.

Anagnostopoulos, D., Smith, E. R., & Basmadjian, K. G. "Bridging the University-school Divide Horizontal Expertise and the 'Two-Worlds

Pitfall'." *Journal of Teacher Education*, 2007, 58 (2): 138 – 152.

Anderson, J. R., Greeno, J. G., Reder, L. M., & Simon, H. A. "Perspectives on Learning, Thinking, and Activity." *Educational researcher*, 2000, 29 (4): 11 – 13.

Argote, L., & Miron-Spektor, E. "Organizational Learning: From Experience to Knowledge." *Organization Science*, 2011, 22 (5): 1123 – 1137.

Argyris, C., & Schön, D. "Organizational Learning: A Theory of Action Approach." *Reading*, MA: Addision Wesley, 1978.

Ball, D., & Cohen, D. "Developing Practice, Developing Practitioners: Toward a Practice-Based Theory of Professional Education." In L. Darling-Hammond & G. Sykes (Eds.). *Teaching as the Learning Profession: Handbook of Policy and Practice*. San Francisco: Jossey-Bass, 1999.

Barnett, B. G., Hall, G. E., Berg, J. H., & Camarena, M. M. "A Typology of Partnerships for Promoting Innovation." *Journal of School Leadership*, 1999, 20 (1): 10 – 36.

Bogdan, R., & Biklen, S. K. *Qualitative Research for Education: An Introduction to Theories and Methods*. Boston et al.: Pearson Education Group, Inc., 2003.

Borko, H., & Putnam, R. T. "Expanding a Teacher's Knowledge Base: A Cognitive Psychological Perspective on Professional Development." In T. R. Guskey & M. Huberman (Eds.). *Professional Development in Education: New Paradigms and Practices* (pp. 35 – 65). New York & London: Teachers College Press, 1995.

Borko, H., Jacobs, J., & Koellner, K. "Contemporary Approaches to Teacher Professional Development." *International Encyclopedia of Education*, 2010, 7: 548 – 556.

Boyle, B., Lamprianou, I., & Boyle, T. "A Longitudinal Study of Teacher Change: What Makes Professional Development Effective? Report of the Second Year of the Study." *School Effectiveness and School Improvement*, 2005, 16 (1): 1 – 27.

Breault, R. "Power and Perspective: The Discourse of Professional Development School Literature." *Asia-Pacific Journal of Teacher Education*, 2014, 42 (1): 22 – 35.

Brookhart, S. M., & Loadman, W. E. "School-University Collaboration: Across Cultures." *Teaching Education*, 1992, 4 (2): 53 – 68.

Brown, J. S., & Duguid, P. "Knowledge and Organization: A Social-practice Perspective." *Organization Science*, 2001, 12 (2): 198 – 213.

Burke, C., & Burke, W. "Problematizing the Role of Expert within Small-scale School-university Partnerships." *The Teacher Educator*, 2007, 42 (4): 264 – 288.

Burt, R. S. "The Social Capital of Structural Holes." In M. F. Guillen, R. Collins, P. England & M. Meyer (Eds.)、*The New Economic Sociology: Developments in an Emerging Field* (pp. 148 – 190). New York: Pussell Sage Foundation, 2002.

Calabrese, R. L. "Building Social Capital through the Use of an Appreciative Inquiry Theoretical Perspective in a School and University Partnership." *International Journal of Educational Management*, 2006, 20 (3): 173 – 182.

Carlile, P. R. "A Pragmatic View of Knowledge and Boundaries: Boundary Objects in New Product Development." *Organization Science*, 2002, 13 (4): 442 – 455.

——. "Transferring, Translating, and Transforming: An Integrative Framework for Managing Knowledge across Boundaries." *Organization*

Science, 2004, 15 (5): 555 – 568.

Carlile, P. R., & Rebentisch, E. S. "Into the Black Box: The Knowledge Transformation Cycle." *Management Science*, 2003, 49 (9): 1180 – 1195.

Chan, C., & Clarke, M. "The Politics of Collaboration: Discourse, Identities, and Power in a School-university Partnership in Hong Kong." *Asia-Pacific Journal of Teacher Education*, 2014, 42 (3): 291 – 304.

Cheng, M. M., & So, W. W. "Analysing Teacher Professional Development through Professional Dialogue: An Investigation into a University-school Partnership Project on Enquiry Learning." *Journal of Education for Teaching*, 2012, 38 (3): 323 – 341.

Chingos, M. M., & Peterson, P. E. "It's Easier to Pick a Good Teacher than to Train One: Familiar and New Results on the Correlates of Teacher Effectiveness." *Economics of Education Review*, 2011, 30 (3): 449 – 465.

Clark, R. W. "School-university Relationships: An Interpretive Review." In K. A. Sirotnik & J. I. Goodlad (Eds.). *School-university Partnerships in Action: Concepts, Cases, and Concerns* (pp. 32 – 65). New York & London: Teachers College Press, 1988.

Clarke, D., & Hollingsworth, H. "Elaborating a Model of Teacher Professional Growth." *Teaching and Teacher Education*, 2002, 18 (8): 947 – 967.

Cochran-Smith, M., & Lytle, S. L. "Relationships of Knowledge and Practice: Teacher Learning in Communities." *Review of Research in Education*, 1999, 249 – 305.

Cohen, W. M., & Levinthal, D. A. "Absorptive Capacity: A New Perspective on Learning and Innovation." *Administrative Science Quarterly*, 1990: 128 – 152.

Collinson, V., Cook, T. F., & Conley, S. "Organizational Learning in

Schools and School Systems: Improving Learning, Teaching, and Leading." *Theory into Practice*, 2006, 45 (2): 107 – 116.

Connelly, F. M., Clandin, D. J., & He, M. F. "Teachers' Personal Practical Knowledge on the Professional Knowledge Landscape. *Teaching and Teacher Education*, 1997, 13 (7): 665 – 674.

Cook, S. D., & Brown, J. S. "Bridging Epistemologies: The Generative Dance between Organizational Knowledge and Organizational Knowing." *Organization Science*, 1999, 10 (4): 381 – 400.

Crossan, M. M., & Berdrow, I. "Organizational Learning and Strategic Renewal." *Strategic Management Journal*, 2003, 24 (11): 1087 – 1105.

Crossan, M. M., Lane, H. W., & White, R. E. "An Organizational Learning Framework: From Intuition to Institution." *Academy of Management Review*, 1999, 24 (3): 522 – 537.

Darling-Hammond, L., & McLaughlin, M. W. "Policies That Support Professional Development in an Era of Reform." *Phi Delta Kappan*, 1995, 76 (8): 597 – 604.

Darling-Hammond, L., & Richardson, N. "Research Review/Teacher Learning: What Matters." *Educational Leadership*, 2009, 66 (5): 46 – 53.

Day, C. *Developing Teachers: The Challenges of Lifelong Learning*. New York: Routledge Falmer, 1999.

Day, C., & Smethem, L. "Partnership between Schools and Higher Education." In P. Peterson, E. Baker & B. McGaw (Eds.). *International Encyclopaedia of Education* (pp. 757 – 763). Oxford: Elsevier, 2010.

Desimone, L. M., Porter, A. C., Garet, M. S., Yoon, K. S., & Birman, B. F. "Effects of Professional Development on Teachers' Instruction: Results from a Three-year Longitudinal Study." *Educational Eval-*

uation and Policy Analysis, 2002, 24 (2): 81 – 112.

Edwards, G., Tsui, A. B. M., & Stimpson, P. "Contexts for Learning in School-University Partnership." In A. B. Tsui, G. Edwards, F. Lopez-Real, T. Kwan, D. Law, P. Stimpson, R. Tang & A. Wong (Eds.). *Learning in School-university Partnership: Sociocultural Perspectives* (pp. 3 – 24). New York, 2009.

Ellstrom, P. "Organizational Learning." In P. Peterson, E. Baker & B. McGaw (Eds.). *International Encyclopedia of Education* (pp. 47 – 52). Oxford: Elsevier, Inc., 2010.

Engeström, Y. "Expansive Learning at Work: Toward an Activity Theoretical Reconceptualization." *Journal of Education and Work*, 2001, 14 (1): 133 – 156.

Engeström, Y., & Sannino, A. "Studies of Expansive Learning: Foundations, Findings and Future Challenges." *Educational Research Review*, 2010, 5 (1): 1 – 24.

Fenstermacher, G. D. "The Knower and the Known: The Nature of Knowledge in Research on Teaching." *Review of Research in Education*, 1994: 3 – 56.

Fenwick, T. "Organisational Learning in the 'Knots' Discursive Capacities Emerging in a School-university Collaboration." *Journal of Educational Administration*, 2007, 45 (2): 138 – 153.

Firestone, W. A. "Loose Coupling: The 'Condition' and Its Solutions?" *Journal of Organizational Theory in Education*, 2015, 1 (1): 48 – 57.

Firestone, W. A., & Fisler, J. L. "Politics, Community, and Leadership in a School-university Partnership." *Educational Administration Quarterly*, 2002, 38 (4): 449 – 493.

Fisler, J., & Firestone, W. "Teacher Learning in a School-university Partnership: Exploring the Role of Social Trust and Teaching Efficacy Beliefs." *The Teachers College Record*, 2006, 108 (6): 1155 – 1185.

Frost, D. "From Professional Development to System Change: Teacher Leadership and Innovation." *Professional Development in Education*, 2012, 38 (2): 205 – 227.

Frost, D., & Harris, A. "Teacher Leadership: Towards a Research Agenda." *Cambridge Journal of Education*, 2003, 33 (3): 479 – 498.

Fullan, M. "The Future of Educational Change: System Thinkers in Action." *Journal of Educational Change*, 2006, 7 (3): 113 – 122.

Fuller, A., Hodkinson, H., Hodkinson, P., & Unwin, L. "Learning as Peripheral Participation in Communities of Practice: A Reassessment of Key Concepts in Workplace Learning." *British Educational Research Journal*, 2005, 31 (1): 49 – 68.

Gibbons, M., Limoges, C., Nowotny, H., Schwartzman, S., Scott, P., & Trow, M. *The New Production of Knowledge: The Dynamics of Science and Research in Contemporary Societies.* Sage, 1994.

Goodlad, J. "School-university Partnerships for Educational Renewal: Rationale and Concepts." In K. A. Sirotnik & J. I. Goodlad (Eds.). *School-university Partnerships in Action: Concepts, Cases, and Concerns* (pp. 3 – 31). New York & London: Teachers College Press, 1988.

Goodwin, A. L., & Kosnik, C. "Quality Teacher Educators = Quality Teachers? Conceptualizing Essential Domains of Knowledge for Those Who Teach Teachers." *Teacher Development*, 2013, 17 (3): 334 – 346.

Grootaert, C. *Measuring Social Capital: An Integrated Questionnaire.* World Bank Publications, 2004.

Grundy, S., Robison, J., & Tomazos, D. "Interrupting the Way Things Are: Exploring New Directions in School/University Partnerships." *Asia-Pacific Journal of Teacher Education*, 2001, 29 (3): 203 – 217.

Hallinger, P. "Leading Educational Change: Reflections on the Practice of Instructional and Transformational Leadership." *Cambridge Journal of Education*, 2003, 33 (3): 329-352.

Hargreaves, A. *Teaching in the Knowledge Society: Education in the Age of Insecurity*. New York: Teachers College Press, 2003.

Hargreaves, A., & Dawe, R. "Paths of Professional Development: Contrived Collegiality, Collaborative Culture, and the Case of Peer Coaching." *Teaching and Teacher Education*, 1990, 6 (3): 227-241.

Hargreaves, D. H. "The Knowledge-Creating School." *British Journal of Educational Studies*, 1999, 47 (2): 122-144.

Harris, A. "Distributed Leadership: According to the Evidence." *Journal of Educational Administration*, 2008, 46 (2): 172-188.

Harris, A. "Teacher Leadership as Distributed Leadership: Heresy, Fantasy or Possibility?" *School Leadership & Management*, 2003, 23 (3): 313-324.

Hawkins, M. A., & Rezazade M. H. "Knowledge Boundary Spanning Process: Synthesizing Four Spanning Mechanisms." *Management Decision*, 2012, 50 (10): 1800-1815.

Hayes, M. T., & Kelly, M. "Transgressed Boundaries: Reflections on the Problematics of Culture and Power in Developing a Collaborative Relationship with Teachers at an Elementary School." *Curriculum Inquiry*, 2000, 30 (4): 451-472.

Hernes, T. "Enabling and Constraining Properties of Organizational Boundaries." In N. Paulsen & T. Hernes (Eds.). *Managing Boundaries in Organizations: Multiple Perspectives* (pp. 35-54). New York: Springer, 2003.

Hiebert, J., Gallimore, R., & Stigler, J. W. "A Knowledge Base for the Teaching Profession: What Would It Look Like and How Can We Get

One?" *Educational Researcher*, 2002, 31 (5): 3 – 15.

Hislop, D. "Knowledge Management in Organizations: A Critical Introduction." Oxford: Oxford University Press, 2009.

Hoban, G. F. "Teacher Learning for Educational Change: A Systems Thinking Approach." Buckingham & Philadelphia: Open University Press, 2002.

Hoffman, E. *User Integration in Sustainable Product Development: Organisational Learning through Boundary-spanning Processes*, Greenleaf Publishing, 2012.

Hoyle, E. *Changing Conceptions of Teaching as a Profession: Personal Reflections Teaching: Professionalization, Development and Leadership* (pp. 285 – 304). Springer, 2008.

Huber, G. P. "Organizational Learning: The Contributing Processes and the Literatures." *Organization Science*, 1991, 2 (1): 88 – 115.

Huberman, M. "The Mind Is Its Own Place: The Influence of Sustained Interactivity with Practitioners on Educational Researchers." *Harvard Educational Review*, 1999, 69 (3): 289 – 320.

Hudson, P., English, L. D., Dawes, L., & Macri, J. "Contextualizing a University-School STEM Education Collaboration Distributed and Self-activated Leadership for Project Outcomes." *Educational Management Administration & Leadership*, 2012, 40 (6): 772 – 785.

Kamler, E., Szpara, M., Dornisch, M., Goubeaud, K., Levine, G., & Brechtel, S. "Realities of a School-University Partnership: Focus on Leadership." *Journal of School Leadership*, 2009, 19 (1): 81 – 117.

Kelly, P. "What Is Teacher Learning? A Socio-cultural Perspective," *Oxford Review of Education*, 2006, 32 (4): 505 – 519.

Kemmis, S., Heikkinen, H. L., Fransson, G., Aspfors, J., & Edwards-Groves, C. "Mentoring of New Teachers as a Contested Practice: Supervision, Support and Collaborative Self-development." *Teaching and Teacher Education*, 2014, 43: 154 – 164.

Kim, D. H. "The Link between Individual and Organizational Learning." *Sloan Management Review*, 1993: 41 – 62.

Klein, E. J. "Learning, Unlearning, and Relearning: Lessons from One School's Approach to Creating and Sustaining Learning Communities." *Teacher Education Quarterly*, 2008, 35 (1): 79 – 97.

Knight, P. "A Systemic Approach to Professional Development: Learning as Practice." *Teaching and Teacher Education*, 2002, 18 (3): 229 – 241.

Knight, S. L., Wiseman, D., & Smith, C. W. "The Reflectivity-activity Dilemma in School-university Partnerships." *Journal of Teacher Education*, 1992, 43 (4): 269 – 277.

Kolb, D. A. *Experiential Learning: Experience as the Source of Learning and Development*. Prentice Hall, 1984.

Korthagen, F., Loughran, J., & Lunenberg, M. "Teaching Teachers—Studies into the Expertise of Teacher Educators: An Introduction to This Theme Issue." *Teaching and Teacher Education*, 2005, 21 (2): 107 – 115.

Kurland, H., Peretz, H., & Hertz-Lazarowitz, R. "Leadership Style and Organizational Learning: The Mediate Effect of School Vision." *Journal of Educational Administration*, 2010, 48 (1): 7 – 30.

Lane, P. J., Koka, B. R., & Pathak, S. "The Reification of Absorptive Capacity: A Critical Review and Rejuvenation of the Construct." *Academy of Management Review*, 2006, 31 (4): 833 – 863.

Lave, J., & Wenger, E. *Situated Learning: Legitimate Peripheral Participation*. Cambridge: Cambridge University Press, 1991.

Lawrence, T. B., Mauws, M. K., Dyck, B., & Kleysen, R. F. "The

Politics of Organizational Learning: Integrating Power into the 4I Framework." *Academy of Management Review*, 2005, 30 (1): 180 – 191.

Leana, C. R., & Pil, F. K. "Social Capital and Organizational Performance: Evidence from Urban Public Schools." *Organization Science*, 2006, 17 (3): 353 – 366.

Leithwood, K. A., & Louis, K. S. *Organizational Learning in Schools*. The Netherlands: Swets & Zeitlinger, 1998.

Leithwood, K., & Jantzi, D. "A Review of Transformational School Leadership Research 1996 – 2005." *Leadership and Policy in Schools*, 2005, 4 (3): 177 – 199.

Leithwood, K., Leonard, L., & Sharratt, L. "Conditions Fostering Organizational Learning in Schools." *Educational Administration Quarterly*, 1998, 34 (2): 243 – 276.

Lieberman, A., & Miller, L. "Transforming Professional Development: Understanding and Organizing Learning Communities." In W. Hawley (Ed.). *The Keys to Effective Schools: Educational Reform as Continuous Improvement* (pp. 99 – 117). Thousand Oaks, CA: Corwin Press, 2006.

Little, J. W. "Locating Learning in Teachers' Communities of Practice: Opening up Problems of Analysis in Records of Everyday Work." *Teaching and Teacher Education*, 2002, 18 (8): 917 – 946.

Louis, K. S., Marks, H. M., & Kruse, S. "Teachers' Professional Community in Restructuring Schools." *American Educational Research Journal*, 1996, 33 (4): 757 – 798.

March, J. G. "Exploration and Exploitation in Organizational Learning." *Organization Science*, 1991, 2 (1): 71 – 87.

Marrone, J. A. "Team Boundary Spanning: A Multilevel Review of Past Research and Proposals for the Future." *Journal of Management*, 2010,

36 (4): 911–940.

Martin, S. D., Snow, J. L., & Torrez, C. A. F. "Navigating the Terrain of Third Space: Tensions with/in Relationships in School-university Partnerships." *Journal of Teacher Education*, 2011, 62 (3): 299–311.

McLaughlin, M. W. "Sites and Sources of Teachers' Learning." In C. Sugrue & C. Day (Eds.). *Developing Teachers and Teaching Practice: International Research Perspectives* (pp. 95–115). London & New York: Routledge Falmer, 2002.

Meirink, J. A., Meijer, P. C., & Verloop, N. "A Closer Look at Teachers' Individual Learning in Collaborative Settings." *Teachers and Teaching: Theory and Practice*, 2007, 13 (2): 145–164.

Mitchell, J., Hayes, D., & Mills, M. "Crossing School and University Boundaries to Reshape Professional Learning and Research Practices." *Professional Development in Education*, 2010, 36 (3): 491–509.

Mockler, N. "The Slippery Slope to Efficiency? An Australian Perspective on School/University Partnerships for Teacher Professional Learning." *Cambridge Journal of Education*, 2013, 43 (3): 273–289.

Nelson, T. H. "Knowledge Interactions in Teacher-Scientist Partnerships Negotiation, Consultation, and Rejection." *Journal of Teacher Education*, 2005, 56 (4): 382–395.

Nonaka, I. "A Dynamic Theory of Organizational Knowledge Creation." *Organization Science*, 1994, 5 (1): 14–37.

Nonaka, I., & Takeuchi, H. *The Knowledge-creating Company: How Japanese Companies Create the Dynamics of Innovation.* New York & Oxford: Oxford University Press, 1995.

Nonaka, I., & Von Krogh, G. "Tacit Knowledge and Knowledge Conversion: Controversy and Advancement in Organizational Knowledge Creation Theory." *Organization Science*, 2009, 20 (3): 635 –652.

Nonaka, I., Kodama, M., Hirose, A., & Kohlbacher, F. "Dynamic Fractal Organizations for Promoting Knowledge-based Transformation – A new Paradigm for Organizational Theory." *European Management Journal*, 2014, 32 (1): 137 –146.

Nonaka, I., Toyama, R., & Konno, N. "SECI, Ba and Leadership: A Unified Model of Dynamic Knowledge Creation." *Long Range Planning*, 2000, 33 (1): 5 –34.

Nonaka, I., Von Krogh, G., & Voelpel, S. "Organizational Knowledge Creation Theory: Evolutionary Paths and Future Advances." *Organization studies*, 2006, 27 (8): 1179 –1208.

Nowotny, H., Scott, P., & Gibbons, M. *Re-thinking Science: Knowledge and the Public in An age of Uncertainty*. SciELO Argentina, 2001.

Opfer, V. D., & Pedder, D. "Conceptualizing Teacher Professional Learning." *Review of Educational Research*, 2011, 81 (3): 376 –407.

Paavola, S., Lipponen, L., & Hakkarainen, K. "Models of Innovative Knowledge Communities and Three Metaphors of Learning." *Review of Educational Research*, 2004, 74 (4): 557 –576.

Paine, L. W., & Fang, Y. "Reform as Hybrid Model of Teaching and Teacher Development in China." *International Journal of Educational Research*, 2006, 45 (4): 279 –289.

Peters, J. "University-school Collaboration: Identifying Faulty Assumptions." *Asia-Pacific Journal of Teacher Education*, 2002, 30 (3): 229 –242.

Polanyi, M. "The Logic of Tacit Inference." *Philosophy*, 1966, 41 (155): 1 –18.

Putnam, R. T., & Borko, H. "What Do New Views of Knowledge and Thinking Have to Say about Research on Teacher Learning?" *Educational*

Researcher, 2000: 4 - 15.

Reed, J., & Stoll, L. "Promoting Organisational Learning in Schools-The role of Feedback." In S. Askew (Ed.). *Feedback for Learning* (pp. 127 - 143). Florence: Routledge, 2000.

Resnick, L. B., & Scherrer, J. "Social Networks in 'Nested Learning Organizations' —A Commentary." *American Journal of Education*, 2012, 119 (1): 183 - 192.

Robinson, V. M., Lloyd, C. A., & Rowe, K. J. "The Impact of Leadership on Student Outcomes: An Analysis of the Differential Effects of Leadership Types." *Educational Administration Quarterly*, 2008.

Rosenholtz, S. J., Bassler, O., & Hoover-Dempsey, K. "Organizational Conditions of Teacher Learning." *Teaching and Teacher Education*, 1986, 2 (2): 91 - 104.

Sandholtz, J. H. "Inservice Training or Professional Development: Contrasting Opportunities in a School/university Partnership." *Teaching and Teacher Education*, 2002, 18 (7): 815 - 830.

Schleicher, A. *Preparing Teachers and Developing School Leaders for the 21st Century: Lessons from around the World*. OECD Publishing, 2012.

Scribner, J. P., Sawyer, R. K., Watson, S. T., & Myers, V. L. "Teacher teams and Distributed Leadership: A Study of Group Discourse and Collaboration." *Educational Administration Quarterly*, 2007, 43 (1): 67 - 100.

Senge, P. M. *The Fifth Discipline: The Art and Practice of the Learning Organization*. New York: Currency Doubleday, 1990.

Sergiovanni, T. J. "Organizations or Communities? Changing the Metaphor Changes the Theory." *Educational Administration Quarterly*, 1994, 30 (2): 214 - 226.

Servage, L. "Who Is the 'professional' in a Professional Learning Community? An Exploration of Teacher Professionalism in Collaborative Professional Development Settings." *Canadian Journal of Education/Revue canadienne de l'éducation*, 2009, 32 (1): 149 - 171.

Sfard, A. "On Two Metaphors for Learning and the Dangers of Choosing just One." *Educational Researcher*, 1998, 27 (2): 4 - 13.

Shulman, L. "Knowledge and Teaching: Foundations of the New Reform." *Harvard Educational Review*, 1987, 57 (1): 1 - 23.

Shulman, L. S., & Shulman, J. H. "How and What Teachers Learn: A Shifting Perspective." *Journal of Curriculum Studies*, 2004, 36 (2): 257 - 271.

Silins, H. C., Mulford, W. R., & Zarins, S. "Organizational Learning and School Change." *Educational Administration Quarterly*, 2002, 38 (5): 613 - 642.

Sirotnik, K. A. "The Meaning and Conduct of Inquiry in School-university Partnerships." In K. A. Sirotnik & J. I. Goodlad (Eds.). *School-university Partnerships in Action: Concepts, Cases, and Concerns* (pp. 169 - 190). New York & London: Teachers College Press, 1988.

Somech, A., & Drach-Zahavy, A. "Schools as Team-based Organizations: A Structure-process-outcomes Approach." *Group Dynamics: Theory, Research, and Practice*, 2007, 11 (4): 305.

Spender, J. C. "Making Knowledge the Basis of a Dynamic Theory of the Firm." *Strategic Management Journal*, 1996, 17 (S2): 45 - 62.

Spillane, J. P., Halverson, R., & Diamond, J. B. "Investigating School Leadership Practice: A Distributed Perspective." *Educational Researcher*, 2001, 30 (3): 23 - 28.

Spring, J. "Research on Globalization and Education." *Review of Educational Research*, 2008, 78 (2): 330 - 363.

Star, S. L., & Griesemer, J. R. "Institutional Ecology, Translations' and Boundary Objects: Amateurs and Professionals in Berkeley's Museum of Vertebrate Zoology, 1907 – 39." *Social Studies of Science*, 1989, 19 (3): 387 – 420.

Stein, M. K., Smith, M. S., & Silver, E. "The Development of Professional Developers: Learning to Assist Teachers in New Settings in New Ways." *Harvard Educational Review*, 1999, 69 (3): 237 – 270.

Stevens, D. D. "The Ideal, Real and Surreal in School-university Partnerships: Reflections of a Boundary Spanner." *Teaching and Teacher Education*, 1999, 15 (3): 287 – 299.

Strauss, A. L., & Corbin, J. M. *Basics of Qualitative Research*. London: SAGE Publications, Inc., 1990.

Sykes, G. Introduction: Teaching as the Learning Profession. In L. Darling-Hammond & G. Sykes (Eds.). *Teaching as the Learning Profession: Handbook of Policy and Practice* (pp. xv-xxiii). San Francisco: Jossey-Bass Publishers, 1999.

Teitel, L. "Professional School and Public School Reform Can School-University Partnerships Lead to the Simultaneous Renewal of Schools and Teacher Education?" *Journal of Teacher Education*, 1994, 45 (4): 245 – 252.

Tortoriello, M., & Krackhardt, D., "Activating Cross-boundary Knowledge: The Role of Simmelian Ties in the Generation of Innovations." *Academy of Management Journal*, 2010, 53 (1): 167 – 181.

Trent, J. "Teacher Professional Development through a School-university Partnership. What Role Does Teacher Identity Play?" *Australian Journal of Teacher Education*, 2012, 37 (7): 8.

Tsui, A. B., & Law, D. Y. "Learning as Boundary-crossing in School-university Partnership." *Teaching and Teacher Education*, 2007, 23 (8): 1289 – 1301.

UNESCO. *Towards Knowledge Societies*. Paris: UNESCO, 2005.

Verloop, N., Van Driel, J., & Meijer, P. "Teacher Knowledge and the Knowledge Base of Teaching." *International Journal of Educational Research*, 2001, 35 (5): 441–461.

Walker, D., & Nocon, H. "Boundary-crossing Competence: Theoretical Considerations and Educational Design." *Mind, Culture, and Activity*, 2007, 14 (3): 178–195.

Weick, K. E. "Educational Organizations as Loosely Coupled Systems." *Administrative Science Quarterly*, 1976: 1–19.

Wenger, E. "Communities of Practice and Social Learning Systems." *Organization*, 2000, 7 (2): 225–246.

——. *Communities of Practice: Learning, Meaning, and Identity*. Cambridge: Cambridge University Press, 1998.

Williams, P. "The Competent Boundary Spanner." *Public Administration*, 2002, 80 (1): 103–124.

Wilson, S. M., & Berne, J. "Teacher Learning and the Acquisition of Professional Knowledge: An Examination of Research on Contemporary Professional development." *Review of Research in Education*, 1999: 173–209.

Wong, J. L. "How Do Teachers Learn Through Engaging in School-Based Teacher Learning Activities? Applying a Knowledge Conversion Perspective." *The Asia-Pacific Education Researcher*, 2015, 24 (1): 45–55.

——. "How Does the New Emphasis on Managerialism in Education Redefine Teacher Professionalism? A Case Study in Guangdong Province of China." *Educational Review*, 2008, 60 (3): 267–282.

Wood, D. "Teachers' Learning Communities: Catalyst for Change or a New Infrastructure for the Status Quo." *Teachers College Record*, 2007, 109 (3): 699–739.

Ye, L. "Comprehensive School Improvement in the Context of Social Transformation in China: A Case of New Basic Education Project." In J. C. -k. Lee & M. Williams (Eds.). *School Improvement: International Perspectives* (pp. 193 – 200). New York: Nova Science Publishers, 2006.

Yin, R. *Case Study Research: Design and Methods.* CA: Sage Publishing, 1994.

York-Barr, J., & Duke, K. "What Do We Know about Teacher Leadership? Findings from Two Decades of Scholarship." *Review of Educational Research*, 2004, 74 (3): 255 – 316.

Zeichner, K. M. "Beyond the Divide of Teacher Research and Academic Research." *Teachers and Teaching: Theory and Practice*, 1995, 1 (2): 153 – 172.

后　　记

　　本书是在博士论文基础上修改而成的。在思考博士论文选题时，一直有个困惑萦绕在我的脑海里：象牙塔中教育知识的生产如何影响身处教学实践一线的中小学教师？显然，大学与中小学校伙伴协作有助于弥合教育知识与教学实践之间存在的鸿沟。本书探讨了教育研究者与一线教育实践者之间的知识互动及其对中小学教师专业实践和学习的影响，得出了一些有趣的结论，希望能够增进我们对伙伴协作、教师跨界学习的理解，也希望能促发教育研究者反思教育知识生产的模式。三年香港中文大学博士训练与研究工作，让我更清晰地认识思想及知识与行动及实践的关系，也让我深知知行合一的不易！

　　论文写作虽是一人之力，但研究得以完成并付梓出版，又离不开师长的指导、领导与同仁的帮助、家人朋友的鼓励与支持。借此机会，一并表示感谢。

　　感谢我的导师香港中文大学黄丽锷教授。2013年投于师父门下，师父一直毫无保留、倾囊相授，结合自身研究经验、感悟与得失，指导并引领我在学习和研究方面不断进步。每次会面与讨论，师父总是为我的研究出谋划策、保驾护航，令我不断反思研究的不足，开拓新的研究可能；同时又十分保护我对研究的理解，尊重并鼓励我承担起作为独立研究者的责任。

　　感谢香港中文大学黎万红教授、谢均才教授与香港大学罗燕琴教

后 记

授，感谢三位教授对我研究工作提出的宝贵建议，使我能进一步完善论文，并展望未来研究的方向。

感谢我的硕士指导教师刘复兴教授，您的谆谆教诲我一直铭记于心。感谢北京师范大学宋萑教授，谢谢您一直以来对我的关心与帮助，并为博士研究工作提供便利！感谢田野调查期间遇见的所有教育研究者、教育工作者。你们都是我论文中的无名英雄！谢谢你们使我能真真切切地了解和理解学校教育、教师专业实践与学习过程。前后两个多月的朝夕相处虽然短暂，却让我们不知不觉地从陌生人变成志同道合的朋友；相隔近两千公里，但我始终牵挂那方有理想、做实事的教育热土。

感谢深圳大学教育学部（师范学院）李臣教授、李均教授、张祥云教授、赵明仁教授等领导和同仁对我的研究工作的关心和支持！

感谢孟宪云博士在繁重的科研教学任务之余，承担起与出版社编辑的对接、协调等工作，让本书得以顺利付印出版。感谢我指导的硕士研究生覃欢、陈丽金协助我完成对文稿的校对工作。

感谢我的爸爸、妈妈和姐姐王婉芳女士，谢谢你们给我无私的爱。感谢我的妻子熊和妮博士，谢谢你一如既往地理解、鼓励和支持我的研究工作。

2018年初夏，小女念念出生，看着她满怀好奇、喜悦和勇气地探索这个美好的世界，内心瞬间洒满阳光，谢谢你带给我温暖和力量。

王晓芳
2019年12月10日于深圳大学汇文楼